Exzellente Wirtschaftsmediation

Ilse Andrea Ennsfellner ·
Gerhart Conrad Fürst
(Hrsg.)

Exzellente Wirtschaftsmediation

Qualitätsstandards für mediative
Dienstleistungen -
Konfliktmanagement und
Konfliktprävention für
Organisationen und Berater

Hrsg.
Ilse Andrea Ennsfellner   Gerhart Conrad Fürst
Ennsfellner Consulting e.U.   Trialogis OG
Breitenfurt, Österreich   Wien, Österreich

ISBN 978-3-662-69679-8   ISBN 978-3-662-69680-4   (eBook)
https://doi.org/10.1007/978-3-662-69680-4

Die Deutsche Nationalbibliothek verzeichnet diese Publikation in der Deutschen Nationalbiblio-
grafie; detaillierte bibliografische Daten sind im Internet über https://portal.dnb.de abrufbar.

Planung/Lektorat: Christine Sheppard
Springer Gabler ist ein Imprint der eingetragenen Gesellschaft Springer-Verlag GmbH, DE und ist
ein Teil von Springer Nature.
Die Anschrift der Gesellschaft ist: Heidelberger Platz 3, 14197 Berlin, Germany

Wenn Sie dieses Produkt entsorgen, geben Sie das Papier bitte zum Recycling.

Vorwort

In diesem Buch erarbeiten die Autorinnen und Autoren die Grundlagen für ein Reifegradmodell der Wirtschaftsmediation unter Berücksichtigung eines ganzheitlichen Ansatzes – der Qualität von Mediator*innen und mediativen Dienstleister*innen, der Prozessperspektive sowie der Qualitätssicherung in Kundenorganisationen. Ein derartiges Reifegradmodell für die Wirtschaftsmediation wird mit diesem Buch erstmalig dargestellt und diskutiert. Es möge als Ansatzpunkt für die Professionalisierung mediativer Dienstleistungen gesehen werden.

Ähnlich wie die Wirtschaft entwickeln sich auch die Wirtschaftsmediation wie alle mediativen Dienstleistungen weiter. Bestrebungen in Richtung Qualitätssicherung und Anwendung von Qualitätsstandards nehmen besonders Bezug auf die Bedürfnisse von Kund*innen und deren Umwelten. Sie tragen damit den aktuellen wirtschaftlichen und gesellschaftlichen Herausforderungen in Organisationen Rechnung. Konflikte, die Organisationen zu bewältigen haben, beschränken sich häufig nicht mehr auf personelle Themen einzelner Konfliktbeteiligter, sondern haben zumeist strukturelle und organisationsbezogene Hintergründe. Professionelles Konfliktmanagement und Konfliktprävention werden immer wichtiger für die Produktivität und Wertschöpfung von Unternehmen. Dem Thema Konfliktprävention aus strategischer und normativer Sicht ist daher ein eigener Artikel gewidmet.

Das Verständnis von Wirtschaftsmediation als Verfahren zur Vermittlung bei Konflikten soll in diesem Buch erweitert werden. Neben dem Mediationsverfahren werden mediative Dienstleistungen als beraterische Interventionen zur Konfliktlösung, Konfliktmanagement und Konfliktprävention dargestellt und diskutiert. Mit diesen Methoden können vor allem latente Konflikte aufgezeigt,

strukturelle Konflikte adressiert und die Ergebnisse konstruktiv für zukünftige
Konfliktbehandlung verwendet werden. Dies stärkt die Konfliktlösungskompetenz
von Entscheidungsträgern und in der Folge die Konfliktkultur in Organisationen.
Dabei werden auch Entwicklungen und Auswirkungen im Bereich Digitalisierung
in einem Artikel angeführt und diskutiert.

Generell gilt es, die Qualität von Wirtschaftsmediation und ihrer mediativen
Dienstleistungen aus Sicht der Anbietenden *und* der Nachfragenden zu definieren,
indem die Ressourcen und der Prozess der mediativen Dienstleistung bzw. dessen
Ergebnis die entsprechenden Anforderungen erfüllen. Auf Kundenseite sind die
Kompetenz zur Auswahl professioneller Dienstleister*innen, die Weiterbildung
in Konfliktmanagement und die Evaluierung des Mediations- bzw. Beratungsprozesses für die Qualität von mediativen Dienstleistungen erfolgsbestimmend. Ziel
von qualitätssichernden Maßnahmen ist es, eine partnerschaftliche, systematische
Zusammenarbeit zwischen dem Mediatorensystem, dem Mediationssystem und
dem Kundensystem mit dessen Umwelten sicherzustellen. Jedes Teilsystem leistet
seinen Beitrag zu einem gelingenden Gesamtergebnis. Diese Weiterentwicklung
der Wirtschaftsmediation ist in allen Beiträgen dieses Buches berücksichtigt.

Die rechtlichen Rahmenbedingungen werden ausführlich und übersichtlich für
Österreich, Deutschland und die Schweiz dargestellt. Darüber hinaus wird die
Thematik der Qualitätsstandards auch für die Wirtschaftsmediation neu behandelt und eine Klassifizierung vorgenommen. Wirtschaftsmediation hat sich in den
letzten Jahrzehnten neben gesetzlichen Regelungen international durch Standards
in den Bereichen der Qualifizierung, ethischer Richtlinien, Verhaltenskodizes und
Normen weiterentwickelt. Dies erfolgte nicht zuletzt deshalb, weil nachweisbare
Qualität in der Konfliktlösung und dem Konfliktmanagement für Kund*innen
immer wichtiger werden. Mediative Dienstleister*innen, insbesondere Mediator*innen und Unternehmensberater*innen ebenso wie die Berufsverbände sind
dabei die treibende Kraft.

Zehn wesentliche Trends in der Wirtschaftsmediation beschreiben einen
realistischen Blick in die Zukunft und runden das Thema systematisch ab.

Damit sind wichtige Grundlagen für die weitere Professionalisierung der Wirtschaftsmediation gelegt. Der Weg ist eingeschlagen, jedoch noch nicht zu Ende
gegangen.

Die Autorinnen und Autoren dieses Buches sind seit vielen Jahren in der
Mediationspraxis, der Unternehmensberatung und Beratungsforschung, der Wissenschaft sowie in führenden Positionen in nationalen und internationalen Interessenvertretungen der Wirtschaftsmediation und Unternehmensberatung tätig. Die
Ansätze und Modelle in diesem Buch wurden entwickelt, um Reflexion, aber auch
kritische Positionen und Diskussionen anzuregen. Dennoch soll dieses Buch als

praktische Hilfestellung für Kund*innen und Anbietende von Wirtschaftsmediation dienen, um mediative Dienstleistungen und die Kund*innen-Beziehungen
erfolgreicher zu gestalten.

Diversität ist ein Trend in der Wirtschaftsmediation, den wir beim Verfassen
dieses Buches berücksichtigt haben.

Wir wünschen allen Leserinnen und Lesern viel Erfolg und Freude!

Februar 2025   Das Herausgeberteam

Inhaltsverzeichnis

Über die Herausgeber

Dr. Ilse Andrea Ennsfellner, MBA, CMC, CSE, Studium der Handelswissenschaften an der Wirtschaftsuniversität Wien; MBA in Wirtschaftsmediation für Unternehmensberater:innen. Seit mehr als 25 Jahren als Unternehmerin, Unternehmensberaterin (Certified Management Consultant), Trainerin (Certified Business Trainer) und WirtschaftsMediatorin (eingetragene Mediatorin des österreichischen Bundesministeriums für Justiz) tätig. Designiert als Ambassador for Peace. Mitglied der Experts Group WirtschaftsMediation des Fachverbandes Unternehmensberatung, Buchhaltung und IT (UBIT) der Wirtschaftskammer Österreich. Langjährige Berufsvertretung im Fachverband UBIT der Wirtschaftskammer Österreich und im internationalen Dachverband für Unternehmensberatung ICMCI. Vorsitzende des europäischen Komitees CEN TC 381 zur EN ISO 20700:2018 Leitlinien für Unternehmensberatungsdienstleistungen. Lektorin an Universitäten und Fachhochschulen, diverse Fachpublikationen und Praxisbeiträge.

Mag. Gerhart Conrad Fürst, geb. 1957 in Graz, Studium der Betriebswirtschaft an der Wirtschaftsuniversität Wien mit den Schwerpunkten Organisation und Tourismus sowie Marketing; Abschluss 1982; danach erste Tätigkeiten als Trainer; ab 1984 Stabs- und Führungstätigkeiten für Industrieunternehmen in Österreich, China, Indonesien und der Tschechischen Republik. 1995 Wechsel zu Organisationsberatung und Coaching, 1996 Ausbildung zum Mediator; 1998 Gewerbeschein Unternehmensberatung.

1997 Gründung der ARGE Wirtschaftsmediation; Leitung zahlreicher Ausbildungslehrgänge in Wirtschaftsmediation; 1998–2004 Gründungsobmann des Forum Wirtschaftsmediation; 2007 Mitbegründer der Trialogis OG; 2011–2014 Gründungsobmann des VMG – Verband für Mediation gerichtsanhängiger Verfahren;

Mitglied der Mediationsteams maßgeblicher nationaler und internationaler Mediationsverfahren im Bereich innerbetrieblicher Mediation, zwischenbetrieblicher Mediation, Mediation gerichtsanhängiger Verfahren sowie Bürgerbeteiligungsverfahren/ Umweltmediationen.

Autor zahlreicher Fachartikel zum Thema Wirtschaftsmediation, Co-Autor mehrerer Fachbücher, Autor des Buches Umweltmediation

Gastvortragender und Lektor an mehreren Universitäten, aktuell Universität Wien und Universität für Bodenkultur Wien.

Autorenverzeichnis

Mag. Larissa Alterdinger Studium der Rechtswissenschaften an der Universität Wien mit Spezialisierung auf Mediation und andere Formen alternativer Konfliktbeilegung. Master in Law and Management an der NOVA School of Law in Kollaboration mit der NOVA School of Business and Economics in Lissabon. Ausgebildete Mediatorin und seit 2022 Vorstandsmitglied des forum wirtschaftsmediation. Erfahrung als Unternehmensberaterin und externe Lehrbeauftragte am Institut für Zivilverfahrensrecht der Rechtswissenschaftlichen Fakultät der Universität Wien und als Coach für internationale Verhandlungs- und Mediationswettbewerbe.

Ass.-Prof. Dr. Ulrike Frauenberger-Pfeiler, akademische Mediatorin, forscht und lehrt am Institut für Zivilverfahrensrecht der Rechtswissenschaftlichen Fakultät der Universität Wien und ist in der Erwachsenenbildung an privaten Universitäten und Ausbildungseinrichtungen tätig. Sie publiziert regelmäßig zum europäischen, internationalen und nationalen Zivilverfahrensrecht sowie zur Alternativen Konfliktregelung, insbesondere Mediation in nationalen sowie internationalen Medien. Seit 2010 leitet sie die Schwerpunktausbildung Mediation und ADR an der Rechtswissenschaftlichen Fakultät der Universität Wien.

Dr. Heinz M. Hähnel, MBA, CMC, Studium der Betriebswirtschaftslehre an der Wirtschaftsuniversität Wien, Doktoratsstudium in London 2022 zum Thema der Digitalisierung der Unternehmensberatung, wissensnaher Arbeiten und Dienstleistungen. Selbständiger Unternehmensberater seit 1976 und Geschäftsführer von BSN Business Solution Network Limited in London seit 2006 und Interorg Consulting International Limited London/Wien. Fachhochschullektor für Wirtschaftsinformatik am Department Computer Sciences an der FH Technikum Wien seit 2008. Internationaler Experte für Strategieentwicklung, Unternehmensführung und Unternehmenssteuerung auf der Basis nationaler und internationaler Normen und Best Practices. Weltweite Projektleitungserfahrungen im Bereich Banken/Versicherungen/Börsen, Industrie, Handel und Dienstleistungen.

Wirtschaftsmediation und mediative Dienstleistungen

1

Ilse Andrea Ennsfellner und Gerhart Conrad Fürst

Zusammenfassung

Wirtschaftsmediation wurde in Österreich ab 1997 als Lösungsmethode für inner- und zwischenbetriebliche Auseinandersetzungen verstärkt thematisiert. Ab 2008 wurden handelsrechtliche Streitigkeiten in Mediationen ausgelagert. Parallel dazu wurden spezifische Weiterbildungsangebote entwickelt und der Bekanntheitsgrad als Alternative für Streitbeilegung hat signifikant zugenommen. Darüber hinaus haben sich in den letzten Jahren weitere Schwerpunkte herauskristallisiert, insbesondere die Sichtweise der Wirtschaftsmediation als eine Auswahl mediativer Dienstleistungen, die im Rahmen einer Unternehmensberatungsdienstleistung zur Konfliktbewältigung erbracht werden können. Wie sind mediative Dienstleistungen charakterisiert? Welchen Beitrag leisten sie zur Steigerung der individuellen und sozialen Konfliktkompetenz in Organisationen? Welche Erfolgsfaktoren liegen ihnen zugrunde? Wirtschaftsmediation wird aus der Sicht von mediativen Dienstleistungen zur Konfliktvermittlung sowie Konfliktlösung betrachtet und umfasst auch Maßnahmen für Konfliktmanagement sowie Konfliktprävention – und gestaltet so die Konfliktkultur in Organisationen.

I. A. Ennsfellner (✉)
Ennsfellner Consulting e.U., Breitenfurt, Österreich
E-Mail: ie@ennsfellnerconsulting.eu

G. C. Fürst
Trialogis OG, Wien, Österreich
E-Mail: gerhart.fuerst@trialogis.at

1.1 Relevanz von Konfliktmanagement, Wirtschaftsmediation und mediativen Dienstleistungen

Wirtschaftsunternehmen, sozial orientierte Organisationen und öffentliche oder gemeinnützige Institutionen profitieren von Wirtschaftsmediation, indem sie externe oder interne Unterstützung im Konfliktmanagement für die Verbesserung der Konfliktfähigkeit und idealerweise in der Konfliktprävention heranziehen. Wirtschaftsmediator*innen bieten ihre Dienstleistung Kund*innen in jeder Branche an, um Unternehmen bzw. Organisationen[1] mit ihren Partner*innen und ihrem Umfeld (d. s. Interessensträger*innen, Interessen(s)gruppen, Stakeholder[2]) im Konfliktmanagement, der Konfliktfähigkeit, der Konfliktprävention und der Gestaltung professioneller, funktionsfähiger Kooperationen zu unterstützen.

Unternehmen bzw. Organisationen stehen immer wieder vor den Herausforderungen von Veränderungsprozessen, schwierigen Entscheidungsprozessen oder klassisch strategischen Entscheidungen, in welche Richtung es weitergehen soll. Dabei sind Interessengegensätze innerhalb der Organisation, zwischen Führungskräften, Mitarbeiter*innen, aber auch gegenüber Geschäftspartner*innen und Interessensträger*innen zu bewältigen. All diese Herausforderungen bergen ein hohes Konfliktpotenzial, und wenige Organisationen sind dafür angemessen vorbereitet. Es ist daher sinnvoll, wenn Unternehmen für die Konfliktbewältigung Know-how ebenso wie Erfahrung im Konfliktmanagement – vermehrt auch mit Fokus auf die Konfliktprävention – aufbauen. Dies zeigt sich darin, dass es immer mehr Usus für Entscheidungsträger*innen solcher Unternehmen ist, sich Unterstützung durch Mediation und weitere mediative Dienstleistungen zu holen.

Dabei zeichnen sich neue Entwicklungen ab. Sehr oft wird unter Wirtschaftsmediation im Allgemeinen „das Mediationsverfahren" im Sinne eines strukturierten Verfahrens zur konstruktiven Beilegung von Konflikten – von der Konfliktanalyse zur Lösungsfindung verstanden. Es wird aber immer wichtiger, in einem frühen Konfliktstadium anzusetzen. Wurde bisher oft die Mediation dazu verwendet, auftretende oder bestehende Konflikte zwischen Mitarbeiter*innen,

---

[1] Die Begriffe „Unternehmen" und „Organisation" werden synonym verwendet; zu den Begriffsdefinitionen und Diskussionen über Abgrenzungen siehe z. B. Berwanger (2024); Schewe (2024).

[2] In diesem Buch werden diese Begriffe synonym verwendet, im Sinne – einer oder mehrere – Person, Gruppe oder Organisation, die an Aspekten der Wirtschaftsmediation, Konfliktmanagement und Konfliktprävention interessiert ist oder diese beeinflusst, davon betroffen ist oder sich davon betroffen fühlen kann (in Anlehnung an ISO 20700, 2019, 3.25; ISO 10003, 2018, 3.11).

Teams, Abteilungen oder gar verschiedenen Unternehmen zu lösen, so ist es zunehmend wichtig, auch konfliktpräventiv und nicht nur konfliktkurativ zu handeln – damit verbunden rückt der Einsatz weiterer mediativer Dienstleistungen in den Vordergrund.

Die mediativen Dienstleistungen fokussieren zunehmend auf die Prävention und die mediative Prozessbegleitung – und fördern dadurch vor allem die Vermeidung oder sehr frühe Lösung von Konflikten. Die Motivation für ein weiterführendes Verständnis von Wirtschaftsmediation als ein Zusammenwirken verschiedener mediativer Dienstleistungen entstand aus der Notwendigkeit, das Konfliktmanagement-Verständnis an aktuelle Veränderungen in Wirtschaft und Gesellschaft anzupassen und entsprechend zu erweitern. Die am häufigsten herangezogene Konfliktstudie für Industrieunternehmen von KPMG (2009) zeigt auf, dass circa 15 % der Arbeitszeit für Konfliktbewältigung aufgewendet wird, und Führungskräfte circa 30 bis 50 % der wöchentlichen Arbeitszeit direkt oder indirekt mit Reibungsverlusten und Konfliktfolgen verbringen. Auch weitere Studien ähnlichen Datums (siehe Boos & Fischer, 2023) kommen zu vergleichbaren Ergebnissen. Die Erfahrungen aus der täglichen Berufspraxis zeigen jedoch, dass der Anteil der Arbeitszeit, die gerade von Entscheidungsträger*innen für Konfliktvermittlung, -bewältigung und -lösung aktuell aufgebracht werden muss, weit über der 50 Prozentmarke liegt. Es gilt daher, Konfliktkompetenz im Unternehmen aufzubauen und damit eine konfliktbewusste Unternehmenskultur zu fördern. Mediative Dienstleistungen können dabei unterstützen.

► **Wichtig**
Aus der Literatur und aus eigenem Erleben wissen wir, dass Konflikte im Arbeitsleben (so wie im Privatbereich) belasten und Ressourcen in Form von Zeit, Nerven, Konzentration, Arbeitskraft, Gesundheit oder Geld beanspruchen.

Wenn eine Mediation oder andere mediative Dienstleistung mit einer Einigung und gemeinsamen Zukunftsstrategie aller Beteiligten endet, so berichten Betroffene meist von dem Gefühl spürbarer Erleichterung und Entlastung. Es werden wieder Kapazitäten frei, sich um die eigentlichen Aufgaben zu kümmern. Der Output kann wieder steigen, ebenso die Zufriedenheit mit sich selbst und die Lebensqualität.

Die Verbreitung von Mediation in wirtschaftlichen Systemen trägt wesentlich zur Verbesserung der Leistung für die Unternehmen bzw.

Organisationen und ihrer Geschäftspartner*innen sowie Interessensträger*innen aber auch zur Lebensqualität für die Mitarbeitenden
bei.

Wir spüren, dass die Notwendigkeit der Professionalisierung von Konfliktmanagement von immer mehr Unternehmen erkannt wird und die Bereitschaft zunimmt,
Geld in interne Klärungsprozesse und außergerichtliche Streitbeilegungsverfahren zu investieren. Werden darüber hinaus gezielt vorbeugende Maßnahmen
zur Konfliktprävention und Prozessbegleitung bei Konflikten getroffen, sind dies
wertvolle Investitionen, um Organisationen ressourcenschonend, nachhaltig und
zukunftsfähig in all ihren Potenzialen zu gestalten.

1.2   Entwicklung der Wirtschaftsmediation

Bei Befassung mit der Historie der Wirtschaftsmediation wird schnell bewusst,
wie jung diese Methode im deutschen Sprachraum eigentlich ist und wie ein-
drucksvoll sie sich in diesen Jahren etablieren konnte. Begünstigt wird diese
Entwicklung von menschlichen Grundbedürfnissen wie Konsens und Harmonie.
Der folgende Abschnitt soll an die kurze Geschichte der Wirtschaftsmediation
erinnern, wobei vom Beispiel Österreich ausgegangen wird.

1.2.1   Entwicklung der Mediation am Beispiel Österreich

Seit der Entwicklung von Ausbildungscurricula für Mediation in Österreich in den
frühen 1990er-Jahren bis zur Entstehung dieses Buchs hat die Wirtschaftsmediation eine strukturelle wie wissenschaftliche Entwicklung genommen. Um diese
nachvollziehen zu können, wird zuerst auf die historische Herleitung eingegangen. Anschließend werden die wissenschaftlich-rechtlichen Ursprünge adressiert,
um danach eine Standortbestimmung der heutigen Wirtschaftsmediation vorzu-
nehmen.

1.2.1.1   Die Anfänge der Mediation

1993 starteten die US-amerikanischen Rechtsanwälte und Mediatoren Gary
Friedman und Jack Himmelstein die erste allgemeine Mediationsausbildung in
Österreich. Kurz danach wurde von den österreichischen Ministerien für Jus-
tiz und Soziales ein Modellversuch für geförderte Familienmediation auf den
Weg gebracht und 1994 bis 1995 realisiert (Filler, 1997). Der Modellversuch

sah für Mediationen die Zusammenarbeit von jeweils einer juristischen und einer psychosozialen Kompetenz vor.

Die betroffenen Berufsgruppen begannen, sich auch standespolitisch Gedanken zu machen. Vor allem die Anwaltschaft ging in Vorlage und gründete die erste Berufsvereinigung. 1995 wurde der österreichweite *Bundesverband für Mediation* gegründet, der allen Herkunftsberufen offensteht. Weitere Berufsgruppen – Steuerberatung und Wirtschaftstreuhandwesen, Notariat, Unternehmensberatung – folgten mit kammernahen Mediationsvereinen, 1998 wurde der erste unabhängige, explizit auf Wirtschaftsmediation spezialisierte berufsgruppenübergreifende Verein gegründet. Ab 2008 wurden gezielt gerichtsanhängige Wirtschaftsfälle vom Handelsgericht Wien an die Mediation empfohlen.

Hintergrundinformation

Die **strukturelle Entwicklung der Wirtschaftsmediation** geht in Österreich auf das Jahr 1997 zurück, als eine Gruppe – zum Teil noch in Ausbildung befindlicher – Mediatorinnen und Mediatoren begann, sich über die Einsatzmöglichkeiten der Mediation in Organisationen auszutauschen. Bis dahin gab es einzelne Erwähnungen in der Fachliteratur (u. a. durch Friedrich Glasl, 1994) sowie ein Pilotprojekt zur Einführung von Mediation an zwei österreichischen Bezirksgerichten – allerdings im Familienbereich. Außerdem gab es erste mediationsähnliche Projekte von Bürgerbeteiligung, z. B. beim Ausbau der Wiener U-Bahnlinien 1 und 2 sowie bei der Trassenplanung für die Hochleistungs-Eisenbahnstrecke Koralmbahn.

Ende 1998 entstand mit der Gründung des *forum wirtschaftsmediation* die erste berufsgruppenübergreifende Organisation, welche sich schwerpunktmäßig mit der Anwendung von Mediation im organisationalen Kontext sowie in arbeitsrechtlichen und zwischenbetrieblichen Auseinandersetzungen widmete. Damit nahm das Thema Wirtschaftsmediation in Österreich langsam Fahrt auf.

Einige Jahre später hat der *Fachverband Unternehmensberatung, Buchhaltung und Informationstechnologie* der Wirtschaftskammer Österreich für seine Mitglieder ein umfassendes Berufsbild für Wirtschaftsmediation erstellt – und damit das Feld der klassischen Mediation um mediative Dienstleistungen zur Konfliktlösung und -prävention erweitert (siehe Abschn. 1.3).

Detaillierte Ausführungen zur Einordnung und Entwicklung der Wirtschaftsmediation mit relevanten Vereinen finden sich in Kap. 11.

1.2.1.2 Wissenschaftliche und rechtliche Grundlagen

Die ersten österreichischen Ausbildungsinstitute für Mediation wurden 1994 gegründet. Sie fokussierten fast ausschließlich auf Familienmediation, da es dazu die meiste Praxiserfahrung gab. Die Ausbildungscurricula behandelten den Themenbereich Wirtschaftsmediation mangels nennenswerter Projekterfahrungen eher theoretisch, vorausblickend und in geringem Ausmaß. Dies änderte sich ab 1998 mit dem ersten Curriculum Wirtschaftsmediation der *ARGE Wirtschaftsmediation*[3].

Fachlich wurden diese Curricula von der Literatur Friedrich Glasls (u. a. 1994, 2003), Gerhard Schwarz (2001), später auch von Marshall Rosenberg (2001) geprägt. Die US-amerikanischen Rechtsanwälte und Mediatoren Gary Friedman, Jack Himmelstein und John Haynes sowie die australische Universitätsprofessorin Nadja Alexander (2004) brachten neben vielen anderen als Vortragende internationales Know-how nach Österreich.

Ein Wendepunkt in der Entwicklung der Mediation und somit auch der Wirtschaftsmediation in Österreich[4] war das Zivilrechts-Mediations-Gesetz (öZivMediatG, 2003), welches neben organisatorischen Regelungen vor allem zwei entscheidende Bestimmungen enthält:

1. die Hemmung von Fristen zur Geltendmachung von Ansprüchen bei Gericht, die in einer Mediation (weiter)behandelt werden, und
2. die unabdingbare Verschwiegenheitspflicht eingetragener Mediator*innen, über Inhalte von Mediationsverfahren aussagen zu dürfen. Eine abgeschlossene Ausbildung gemäß Zivilrechts-Mediations-Gesetz befähigt zur Eintragung in die Liste der Mediatoren*innen, welche vom Bundesministerium für Justiz geführt wird. Sie ermächtigt zum Tragen der Berufsbezeichnung „Eingetragene*r Mediator*in".

▶ **Wichtig**
   Eine eingetragene Mediatorin bzw. ein eingetragener Mediator kann von der Verschwiegenheitspflicht nicht entbunden werden!

Die gesetzlich verankerte Verschwiegenheit ist eine wichtige Grundlage der Vertrauensbildung in die Mediation.[5] Die Offenheit der Parteien – u. a. über die eigene Situation und die dahinterliegenden Interessen zu sprechen – könnte bei einem streitigen Verfahren taktische Nachteile bringen. In der Mediation ist sie Teil der gemeinsamen Lösungssuche. Die Garantie, jegliche Aussagen streng vertraulich zu behandeln, untermauert auch die Glaubwürdigkeit von Mediator*innen.

---

[3] Durchgeführt von der ARGE Wirtschaftsmediation 1998–2004, nunmehr www.trialogis.at abgerufen 17.4.2024.

[4] Kap. 4 beschäftigt sich mit den rechtlichen Aspekten der Wirtschaftsmediation in Österreich, Deutschland und der Schweiz.

[5] Siehe dazu die ausführliche Darstellung und Diskussion in Kap. 4.

1.2.2 Betrachtungsfelder der Wirtschaftsmediation

Mediation und mediative Dienstleistungen im wirtschaftlichen Kontext finden in drei Anwendungsfeldern statt. Zuerst betrachten wir Konflikte innerhalb von Organisationen, danach folgen Auseinandersetzungen zwischen zwei oder mehreren Systemen (Unternehmen, Organisationen, Körperschaften etc.) und schließlich Streitigkeiten, welche bereits bei Gericht zu einer Entscheidung vorgebracht wurden. In den ersten beiden Bereichen arbeiten wir oft im methodischen Nahbereich der Organisationsentwicklung. Somit geht es dort vorrangig um die Stabilisierung bestehender Kooperationen, die Reduktion persönlicher Belastungen von Mitarbeitenden (Stress, Angst, Arbeitsbelastung, Krankenstände usw.). Bei der Mediation gerichtsanhängiger Verfahren geht es primär um Einigungen auf der Sachverhaltsebene, wiewohl das Motiv für eine einvernehmliche Lösungssuche häufig von dem Wunsch getragen wird, die Gegenseite nicht zu beschädigen, um allfällige zukünftige Kooperationen nicht gänzlich unmöglich zu machen.

1.2.2.1 Organisationsinterne Mediation

Den ersten Zugang in wirtschaftliche Systeme fand die Mediation über die Organisationsentwicklung. Innerbetriebliche Konflikte erwiesen sich als Störfaktoren für Veränderungsprozesse in Organisationen. Organisationsentwickler*innen standen vor der Frage, ob sie im Rahmen ihres Auftrages auch für die Lösung von Konflikten zuständig waren (sofern sie sich fachlich dazu imstande sahen), ob diese zu ihrem Auftrag gehörte und ob sie zeitlich unterzubringen war.

Typische interne Konfliktszenarien sind

- zwischen zwei Mitarbeitenden,
- innerhalb von Teams mit mehreren Mitgliedern,
- zwischen Team und Führungskraft,
- zwischen Mitarbeiter*in und Arbeitgeber*in,
- innerhalb von Geschäftsleitungen,
- zwischen Geschäftsführung und Eigentümer*innen,
- unter Eigentümer*innen oder geschäftsführenden Gesellschafter*innen
- zwischen Belegschaft/Betriebsrat und Management/Geschäftsleitung.

1.2.2.2 Zwischenbetriebliche Mediation

Nach und nach wurde auch in der Auseinandersetzung zwischen Unternehmen bzw. Organisationen auf Mediation zurückgegriffen.

- Kund*innen- oder Lieferant*innenkonflikte, z. B. um Lieferqualitäten bei Produkten und Folgeschäden,
- Marken- und Wettbewerbsstreitigkeiten, z. B. um die Verwechslungsgefahr bei Firmennamen,
- Konflikte im Bau- und Dienstleistungsbereich, z. B. über Abrechnungsfragen und Verantwortlichkeiten oder
- Arbeitsrechtliche Konflikte, z. B. zwischen Arbeitgeber*innen- und Arbeitnehmer*innenvertretungen

waren und sind die klassischen Fragestellungen, deren Klärung bei Gericht möglich, aber bisweilen aufwendig, langwierig und von unsicherem Ausgang gezeichnet sind.

1.2.2.3 Mediation und Gericht

Die Alternativen zu einer Bearbeitung in der Mediation oder im Rahmen extern geführter Change-Prozesse hängen von der rechtlichen Relevanz ab. Ist eine solche ableitbar, so gibt es die Möglichkeit der gerichtlichen Auseinandersetzung am Arbeits- und Sozialgericht, am Handelsgericht oder an allgemeinen Gerichten für Zivilrechtssachen.

Durch die Zusammenarbeit österreichischer Mediator*innen mit dem Handelsgericht Wien kamen ab 2008 weitere Tätigkeitsfelder der Wirtschaftsmediation dazu:

- Gesellschaft gegen Management,
- Baustreitigkeiten (Architekt*in – Bauherr*in, Architekt*in – ausführende Unternehmen, ausführende Unternehmen untereinander etc.),
- Anleger*innenverfahren,
- Wettbewerbs- und Markenstreitigkeiten,
- Immobilienfragen, z. T. auch im Rahmen von Verlassenschaften,
- Kund*innen – Lieferant*innenkonflikte,
- Streitigkeiten um Erbe und Nachfolge/Unternehmensnachfolge.

Der § 204 der österreichischen Zivilprozessordnung (ZPO) sieht neben der Vergleichsmöglichkeit bei Gericht auch den Hinweis durch das Gericht auf Einrichtungen der außergerichtlichen Streitbeilegung vor.

Durch die strukturelle Zusammenarbeit erfuhr die Wirtschaftsmediation ab 2011 eine Ausweitung ihrer Einsatzmöglichkeiten durch die Übernahme gerichtsanhängiger Fälle.

Die Übernahme eines gerichtsanhängigen Verfahrens in die Mediation hängt von mehreren Faktoren ab.

- Lassen die Sachfragen des Konflikts grundsätzlich einen kreativen Lösungsraum zu? Oder geht es z. B. nur um die Höhe einer bestimmten Zahlung? Letzteres wäre eher Gegenstand einer Vergleichsverhandlung bei Gericht.
- Sind die beteiligten Parteien bereit und in der Lage, eine Lösung eigenverantwortlich zu verhandeln? Neben persönlicher Eignung stellt sich hier auch die Frage der Entscheidungskompetenz. In manchen Systemen ist ein verlorener Prozess gegenüber den internen Kontrollorganen leichter zu rechtfertigen als eine partnerschaftlich ausgehandelte Lösung unter Beachtung aller Interessen – auch jenen der Gegenseite.
- Wie stehen die anwaltlichen Vertretungen zu einer Lösungssuche außerhalb des Gerichts? Neben der Beurteilung der Chancen und Risken im Vergleich zum Gerichtsverfahren könnten auch die wirtschaftlichen Interessen von Anwält*innen eine Rolle spielen, ob der Gang in die Mediation versucht und unterstützt wird. Dieser hängt in den allermeisten Fällen von der Zustimmung der Rechtsvertretungen ab.

1.3　Perspektive der mediativen Dienstleistungen

Konfliktlösung und professionelles Konfliktmanagement im Unternehmenskontext haben mehrere Ausprägungen. In festgefahrenen Situationen sind eine Entscheidungsfindung und Konfliktlösung, die von den beteiligten Parteien akzeptiert und deren Anliegen umfassend gerecht wird, ohne die Hilfe von Mediator*innen kaum erreichbar.

Unternehmen, Institutionen, Gruppierungen und Politik müssen oft Veränderungsprozesse ins Auge fassen, welche die Interessen vieler Menschen betreffen. Wenn Interessengegensätze sichtbar werden und zu Widerständen führen, wird ein Lösungsprozess erforderlich. Dabei können mediative Dienstleistungen von Nutzen sein, indem sie schneller und konsensual zu Vereinbarungen führen, welche die Interessen aller in hohem Maß berücksichtigen.

Will ein Unternehmen nachhaltig positive Entwicklungen und Innovationen umsetzen, so sind Maßnahmen der Konfliktprävention, wie der Aufbau von Frühwarnmechanismen, Management-Systemen und Personalentwicklung unerlässlich.

Damit wird das Verständnis von Wirtschaftsmediation erweitert – und inkludiert neben der Mediation mit ihrem strukturierten Ablauf auch präventive und kurative mediative Dienstleistungen.

1.3.1 Entwicklung mediativer Dienstleistungen

Die mediative Dienstleistung kann zunächst aus dem Begriff und dem Wesen
der klassischen Mediation abgeleitet werden (siehe auch Ennsfellner, 2021,
S. 183 ff.).

- Mediation hat zwei Kerngedanken: **Vermittlung** und **Ausgleich.**
  Der Begriff „Mediation" wurde ursprünglich dem Griechischen „medos" im
  Sinne von „vermittelnd, unparteiisch, neutral" sowie dem Lateinischen „me-
  diatio" entnommen, und bedeutet „Vermittlung" ebenso wie „in der Mitte
  teilen" (Duden, 2024a, b). Der Mediator oder die Mediatorin ist demnach eine
  „Mittelsperson" (u. a. Proksch, 2018, S. 43 ff.). Mit der Durchsetzung der
  Rechtsstaaten setzte sich mehr der Ausgleichsgedanke durch, der auf einen
  Interessensausgleich zwischen Konfliktparteien abzielt, durch Schadenersatz
  und sonstiger Kompensationsleistungen (Weiler & Schlickum, 2012, S. 1).
- Mediation fokussiert auf zwei Kernziele: **Konfliktbearbeitung** und **Konfliktlösung.**
  Weiterentwickelt hat sich Mediation in den 1960er-Jahren im US-
  amerikanischen Raum als Verfahrensalternative zur Konfliktlösung („Alternative Dispute Resolution – ADR") im Unterschied zum Gerichtsverfahren.
  Mittlerweile handelt es sich nicht mehr um eine „alternative" sondern um
  eine „appropriate dispute resolution", also das passende, angemessene Verfahren zur Konfliktregelung (Trenczek, 2017a, S. 41 f.). In vielen Ländern
  und in der Praxis hat sich Mediation sogar als das primäre Konfliktregelungsverfahren etabliert – im Sinne einer professionellen Konfliktbearbeitung nach
  einem spezifischen Verfahren (zur Übersicht über Entwicklung und Stand der
  Mediation in Europa siehe Lenz et al., 2017, S. 649 ff. und Kap. 11).
  Wirtschaftsmediation etabliert sich mit dem Zweck der Aufrechterhaltung oder Neugestaltung der innerbetrieblichen und Geschäftspartner*innen-
  Beziehungen.

Darüber hinaus haben sich in der Wirtschaftsmediation in den letzten Jahren
weitere Schwerpunkte herauskristallisiert (siehe auch Ennsfellner, 2021, S. 184).

- Wirtschaftsmediation umfasst **Maßnahmen** zur **strategischen** und **operativen
  Konfliktprävention.**
  In den letzten Jahrzehnten wird im unternehmerischen Bereich zusehends Konfliktmanagement mit dem Fokus auf eine **präventive Funktion** etabliert, nicht
  zuletzt durch die Diskussionen und Anforderungen im Bereich Sicherheits-

und Risikomanagement. Denn Konflikte in Unternehmen bzw. Organisationen entwickeln sich zumeist langsam, bleiben lange unbemerkt und werden oft ignoriert oder als nicht unternehmensrelevant abgetan. Siehe dazu näher Kap. 3.

- Wirtschaftsmediation **beeinflusst** und **gestaltet** die **Konfliktkultur in Unternehmen.**
  - Wirtschaftsmediation wird in **unterschiedlichen Fachgebieten** (z. B. des Rechts, der Soziologie, der Psychologie, der Ökonomie), als Leistungserbringung von **diversen Berufsgruppen** (u. a. **Unternehmensberatung** mit dem Qualitätsstandard ISO 20700), unter Anwendung **interdisziplinärerer Methoden** (z. B. Instrumente des Projektmanagements, Methoden des Coachings, beraterische Interventionen zur Konfliktlösung und -prävention) als zentrales Element mediativer Dienstleistungen betrachtet (siehe Abschn. 1.3.2).
  - Besonderes Augenmerk wird dabei auch auf die **Online dispute resolution (ODR),** speziell Online-Mediation (Konfliktmanagement unter Einbezug verschiedener Technologien) gelegt (siehe zur Online-Mediation Wisleitner, 2021b, 218 ff.; zur Thematik der Digitalisierung in der Wirtschaftsmediation Kap. 10 und 11).
  - Wirtschaftsmediation erfordert vermehrt auch die Einbindung relevanter **Interessensträger*innen** im Sinne von Stakeholdermanagement (siehe dazu auch Fischer-Korp, 2021) sowie die Berücksichtigung von **gesellschaftlicher Verantwortung** und **Risiken** in einem Risikomanagement bei der Lösungsfindung und zur wirkungsvollen Konfliktregelung (siehe zur Entwicklung mediativer Dienstleistungen in der Zukunft auch Hamberger, 2021).
  - Wirtschaftsmediation ist zunehmend mit der Thematik der Vereinheitlichung von Qualifikation, Verfahren und Grundsätzen – und damit der Frage von **Standardisierung** der mediativen Dienstleistung auf professioneller, nationaler und internationaler Ebene – konfrontiert (siehe Kap. 2, 11).

Mediative Dienstleistungen können im Rahmen von gewerblichen oder freien Berufen[6] erbracht werden. Eine besondere Rolle nimmt die Wirtschaftsmediation ein, die von der Berufsgruppe der Unternehmensberater*innen definiert und praktiziert wird.

Wirtschaftsmediation in Österreich

In Österreich ist die Unternehmensberatung einschließlich der Unternehmensorganisation als reglementiertes Gewerbe in der Gewerbeordnung (§ 94 Ziff. 74 GewO)[7] geregelt. Das Berufsbild Unternehmensberatung, herausgegeben vom Fachverband Unternehmensberatung, Buchhaltung und Informationstechnologie (2023, S. 15) der Wirtschaftskammer Österreich, konkretisiert, in welchen Tätigkeitsfeldern Unternehmensberater*innen für ihre Kund*innen tätig sind, wenn sie Wirtschaftsmediation erbringen.

Wirtschaftsmediation – Tätigkeitsfelder für Unternehmensberatung

- Mediative Begleitung und Unterstützung
  - in allen unternehmensinternen Konflikten zwischen Einzelpersonen, Gruppen, Abteilungen und bei auf Ausgrenzung abzielenden Verhaltensweisen (z. B. Mobbing),
  - in streitigen Verhandlungen zwischen Management und Belegschaftsvertretungen,
  - in grundsätzlichen Strukturfragen, wie z. B. Unternehmensnachfolge, Kooperationen und Fusionen,
  - in streitigen Verhandlungen zwischen Unternehmen, z. B. vor- und nachgelagert in der Prozesskette oder dem Mitbewerb,
  - bei der Formulierung einer verbindlichen Vereinbarung.
- Analyse von Konflikten innerhalb und zwischen Unternehmen
- Beratung bei der Auswahl des Verhandlungsteams sowie Coaching desselben
- Präventive Maßnahmen der Konfliktbearbeitung

---

[6] Für die Einstufung in gewerbliche oder freie Berufe gelten die jeweils nationalen Regelungen.

[7] Verordnung des Bundesministers für Wirtschaft und Arbeit über die Zugangsvoraussetzungen für das reglementierte Gewerbe der Unternehmensberatung einschließlich der Unternehmensorganisation (Unternehmensberatungs-Verordnung) StF: BGBl. II Nr. 94/2003; i. d. F. BGBl. II Nr. 294/2010.

- Etablierung einer konstruktiven Konflikt- und Streitkultur
- Begleitung bei der Umsetzung (eventuell Nachverhandlung) einer erzielten Vereinbarung

In diesem Sinne kann Wirtschaftsmediation auch als ein Konglomerat verschiedener beraterischer – mediativer – Dienstleistungen betrachtet werden, die sich auf professionelles Konfliktmanagement in Organisationen beziehen.

1.3.2   Charakteristika mediativer Dienstleistungen

Wirtschaftsmediation hat das Ziel, Konfliktmanagement in Unternehmen zu etablieren und zu professionalisieren, lösungsunterstützend und -fördernd zu agieren und damit die organisatorische Konfliktkompetenz und Konfliktkultur zu gestalten. Sie unterstützt Organisationen „umfassend in allen Bereichen wirtschaftlicher Tätigkeit, um die Entstehung von Konflikten zu vermeiden oder entstandene Konflikte durch die Beteiligten selbst und eigenverantwortlich lösen zu lassen" (Wisleitner, 2021a, S. 5).

Konfliktmanagement kann dabei als „Dienstleistung" mit entsprechenden Kompetenzen, Verfahren und Instrumenten verstanden (Kirchhoff & Wendenburg, 2014, S. 473 ff.) und Unternehmen angeboten werden. Diese Dienstleistungen werden generell allparteilich von unternehmensexternen Dritten[8] kommerziell, aber auch unternehmensintern z. B. durch Konfliktbeauftragte, erbracht. Die Durchführung beruht auf einer vertraglichen Vereinbarung, deren Ausgestaltung sich dadurch unterscheidet, ob die Dienstleistung extern oder von internen Stellen abgewickelt wird.

Eine mediative Dienstleistung kann folgende Bereiche umfassen:

- Zum einen besteht sie aus dem außergerichtlichen, vertraulichen, strukturierten Verfahren bzw. Prozess zur Beilegung eines Konflikts zwischen

---

[8] Im Rahmen von gewerblichen oder freien Berufen, auf Basis der nationalen Berufsregelungen.

zwei oder mehreren Konfliktbeteiligten bzw. Konfliktparteien im wirtschaftlichen und unternehmerischen Kontext, d. h. dem **Mediationsverfahren zur Konfliktvermittlung** und **Konfliktlösung.**
Ziel der Mediation ist eine einvernehmlich bindende Regelung, die nicht unabhängig vom Rechtssystem sowie den Rahmenbedingungen in der Organisation erfolgen kann, wie ausführlich in Kap. 4 dargestellt wird.

- Neben dem Mediationsverfahren beinhaltet die mediative Dienstleistung auch **Maßnahmen zur Konfliktprävention** und **Konfliktlösung** (z. B. Konfliktcoaching, beraterische Interventionen), durch die (latente) Konflikte aufgezeigt, intrapersonale strukturelle, organisatorische Konflikte adressiert und die Ergebnisse konstruktiv für zukünftige Konfliktbehandlung verwendet werden können.
  Mediative Dienstleistungen sind relevant, denn tendenziell gilt in Organisationen: „Konflikte entstehen aus strukturellen Gegebenheiten und eskalieren aus persönlichen Empfindlichkeiten!" (Türk, 2021, S. 33).
- **Aus der klassischen Wirtschaftsmediation** haben sich methodisch verschiedene beraterische Dienstleistungen abgeleitet, die wir als **mediative Dienstleistungen** beschreiben. Sie alle dienen der **Konfliktvermittlung, Konfliktbewältigung** und **Konfliktlösung** ebenso wie der **Konfliktprävention** und helfen
  - die **Konfliktkompetenz** in der Organisation zu erhöhen,
  - eine produktive und proaktive **Konfliktkultur** im Unternehmen zu gestalten,
  - **Konfliktkosten** weitgehend gering zu halten – und damit die **Produktivität** zu steigern.

1.3.2.1 Verfahren und Interventionen mediativer Dienstleistungen

Mediative Dienstleistungen im Kontext der Wirtschaft beziehen sich auf Dienstleistungen im Bereich des Konfliktmanagements, die in und zwischen Unternehmen in der Wertschöpfungskette, und damit auch zwischen Geschäftspartner*innen, zu Kund*innen und Interessensträger*innen erbracht werden.

Mediative Dienstleistungen sind konfliktpräventiv wo möglich und konfliktkurativ wo nötig. Sie beruhen auf zwei Arten von Verfahren (zum Begriff dieser Verfahren siehe ISO 10003, 2018, Anhang A):

- **Vermittelnde Verfahren:** Bei diesem Verfahren erhalten die Konfliktparteien Unterstützung durch eine*n Konfliktlöser*in (i. d. R. eines Mediators bzw.

einer Mediatorin), um über eine Interessensklärung und Optionenentwicklung zu einer vertraglichen Einigung zur Lösung des Konflikts zu kommen. Es wird kein bestimmtes Ergebnis empfohlen oder vorab festgelegt.

• **Beratende Verfahren:** Bei diesem Verfahren erhalten die Konfliktparteien bzw. Organisationen durch eine*n Konfliktlöser*in (i. d. R. eines Unternehmensberaters bzw. einer Unternehmensberaterin) entweder Empfehlungen, wie konfliktrelevante Themen gelöst und Konfliktprävention umgesetzt werden könnten, oder eine Prozessbegleitung zur Lösung von konfliktären Themen, u. a. auch im Rahmen von strukturellen Konflikten und Veränderungsprozessen.

Die Ausgestaltung dieser beiden Verfahren ist wie folgt:

1. **Konfliktvermittlung und Konfliktlösung – Mediation:**
   Mediation dient der Konfliktvermittlung und -lösung durch ein außergerichtliches vertrauliches, strukturiertes Verfahren zur Beilegung eines Konflikts zwischen zwei oder mehreren Konfliktbeteiligten (Konfliktparteien), die aufgrund unterschiedlicher Meinungen und Interessen über ein Anliegen in strittige Auseinandersetzungen geraten sind und gegensätzliche, scheinbar unvereinbare Positionen (Ansichten, Forderungen) vertreten.

2. **Konfliktbewältigung und Konfliktlösung – Beraterische Interventionen:**
   Beraterische Interventionen durch Unternehmensberatung und Coaching sind zielführend bei Unvereinbarkeit von Interessen, Zielen, Verhaltensweisen oder Haltungen von Beteiligten, u. a. im Zuge von Unternehmenstransformationen, Change Management, bei Strukturthemen (Unternehmensnachfolge, Fusion, Kooperationen), zur Führungskräfteentwicklung u. v. m., um Vertrauenswürdigkeit, Teamarbeit, Konfliktkompetenz, Leistungs- und Zukunftsfähigkeit des Unternehmens herzustellen.

▶ Wenn Entscheidungsträger*innen feststellen, dass der geplante Change-Prozess ins Stocken gerät, Widerstände das Umsetzen von Maßnahmen erschweren und die Gesprächsbereitschaft gegen Null geht, oder es sich abzeichnet, dass angestrebte Ziele eventuell nicht erreichbar sind oder nur mit großen Verlusten an Vertrauen und Transparenz, dann können Unternehmensberater*innen mit mediativen Dienstleistungen zielorientiert und fokussiert unterstützen.

Formen beraterischer Interventionen: Fach- und Prozessberatung, systemische Beratung, Organisationsentwicklung, Teamentwicklung, Führungskräfteentwicklung, Konfliktcoaching, Supervision, Moderation, oder aber hybride Konfliktregelungsverfahren, die mehrere Verfahren und Methoden kombinieren (u.a. Proksch, 2018, S. 37 f.).

3. **Konfliktprävention – Beraterische Interventionen:**
   Unternehmensberatung kann auch dabei unterstützen, Bewusstsein zu schaffen und bei der Entwicklung und Umsetzung von Konfliktpräventionsmaßnahmen zu begleiten, durch die Risiken und latente Konflikte aufgezeigt und die Ergebnisse konstruktiv für zukünftige Konfliktbehandlung verwendet werden können, u. a. Management-Systeme, Normen, Best Practices, Frühwarnsysteme, Risikomanagement, Ideenmanagement, Kund*innen-Beschwerdemanagement, Personalentwicklung, Weiterbildungsmaßnahmen zur Erhöhung der Konfliktlösungsfähigkeit, Konflikt-Coachings, Institutionalisierung des Konfliktmanagements durch Konfliktbeauftragte bzw. Konfliktlots*innen (letztere siehe Horstmeier, 2013, S. 105) oder Konfliktmoderator*innen (Jiranek & Edmüller, 2017, S. 91 ff.), Mediator*innenpools (Koschany-Rohbeck, 2015, S. 373). Siehe dazu näher Experts Group WirtschaftsMediation, 2007 und Kap. 3.

Formen beraterischer Interventionen: Fach- und Prozessberatung, Training, Coaching.

Beispiel

Fehlen beispielsweise Transparenz bei Zielen und Strategien, regelmäßige Zufriedenheitsmessungen, klare Aufgaben- und Verantwortungsverteilungen, und treten hohe Fluktuation, Verzögerungen in wesentlichen Projekten, mangelndes Selbstmanagement bei Führungskräften und Mitarbeiter*innen auf, oder zeigt sich Unzufriedenheit bei Kooperationspartner*innen sind dies (erste) Anzeichen von Konfliktpotenzialen, die es gilt, möglichst früh zu erkennen und für positive Veränderungen nutzbar zu machen.◄

Die strategischen und operativen Maßnahmen der Konfliktprävention können **proaktiv** eingesetzt werden, um mit geeigneten vorbeugenden Maßnahmen Konflikterkennung und -vermeidung sicherzustellen sowie auch **reaktiv**, um sogenannte „Upstream Effekte" zu sichern.

Dadurch sollen Konflikte nicht nur gelöst werden, sondern auch Erkenntnisse für das Unternehmen bzw. die Organisation und die Betroffenen entstehen, die für die Bearbeitung zukünftiger Konflikte genutzt werden können. Beides stärkt die Konfliktlösungskompetenz und Konfliktkultur im Unternehmen.

▶ **Wichtig**

Konfliktprävention im Sinne von vorbeugenden Maßnahmen, um ein unerwünschtes Ereignis oder eine unerwünschte Entwicklung im Unternehmen frühzeitig zu erkennen und möglichst zu vermeiden, ist ein zentrales Element im Konfliktmanagement sowie für nachhaltig positive Entwicklungen und Innovation.

Die Sicherstellung der Konfliktprävention ist die zentrale Aufgabe von Unternehmen und deren Entscheidungsträger*innen. Unterstützend können interne Konfliktbeauftragte (u. a. auch Konfliktlots*innen bzw. Konfliktmoderator*innen genannt) wirken oder die externe Begleitung durch Unternehmensberater*innen.

Mediative Dienstleistungen sind im Unterschied zu gerichtlichen Entscheidungsprozessen **ergebnisoffen.** Die Konfliktparteien haben grundsätzlich die Möglichkeit, Einfluss auf die Entscheidungen zu nehmen und sind ergebnisverantwortlich. Somit erhöht sich deren **Konfliktlösungskompetenz.**

Organisationen können als lebende Organismen betrachtet werden, die selbst die Fähigkeit und Kraft besitzen, Lösungen für schwierige Situationen und Krisen zu entwickeln. Es gilt daher, die Selbstheilungskräfte und Problemlösungsfähigkeit des Kundensystems zu aktivieren. Gestaltungshebel sind die Prozessfähigkeit, die Problemlösungs- und Umsetzungsfähigkeit, das Verhalten, die Kommunikation und Information, ebenso sie die Werte und Kulturen im Unternehmen. Die Kund*innen sind als „Co-Designer" in die Entwicklung und Umsetzung der mediativen Dienstleistungen maßgeblich involviert (Ennsfellner, 2022).

Die Unternehmensberater*innen (in der Folge auch Berater*innen genannt) und Mediator*innen verstehen sich als **Prozessberater*innen** und **Prozessbegleiter*innen.** Sie unterstützen mit ihrer Prozesskompetenz die Kommunikation, das Konfliktmanagement und die Problemlösungsfähigkeit der Beteiligten. Vom Selbstverständnis her sind sie „Entwickler*innen", „Begleiter*innen", „Befähiger*innen" zur Entwicklung von Strategien oder Ideen zur Konfliktlösung und zur Verbesserung der Kommunikationsprozesse innerhalb von Organisationen und deren Umwelten. Dadurch sollen im Unternehmen eigene Prozesskompetenzen und Frühwarnsysteme aufgebaut werden, die ohne externe Unterstützung weiterentwickelt werden können.

Wesentliche Merkmale der mediativen Dienstleistungen (u. a. Weiler & Schlickum, 2012, S. 2; Trenczek, 2017a, b; Ennsfellner, 2021, S. 191 f.):

- Verfahrens- und Verhandlungsunterstützung durch einen allparteilichen Dritten,
- Interessenorientiertes Vorgehen mit dem Ziel einer fairen Lösung,
- Freiwillige Partizipation und Dialog aller am Konflikt Beteiligten,
- Einhaltung von Grundsätzen mediativer Dienstleistungen.

1.3.2.2 Grundsätze mediativer Dienstleistungen

Bei der Erbringung mediativer Dienstleistungen wie der Wirtschaftsmediation können auch jene Grundsätze angewendet werden, die als **generelle Voraussetzungen für den Mediationsprozess**, die **Mediatorin** bzw. den **Mediator** und auch für die **Konfliktparteien** gelten (u. a. Bitzer et al., 2002; S. 114 ff.; Kals & Itter, 2008, S. 9; Koschany-Rohbeck, 2015, S. 7; Trenczek, 2017a, b).

Grundsätze der mediativen Dienstleistung

Eigenverantwortlichkeit	• Die Mediatorin, der Mediator bzw. die Beraterin, der Berater nimmt im Prozess eine allparteiliche Haltung ein und ist verantwortlich für die Prozesssteuerung • Die Konfliktparteien sind verantwortlich für das Ergebnis • Zur Entscheidungsfindung und Konfliktbewältigung ist es wesentlich, dass die Konfliktparteien für ihre Bedürfnisse und Interessen selbst eintreten. Anwält*innen können bzw. sollten im Bedarfsfall beratend zur Seite stehen
Kooperation	• Bei mediativen Dienstleistungen sind alle Konfliktparteien gleichberechtigt und haben damit gleiches Recht auf Zugang zu den relevanten Informationen • Die Mediatorin, der Mediator bzw. die Beraterin, der Berater sorgt für einen konstruktiven Umgang miteinander, damit die Konfliktparteien zu einer „Win-Win-Lösung" kommen • Dadurch sollen die Konfliktparteien einen zusätzlichen Erkenntnis- und Lerngewinn aus dem Verfahren erhalten und diese Erfahrungen weiterhin anwenden können

Vertraulichkeit
- Dazu gehört, dass sich die Beteiligten gegenseitig und im gesetzlichen Rahmen zur Verschwiegenheit verpflichten und keine Informationen aus dem Verfahren weitergeben
- Emotionen als Teil des Konflikts werden akzeptiert
- Mit Einverständnis der Beteiligten kann die Mediatorin, der Mediator bzw. die Beraterin, der Berater Einzelgespräche führen, deren Inhalt den anderen Konfliktparteien grundsätzlich nicht mitgeteilt wird. Abweichungen bedürfen einer ausdrücklichen Vereinbarung zwischen Beteiligten und Mediator*in bzw. Berater*in

1.3.2.3 Mehrwert mediativer Dienstleistungen und Konfliktkompetenz

Neurowissenschaftliche Studien zeigen: größte tägliche Stressoren sind zwischenmenschliche Spannungen, oft am Arbeitsplatz (Almeida, 2005). Wirtschaftsmediation hilft dabei, mehr Einigungen zu finden. Damit wird die Zufriedenheit mit Prozess und Resultat eines Konfliktgesprächs oder konfliktärer Veränderungsprozesse erhöht (Klimecki et al., 2020).

Mediative Dienstleistungen unterstützen demnach, die Effektivität und Effizienz von **Konfliktlösungsverfahren** zu steigern sowie die **Konfliktprävention** zu etablieren. Dies stärkt die **Konfliktkompetenz** von Entscheidungsträger*innen und Mitarbeiter*innen – und in der Folge die **Konfliktkultur** im Unternehmen. Eine hohe Konfliktlösungskompetenz hat wiederum positive Auswirkungen auf die finanziellen Ergebnisse und **Konfliktkosten** des Unternehmens (u.a. Ruppi-Lang, 2021, S. 174 ff.). Abb. 1.1 zeigt diese Zusammenhänge.

Mediative Dienstleistungen adressieren vor allem die **Konfliktkompetenz** in Unternehmen bzw. Organisationen. Dabei verstehen wir als Konfliktkompetenz – in Anlehnung an den allgemeinen Kompetenzbegriff (Heyse, 2024) – eine Verbindung von **Wissen und Können,** jegliche Art von Konflikten erkennen, ansprechen und lösen zu können. Dies kann persönliche und organisationale Ausprägungen haben.

- **Individuelle Konfliktkompetenz** umfasst die Fähigkeiten und die Bereitschaft, mit eigenen Konflikten selbstorganisiert umzugehen (siehe dazu die

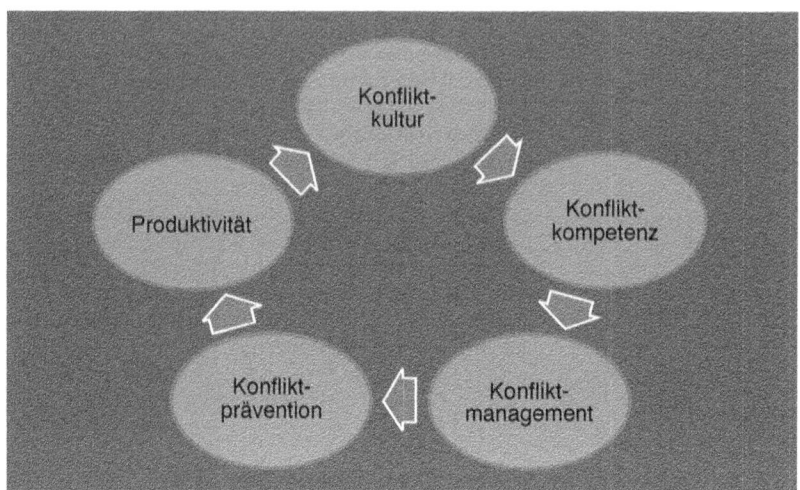

Abb. 1.1 Mehrwert mediativer Dienstleistungen

Ausführungen u. a. bei Kreuser et al., 2012; Gerlach, 2022, S. 13 ff.). Diese ist eine wichtige Grundlage für die organisationale Konfliktkompetenz.
- Geeignete unterstützende mediative Dienstleistungen sind Mediation, Konfliktcoaching und Konflikttrainings.
• **Soziale Konfliktkompetenz** verstehen wir als eine Verbindung von Wissen und Fähigkeiten der Organisationsmitglieder zu einem institutionalisierten Konfliktmanagement, mit klaren **Regelungen, organisatorischen Initiativen und Strukturen** zur Erkennung, Bearbeitung und Lösung von Konflikten. Damit können Konfliktkosten reduziert und eine **konfliktbewusste, verantwortungsvolle und transparente Unternehmenskultur** (siehe dazu Lichtenauer, 2012, S. 30 ff.) gefördert werden.
  Wichtige Rahmenbedingung dafür ist die Bereitschaft von Entscheidungsträger*innen, Ressourcen für den Aufbau von Konfliktmanagement-Systemen im Unternehmen bereitzustellen, die erforderliche Aus- und Weiterbildung zu gewährleisten und den Beteiligten Unterstützung bei der Umsetzung zu bieten. Dabei spielen Maßnahmen zur Konfliktprävention eine entscheidende Rolle.
- Begleitend können mediative Dienstleistungen, wie Fach- und Prozessberatung, systemische Beratung, Organisationsentwicklung, Teamentwicklung oder Führungskräfteentwicklung einen Beitrag zur Erhöhung der Konfliktkompetenz in Unternehmen leisten.

Unternehmen mit Konfliktkompetenz zeigen eine konfliktbewusste, verantwortungsvolle und transparente Unternehmenskultur (Konfliktkultur). Eine hohe Konfliktkompetenz – und damit eine Verantwortungs- und Konfliktlösungskultur – kann u. a. mit folgenden Strukturen und Prozessen in Unternehmen geschaffen und gestaltet werden:

- Benennung und Qualifizierung von Konfliktansprechpartner*innen und Konfliktbeauftragten (z. B. Konfliktlots*innen, Konfliktmoderator*innen, Mediator*innen-Pool),
- Motivation und Unterstützung aller Organisationsmitglieder, Feedback zu geben und Konflikte anzusprechen,
- Führungskräfteentwicklung: z. B. wie Entscheidungsträger*innen reagieren, wenn eine eigene Meinung konstruktiv geäußert wird,
- Strukturiertes Ideenmanagement, Kund*innen-Beschwerdemanagement,
- Risikomanagement mit Risiko-/Konflikt-Scoring,
- Transparente Strategie- und Zielentwicklungsprozesse,
- Regelungen zu Kommunikation und Informationen im Umgang mit Partner*innen, externen Mediator*innen, Berater*innen und Interessensträger*innen.

Insgesamt liegt der **Mehrwert von Konfliktkompetenz in Unternehmen bzw. Organisationen** darin, dass

- Denken und Handeln in Alternativen und damit **Konflikt-(lösungs-)fähigkeit** hergestellt wird,
- **Kooperationen** möglich werden,
- **Vertrauen** erhalten oder wiederhergestellt wird,
- **Transparenz** über Bedürfnisse und Interessen erzeugt wird,
- **Geschäftsbeziehungen** zu Kund*innen und Partner*innen in der Wertschöpfungskette erhalten oder neuorientiert werden können,
- Bewusstsein für **latente Konflikte** und deren rechtzeitige Behandlung geschaffen wird,
- eine positive, selbstbestimmte und eigenverantwortliche **Konfliktkultur** entstehen kann.

Dies führt zu Zeitgewinnen, Kosteneinsparungen und Steigerung der persönlichen und betrieblichen **Produktivität** (siehe zur Analyse und Diskussion von Konfliktkosten u. a. KPMG, 2009; Unternehmerschaft Düsseldorf und Umgebung e. V., 2012 Boos & Fischer, 2023). Mediative Dienstleistungen können einen wesentlichen Beitrag zur Wertschöpfung im Konfliktmanagement leisten. Dies bedingt auch eine Betrachtung ihrer kritischen Faktoren zur Qualitätssicherung in den Kap. 2, 5, 6–9.

1.3.2.4 Erfolgsfaktoren mediativer Dienstleistungen

Mediative Dienstleistungen sollen effektiv und effizient abgewickelt werden. Ihr Erfolg hängt davon ab, welche Erfolgskriterien diesen Zielsetzungen zugrunde liegen (Trenczek et al., 2017, S. 78). Wichtig ist die klare Übereinkunft mit den Kund*innen über Zielsetzungen und Vorgehen, sowie als Prozessberater*in und -begleiter*in dafür zu sorgen, dass Konflikte erkannt werden (wollen), und der Prozess unter Beteiligung aller bearbeitet werden kann – und damit der Weg für Lösungsmöglichkeiten frei wird.

Im Folgenden sind die kritischen Erfolgsfaktoren für mediative Dienstleistungen zusammengefasst:

- **Transparenter Prozess:** Transparenz, effiziente Information und Kommunikation sind Garant für das notwendige Vertrauen und sollen sichergestellt werden.
- **Ergebnisbasierte Leistungsspezifikationen**: Das Prozessdesign muss nicht notwendige Konflikte verhindern, ohne den Diskurs zu unterbinden.
- Möglichkeitsräume für **innovative Lösungsoptionen** sollen geschaffen und akzeptiert werden.
- Anwendung **konfliktpräventiver Maßnahmen** zur Konflikt- und Risikominimierung und Erzielung von Lerneffekten.
- Einbindung aller **relevanten Interessensträger*innen.**
- Die erforderlichen **Ressourcen,** wie Zeit, Finanzierung etc. sollen bereitgestellt werden.
- Sicherstellung von **Kompetenzen** und formaler **Qualifikation** der Dienstleister*innen (siehe Kap. 2, 4).
- **Evaluation** der mediativen Dienstleistung (siehe Kap. 2, 6).
- **Faire und flexible Verträge,** die echte Anreize für die Konfliktlösung bieten, aber auch Änderungen der ursprünglichen Anforderungen während der mediativen Dienstleistung ermöglichen.
- Entwicklung und Einhaltung von **Qualitätsstandards** (siehe Kap. 2).

1.4   Ausblick

Dieser Beitrag hat einen Einblick in die Landschaft mediativer Dienstleistungen gegeben und damit das Spektrum der Wirtschaftsmediation dargestellt. Mediative Kompetenz und professionelles Konfliktmanagement werden zu zentralen Aufgaben im Management, aber auch zur Kompetenzentwicklung von und in Organisationen.

Darüber hinaus bekommt das Stakeholdermanagement einen besonderen Stellenwert. Umfassende, wirkungsvolle und allparteiliche Konfliktklärung und -bearbeitung werden immer wichtiger. Dazu ist es notwendig, alle beteiligten und betroffenen Interessensträger*innen in das Wirtschaftsmediationsverfahren einzubeziehen. Dies erfordert eine mediative Ausbildung nicht nur bei den mediativen Dienstleiter*innen, sondern auch bei den Stakeholdern der Wirtschaftsmediation. Dazu gehören u. a. Kundenorganisationen, internationale Verbände, politische Institutionen, Nichtregierungsorganisationen, Aufsichtsbehörden, um die breite Anwendung und auch Akzeptanz mediativer Dienstleistungen zu fördern.

Kompetenz- und Verfahrensregelungen mediativer Dienstleistungen werden durch Interessenvertretungen national und international zunehmend vereinheitlicht. Das Ziel ist, Wirtschaftsmediation als anerkannte Profession mit einem einheitlichen Rechtsrahmen sowie Verfahrens- und Qualifikationsstandards zu etablieren.

In Zukunft geht es vor allem darum, Wirtschaftsmediation und ihre mediativen Dienstleistungen als nützliche und sinnvolle Formen der Konfliktbearbeitung in der Wirtschaft zu verankern und damit Professionalität im Konfliktmanagement von Organisationen jeder Art zu fördern.

1.5   Key Points

1.5.1   Key Points für Wirtschaftsmediatoren

- Transparenz, effiziente Information und Kommunikation bei der Erbringung mediativer Dienstleistungen sind Garanten für das notwendige Vertrauen bei Auftraggeber*innen und Kund*innen.
- Wirtschaftsmediation kann als richtungsweisende Methode für verschiedene beraterische bzw. mediative Dienstleistungen betrachtet werden. Die Wahl der entsprechenden passenden Dienstleistung ist erfolgsbestimmend.

- Im Rahmen der mediativen Dienstleistungen sollen grundsätzlich die betroffenen und beteiligten Interessensträger*innen in den Prozess einbezogen werden.

1.5.2 Key Points für Kunden

- Professionelles Konfliktmanagement im Organisationskontext wird durch Wissen über relevante mediative Dienstleistungen gefördert. Dadurch werden interne und externe Kooperationen erfolgreich.
- Mediative Dienstleistungen können zu einem strategischen und fundierten Konfliktpräventionsmanagement beitragen und bei der Planung und Implementierung des Präventionssystems und der entsprechenden Maßnahmen unterstützen.
- Der Mehrwert der Inanspruchnahme mediativer Dienstleistungen liegt darin, die Konfliktkompetenz in der Organisation zu erhöhen, eine produktive und proaktive Konfliktkultur im Unternehmen zu gestalten sowie die Konfliktkosten weitgehend gering zu halten.

Literatur

Alexander, N. (2004). Mediation: Ein Metamodell. *Perspektive mediation, 2,* 72–81.

Almeida, D. M. (2005). Resilience and vulnerability to daily stressors assessed via diary methods. *Current Directions in Psychological Science, 14*(2), 64–68.

Berwanger, J. (2024). Unternehmen. https://wirtschaftslexikon.gabler.de/definition/unternehmen-48087. Zugegriffen: 24. Jan. 2024.

Bitzer, B., Liebsch, K., & Behnert, A. (2002). *Betriebliche Konfliktlösung durch Mediation.* I.H. Sauer.

Boos, A., & Fischer, M. (2023). Konfliktkosten in Unternehmen – ein Überblick. https://kultur-wandeln.de/konfliktkosten-in-unternehmen-ein-ueberblick/. Zugegriffen: 24. Jan. 2024.

Duden. (2024a). Mediation. https://www.duden.de/rechtschreibung/Mediation. Zugegriffen: 24. Jan. 2024.

Duden. (2024b). mediieren. https://www.duden.de/rechtschreibung/mediieren. Zugegriffen: 24. Jan. 2024.

Eidenschink, K. (2023). Konfliktsysteme. https://metatheorie-der-veraenderung.info/wpm tags/konfliktsystem/. Zugegriffen: 24. Jan. 2024.

Ennsfellner, I. (2021). Anwendung der ISO 20700 Leitlinien für Unternehmensberatungsdienstleistungen für mediative Dienstleistungen der Wirtschaftsmediation. In C. Fischer-Korp, B. Wisleitner, I. Ennsfellner, M. Ehardt-Schmidinger, C. Pöschl, & M. Hamberger (Hrsg.), *Praxiswissen Wirtschaftsmediation* (S. 181–195). Springer Gabler.

Ennsfellner, I. A. (2022). Unternehmensberatung und Consulting Governance – eine Leistung von Beratern und Kunden. In R. Bodenstein, I. A. Ennsfellner, & J. Herget (Hrsg.), *Exzellenz in der Unternehmensberatung* (S. 41–62). Springer Gabler.

Experts Group WirtschaftsMediation. (2007). Führungskompetenz „Konfliktprävention" Praxistools zur mediativen Unternehmensführung. https://www.wko.at/oe/information-consulting/unternehmensberatung-buchhaltung-informationstechnologie/wirtschaftsmediation/broschuere-fuehrungskompetenz.pdf. Zugegriffen: 24. Jan. 2024.

Fachverband Unternehmensberatung, Buchhaltung und Informationstechnologie. (2023). Berufsbild Unternehmensberatung. https://www.wko.at/oe/information-consulting/unternehmensberatung-buchhaltung-informationstechnologie/unternehmensberatung/berufsbild-unternehmensberatung.pdf. Zugegriffen: 24. Jan. 2024.

Filler, E. (1997). Familienberatung bei Gericht, Kinderbegleitung bei Trennung oder Scheidung der Eltern: Bericht über ein gemeinsames Modellprojekt der Bundesministeriums für Umwelt, Jugend und Familie und des Bundesministeriums für Justiz. In Bundesministerium für Umwelt, Jugend und Familie (Hrsg.). *Neue Wege der Konfliktregelung* (S.123). Verlag Österreich.

Fischer-Korp, C. (2021). Von der Schnittstelle zum Berührungspunkt. Theorie und Praxis von Mediation, mediativen Strategien und Techniken als unterstützende Prozesse. In C. Fischer-Korp, B. Wisleitner, I. Ennsfellner, M. Ehardt-Schmidinger, C. Pöschl, & M. Hamberger (Hrsg.), *Praxiswissen Wirtschaftsmediation* (S. 17–29). Springer Gabler.

Gerlach, F. (2022): Konfliktkompetenz in kreisförmigen Organisationen (Masterarbeit). https://research.wu.ac.at/ws/portalfiles/portal/19015356/Gerlach+Florian+11926047_feinkorrigiert.pdf. Zugegriffen: 21. Jan. 2024.

Glasl, F. (1994). *Konfliktmanagement: Ein Handbuch zur Diagnose und Behandlung von Konflikten für Organisationen und ihre Berater.* Haupt.

Glasl, F. (2003). *Konfliktmanagement in Organisationen.* Freies Geistesleben.

Hamberger, M. (2021). Ist Wirtschaftsmediation gefragter denn je? Und was halten mediative Dienstleistungen für die Zukunft bereit. In C. Fischer-Korp, B. Wisleitner, I. Ennsfellner, M. Ehardt-Schmidinger, C. Pöschl, & M. Hamberger (Hrsg.), *Praxiswissen Wirtschaftsmediation* (S. 223–232). Springer Gabler.

Heyse, V. (2024). Definition Kompetenzen. https://www.kodekonzept.com/wissensressourcen/kompetenzen/. Zugegriffen: 24. Jan. 2024.

Horstmeier, G. (2013). *Das neue Mediationsgesetz.* Beck.

Jiranek, J., & Edmüller, A. (2017). *Konfliktmanagement: Konflikten vorbeugen, sie erkennen und lösen (ebook).* Haufe-Lexburg.

Kals, E., & Ittner, H. (2008). *Wirtschaftsmediation.* Hogrefe.

Kirchhoff, L., & Wendenburg, F. (2014). Professionalisierungsperspektiven – Konfliktmanagement als Dienstleistung als Instrument werteorientierter Unternehmensführung. In U. Gläßer, L. Kirchhoff, & F. Wendenburg (Hrsg.). *Konfliktmanagement in der Wirtschaft: Ansätze, Modelle, Systeme* (S. 473–485). Nomos.

Klimecki, O. M., Vétois, M., & Sander, D. (2020). The impact of empathy and perspective-taking instructions on proponents and opponents of immigration. *Humanities and Social Sciences Communications, 7*(91), 1–12.

Koschany-Rohbeck, M. (2015). *Praxishandbuch Wirtschaftsmediation: Grundlagen und Methoden zur Lösung innerbetrieblicher und zwischenbetrieblicher Konflikte (ebook).* Springer Gabler.

KPMG. (2009). Konfliktkostenstudie: Die Kosten von Reibungsverlusten in Industrieunternehmen. https://www.stephan-lindner.de/wp-content/uploads/2009_Konfliktkosten_R eibungsverluste_in_Unternehmen.pdf. Zugegriffen: 24. Jan. 2024.

Kreuser, K., Robrecht, T., & Erpenbeck, J. (2012). *Konfliktkompetenz: Eine strukturtheoretische Betrachtung*. Springer.

Lenz, C., Berning, D., Will, H.-D., & Trenczek, T. (2017). Mediation in Europa. In T. Trenczek, D. Berning, C. Lenz, & H.-D. Will (Hrsg.), *Mediation und Konfliktmanagement* (S. 649–662). Nomos.

Lichtenauer, B. (2012). Konflikt- und Verantwortungskultur. In Unternehmerschaft Düsseldorf und Umgebung e.V. (Hrsg.). *Best Practice Konflikt(kosten)-Management* (S. 30–33).

Proksch, S. (2018). *Mediation – Die Kunst der professionellen Konfliktlösung (eBook)*. Springer Gabler.

Rosenberg, F. (2001). *Gewaltfreie Kommunikation*. Jungfermann.

Schewe, G. (2024). Organisation. https://wirtschaftslexikon.gabler.de/definition/organisat ion-45094. Zugegriffen: 24. Jan. 2024.

Ruppi-Lang, G. (2021). Wirtschaftsmediation. In U. Wanderer (Hrsg.), *Mediation* (S. 174–199). Linde.

Schwarz, G. (2001). *Konfliktmanagement: Konflikte erkennen, analysieren, lösen*. Gabler.

Trenczek, T. (Hrsg.). (2017a). *Mediation und Konfliktmanagement: Handbuch*. Nomos.

Trenczek, T. (2017a). Außergerichtliches Konfliktmanagement (ADR) und Mediation: Verfahren, Prinzipien und Modelle. In T. Trenczek, D. Berning, C. Lenz, & H.-D. Will (Hrsg.), *Mediation und Konfliktmanagement* (S. 35–63). Nomos.

Trenczek, T., Berning, D., Lenz, C., & Will, H.-D. (2017). Mediation in Deutschland, Österreich und der Schweiz, In T. Trenczek, D. Berning, C. Lenz, & H.-D. Will (Hrsg.), *Mediation und Konfliktmanagement* (S. 64–78). Nomos.

Türk, E. (2021). Teamklärungen durch Klärungshilfe. In C. Fischer-Korp, B. Wisleitner, I. Ennsfellner, M. Ehardt-Schmidinger, C. Pöschl, & M. Hamberger (Hrsg.), *Praxiswissen Wirtschaftsmediation* (S. 31–43). Springer Gabler.

Unternehmerschaft Düsseldorf und Umgebung e. V. (Hrsg.). (2012). Best Practice Konflikt(kosten)-Management: Der wahre Wert der Mediation. https://assets.kpmg.com/content/dam/kpmg/pdf/2013/02/best-practice-konfliktkosten-management-2012-kpmg.pdf. Zugegriffen: 24. Jan. 2024.

Weiler, E., & Schlickum, G. (2012). *Praxisbuch Mediation – Falldokumentationen und Methodik zur Konfliktlösung*. C.H. Beck.

Wisleitner, B. (2021a). Rahmenbedingungen der Wirtschaftsmediation und mediativen Dienstleistungen. In C. Fischer-Korp, B. Wisleitner, I. Ennsfellner, M. Ehardt-Schmidinger, C. Pöschl, & M. Hamberger (Hrsg.), *Praxiswissen Wirtschaftsmediation* (S. 3–16). Wiesbaden: Springer Gabler.

Wisleitner, B. (2021b). Neue virtuelle Welt? Wenn Veränderungen Perspektiven verändern – ein Ausblick. In C. Fischer-Korp, B. Wisleitner, I. Ennsfellner, M. Ehardt-Schmidinger, C. Pöschl, & M. Hamberger (Hrsg.), *Praxiswissen Wirtschaftsmediation* (S. 209–221). Wiesbaden: Springer Gabler.

Gesetze

Verordnung des Bundesministers für Wirtschaft und Arbeit über die Zugangsvoraussetzungen für das reglementierte Gewerbe der Unternehmensberatung einschließlich der Unternehmensorganisation (Unternehmensberatungs-Verordnung). StF: BGBl. II Nr. 94/2003; i.d.F. BGBl. II Nr. 294/2010.

Zivilprozessordnung (ZPO) RGBl 1895 /113 idF BGBl I 2023/77.

Zivilrechts-Mediations-Gesetz (ZivMediatG) BGBl I 2003/29 idF BGBl I 2021/246.

Normen

EN ISO 20700:2019 Leitlinien für Unternehmensberatungsdienstleistungen.

ISO 10003:2018 Qualitätsmanagement – Kundinnen- und Kundenzufriedenheit – Leitfaden für Konfliktlösung außerhalb von Organisationen.

·

Qualitätsstandards und ISO 20700 in der Wirtschaftsmediation

2

Ilse Andrea Ennsfellner

Zusammenfassung

Wirtschaftsmediation hat sich durch Qualifizierung, ethische Standards, Verhaltenskodizes und Normen weiterentwickelt, und wird zusehends aus der Sicht der Anbieter*innen und Nachfrager*innen wahrgenommen. Der weltweite Trend zur Standardisierung hat damit auch vor den mediativen Dienstleistungen nicht Halt gemacht. Wirtschaftsmediation verlangt eine eigenständige Diskussion über Qualitätssicherung, Qualitätsstandards und Reifegrad. An welchen Qualitätsstandards können sich Mediator*innen und Berater*innen bei der Erbringung der mediativen Dienstleistung orientieren? Wie wissen Kund*innen, was sie bei einer effektiven, qualitätsorientierten Wirtschaftsmediation erwartet? Wie kann ISO 20700 bei mediativen Dienstleistungen der Wirtschaftsmediation berücksichtigt werden? Die Antworten darauf sollen mehr Wissen und Transparenz schaffen, was Wirtschaftsmediator*innen leisten und was von ihnen erwartet werden kann.

2.1 Qualitätsperspektive der Wirtschaftsmediation

In diesem Abschnitt wollen wir das allgemeine Qualitätsverständnis auf die Wirtschaftsmediation und mediativen Dienstleistungen übertragen.[1] Denn Qualität ist grundsätzlich subjektiv, individuell und an den Bedürfnissen von

---

[1] Zur Qualität in der Unternehmensberatung siehe Ennsfellner und Fischer (2022, S. 63 ff).

I. A. Ennsfellner (✉)
Ennsfellner Consulting e. U., Breitenfurt, Österreich
E-Mail: ie@ennsfellnerconsulting.eu

© Der/die Autor(en), exklusiv lizenziert an Springer-Verlag GmbH, DE, ein Teil von Springer Nature 2025
I. A. Ennsfellner und G. C. Fürst (Hrsg.), *Exzellente Wirtschaftsmediation*,
https://doi.org/10.1007/978-3-662-69680-4_2

Abb. 2.1 Entwicklung des Qualitätsverständnisses der Wirtschaftsmediation

Kund*innen ausgerichtet. Dies gilt im Besonderen für die Konfliktvermittlung und -bearbeitung sowie die Lösungsfindung und ihre Vereinbarungen.
Zentraler Erfolgsfaktor ist dabei eine systemorientierte Sichtweise auf Wirtschaftsmediation, auch als Grundlage zur Bestimmung von Qualitätskriterien,
Qualitätsstandards und Reifegrad.

2.1.1 Entwicklung und Qualitätsverständnis

Ähnlich wie die Wirtschaft entwickelt sich auch die Wirtschaftsmediation mit
den mediativen Dienstleistungen über den Ansatz der Qualitätssicherung und
Qualitätsstandards zu „Total Quality Management als Exzellenz-Ansatz"[2] unter
Bezugnahme auf Kund*innen und deren Umwelten (siehe Abb. 2.1). War
es anfänglich ein strukturierter Mediations- bzw. Beratungsprozess mit klaren
Aufträgen, adäquaten Interventionsmethoden und qualifizierten Ressourcen mit
Ausbildungsstandards, so steht heute ebenso zur Diskussion, welche Rollen und
Verantwortungen Kund*innen und Kundenorganisationen im Zusammenhang mit
mediativen Dienstleistungen einnehmen.

---

[2] Siehe zu den Begriffen z. B. St. Gallen Business School (2024) und die dort angeführte
Literatur.

Wirtschaftsmediation basiert auf einer interaktiven Kommunikationsbeziehung zwischen Mediator*in bzw. Berater*in[3] und Kund*in. Das „Produkt" ist der Prozess der mediativen Dienstleistung mit dessen Ergebnis der Konfliktlösung, des Konfliktmanagements oder der Konfliktprävention. Die Qualität kann zum Ausdruck kommen, wenn für den Kunden bzw. der Kundin in seiner oder ihrer Wahrnehmung die Qualität des Prozesses und das Mediations- bzw. Beratungsergebnis den Erwartungen entsprechen.

Die **Qualität der Wirtschaftsmediation** wird daher aus Sicht der **Anbieter*innen und Nachfrager*innen** definiert und repräsentiert das Ausmaß, in dem die Ressourcen und der Prozess der mediativen Dienstleistung bzw. dessen Ergebnis die entsprechenden Anforderungen erfüllt. Qualitätsmerkmale sind unter anderem ein exakt definierter Mediations- bzw. Beratungsauftrag, ein klar strukturierter Prozess mit adäquaten Interventionsmethoden und qualifizierten Prozessbeteiligten (Mediationssystem benannt), ebenso wie auf Kundenseite (Kundensystem benannt) die Auswahl kompetenter Dienstleister*innen, der Umgang mit Mediation bzw. Beratung und das Management des Mediations- bzw. Beratungsprozesses durch den Kunden oder die Kundin. Maßgeblich beeinflusst wird die Qualität der mediativen Dienstleistungen durch die Anbieter*innen (Mediatorensystem benannt), insbesondere deren Werthaltungen und Kompetenzen, die Organisation und Steuerung des Beratungsunternehmens und des Wissens sowie durch Kooperationen und Netzwerke ebenso wie Qualitätsstandards der Profession. Ziel von qualitätssichernden Maßnahmen ist es daher, eine partnerschaftliche, systematische Zusammenarbeit zwischen dem Mediatorensystem und dem Kundensystem mit dessen Umwelten sicherzustellen. Jedes Teilsystem leistet seinen Beitrag und ist für das Gesamtergebnis verantwortlich.

> **Qualität der Wirtschaftsmediation = ƒ Interaktion x Prozess x Ressourcen x Ergebnis x Nachhaltigkeit**
>
> • Qualität der Wirtschaftsmediation kann verstanden werden als die **Beschaffenheit der gesamten Interaktionen mit dem Kundensystem**, mit dem Ziel, die Anforderungen der Kund*innen und dessen Umwelten (Interessensträger*innen bzw. Stakeholder) in Bezug auf Konfliktlösung, Konfliktmanagement oder -prävention zu erfüllen, insbesondere

---

[3] Im Folgenden wird der Begriff Mediator*in verwendet im Sinne von Anbieter*in von Mediation und Berater*in im Sinne von Anbieter*in von mediativen Dienstleistungen. Siehe dazu auch die Ausführungen in Kap. 1.

- auf Basis der **Prozess-Struktur** und adäquaten Methoden,
- auf Basis der **Ressourcen** mit deren Haltung, Werten und Kompetenzen – aufseiten der Mediator*innen bzw. Berater*innen und der Kund*innen,
- um daraus konkrete **Ergebnisse** zur Konfliktbewältigung und -lösung sowie des Konfliktmanagements und der Konfliktprävention in ausgewogener Form und langfristig – und damit **nachhaltig wirksam** für die Beteiligten (in Anlehnung an EFQM, 2019, S. 16; ISO 20700, 2019, 4.4.2) – zu erzielen.

• Hohe Qualität mediativer Dienstleistungen kann gewährleistet werden, wenn die erforderlichen **Ressourcen** (Qualifikation, Kompetenz), **Haltung** (Werte, Verhalten, Kultur), **Gestaltungshebel** (Prozess-Struktur, Interventionsmethoden) und **Wirkungen** (Ergebnisse, Nutzen) aufseiten des **Mediatorensystems und im Kundensystem** gewährleistet sind.

2.1.2 Systeme der Wirtschaftsmediation

Ein Konflikt kann auch systemtheoretisch als eine bestimmte Art der Kommunikation eines negativ abgegrenzten oder positiv formulierten Systems betrachtet werden (siehe die Ausführungen bei Meynig, 2005, 2.3). Stabile Kommunikationsprozesse und ihre Interaktion sind die essentiellen Komponenten, um mit der Kundin oder dem Kunden das gewünschte Ergebnis zu erzielen. Grundlegend dafür ist die strukturelle Verschränkung bzw. Interpenetration zweier Systeme, des personalen und des sozialen Systems.

In der Wirtschaftsmediation mit ihren mediativen Dienstleistungen wirken das personale und sozialen System ineinander.

• Im **personalen Konfliktsystem** geht es um die eigenen, individuellen Werte, Erwartungen und Wahrnehmungen der jeweiligen Konfliktbeteiligten, aber auch der mediativen Dienstleister*innen. Interpretationen, Verständnis und Verständigung dieser Elemente werden jedoch erst durch Kommunikation und Interaktion möglich (in Luhmann's Systemtheorie durch Kondensierung und Konfirmierung, d. h. Abgrenzung gegenüber anderen und durch Bestimmung und Bestätigung derselben; siehe dazu Meynig, 2005). Dabei fließen die personalen Elemente, insbesondere die Wahrnehmungen, als zu transzendierende

Bedingungen der Kommunikation in den Prozess ein und werden über das soziale System bearbeitbar und gestaltbar.

- Das **soziale Konfliktsystem** besteht aus Kommunikationen, im Sinne von Information, Mitteilung und Verstehen worüber Verständnis wie Missverständnis hinsichtlich des Konflikts analysiert werden können. Es beinhaltet aber auch kommunizierte Widersprüche. Denn soziale Konfliktsysteme haben eine „Vorliebe" für Widersprechen, Abwerten, Verneinen, Ablehnen, Drohen, Unterwerfen, Anschuldigen, Verallgemeinern – und benötigen daher Nicht-Widerspruch durch Eingrenzung von außen (Eidenschink, 2023). Dabei ist das soziale System mit dem personalen System der jeweiligen Konfliktbeteiligten und Mediator*innen bzw. Berater*innen **strukturell gekoppelt** (Maturana & Varela, 1985, zit. aus Wenniger, 2023), indem sie aufeinandertreffen, sich wechselseitig beeinflussen und sich immer wieder zu strukturellen Veränderungen anregen. Die strukturellen Veränderungen bewegen sich tendenziell in eine gemeinsame Richtung, es kommt zu einer „Co-Evolution", einem Aufeinander-Zugehen, einem Angleichen, einer Passung (Wenniger, 2023).

In diesem Sinne erfolgt die Auseinandersetzung mit dem Denken, Fühlen und Handeln sowohl auf der individuellen Ebene bei den Beteiligten auf der Kund*innenseite, als auch auf der Mediator*innen- bzw. Berater*innenseite, da diese auch aus ihrer individuellen Wirklichkeit heraus agieren oder beraten. Das Geschehen im Mediations- bzw. Beratungsprozess selbst wirkt wiederum auf den Mediator bzw. Berater oder die Mediatorin bzw. die Beraterin zurück und beeinflusst sie in ihren Sichtweisen und dem weiteren Vorgehen. Treffen Mediator*innen bzw. Berater*innen Annahmen oder Aussagen in Bezug auf das Kundensystem, haben diese wieder Auswirkungen auf die eigene Wahrnehmung und Haltung und vice versa (Ellebracht et al., 2018). Diese Schleifen sollen regelmäßig reflektiert werden.

Wenn sich also die Wahrnehmungswelten und die Kommunikationen auf Kund*innen- und Mediator*innen- bzw. Berater*innenseite angleichen, kann ein **gemeinsames Bezugs- und Verständnissystem** mit dem Kunden bzw. der Kundin erreicht werden und in der Folge eine funktionsfähige Kund*innen-Mediator*innen- bzw. Berater*innen-Beziehung entstehen. Dabei sollen auch die Umwelten mit ihren Rahmenbedingungen sowie die beteiligten oder betroffenen Interessensträger*innen einbezogen werden.

Um Arbeitsfähigkeit herzustellen und die Grundlagen für eine Konfliktbearbeitung und -lösung in der Wirtschaftsmediation zu schaffen, sind
folgende Fragen grundlegend:

- Sind die Ziele klar und übereinstimmend unter allen Beteiligten und
  Betroffenen[4]?
- Welche Erwartungen bestehen hinsichtlich des Prozesses?
- In welchen Bereichen ist Widerstand zu erwarten?
- Welche weiteren Interessensträger*innen (Stakeholder) haben Einfluss
  auf den Prozess und das Ergebnis? In welcher Form sollen sie einbezo-
  gen werden?
- Sind die geplanten und vereinbarten Maßnahmen für alle Beteiligten und
  Betroffenen sinnvoll und zweckmäßig?
- Welche Feedbackschleifen sind wann geplant?

Auf Basis der strukturellen Koppelung des personalen und sozialen Systems
sind die Determinanten der Wirtschaftsmediation systembedingt bezogen auf
die Mediator*innen bzw. Berater*innen, die Kund*innen, den Mediationsprozess
bzw. den Prozess der mediativen Dienstleistungen sowie die Umwelten und relevanten Interessensträger*innen. In diesem Sinne findet Wirtschaftsmediation auf
mehreren Ebenen statt:

- **Anbieter*innen:** dem Mediator*innen- bzw. Berater*innensystem (Mediato-
  rensystem),
- **Nachfrager*innen:** den Kund*innen bzw. Mediand*innen (Kundensystem),
- **Prozess:** dem Mediationsprozess bzw. Prozess der mediativen Dienstleistun-
  gen (Mediationssystem) und den
- **Rahmenbedingungen** und **Umwelten.**

Die Zusammenhänge sind in Abb. 2.2 dargestellt. Wirtschaftsmediation findet
immer in sozialen, selbstreferenziellen Systemen (Mediatorensystem, Mediationssystem, Kundensystem) und im Austausch mit den relevanten Umwelten statt.
Diese Systeme sind komplex, haben Grenzen und weisen hinsichtlich ihrer Strukturen und Prozesse Ordnung auf. Diese Strukturen, Prozesse und Ordnungen

---

[4] Vonseiten der mediativen Dienstleister*innen sollte geklärt werden, wer beteiligt und wer
betroffen ist, und inwieweit diese Parteien in die Mediation oder ggf. erst Rahmen des
weiteren Stakeholdermanagements einzubeziehen sind.

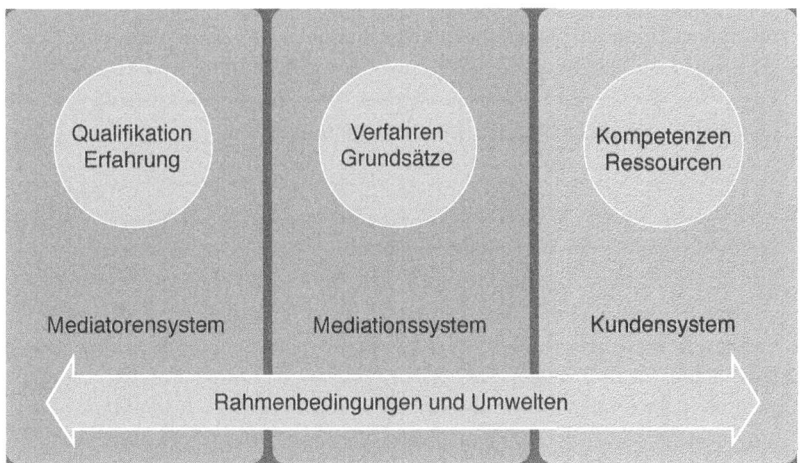

Abb. 2.2 Systeme der Wirtschaftsmediation

spiegeln sich wider in den Qualitätskriterien und können in ein Reifegradmodell integriert werden.

Das **Mediatorensystem** gestaltet die Beziehungen zu den Kund*innen, aber auch der Mediator*innen bzw. Berater*innen untereinander, und wählt den methodischen prozessualen Zugang, der den Beitrag des Mediators bzw. der Mediatorin oder des Beraters bzw. der Beraterin zur Konfliktvermittlung und -lösung sowie die Integration der Kund*innen am Prozess bestimmt.

• **Qualitätskriterien** umfassen die Erfahrungen, Kompetenzen und Qualifikation der Mediator*innen bzw. Berater*innen zur Konfliktvermittlung, -bearbeitung und -lösung sowie die Werthaltungen der Mediator*innen und Berater*innen.

Das **Kundensystem** wiederum schafft die Voraussetzungen, die Wirtschaftsmediation und ihre mediativen Dienstleistungen erst möglich machen: Zieldefinition, Auswahl der Mediator*innen bzw. Berater*innen, Erwartungen an den Mediator bzw. Berater oder die Mediatorin bzw. Beraterin und den Mediationsprozess, Bereitstellung von Ressourcen, Lern- und Kooperationsbereitschaft, Beteiligung am Prozess der Mediation bzw. der mediativen Dienstleistungen und den Interaktionen sowie Klarheit über Auftragsvergabebedingungen.

- **Qualitätskriterien** dafür sind die Kompetenzen und Erfahrungen mit Wirtschaftsmediation auf Kund*innenseite, aber auch die Einführung und Steuerung von Konfliktmanagement-Systemen sowie Konfliktprävention, z. B. auf Basis von Werte- und Normensystemen, ebenso wie die personellen und finanziellen Möglichkeiten der Kundenorganisation.

Kundenbegriff in der Wirtschaftsmediation

Für die mediativen Dienstleistungen stellt sich die Frage, wer denn der eigentliche Kunde bzw. die Kundin in einem Mediations- oder Beratungsprozess ist und ebenso, ab welchem Zeitpunkt eine Person oder ein Unternehmen zum Kunden oder einer Kundenorganisation (Kundensystem) wird: Wenn ein Interesse für die Konfliktvermittlung oder Konfliktbearbeitung besteht? Bei Angebotslegung oder Vertragsabschluss? Es wird davon ausgegangen, dass Mediation oder Beratung mit dem Erstkontakt des Nachfragers der Mediations- bzw. Beratungsleistung stattfindet. Daher wird nicht spezifisch zwischen „Interessent" und „Kunde" unterschieden.

Schein (1997, 1 f.) und Bamberg (2006, S. 55 f.) unterscheiden zwischen verschiedenen Basistypen von Kunden, auch Kundensystem genannt, die auch für die Wirtschaftsmediation in Betracht gezogen werden können.

- **Erstkontakt–Kunde:**
  wendet sich an den Mediator bzw. die Mediatorin oder den Berater bzw. die Beraterin mit einem Konfliktanliegen oder Problem. Die Verantwortung ist es, eine*n Auftraggeber*in zu finden, wenn diese Rolle nicht von ihm oder ihr übernommen werden kann. In der Regel ist der Erstkontakt-Kunde auch „Intermediär-Kunde" und damit umsetzungsverantwortlich.
  Von Seiten der Mediator*innen und Berater*innen ist mit dem Erstkontakt-Kunden zu klären, mit wem die Vertragsverhandlungen für die mediativen Dienstleistungen zu führen sind, und wer in den Auftragsklärungsprozess eingebunden werden soll.
- **Primär–Kunde:**
  ist Auftraggeber*in der Mediations- bzw. Beratungsleistungen, hauptverantwortlich für die Auswahl des Mediators bzw. der Mediatorin und des Beraters bzw. der Beraterin sowie die Bereitstellung erforderlicher personeller und finanzieller Ressourcen.

Beim *Mediationsverfahren* gilt insbesondere die Vertraulichkeit. Der Auftraggeber bzw. die Auftraggeberin muss vom vertraglichen Ergebnis der Konfliktparteien nicht informiert werden. Sollten jedoch Ressourcen für die Umsetzung der Vereinbarungen oder organisatorische Änderungen bzw. Anpassungen erforderlich werden, ist für die Bereitstellung der Ressourcen und die Umsetzung der Maßnahmen wieder der Auftraggeber oder die Auftraggeberin verantwortlich.

Bei *Beratungsleistungen* zur Konfliktbewältigung, -lösung oder -prävention wird der Auftraggeber bzw. die Auftraggeberin regelmäßig über den Fortschritt von Maßnahmen und Ergebnissen – als Teil des Beratungsprozesses – informiert und je nach vertraglicher Vereinbarung die Zustimmung eingeholt.

- **Intermediär–Kunde (Konfliktpartei** oder **Konfliktparteien,** auch **Mediand** oder **Medianden** genannt):**
  ist am Konfliktlösungsprozess maßgeblich beteiligt und involviert, verantwortlich für die Planung der Leistungen und ihrer Umsetzung, die Zusammenarbeit mit dem Berater bzw. der Beraterin sowie Mediator bzw. Mediatorin und die Sicherstellung einer effektiven und effizienten Kommunikation zwischen den unterschiedlichen Kund*innengruppen – auf Basis der oben diskutierten Vertraulichkeitserfordernisse.

- **Interessensträger*innen (Stakeholder):**
  sind Personen oder Organisationen, die eine Entscheidung oder Maßnahmen zur Konfliktbewältigung, -lösung oder -prävention beeinflussen können, die davon beeinflusst sein können, oder die sich davon beeinflusst fühlen können (ISO 10003, 2018, 3.11), wie beispielsweise weitere Personen in der Organisation, Partner*innen, Behörden, Gerichte, aber auch Berufsvertretungen, Aus- und Weiterbildungsinstitutionen, Wissenschaft, Gesellschaft.

Das **Mediationssystem** umfasst den Kommunikationsprozess „Kundin- bzw. Kunde-Mediator*in bzw. -Berater*in" im Sinne des Prozesses der mediativen Dienstleistungen mit Faktoren wie Inhalte, Kontexte, Problemsicht und Lösungsart. Im Mediationsprozess entwickeln sich gemeinsame Erwartungen, Werte, Verhaltensweisen und Wissensvorräte – die es nur in diesem sozialen System zwischen Mediator*in bzw. Berater*in und Kundenorganisation gibt.

- **Qualitätskriterien** dafür sind Kompetenzen zur professionellen Strukturierung der Prozesse sowie Vertrauensbildung, Vertragsgestaltung, Veränderungsmanagement und Wissen, wie Organisationen entstehen, funktionieren und
  sich weiterentwickeln.

Die **Rahmenbedingungen** und **Umwelten** umfassen die Grundvoraussetzungen,
unter denen die Wirtschaftsmediation stattfinden kann. Hierzu gehören die rechtlichen und vertraglichen Rahmenbedingungen, ebenso wie das wirtschaftliche,
gesellschaftlich-politische und technologische Umfeld.

Die Identifikation und Analyse eines Konfliktes können somit nicht alleine
vonseiten der Mediatorin oder des Mediators bzw. der Beraterin oder des
Beraters ausreichend durchgeführt werden. Hintergründe und Zusammenhänge
können nur gemeinsam, in Interaktion mit den Kund*innen, geklärt werden.
Beide Systeme, das Mediatorensystem und das Kundensystem sollen einander
im Mediationssystem „koppeln" und dabei die Rahmenbedingungen und Umwelten berücksichtigen. Gelingt dies, schafft es die Voraussetzungen für gelingende
Kund*innen-Mediator*innen- bzw. Berater*innen-Beziehungen. Dies kann auch
als Reifegrad der Wirtschaftsmediation bezeichnet werden.

Das **Reifegradmodell** im Kap. 9 basiert auf dem gewählten systemischen
Ansatz der Betrachtung unterschiedlicher Teilsysteme, d. h. der Qualität im
Mediatorensystem, des Mediationssystems, im Kundensystem und in Bezug auf
Rahmenbedingungen und Umwelten – mit den entsprechenden Qualitätskriterien. Dabei wird auch auf die Qualitätsstandards mediativer Dienstleistungen
Bezug genommen, die im folgenden Kapitel klassifiziert und in den Kap. 5–8
im Detail dargestellt, analysiert und diskutiert werden. Dies soll eine verständliche und praxisorientierte Anwendung des Reifegradmodells für Mediator*innen
bzw. Berater*innen ebenso wie für Kund*innen ermöglichen – zur Sicherstellung
der Qualität mediativer Dienstleistungen.

2.2   Qualitätsstandards der Wirtschaftsmediation

Wirtschaftsmediation hat sich in den letzten Jahrzehnten neben gesetzlichen
Regelungen international durch Standards in den Bereichen der Qualifizierung,
ethischer Richtlinien, Verhaltenskodizes und Normen weiterentwickelt, nicht
zuletzt auch deshalb, weil Kund*innen nachweisbare Qualität in der Konfliktlösung und dem Konfliktmanagement immer wichtiger wird. Berufsverbände sind
dabei die treibende Kraft. Standards sind jedoch nicht nur qualitätssichernde

Grundlagen für Mediations- und Beratungsqualität, sie tragen auch wesentlich zur Qualität und zum Image der jeweiligen Profession bei.

► **Definition**
Der Definition nach ist ein **Standard** im weitesten Sinne das Ergebnis einer Vereinheitlichung (z. B. von Qualifikationsanforderungen, Produkten und Dienstleistungen sowie deren Prozesse), die für ein bestimmtes System (z. B. Unternehmen, Branche oder Wirtschaftsraum) und unterschiedliche geographische Bereiche (regional, national, europäisch oder international) Gültigkeit besitzt.
Standards sind Empfehlungen, deren Anwendung grundsätzlich **freiwillig** ist. Die Anwendung und Einhaltung spezieller Standards kann jedoch auch **vertraglich vereinbart** werden (Internal Market, Industry, Entrepreneurship and SMEs, 2024).

Dabei wird immer wieder die Frage gestellt, ob das Konzept von Standards auf Mediation und weitere mediative Dienstleistungen anwendbar und akzeptiert ist. Denn Mediation und mediative Dienstleistungen werden grundsätzlich flexibel auf die Bedürfnisse der Konfliktparteien in einem spezifischen Fall angepasst.[5]
Jedoch: Welche Bereiche der Mediation national und international vereinheitlicht bzw. standardisiert werden können, ist dem Grunde nach in der Richtlinie 2008/52/EG (auch „EU-Mediationsrichtlinie") angeführt.

EU-RICHTLINIE 2008/52/EG DES EUROPÄISCHEN PARLAMENTS UND DES RATES, Artikel 4: Sicherstellung der Qualität der Mediation

(1) Die Mitgliedstaaten fördern mit allen ihnen geeignet erscheinenden Mitteln die Entwicklung und Einhaltung von freiwilligen Verhaltenskodizes durch Mediatoren und Organisationen, die Mediationsdienste erbringen, sowie andere wirksame Verfahren zur Qualitätskontrolle für die Erbringung von Mediationsdiensten.
(2) Die Mitgliedstaaten fördern die Aus- und Fortbildung von Mediatoren, um sicherzustellen, dass die Mediation für die Parteien wirksam, unparteiisch und sachkundig durchgeführt wird.

---

[5] Siehe zu den Begriffsklärungen „Mediation" und „mediative Dienstleistungen" die Ausführungen bei Kap. 1.

Wenn demnach von Standards in der Wirtschaftsmediation gesprochen wird, kann sich die „Vereinheitlichung" zunächst auf ein **Branchenverständnis von Qualifikationsanforderungen** von Dienstleister*innen der mediativen Dienstleistung beziehen, sowie auf das **Verfahren der mediativen Dienstleistung**, auf Basis gesetzlicher Regeln und relevanter (ggf. normativer) Branchenstandards abgewickelt wird. Wesentlich für eine erfolgreiche mediative Dienstleistung sind somit die Orientierung an – freiwilligen – Verfahrensstandards und überindividuellen Grundsätzen sowie die Sicherstellung der Qualifikation der Dienstleister*innen, ebenso wie die Professionalisierung mediativer Dienstleistungen durch **Berufsvertretungen.**

Darüber hinaus tragen auch **Qualitätssicherungsbestrebungen** auf **Kund*innenseite** wesentlich für das Konfliktmanagement und die Konfliktprävention in Organisationen bei.

In diesem Zusammenhang kann man Qualitätsstandards für die Wirtschaftsmediation in Bezug auf die vier Systeme gemäß Abschn. 2.1.2 – Mediatorensystem, Mediationssystem, Kundensystem, Rahmenbedingungen und Umwelten – betrachten.

Insofern können verschiedene Kategorien von Qualitätsstandards bei mediativen Dienstleistungen klassifiziert werden – u. a. auf Basis von rechtlichen Grundlagen und Normen, welche eine wesentliche Grundlage für die Standardisierung darstellen:

1. **Verfahrensstandards:**
   - zur Regelung des Mediationsverfahrens und der Prozesse mediativer Dienstleistungen mit ihren Grundsätzen (Qualitätsstandards für das Mediationssystem)
2. **Standards** für **Dienstleister*innen** der mediativen Dienstleistung**:**
   - zur Regelung des Berufszugangs und der Qualifikationsanforderungen (Qualitätsstandards für das Mediatorensystem)
   - in Bezug auf Rahmenbedingungen und Umwelten (Qualitätsstandards von Berufsvertretungen)
3. **Qualitätssicherungs-Standards** für **Kundenorganisationen:**
   - zur Regelung von **Konfliktmanagement** und **Konfliktprävention in Organisationen** (Qualitätsstandards für das Kundensystem).

2.2.1 Qualitätsstandards für das Mediationssystem

Die Auswahl und der Prozess des Mediationsverfahrens sowie die Dienstleistungen zur Konfliktbearbeitung und -prävention sollten nicht rein intuitiv oder gewohnheitsorientiert, sondern **kriteriengeleitet** erfolgen. Diese Kriterien sollen auf Standards basieren sowie auf einfachen praxisorientierten Checklisten (Gäßler et al., 2014, S. 23).

Im Sinne einer Qualitätssicherung sollte der Prozess der Durchführung des Mediationsverfahrens sowie der mediativen Dienstleistungen somit nicht vollständig im Belieben des Dienstleisters liegen. Vielmehr sollte der Ablauf des Verfahrens und die Rolle des Dienstleisters durch **Verfahrensstandards** definiert und den **Betroffenen transparent** gemacht werden (Gäßler et al., 2014, S. 23; Richtlinie 2008/52/EG).

Beispiel

Verfahrensstandards bestimmen, wann und wie eine Mediation beginnt, welche Regeln und Prinzipien, insbesondere der Vertraulichkeit und Kommunikation, angewendet werden sowie den Umgang mit Risiken, wenn sich Konfliktparteien auf bestimmte prozessuale Themen, wie Ort, Dauer, Sprache etc. nicht einigen können.

Die Verfahrensstandards sollten im Sinne der Qualitätssicherung auch eine die grundsätzliche Vertraulichkeit des Mediationsverfahrens berücksichtigende konsequente Dokumentation der Konfliktbearbeitung und ihrer Ergebnisse vorsehen.

Praxisbeispiel:

- Zwischen den an der Mediation Beteiligten wird zu Beginn des Mediationsverfahrens ein Arbeitsbündnis – im Sinne eines Mediationsvertrages – abgeschlossen
- Die Konfliktparteien und der Mediator bzw. die Mediatorin verpflichten sich schriftlich zur Vertraulichkeit
- Die erzielte Einigung kann mit Zustimmung der Konfliktparteien in einer Abschlussvereinbarung dokumentiert werden◄

▶ **Wichtig**
Wesentlich für eine erfolgreiche mediative Dienstleistung sind die Orientierung an – freiwilligen – **Verfahrensstandards** (im Sinne des

Prozesses der mediativen Dienstleistung) mit ihren **Grundsätzen**
und die Sicherstellung der **Qualifikation** der Dienstleister*innen.

Wenn demnach bei mediativen Dienstleistungen der Wirtschaftsmediation von
Verfahrensstandards gesprochen wird, kann sich die „Vereinheitlichung" auf folgende Themenbereiche beziehen (siehe dazu u. a. Tümpel, 2014, S. 93 ff.; Lenz
et al., 2017a, S. 470; Letzel & Trenczek, 2017, S. 433 ff.):

- **Prozess**
  Verfahrensstandards umfassen einerseits den Prozess der Durchführung der
  mediativen Dienstleistung (Mediationsverfahren, Beratungsprozess zur Konfliktlösung und Konfliktprävention) – auf Basis entsprechender Grundsätze.
- **Grundsätze**
  Mediative Dienstleistungen und ihre Prozesse benötigen einen verbindlichen
  Orientierungsrahmen, der sich in Grundsätzen bzw. Prinzipien manifestiert.
  Diese Grundsätze, wie Freiwilligkeit, Vertraulichkeit, Allparteilichkeit, Eigenverantwortlichkeit etc. sind überblicksmäßig in den §§ 16, 17 und 18 des
  österreichischen Zivilrechts-Mediationsgesetzes sowie in den §§ 1 und 2
  des deutschen Mediationsgesetzes angeführt (siehe näher die Diskussion in
  Kap. 4).
  Darüber hinaus listet **ISO 20700** (2019, S. 11 ff.) Grundsätze für die effektive Abwicklung eines Beratungsprozesses auf. Diese Grundsätze können auch
  auf die mediativen Dienstleistungen der Wirtschaftsmediation bezogen werden
  (siehe Abschn. 2.3).
  Die Ausgestaltung von Verfahrensstandards der Wirtschaftsmediation kann
  mannigfaltig sein, und richtet sich nach den nationalen und betrieblichen
  Gegebenheiten. So können Verfahrensstandards
  - in relevanten **Gesetzen** geregelt sein (siehe dazu die Ausführungen für
    Österreich, Deutschland und der Schweiz im Kap. 4),
  - aber auch in der Wirtschaftsmediation zugrunde liegenden relevanten **Bran-
    chenstandards,** wie dem Beratungsstandard ISO 20700 für die Unterneh-
    mensberatung (siehe dazu Ennsfellner, 2020; Bodenstein, 2022, S. 129 ff.;
    Abschn. 2.3) enthalten sein,
  - **betriebsintern** festgelegt werden, und
  - ebenso als Regelungen nationaler und internationaler **Verbände** gelten. Im
    Bereich der internationalen Wirtschaftsmediation wurden Verfahrensregeln
    für Mediationen von Institutionen wie der *Internationalen Handelskam-
    mer (ICC)*, dem *International Center for Dispute Resolution (ICDR)* oder
    der *World Intellectual Property Organisation (WIPO)* sowie auf nationaler

Ebene u.a. durch die *Deutsche Institution für Schiedsgerichtsbarkeit (DIS)* ausgearbeitet (Tümpel, 2014, 94 f.) Siehe dazu näher Kap. 11.

▶ **Wichtig**
Die Wahl der Methoden in der Mediation bzw. bei mediativen Dienstleistungen soll weiterhin bei den Dienstleister*innen liegen und nicht als generelle Regelung standardisiert werden. Damit sind der Raum und Rahmen für Innovation und Differenzierung für die mediativen Dienstleister*innen gewährleistet.

2.2.2 Qualitätsstandards für das Mediatorensystem

Die mediative Dienstleistung der Wirtschaftsmediation wird von fachlich aus-gebildeten, allparteilich agierenden **„Dienstleister*innen"** in der Rolle von **Vermittler*innen** zur Förderung der Kommunikation, Kooperation und Lösungs-findung zwischen den Konfliktbeteiligten bzw. Konfliktparteien ebenso wie zur Konfliktprävention systematisch erbracht.

Wirtschaftsmediator*innen haben einen Grundberuf und bringen ihre Kompe-tenz in die mediative Dienstleistung ein. Diese Dienstleister*innen können in der Wirtschaftsmediation geschulte – externe – Schiedsrichter*innen, Rechts-anwält*innen, Notar*innen, Wirtschaftstreuhänder*innen, Ziviltechniker*innen (Trenczek et al., 2017, S. 74 f.; Gäßler et al., 2014, S. 23) sein, ebenso wie Unternehmensberater*innen, die auf Konfliktcoaching, Konfliktmanagement und Konfliktprävention spezialisiert sind (Fachverband Unternehmensberatung, Buchhaltung & Informationstechnologie, 2023), oder auch interne Konfliktan-laufstellen, wie die Personal- oder Rechtsabteilung sowie Konfliktbeauftragte in Unternehmen. Gleiches gilt für Personen, die im Rahmen einer Praxisausbil-dung bei einem Mediator bzw. einer Mediatorin oder einem Berater bzw. einer Beraterin unter dessen bzw. ihrer Anleitung tätig sind.

Qualitätsstandards für das Mediatorensystem umfassen die Regelungen des Berufszuganges (Berufsrecht) von Dienstleister*innen der Wirtschaftsmediation sowie deren Qualifikationsanforderungen – in Bezug auf die Mediation und den zugrunde liegenden Beratungsberuf.

* **Regelungen des Berufszugangs (Berufsrecht):**
  Die rechtliche Grundlage für die Tätigkeit und die Registrierung bzw. Zertifi-zierung als **Mediator*in** in Österreich, Deutschland und der Schweiz sind in

den jeweiligen Mediationsgesetzen geregelt (zu Berufsrecht und Zulassungs-
voraussetzungen für Mediator*innen siehe u. a. Berning, 2017, S. 452 ff.; Lenz
et al., 2017b, S. 651; Kap. 4).

Für die **Unternehmensberatung** ist die Legitimation nur in Österreich
gegeben. Gesetzlich geregelte Zugangsvoraussetzungen, formale Mindestaus-
bildung sowie Mindesterfahrung in der beruflichen Praxis machen Unternehmensberatung in Österreich zu einer institutionalisierten Profession. In
Deutschland und der Schweiz bestehen weder besondere Vorschriften zur
Berufsausübung noch ein gesetzlicher Schutz des Titels Unternehmensberater. Die jeweiligen Berufsverbände erarbeiten jedoch einheitliche Berufsbilder
mit Empfehlungen zu spezifischer Berufsaus- und Weiterbildung (siehe dazu
Ennsfellner & Herget, 2022, S. 201 ff.).

• **Qualifikationsanforderungen:**
  Für die Planung und Durchführung des Mediationsverfahrens sowie mediativer
  Dienstleistungen sollen qualifizierte Dienstleister*innen zur Verfügung stehen.
  Die Richtlinie 2008/52/EG gibt nicht vor, dass Mediator*innen bestimmte
  fachliche Anforderungen erfüllen müssen. Vielmehr sollen nationale gesetzliche Regelungen und Verbände sicherstellen, dass Mediator*innen über eine
  fundierte **Mediationsausbildung** verfügen, die Berufsregeln einhalten und
  sich laufend weiterbilden. Einen Einblick in die entsprechenden (gesetzlichen)
  Regelungen in Österreich, Deutschland und Schweiz gibt Kap. 4.

Qualifikationsanforderungen für Mediator*innen in Österreich

Für Mediator*innen gibt es eine gesetzliche Grundlage zur Qualifikation. Laut Zivilrechts-
mediationsgesetz (öZivMediatG 2003) sind die Ausbildungseinheiten und die jährlichen
Fortbildungseinheiten für Konfliktschlichtungsverfahren im Zivilrecht vorgeschrieben und
werden vom Justizministerium überprüft. Diese Mediator*innen können sich „Eingetragene
Mediatoren" nennen.

In der Wirtschaftskammer Österreich sind die Wirtschaftsmediator*innen in der **Experts
Group WirtschaftsMediation** des Fachverbands Unternehmensberatung, Buchhaltung und
Informationstechnologie organisiert. Die Mitglieder haben einen aufrechten Gewerbeschein
der Unternehmensberatung und sind in der Liste des Bundesministeriums für Justiz eingetragen (" Eingetragene Mediatoren).

Die Aus- und Weiterbildungsangebote für die verschiedenen Bereiche der Mediation
müssen in Österreich vom Justizministerium zertifiziert sein. Dadurch ist gewährleistet, dass
die eingetragenen Mediator*innen eine fundierte Ausbildung absolviert haben und sich laufend weiterbilden. Um das auch überprüfen zu können, kann die Mediatorenliste des Justiz-
ministeriums online eingesehen werden.

Damit können auch die potentiellen Auftraggeber*innen sicher sein, dass entsprechend
ausgebildete Mediator*innen ihre Leistungen am Markt anbieten und diese nachgefragt werden können.

Es gibt Bestrebungen, insbesondere von nationalen und internationalen Verbänden, wie das *„International Mediation Institute (IMI)"*, die Ausbildung, die Kompetenzen und das Verhalten von Mediator*innen zu standardisieren und durch Zertifizierungen bzw. Akkreditierungen vergleichbar zu machen. Siehe dazu näher Kap. 11.

Qualifikationsanforderungen mediativer Dienstleister*innen betreffen darüber hinaus auch den **Grundberuf** der Wirtschaftsmediation auf Basis der nationalen gesetzlichen, gewerblichen oder normativen Regelungen.

Sind Wirtschaftsmediator*innen in der **Unternehmensberatung** tätig, verfügen sie vor allem über Beratungspraxis und unterschiedlichste Branchenkenntnisse. Dies ist insbesondere von Vorteil, wenn neben personalen Konflikten ebenso strukturelle Konflikte in Organisationen zu lösen sind.

Qualifikation in der Unternehmensberatung

In vielen Ländern ist die Regelung der Berater*innenkompetenz dem Vertragsverhältnis zwischen Auftraggeber*in und Auftragnehmer*in vorbehalten und unterliegt damit dem jeweiligen nationalen Recht. Daneben gibt es zahlreiche Aus- und Weiterbildungsmaßnahmen zu unterschiedlichen Kompetenzen mit Zertifizierung, vielfach forciert durch die nationalen und internationalen Berufsverbände.

Ein Modell für Qualifikationsnachweise von Berater*innen ist das **ICMCI Kompetenzmodell für Unternehmensberater** (ICMCI, 2021a, b). Dieses gilt als Mindeststandard für professionell agierende Unternehmensberater*innen und ist gleichzeitig Grundlage für die Zertifizierung zum CMC „Certified Management Consultant", dem Gütesiegel für Beratungskompetenz.

Des Weiteren gibt die Beratungsnorm **ISO 20700** „Leitlinien für Unternehmensberatungsdienstleistungen" **Empfehlungen** für die **Projektführung** im Beratungsprozess und **nachhaltige Fähigkeiten von Unternehmensberatungen**.

Darüber hinaus sind in den letzten Jahren für die Berufsgruppe der Unternehmensberatung in einigen Ländern, wie z. B. in Österreich, der **Europäische Qualifikationsrahmen (EQF)** sowie die **nationalen Qualifikationsrahmen (NQR)** in den Fokus gerückt. Deren Zielsetzung ist die Vergleichbarkeit von Branchen-Qualifikationen auf internationaler oder nationaler Ebene – zur Erhöhung der Transparenz von Qualifikationen und Weiterentwicklung der Lernergebnisorientierung.

- **Rahmenbedingungen und Umwelten – Qualitätsstandards von Berufsvertretungen**:
  Eine Hilfe für Auftraggeber*innen zur Auswahl von Wirtschaftsmediator*innen ist die freiwillige Anerkennung von **Ethik- und Verhaltenskodizes,** die zumeist von internationalen und nationalen Berufsverbänden herausgegeben werden (siehe z. B. die Ethikrichtlinien für Mediator*innen des

Österreichischen Netzwerks Mediation, 2017). Mit diesen Grundsätzen verpflichten sich die mediativen Dienstleister*innen u. a. zu Objektivität und
Neutralität, Vertraulichkeit im Umgang mit Kund*innendaten, fairem Wett-
bewerb und angemessenen Honoraren. Die Selbstverpflichtung in schriftlicher
Form ist zumeist auch Grundlage für die Verbandsmitgliedschaft. Siehe dazu
auch näher Kap. 4.

Mediator*innen und mediative Dienstleister*innen können einen in der Branche oder in Verbänden anerkannten Ethik- und Verhaltenskodex unterzeich-
nen und dem Mediationsvertrag bzw. Dienstleistungsvertrag zugrunde legen.
Eine entsprechende Empfehlung dazu findet sich auch in der ISO 20700
(2019, 4.4.3). In der mediativen Dienstleistung ist dies eine Grundlage zur
transparenten und umfassenden Nachvollziehbarkeit der Prozessführung und
Qualitätssicherung.

2.2.3   Qualitätsstandards für das Kundensystem

Der **Kundenorganisation** kommt immer mehr **eine besondere Rolle** zur Qualitätssicherung im **Konfliktmanagement** zu.

Konfliktmanagement und Konfliktprävention wird zunehmend auch in **normativen Regelungen** erfasst (z. B. ISO 10003:2018, ISO 31000: 2018, ISO/
CD 54.002; Kap. 3). Es ist zielführend, wenn Organisationen einen **Überblick** über diese Regelungen erlangen und die Richtlinien oder Empfehlungen
in ihre Managementsysteme integrieren. Kap. 3 gibt einen Überblick über Normen und Best Practices für Kundenorganisationen, die die Konfliktprävention und
Risikominimierung zum Ziel haben.

Dabei ist es für Organisationen immer wichtiger, einen **wirksamen und
effizienten Prozess zur Konfliktlösung und Prävention** zu planen, zu entwickeln und zu gestalten, umzusetzen und regelmäßig zu evaluieren sowie zu
verbessern – und weitgehend in das Qualitätsmanagement-System oder andere
Management-Systeme der Organisation zu integrieren. Dies beinhaltet auch Kriterien und Prozesse zur Auswahl von Anbieter*innen und Nutzung mediativer
Dienstleistungen (z. B. in Anlehnung an ISO, 10003, 2018, 1).

Diese Qualitätssicherung im Konfliktlösungsprozess – im Sinne eines professionellen Konfliktmanagements – unterstützt dabei (in Anlehnung an ISO, 10003,
2018, 0.1):

- flexiblere Konfliktlösungen zu erreichen, die im Vergleich zu Gerichtsprozes-
sen billiger, einfacher und schneller erfolgen können,

- die Fähigkeit im Unternehmen zu steigern, Ursachen von Konflikten zu erkennen und zu beheben,
- interne Konfliktlösungsstrukturen aufzubauen und externe Konfliktlöser*innen wirksam einzusetzen,
- die Kundenzufriedenheit und Loyalität sowie die Konkurrenzfähigkeit und das Image des Unternehmens zu erhöhen,
- Vertrauen in eine faire, transparente und gleichbleibende Behandlung von Konflikten in der Wirtschaft – auch international – zu schaffen.

Wichtig dafür sind die Einbeziehung und Verpflichtung der obersten Leistung zu Konfliktmanagement und -prävention, die Bereitstellung geeigneter personeller und finanzieller Ressourcen sowie in der Organisation abgestimmte und transparente Prozesse mit besonderem Augenmerk auf die Evaluierung und ständige Verbesserung des Konfliktlösungsprozesses – im Sinne der Konfliktprävention.

2.3   ISO 20700 in der Wirtschaftsmediation

Wirtschaftsmediation ist zunehmend mit der Thematik der Vereinheitlichung von Qualifikation, Verfahren und Grundsätzen – und damit der Frage von Standardisierung der mediativen Dienstleistung auf professioneller, nationaler und internationaler Ebene konfrontiert. Eine besondere Rolle nimmt die Wirtschaftsmediation ein, die von der Berufsgruppe der Unternehmensberater*innen definiert und praktiziert wird, und daher auf Basis des Branchenstandards ISO 20700:2019 Leitlinien für Unternehmensberatungsdienstleistungen beruht (siehe dazu auch Ennsfellner, 2021; Ennsfellner & Sruc, 2023).

In diesem Artikel sollen die Empfehlungen der Beratungsnorm ISO 20700:2019 (in der Folge ISO 20700 genannt) mit den Grundsätzen und den Erfordernissen eines effektiven Mediationsprozesses und Prozesses mediativer Dienstleistungen in Verbindung gebracht werden. Die Anlehnung an die Norm soll als Qualitätsleitfaden für mediative Dienstleistungen der Unternehmensberatung gelten und eine klare Leitlinie in Richtung Professionalisierung und Qualitätssicherung legen. Dadurch soll für Auftraggeber*innen mehr Wissen und Transparenz geschaffen werden, was mediative Dienstleister*innen leisten und was von ihnen erwartet werden kann.

2.3.1 Entwicklung und Relevanz für die Wirtschaftsmediation

ISO 20700 Leitlinien für Unternehmensberatungsdienstleistungen (engl. „Guidelines for management consultancy services") ist ein Dienstleistungsstandard („service standard") zur Sicherstellung der Qualität in der Kund*innen-Berater*innen-Beziehung und der Abwicklung des Beratungsprojektes.[6] Es handelt sich dabei um einen **Verfahrensstandard.**[7] Denn die Leitlinien der ISO 20700 beschreiben Empfehlungen zur Spezifikation, Durchführung, Akzeptanz der Ergebnisse und zum Abschluss von Unternehmensberatungsdienstleistungen, wobei der Fokus auf den **abzuliefernden Leistungen** und **Ergebnissen** der Unternehmensberatung auf Basis entsprechender **Grundsätze** liegt.

Unternehmensberatung war eine der ersten Branchen weltweit, die 2011 mit der europäischen Norm EN 16114 einen Dienstleistungsstandard für die Kund*innenberatung entwickelt hat. 2017 wurde auf Basis dieser europäischen Norm der internationale Standard ISO 20700 Leitlinien für Unternehmensberatungsdienstleistungen veröffentlicht. Seit 2019 ist die Norm auch in deutscher Sprache verfügbar. Die Empfehlungen der ISO 20700 bilden die Grundlage für die Beratungsarbeit weltweit.

Wie in Kap. 1 dargelegt, kann Wirtschaftsmediation im Sinne mediativer Dienstleistungen auch als eine spezielle Form der Unternehmensberatungsdienstleistung betrachtet werden, die sich auf Konfliktvermittlung und Konfliktmanagement zur Konfliktlösung und Konfliktprävention bezieht. Für mediative Dienstleistungen der Wirtschaftsmediation, die Unternehmensberater*innen erbringen, können somit grundsätzlich die Leitlinien der ISO 20700 angewendet werden.

- ISO 20700 adressiert alle Anbieter*innen von Unternehmensberatungsdienstleistungen, unabhängig von der Größe oder deren Dienstleistungen und Eigentümerverhältnissen (öffentlich oder privat, firmeninterne Beratungen etc.), und gilt damit auch für **Unternehmensberater*innen**, die **als Mediator*innen** und **mediative Dienstleister*innen** tätig sind.
- Alle Bestimmungen der ISO 20700 wurden als **Empfehlung** zur Gestaltung der Beratungsprojekte beschrieben und nicht als „Verpflichtung".

---

[6] Zur Begriffsklärung von „service standard" siehe Internal Market, Industry, Entrepreneurship and SMEs, 2024.

[7] Die Qualifikation ist in der ISO 20700 (2019, 4.4.5) insofern geregelt: „Die Unternehmensberatung sollte nur Aufträge suchen und annehmen, welche sie auch erfüllen kann." Des Weiteren gibt Anhang F Empfehlungen für nachhaltige Fähigkeiten von Unternehmensberatungen.

- ISO 20700 versteht sich als Regelwerk, das die Kreativität der Dienstleister*innen fördert. Insofern obliegt die **Auswahl von Methoden**, Vorgehensmodellen und Praktiken im Beratungsprozess einzig dem Unternehmensberater bzw. der Unternehmensberaterin – und damit den **Mediator*innen** und **mediativen Dienstleister*innen**.
- Es wird jedoch hingewiesen, dass zur erfolgreichen Abwicklung von Unternehmensberatung – und damit der mediativen Dienstleistungen – auch die **Kund*innen beitragen**, insbesondere durch Bereitstellung von relevanten und bedeutenden Informationen sowie von Personalressourcen, finale Entscheidungen über den Auftrag bzw. die Konfliktlösung und die Zustimmung zu den Ergebnissen.

Zielgruppe dieses Beratungsstandards sind die Unternehmensberater*innen, aber auch deren Kund*innen und weitere Interessensträger*innen der Unternehmensberatungsbranche, wie die Wissenschaft, Verbände, öffentliche Institutionen, Normungsinstitute, Medien etc., die ISO 20700 kennen und nachfragen – und damit zur Verbreitung und Wirksamkeit dieses Standards für die Profession beitragen.

Ziel dieses Standards ist es, nicht nur die Qualität der mediativen Dienstleistungen aufseiten der Anbieter*innen sicherzustellen, sondern auch für Kundenorganisationen ‚Good practices' in Bezug auf die Auswahl und Bereitstellung von mediativen Dienstleistungen zu schaffen. Dies soll zu besseren Ergebnissen in der Konfliktlösung, dem Konfliktmanagement und der Konfliktprävention führen sowie die Risiken bei der Auswahl und Inanspruchnahme von mediativen Dienstleistungen für alle Beteiligten minimieren.

ISO 20700 ist aktuell keine zertifizierbare Norm. Die Referenz zur Orientierung an der ISO 20700 in Beratungsprojekten der Wirtschaftsmediation kann in Form einer **Selbstdeklaration** in Angeboten und Geschäftsdokumenten der Unternehmensberatung erfolgen, aber auch auf Basis von **Checklisten** (siehe z. B. den Praxisleitfaden und die Anwendungs-Checklisten zur ISO 20700 bei Ennsfellner & Sruc, 2023). Die Checklisten können grundsätzlich von Berater*innen und Kund*innen als Qualitätsnachweis angewendet und – idealerweise gemeinsam – ausgefüllt werden.

2.3.2   Anwendung in der Wirtschaftsmediation

In Anlehnung an die Basisstruktur der ISO 20700 für Unternehmensberatungstätigkeiten kann die mediative Dienstleistung als Prozess ebenfalls in die drei
Kernphasen **Vertragsabschluss (Auftragsklärung)** mit dem Kunden bzw. der
Kundin,[8] **Ausführung** und **Abschluss** gegliedert werden (ISO 20700, 2019, 4.1.2,
5, 6, 7).

Dabei wird die **Verantwortung der Dienstleister*innen** klar geregelt (ISO
20700, 2019, 4.1.3):

> *„Die Unternehmensberatung ist für ihre Ressourcen und ihre Tätigkeit verantwort-
> lich, jedoch liegt die Verantwortung für Entscheidungen, Ergebnisse, abzuliefernde
> Leistungen und Auswirkungen auf die Interessensträger beim Klienten."*

Somit liegt grundsätzlich die Verantwortung über das Design und die Prozessgestaltung der mediativen Dienstleistung beim Mediator bzw. der Mediatorin,
die Verantwortung für die tatsächliche Durchführung und den Inhalt sowie
das Ergebnis liegt beim Auftraggeber bzw. der Auftraggeberin. Rollen und
Verantwortlichkeiten zwischen Mediator*in, Auftraggeber*in und weiteren Prozessbeteiligten müssen geklärt sein. Die Wahl der Methoden in der Mediation
obliegt weiterhin den Dienstleister*innen und soll nicht als generelle Regelung standardisiert werden, damit Raum für Innovation und Differenzierung der
mediativen Dienstleistungen gewährleistet ist.

2.3.2.1   ISO 2700 – Prozess mediativer Dienstleistungen

Die Basisstruktur von Unternehmensberatungstätigkeiten umfasst die drei Phasen: **Vertragsabschluss** (ISO 20700, 2019, 5), **Ausführung** (ISO 20700, 2019,
6) und **Abschluss** (ISO 20700, 2019, 7). Tab. 2.1 bezieht die Basisstruktur des
Beratungsprozess der ISO 20700 auf den Prozess der mediativen Dienstleistung
der Wirtschaftsmediation.

Ein besonderes Augenmerk wird in der ISO 20700 auf die **Evaluierung** der
Beratungsleistung gelegt (ISO 20700, 2019, 4.3, 5.5.5.3, 7.5.2; siehe auch die
Ausführungen bei Schubert et al., 2019, S. 192 ff.). Dabei sollten mediative
Dienstleister*innen und Kund*innen eine passende Methode und einen Prozess
für Feedback während des Auftrages und beim Abschluss vereinbaren. Für Auf-
traggeber*innen, die oft nicht der Adressat der Prozessbegleitung sind, sichert die
Evaluierung die notwendige flankierende Kommunikation und Information über

---

[8] ISO 20700 verwendet den Begriff „Klient" auf Basis der englischsprachigen Übersetzung.

Tab. 2.1 ISO 20700 – Prozessphasen mit Bezug zu mediativen Dienstleistungen der Wirtschaftsmediation

Phasen mediativer Dienstleistungen gemäß ISO 20700			
	Vertragsabschluss	Ausführung	Abschluss
Der **Zweck** besteht darin,	Einen Vertrag zwischen Kund*in und Mediator*in/ Berater*in über die zu erbringende mediative Dienstleistung zu schließen Es sollen nur Verträge abgeschlossen werden, die die Interessen der Kund*in und Mediator*in/ Berater*in wahren	Das zu liefern, was in der Vertragsabschlussphase vereinbart wurde	Nach Lieferung der mediativen Dienstleistung in Übereinstimmung mit dem Vertrag einen ordnungsgemäßen Abschluss der mediativen Dienstleistung zu erreichen
Ergebnis	Ein bindender Vertrag zwischen Kund*in und Mediator*in/ Berater*in. Der Vertrag bestimmt den Lieferumfang und legt die Rechte und Pflichten der Vertragsparteien fest	Die vereinbarte mediative Dienstleistung Evaluierung und Verbesserung der mediativen Dienstleistung Empfehlungen für die Zukunft	Entlastung aller Parteien aus ihren Verpflichtungen aus dem Vertrag Gemeinsames Verständnis der weiterlaufenden Verpflichtungen zwischen Kund*in und Mediator*in/Berater*in sowie allfälligen Interessensträger*innen (z. B. Vertraulichkeit, Datenschutz, Urheberrecht) Bezahlung der vereinbarten Honorare

den Prozessfortschritt. Darüber hinaus ist die systematische Evaluierung der Leistungen eine gute Grundlage für die mediativen Dienstleister*innen, um aus ihrer Tätigkeit kontinuierlich zu lernen.

Die Evaluierung über vereinbarte Feedbackschleifen im Vorfeld und im Prozess ermöglicht jedenfalls die exaktere Vorgehensweise zur Konfliktlösung oder Konfliktprävention, sie hilft beim Informationsaustausch zwischen allen Beteiligten und ermöglicht einen effizienteren Methodeneinsatz. Dies trägt auch dazu bei, einen Lerneffekt im Kundensystem zu bewirken.

2.3.2.2 ISO 2700 – Grundsätze mediativer Dienstleistungen

Die Grundsätze der ISO 20700 (2019, 4.4) können dazu beitragen, das Management der Prozesse zu verbessern und so die Qualität zu steigern und vermehrt das Vertrauen der Kund*innen zu gewinnen. Dabei sollte ein ständiger Dialog und eine effektive Kommunikation mit den Kund*innen sicherstellen, dass ein gemeinsames Verständnis über den Auftrag hergestellt ist und jegliche Interessensunterschiede angesprochen und behandelt werden.

Tab. 2.2 stellt die Grundsätze der mediativen Dienstleistung der Wirtschaftsmediation auf Basis der Empfehlungen der ISO 20700 (2019, 4.4) dar.

Die einzelnen Grundsätze der ISO 20700 gelten für alle mediativen Dienstleistungen, sie sollen für die jeweilige Art der mediativen Dienstleistung spezifisch angewendet werden. Dabei können folgende Ausprägungen im Rahmen mediativer Dienstleistungen in Betracht gezogen werden (ISO 20700, 2019, 4.4; Ennsfellner, 2021; Wisleitner, 2021):

- **Regulatorische Rahmenbedingungen** (ISO 20700, 2019, 4.4.1)
  Unternehmensberatungsdienstleistungen erfordern generell, dass die regulatorischen Rahmenbedingungen im Beratungsprozess bekannt sind und Berufsstandards berücksichtigt werden. Dies bedeutet nicht grundsätzlich, dass die Berater*innen damit alle relevanten Gesetze und Regelungen kennen müssen. Die Leitlinien stellen auch darauf ab, dass die Kund*innen gegebenenfalls einschlägige Gesetze, Standards und allfällige weitere Richtlinien den Berater*innen auch mitteilen. Besonders relevant ist dies bei grenzüberschreitenden Mediationen, worauf auch die europäische Mediationsrichtlinie Rücksicht nimmt.
  Die Mitwirkung der in den Kundensystemen betroffenen Personen und Interessensträger*innen ist in der Mediation einer der wesentlichen Bestandteile, da diese selbst ihre Lösungen finden sollen und auch den Sachverhalt einbringen. Dies betrifft auch den rechtlichen Rahmen, sodass die Kund*innen ebenso entsprechend zur Klärung im Zuge des Mediationsverfahrens beitragen sollen. Die Mitwirkung generell und in Bezug auf die regulatorischen Rahmenbedingungen gilt gleichermaßen für die mediative Dienstleistung und somit auch für die Konfliktprävention, das Konfliktcoaching sowie beraterische Interventionen zur Konfliktbewältigung und -lösung.
- **Einbeziehung und Verpflichtung der Interessensträger** (ISO 20700, 2019, 4.4.2)
  Generell gilt für die Unternehmensberatung, dass alle Interessensträger*innen einbezogen werden und auch einen aktiven Beitrag in allen Phasen des Prozesses leisten sollen. Es sind die relevanten Informationen zur Verfügung

Tab. 2.2   ISO 20700 – Grundsätze mit Bezug zur mediativen Dienstleistung der Wirtschafts-mediation

Grundsätze gemäß ISO 20700	Anwendung für die mediative Dienstleistung
Regulatorische Rahmenbedingungen	Mediator*innen/Berater*innen sollen einen angemessenen Überblick über gültige Gesetze, Richtlinien, Standards und rechtliche Rahmenbedingungen haben, die die mediative Dienstleistung und die des Kunden bzw. der Kundin bestimmen. Darüber sollte ein Dialog mit dem Kunden oder der Kundin zur Auftragsklärung stattfinden
Einbeziehung und Verpflichtung der Interessensträger	Mediator*innen/Berater*innen sollen mit dem Kunden bzw. der Kundin in einen Dialog treten, um die relevanten Interessensträger*innen zu identifizieren und diese in die mediative Dienstleistung einzubeziehen
Verhaltenskodex und Berufsgrundsätze	Im Rahmen der mediativen Dienstleistung sollte ein Verhaltenskodex vereinbart und beachtet werden. Dieser soll das ethische und professionelle Verhalten der Mediator*innen/Berater*innen leiten – auf Basis von Integrität, Nachhaltigkeit und gesellschaftlicher Verantwortung
Projektführung	Es sollte der Prozess der mediativen Dienstleistung gemeinschaftlich zwischen den Mediator*innen/Berater*innen und den Kund*innen vereinbart werden
Leistungsvermögen	Mediator*innen/Berater*innen sind für die Entwicklung und Aufrechterhaltung geeigneter Fähigkeiten verantwortlich. Geeignete Fähigkeiten sollten auch die Voraussetzung für die Annahme und Durchführung von mediativen Dienstleistungen sein
Kommunikation	Effektive Kommunikation zwischen den Beteiligten maximiert das Verständnis, erzeugt Vertrauen und minimiert Risiken, wie Interessenskonflikte

(Fortsetzung)

Tab. 2.2 (Fortsetzung)

Grundsätze gemäß ISO 20700	Anwendung für die mediative Dienstleistung
Datenschutz und Vertraulichkeit	Mediator*innen/Berater*innen sind für die Vertraulichkeit der Informationen und Daten, die sie von Kund*innen erhalten, verantwortlich
Schutz geistigen Eigentums	Grundsätzlich besitzen Mediator*innen/ Berater*innen die geistigen Eigentumsrechte für ihr Know-how, die Methoden, Techniken, Konzepte und Arbeitsmittel
Gesellschaftliche Verantwortung	Mediator*innen/Berater*innen sollten sich bemühen, sozial verantwortliche Ergebnisse zu erzielen, die die Interessen der Interessensträger*innen berücksichtigen
Gesundheit und Sicherheit	Mediator*innen/Berater*innen sollten mit der Kundin bzw. dem Kunden im Dialog stehen, um relevante Risiken für Gesundheit und Sicherheit zu erheben und zu minimieren
Risiko- und Qualitätsmanagement	Die mediative Dienstleistung erfordert laufendes Risiko- und Qualitätsmanagement; insbesondere sollten wirtschaftliche und verfahrensbezogene Risiken (z. B. Integritätsbedenken, Interessenskonflikte, Verfügbarkeit von Ressourcen, unterschiedliches Leistungsvermögen) berücksichtigt werden
Garantien	Alle Arten von Garantien sollten mit den mediativen Dienstleister*innen verhandelt und vereinbart werden

zu stellen, gegebenenfalls entsprechende Ressourcen einzubringen, und ein aktives Zusammenwirken aller ist vorgesehen.

Für die mediative Dienstleistung bedeutet dies, dass dieser Grundsatz noch verstärkt zu beachten ist, da die Rolle des Mediators bzw. der Mediatorin sowie der Beraterin bzw. des Beraters keine inhaltlich gestaltende ist. Besonders in der Konfliktprävention ist es wichtig darauf Rücksicht zu nehmen, wer grundsätzlich zu den Interessensträger*innen gehört und einbezogen werden sollte.

Somit haben auch alle am Konflikt Beteiligten eine Verantwortung für den Erfolg des Prozesses. Im Mediationsverfahren ist es ihre Aufgabe, die Lösung selbst zu erarbeiten, und die aktive Mitarbeit ist ebenso in der Konfliktprävention wie auch im Konfliktcoaching und der Konfliktberatung gefragt. Der Mediator, die Mediatorin soll somit im Mediationsprozess und in der mediativen Prozessbegleitung darauf achten, dass auch alle Interessensträger*innen berücksichtigt werden, die eine Lösungsfindung oder die Umsetzung von Lösungen verhindern können.

- **Verhaltenskodex und Berufsgrundsätze** (ISO 20700, 2019, 4.4.3)
  Dieser Grundsatz richtet sich einerseits an die Berufsvertretungen der jeweiligen Mitgliedsländer, die Berufsgrundsätze und Standesregeln herausgeben, die in Einklang mit den Leitlinien der ISO 20700 stehen sollen. Aber auch für die mediative Dienstleistung kann ein Verhaltenskodex Grundlage zur transparenten und umfassenden Nachvollziehbarkeit in der Beratung und Prozessführung darstellen und steckt damit in der Beziehung zwischen Mediator*in bzw. Berater*in und Kund*in einen klar definierten Rahmen für die Qualitätssicherung ab.
  Der Kodex kann spezifisch für einen Auftrag vereinbart oder es kann ein bestehender Kodex herangezogen werden, wie etwa der eines Interessensträgers bzw. einer Interessensträgerin, einer Unternehmensberatung oder der Kundenorganisation oder ein Kodex einer relevanten Berufsvereinigung. Der anwendbare Verhaltenskodex sollte im Vertrag festgehalten werden.

- **Projektführung** (ISO 20700, 2019, 4.4.4)
  Die Projektführung kann im Bereich der meditativen Dienstleistung sehr unterschiedlich ausgestaltet sein. In einem Mediationsverfahren besteht die Hauptleistung des Mediators bzw. der Mediatorin in der Führung des Mediationsprozesses mit den Besonderheiten, die für ein Mediationsverfahren zu berücksichtigen sind. Für den Bereich Konfliktprävention ist die Frage nach der Projektführung differenzierter zu beantworten. Präventive Maßnahmen können sehr stark auch die Kund*innenseite mit einbinden, sodass wesentliche inhaltliche Weiterentwicklungen nicht zwingend durch die Projektführung des Dienstleisters bzw. der Dienstleisterin erbracht werden müssen. Die Projektführung kann sich in diesem Bereich gegebenenfalls auch auf wesentliche Meilensteine beschränken. Im Konfliktcoaching kann von Projektführung nur im weiteren Sinn gesprochen werden, es fehlt der eigentliche Projektcharakter. Im Vordergrund steht die Begleitung der Einzelperson oder einer Gruppe. Einzelne Elemente sind aber gleichermaßen zu berücksichtigen. So ist zum Beispiel die „Verteilung von Verantwortlichkeiten" ebenso Teil des unverbindlichen Erstgesprächs, in dem Kunde und Coach klären, wer welche Aktivitäten

im Zuge des Coachings einbringt. Vielfach ist es notwendig, sehr klar Consulting von Coaching zu trennen und dies auch eingehend mit potenziellen Kund*innen zu besprechen.

Die mediative Dienstleistung ist häufig Teil der Projektführung indem sie sich auf den Weg und nicht die Inhalte konzentriert. Wirtschaftliche, ökologische, politische, kulturelle und gesellschaftliche Belange sind nur einige der Themenbereiche, in welchen die Beteiligten durch die mediative Dienstleitung ihre eigenen Lösungen finden sollen.

- **Leistungsvermögen** (ISO 20700, 2019, 4.4.5)
  Die Forderung nach einem ausreichenden Leistungsvermögen ist in allen Arten von Aufträgen eine wesentliche Grundlage für den Erfolg. Dies betrifft die fachliche Kompetenz sowie die emotionale Verfügbarkeit des Dienstleisters bzw. der Dienstleisterin. Für die Mediation ist die emotionale Komponente noch stärker hervorzuheben, da es nicht nur darauf ankommt, dass der Mediator bzw. die Mediatorin ausreichend Zeit für die Termine und Vor- und Nachbereitungen hat, sondern auch mit der entsprechenden Ruhe und unbelastet von anderen Einflüssen sich den Anliegen der Kund*innen widmen kann. Diese emotionale Verfügbarkeit ist für die Mediation erfolgsentscheidend, und gleichermaßen für die Tätigkeitsbereiche Konfliktberatung und Konfliktcoaching erforderlich.

  Im Rahmen der Konfliktprävention nimmt die fachliche Kompetenz einen vergleichsweisen hohen Stellenwert ein, um die relevanten Maßnahmen im Unternehmen herauszufinden und zu etablieren, ebenso bei Konflikten mit organisatorischen strukturellen Hintergründen. Die fachliche Kompetenz bedingt auch die notwendige Ausbildung und permanente Weiterbildung.

- **Kommunikation** (ISO 20700, 2019, 4.4.6)
  Der Grundsatz „Kommunikation" ist ein wesentliches Element für jeden Beratungsprozess. In der gegenständlichen Betrachtung ist die Mediation wohl die „Lehrmeisterin" der Kommunikation, wie es für den gesamten Umfang der meditativen Dienstleistung zutrifft. Sie beginnt mit der notwendigen Auftragsklärung als Teil des Prozessschritts „Vertrag" und nimmt eine zentrale Rolle während der gesamten Leistungserbringung ein.

  Regelmäßige Weiterbildungen in diesem Bereich fördern die effektive Kommunikation mit den Kund*innen, erzeugen Vertrauen und minimieren die Risiken von Missverständnissen und Misserfolgen. Effektive Kommunikation soll auch mit den Interessenträger*innen hergestellt werden.

- **Datenschutz und Vertraulichkeit** (ISO 20700, 2019, 4.4.7)
  Datenschutz und Vertraulichkeit sind zentrale Elemente des Mediationsverfahrens. Die Vorgaben kommen jedoch überwiegend aus dem rechtlichen Rahmen

und den anerkannten Regeln der Mediation (siehe dazu näher Kap. 4). Auch für die Tätigkeitsbereiche aller mediativer Dienstleistungen ist die Orientierung an den Vorgaben für Datenschutz und Vertraulichkeit gemäß der gesetzlichen Regelungen von grundlegender Bedeutung.

In jedem Fall sind die mediativen Dienstleister*innen für die Vertraulichkeit der Daten und Informationen, die sie von ihren Kund*innen erhalten, verantwortlich. Dies gilt auch für die entsprechenden Daten und Informationen der Interessensträger*innen.

- **Schutz geistigen Eigentums** (ISO 20700, 2019, 4.4.8)
  Mit dem Schutz geistigen Eigentums sind die Leitlinien wesentlich auf die geistig-schöpferischen Leistungen des Beraters bzw. der Beraterin ausgerichtet. Auf den ersten Blick mag der Eindruck entstehen, dass in der Mediation die geistig-schöpferische Leistung in den Hintergrund tritt, da die Kund*innen ihre Lösung selbst entwickeln. In jedem Fall ist es die jedoch die Art der Prozessgestaltung, die eingebracht wird und für den Erfolg der Konfliktvermittlung ausschlaggebend ist.

  Bei höherer Komplexität eines Konflikts, die neben Mediation gegebenenfalls noch weitere begleitende mediative Dienstleistungen erfordern, wird auch in diesen Prozessen die Mediatorin bzw. der Mediator oder die Beraterin bzw. der Berater vielfach innovative geistig-schöpferischen Leistungen erbringen, die auch entsprechend geschützt oder gegebenenfalls gesondert vereinbart gegen Entgelt den Kund*innen übergeben werden.

  Aus dieser Perspektive wird die Konfliktprävention in vielen Bereichen ebenso geistig-schöpferische Leistungen erfordern. Im Konfliktcoaching wird dies abhängig von der Einzelsituation zu differenzieren sein.

- **Gesellschaftliche Verantwortung** (ISO 20700, 2019, 4.4.9)
  Die Unternehmensberatung wie die Mediation sollte sich bemühen, sozial verantwortliche Ergebnisse zu erreichen, die die Interessen der Interessensträger*innen berücksichtigen. Im Bereich dieser gesellschaftlichen Verantwortung kommt der meditativen Dienstleistung eine herausragende Rolle zu. Nicht nur, dass in der Mediation bereits bestehende Konflikte gelöst werden, in der Konfliktprävention ein reibungsloseres und effizienteres Miteinander und im Konfliktcoaching die persönliche Unterstützung und gegebenenfalls auch Konfliktvermeidung einschließlich der Konfliktlösung ermöglicht werden, die mediative Dienstleistung betrifft vielfach auch die persönlichen Bedürfnisse der Beteiligten – und erhöht so die Konfliktkompetenz in Unternehmen und gegenüber ihren Interessensträger*innen. Dies führt zu Kosteneinsparungen sowie zur Steigerung der persönlichen und betrieblichen Produktivität und wirkt so auf die gesamtwirtschaftliche Wertschöpfung.

- **Gesundheit und Sicherheit** (ISO 20700, 2019, 4.4.10)
  Die Frage der Gesundheit im Wirtschafts- und Arbeitsleben betrifft schon lange nicht mehr nur die physische Gesundheit. Jede Arbeitsplatzevaluierung hat auch psychologische und soziologische Aspekte mit zu berücksichtigen. Für die mediative Dienstleistung haben diese Aspekte einen zentralen Stellenwert, da Lösungsansätze oft nicht nur wirtschaftliche, sondern zumeist auch sehr persönliche, emotionale und psychosoziale Ursachen und Bedürfnisse der Menschen im Kundensystem betreffen.
- **Risiko- und Qualitätsmanagement** (ISO 20700, 2019, 4.4.11)
  Die mediative Dienstleistung erfordert laufendes Risiko-und Qualitätsmanagement. Sowohl in der Konfliktprävention, im Konfliktcoaching als auch in Mediationsverfahren ist ständig darauf Rücksicht zu nehmen, in welche Richtung sich aktuelle Situationen und künftig zu erwartende neue Einflüsse entwickeln könnten. Gerade darin besteht der Erfolg, nachhaltige Lösungen im Kundensystem zu entwickeln. Abhängig von der Ausgangslage können die Risiken auch weitreichende finanzielle Dimensionen annehmen, vielfach sind darunter aber auch Fehlentwicklungen für die im Kundensystem betroffenen Personen mit zu berücksichtigen.
  Das Risikomanagement kannin der mediativen Dienstleistung gut durch die Stakeholderanalyse und durch eine Netzwerkanalyse abgedeckt werden. Hier kann eruiert werden, welche Personen oder welche Gruppierungen für das Projekt oder für den Konflikt ein Risiko darstellen, indem sie den Konflikt weiter anheizen oder sogar das Projekt zum Scheitern bringen könnten.
  Darüber hinaus spielt vor allem in der Konfliktprävention das Risiko- und Qualitätsmanagement eine grundlegende Rolle (siehe dazu auch Kap. 3).
- **Garantien** (ISO 20700, 2019, 4.4.12)
  Es stellt sich die Frage, ob die mediative Dienstleistung überhaupt Garantien kennt.
  Wesentlich ist jedenfalls im gesamten Prozess der mediativen Dienstleistung sicherzustellen, dass die Teilnahme seitens der Konfliktbeteiligten bzw. der Konfliktparteien freiwillig ist und die Rolle der Mediator*in bzw. Berater*in stets auf Allparteilichkeit und Neutralität ausgerichtet ist.

Mit Beachtung dieser Grundsätze sind Mediator*innen und Berater*innen gerüstet, um ihre mediativen Dienstleistungen bei Kund*innen in jeder Organisation im Konfliktmanagement, der Konfliktfähigkeit und Konfliktprävention professionell und wirksam zu unterstützen.

2.4   Ausblick

Schon seit vielen Jahren ist es Usus, dass Entscheidungsträger*innen in Unternehmen bzw. Organisationen in Konfliktsituationen Unterstützung durch Mediator*innen oder Unternehmensberater*innen holen. Wurde bisher oft diese begleitende Anwendung von Mediation dazu verwendet, auftretende oder bestehende Konflikte zwischen Mitarbeiter*innen, Teams, Abteilungen oder verschiedenen Unternehmen zu lösen, so tritt nun die mediative Dienstleistung in den Fokus. Diese ist – neben konfliktvermittelnder Elemente – auch konfliktpräventiv wo möglich und konfliktkurativ wo nötig.

Die Thematik der Standardisierung im Bereich der Wirtschaftsmediation und der mediativen Dienstleistungen bzw. der Dienstleister*innen befindet sich jedoch in Entwicklung. Ähnlich wie die Wirtschaft wird auch in der Wirtschaftsmediation vermehrt über die Thematik Qualität, Qualitätssicherung und Business Exzellenz im Sinne des Reifegrades recherchiert und diskutiert. Daraus lassen sich Qualitätsmodelle ableiten, an denen die Erfüllung von Qualitätsanforderungen mediativer Dienstleistungen gemessen werden können. Um hier für potenzielle Nutzer*innen Klarheit und Verständnis für die Qualität der mediativen Dienstleistungen zu schaffen, braucht es nachvollziehbare Qualitätsstandards, an denen der Wert des Einsatzes evaluiert werden kann. Damit werden auch Kosten und Nutzen klassifizierbar. Jedoch ist die Erfolgsmessung und Bewertung des Nutzens von Wirtschaftsmediation ein relativ neues Thema, zu dem es nur einige wenige statistisch gesicherte Zahlen über Effizienz- und Effektivitätssteigerungen gibt. Die Neurowissenschaft versucht hierzu Grundlagen zu schaffen. Die Professionalisierung mediativer Dienstleistungen – und damit die Steigerung des Qualitätsniveaus – erfolgt jedoch auch in dem Maße, in dem Kund*innen reflektiert, anspruchsvoll und kompetent mediative Dienstleistungen in Anspruch nehmen.

2.5   Key Points

2.5.1   Key Points für Wirtschaftsmediatoren

- Die Qualität mediativer Dienstleistungen ist maßgeblich beeinflusst von der Verfügbarkeit der erforderlichen Ressourcen (Qualifikation, Kompetenz), der Haltung, den Gestaltungshebeln in Bezug auf die Prozess-Struktur und die Interventionsmethoden sowie den erzielbaren Ergebnissen aufseiten des Mediatorensystems und im Kundensystem.

- Die Selbstverpflichtung von Wirtschaftsmediator*innen zu Berufskodizes und Standards der Qualifikation ebenso wie zum Verfahren und den Grundsätzen mediativer Dienstleistungen sind zentrale qualitätssichernde Maßnahmen.
- Leitlinien für eine effektive Bereitstellung von mediativen Dienstleistungen gibt die internationale Norm ISO 20700 in einem gut nachvollziehbaren Richtlinienkatalog über Verfahren und Grundsätze.

2.5.2 Key Points für Kunden

- Qualitätsstandards zu Verfahren und Qualifikation sind wichtige vertrauensbildende Maßnahmen für mediative Dienstleistungen.
- Die Qualität der Wirtschaftsmediation steigert sich auch in dem Maße, in dem Kund*innen reflektiert, anspruchsvoll und kompetent mediative Dienstleistungen in Anspruch nehmen.
- Für Unternehmen ist es immer wichtiger, zur Qualitätssicherung einen wirksamen und effizienten Prozess zur Konfliktlösung und Prävention zu entwickeln und regelmäßig zu evaluieren, und diesen in das betriebliche Managementsystem zu integrieren.

Literatur

Bamberg, E. (2006). Anforderungsorientierte Beratung. In E. Bamberg, J. Schmidt, & K. Hänel (Hrsg.), *Beratung, Counseling, Consulting* (S. 29–59). Hogrefe.

Berning, D. (2017). Berufsrecht für Mediatoren. In T. Trenczek, D. Berning, C. Lenz, & H.-D. Will (Hrsg.), *Mediation und Konfliktmanagement* (S. 452–461). Nomos.

Bodenstein, R. (2022). Die Beratungsnorm ISO 20700. In R. Bodenstein, I. A. Ennsfellner, & J. Herget (Hrsg.), *Exzellenz in der Unternehmensberatung. Beratungsprojekte erfolgreich durchführen. Leitlinien für Unternehmen und Berater* (S. 129–143). Springer Gabler.

EFQM. (2019). *The EFQM model.* Brussels: EFQM.

Eidenschink, K. (2023). Konfliktsysteme. https://metatheorie-der-veraenderung.info/wpm tags/konfliktsystem/. Zugegriffen: 24. Jan. 2024.

Ellebracht, H., Lenz, G., Geiseler, L., & Osterhold, G. (2018). *Systemische Organisations- und Unternehmensberatung. Praxishandbuch für Berater und Führungskräfte.* Springer Gabler.

Ennsfellner, I. (2020). Internationaler Standard ISO 20700 – Leitlinien für die Professionalisierung von Unternehmensberatungsdienstleistungen. In T. Deelmann & D. M. Ockel (Hrsg.), *Handbuch der Unternehmensberatung* (Kz. 7523). Berlin.

Ennsfellner, I. (2021). Anwendung der ISO 20700 Leitlinien für Unternehmensberatungsdienstleistungen für mediative Dienstleistungen der Wirtschaftsmediation. In C. Fischer-Korp, B. Wisleitner, I. Ennsfellner, M. Ehardt-Schmidinger, C. Pöschl, & M. Hamberger (Hrsg.), *Praxiswissen Wirtschaftsmediation* (S. 181–195). Springer Gabler.

Ennsfellner, I. A., & Fischer, S. M. (2022). Qualität in der digitalisierten Welt. In R. Bodenstein, I. A. Ennsfellner, & J. Herget (Hrsg.), *Exzellenz in der Unternehmensberatung. Beratungsprojekte erfolgreich durchführen. Leitlinien für Unternehmen und Berater* (S. 63–110). Springer Gabler.

Ennsfellner, I. A., & Herget, J. (2022). Die Profession – Legitimation, Stakeholder, Reifegrad. In R. Bodenstein, I. A. Ennsfellner, & J. Herget (Hrsg.), *Exzellenz in der Unternehmensberatung. Beratungsprojekte erfolgreich durchführen. Leitlinien für Unternehmen und Berater* (S. 201–236) Springer Gabler.

Ennsfellner, I. A., & Sruc, K. (2023). *Erfolgreiche Beratungsprojekte mit ISO 20700: Praxisleitfaden und Anwendungs-Checklisten für Beratungskunden und Berater.* Beuth.

Fachverband Unternehmensberatung, Buchhaltung und Informationstechnologie. (2023). Berufsbild Unternehmensberatung. https://www.wko.at/oe/information-consulting/unternehmensberatung-buchhaltung-informationstechnologie/unternehmensberatung/berufsbild-unternehmensberatung.pdf. Zugegriffen: 21. Jan. 2024.

Gäßler, U., Kirchhoff, L., & Wendenburg, F. (2014). Konfliktmanagement in der Wirtschaft: Bestandsaufnahme und Entwicklungen. In U. Gläßer, L. Kirchhoff, & F. Wendenburg (Hrsg.), *Konfliktmanagement in der Wirtschaft: Ansätze, Modelle, Systeme* (S. 13–40). Nomos.

ICMCI. (2021a). Competence Framework. https://www.cmc-global.org//sites/default/files/public/icmci_cmc002_competence_framework_version_4.0_1.pdf. Zugegriffen: 24. Jan. 2024.

ICMCI. (2021b). CMC Certification Scheme Manual. https://www.cmc-global.org/sites/default/files/public/icmci_cmc001_certification_scheme_manual-version_2.0.pdf. Zugegriffen: 24. Jan. 2024.

Internal Market, Industry, Entrepreneurship and SMEs. (2024). Service Standards. https://single-market-economy.ec.europa.eu/single-market/services/service-standards_en. Zugegriffen: 24. Jan. 2024.

Lenz, C., Berning, D., & Trenczek, T. (2017a). Mediation und Vertragsrecht. In T. Trenczek, D. Berning, C. Lenz, & H.-D. Will (Hrsg.), *Mediation und Konfliktmanagement* (S. 468–473). Nomos.

Lenz, C., Berning, D., Will, H.-D., & Trenczek, T. (2017b). Mediation in Europa. In T. Trenczek, D. Berning, C. Lenz, & H.-D. Will (Hrsg.), *Mediation und Konfliktmanagement* (S. 649–662). Nomos.

Letzel, W. H., & Trenczek, T. (2017). Gelingen und Scheitern von Mediationen. In T. Trenczek, D. Berning, C. Lenz, & H.-D. Will (Hrsg.), *Mediation und Konfliktmanagement* (S. 433–438) Nomos.

Meynig, T. (2005). Kommunikations- und systemtheoretische Grundlagen von Konflikten und ihrer Behandlung in Mediationsverfahren. https://www.grin.com/document/111322?lang=de . Zugegriffen: 24. Jan. 2024.

Österreichisches Netzwerk Mediation. (Hrsg.). (2017). Ethikrichtlinien für MediatorInnen. https://assets-global.website-files.com/5dff4188e65e06538bd40736/5e231d04b966d92b4c82b968_Ethikrichtlinien.pdf. Zugegriffen: 24. Jan. 2024.

Schein, E. (1997). *The concept of client from a process consultation perspective. A guide for change agents.* Working paper: Center of Organizational Learning, Institute of Technology, Boston.

St. Gallen Business School. (2024). *Total Quality Management als Exzellenz-Ansatz.* https://sgbs.ch/publication/auf-basis-integriertem-management-zur-exzellenz-das-efqm-exzellenz-modell-und-seine-anwendung/3-4-2-total-quality-management-als-exzellenz-ansatz. Zugegriffen: 24. Jan. 2024.

Schubert, F. C., Rohr, D., & Zwicker-Pelzer, R. (2019). *Beratung: Grundlagen – Konzepte – Anwendungsfelder.* Springer.

Trenczek, T., Berning, D., Lenz, C., & Will, H.-D. (2017). Mediation in Deutschland, Österreich und der Schweiz. In T. Trenczek, D. Berning, C. Lenz, & H.-D. Will (Hrsg.), *Mediation und Konfliktmanagement* (S. 64–78). Nomos.

Tümpel, H. (2014). Verfahrensstandards in der (internationalen) Wirtschaftsmediation. In U. Gläßer, L. Kirchhoff, & F. Wendenburg (Hrsg.), *Konfliktmanagement in der Wirtschaft: Ansätze, Modelle, Systeme* (S. 93–116). Nomos.

Wenninger, G. (Hrsg.). (2023). strukturelle Koppelung. Lexikon der Psychologie. https://www.spektrum.de/lexikon/psychologie/strukturelle-kopplung/14998. Zugegriffen: 24. Jan. 2024.

Wisleitner, B. (2021). *Arbeitspapier zu den Grundsätzen mediativer Dienstleistungen.*

Gesetze

Mediationsgesetz vom 21. Juli 2012 BGBl. I S. 1577, idF BGBl. I 2015/1474.

Richtlinie 2008/52/EG des Europäischen Parlaments und des Rates vom 21. Mai 2008 über bestimmte Aspekte der Mediation in Zivil- und Handelssachen.

Verordnung des Bundesministers für Wirtschaft und Arbeit über die Zugangsvoraussetzungen für das reglementierte Gewerbe der Unternehmensberatung einschließlich der Unternehmensorganisation (Unternehmensberatungs-Verordnung) StF: BGBl. II Nr. 94/2003; i.d.F. BGBl. II Nr. 294/2010.

Zivilrechts-Mediations-Gesetz (ZivMediatG) BGBl I 2003/29 idF BGBl I 2021/246

Normen

EN ISO 20700:2019 Leitlinien für Unternehmensberatungsdienstleistungen.

ISO 10003:2018 Qualitätsmanagement – Kundinnen- und Kundenzufriedenheit – Leitfaden für Konfliktlösung außerhalb von Organisationen.

ISO 31000: 2018 Risikomanagement.

ISO/CD 54002 Quality management systems – Guidelines for the application of ISO 9001 in police organizations.

Konfliktpräventions-Management 3

Heinz M. Hähnel

Zusammenfassung

„A stitch in time saves nine" sagt ein altes englisches Sprichwort aus dem 18. Jahrhundert. Das bedeutet, dass vorbeugende Maßnahmen immer wirkungsvoller sind als nachgelagerte Reparatur- und Notmaßnahmen. Die Prävention in der Wirtschaftsmediation ist ein wirkungsvolles Instrumentarium zur frühzeitigen Erkennung, Vermeidung oder Abminderung auftretender Konflikte. Unter Einbindung von Normen und Best Practices unterschiedlicher Management-Disziplinen besteht ein interdisziplinärer multifunktionaler Prozess zur Konfliktprävention. Den aktuellen Entwicklungen folgend werden auch in der Prävention bei den mediativen Dienstleistungen teilweise digitale Unterstützungen eingesetzt. Der Präventionsprozess dient als Grundlage zur möglichst frühzeitigen Identifikation von potenziellen Konflikten, der Analyse und der Bewertung der Konflikte als Grundlage zur Konfliktbewältigung. Folgende Fragen sollen beantwortet werden:

- Welche praktischen Konfliktpräventionsmöglichkeiten gibt es?
- Welche Grundlagen für die Prävention können verwendet werden?
- Wie kann das Monitoring und die Steuerung erfolgen?

Im Zuge der strategischen und operativen Früherkennung werden klassische Frühwarnsysteme sowie digitale Systeme wie zum Beispiel die Sentiment Detection betrachtet, wobei die jeweils gültigen rechtlichen Bestimmungen

H. M. Hähnel (✉)
Fachhochschule Technikum Wien, Wien, Österreich
E-Mail: heinz.haehnel@technikum-wien.at; heinz.haehnel@aon.at

© Der/die Autor(en), exklusiv lizenziert an Springer-Verlag GmbH, DE, ein Teil   63
von Springer Nature 2025
I. A. Ennsfellner und G. C. Fürst (Hrsg.), *Exzellente Wirtschaftsmediation*,
https://doi.org/10.1007/978-3-662-69680-4_3

(wie z. B. der EU AI Act) zu beachten sind. Die Erörterung der Konfliktprävention behandelt insbesondere die Konfliktrisiken und die damit verbundene Vermeidung von Risiken. Die Bewältigung bereits eingetretener Konflikte ist nicht Inhalt dieses Kapitels.

Die in diesem Beitrag angesprochenen Normen, Best Practices und Systeme geben klare Empfehlungen zur Konfliktprävention im weiteren Sinne. Wenn ein wirkungsvolles Konfliktpräventionssystem angewendet werden soll, ist eine konsequente Nutzung der vorhandenen Systeme empfehlenswert. Bei der Planung einer weitgehenden Anwendung der Systeme können bei einzelnen Normen externe Zertifizierungen mit einer laufenden Auditierung durchgeführt werden.

3.1   Relevanz der Konfliktprävention in Organisationen

Die Prävention von Konflikten ist ein wichtiger Teilaspekt mediativer Dienstleistungen. Die Aufgabe der Prävention ist es, sehr frühzeitig sich anbahnende oder drohende Konflikte zu erkennen und zu verhindern oder mögliche drohende negative Auswirkungen zu minimieren, wie es beispielsweise im RisikomanagementProzess definiert ist (ISO 31000:2018). Die Durchführung eines Mediationsprozesses ist nicht Teil des Präventionsprozesses, da die Mediation grundsätzlich ein Lösungsverfahren für bereits entstandene Konflikte darstellt.

▶ **Definitionen**
Während ein Risiko als Abweichung von Erwartungen, d. h. als Bedrohung der Nichterreichung jeglicher Ziele – basierend auf den Visionen, der Mission, dem Wertesystem der Organisation wie in der ISO 31000:2018 – definiert ist, wird unter einem Konflikt ein Zustand verstanden, in dem zwei oder mehrere Beteiligte divergierende Einstellungen, Meinungen, Erwartungen, Interessen oder Zielsetzungen haben. Potenzielle Konflikte sind beispielsweise Sachkonflikte bei unterschiedlichen Meinungen über Sachverhalte. Beziehungskonflikte sind Konflikte in Beziehungen von Personen, Wahrnehmungskonflikte bei unterschiedlichen Einschätzungen, Rollenkonflikte bei widersprüchlichen Erwartungen an eine Rolle oder Zielkonflikte bei der Verfolgung unterschiedlicher Ergebnisse. Darüber hinaus können Konflikte auch unterschiedliche Rechtspositionen betreffen.

Unter Konfliktprävention wird das Vorbeugen von Konflikten durch Maßnahmen verstanden, die Konfliktpotenziale reduzieren oder vermeiden, unerwünschte

Konflikte unwahrscheinlicher machen oder die Ursachen der Konflikte beseitigen oder verringern.

Konflikte sind alltäglich in Organisationen (Alter & Inderbitzin, 2020, VII). Jeder vermiedene Konflikt trägt dazu bei, nachgelagerte Schwierigkeiten, Probleme oder Nachteile zu vermeiden. Insbesondere können finanzielle Nachteile, grundlegende Probleme für die Organisation, Schwierigkeiten mit Kundinnen und Kunden, Lieferantinnen und Lieferanten, Behörden oder andere Stakeholder abgewendet werden. Durch die Reduktion von Reibungsverlusten können zeitliche und qualitativ negative Auswirkungen vermieden oder reduziert werden. Durch die Vermeidung von Sicherheitsproblemen können Reputationsschäden oder Strafzahlungen z. B. gemäß der Datenschutz-Grundverordnung DSGVO ausgeschlossen werden.

Durch die frühzeitige Vermeidung von Konflikten können beispielsweise in der Organisation resultierende Probleme vermieden oder reduziert werden wie beispielsweise höhere Kosten, zeitliche Verzögerungen im Geschäftsablauf, Auswirkungen auf die Sicherheit oder Motivation der Mitarbeiter, um nur einige interne Punkte zu nennen. Externe Auswirkungen können beispielsweise Auswirkungen auf die Kundinnen und Kunden hinsichtlich der Kundenzufriedenheit, Strafzahlungen oder Haftungen sein. Auch gegenüber anderen externen Stakeholdern wie zum Beispiel Behörden oder Lieferantinnen und Lieferanten können nicht verhinderte Probleme schlagend werden.

Mit der Stärkung der internen Mediationsfähigkeiten der Kundenorganisation – der innerbetrieblichen Wirtschaftsmediation – wird die Konfliktfähigkeit der Beschäftigten und die Konfliktregelungskompetenz der Führungskräfte und anderer Beteiligter gefördert und unterstützt damit auch die Arbeit externer Mediation (Faller & Faller, 2014, S. 7 f.).

► **Wichtig**
  Durch die Prävention von Konflikten können Organisationen die Compliance mit gesetzlichen und regulatorischen Vorschriften sicherstellen und die Reputation schützen. Mit der Arbeit an vorbeugenden Maßnahmen können Chancen für die Organisation identifiziert und genutzt werden.

Der positive Umgang mit Konflikten und deren potenziellen Folgen sollte ein konfliktfreieres und angstfreieres Umfeld im Unternehmen sichern, die Entwicklung eines offenen Klimas unterstützen sowie Veränderungen im Unternehmen vereinfachen. Die Vermeidung von Konflikten trägt zu einem verbesserten und offeneren

Arbeitsklima bei. Die Arbeit wird produktiver, weil weniger Konflikte die Anzahl der Störfaktoren verringern. Die Konfliktprävention unterstützt die Zielerreichung und schafft und schützt dadurch Werte. Als Bestandteil aller Geschäftsprozesse unterstützt die Konfliktprävention die Entscheidungsfindung, vermeidet Unsicherheiten und fördert ein systematisches, strukturiertes und zeitgerechtes Vorgehen. Das Konfliktpräventions-Management berücksichtigt Human- und Kulturfaktoren, ist transparent und schließt nichts aus. Es reagiert dynamisch auf Veränderungen und fördert die kontinuierliche Verbesserung der Organisation.

Die Vorteile der Konfliktprävention betreffen alle internen und externen Stakeholder. Daher lohnt es sich, ein besonders intensives Augenmerk auf die Prävention und nicht erst auf die nachträgliche Problembewältigung zu legen.

3.2   Konfliktpräventionsprozesse

Eine systematische Prävention soll auf abgesicherten Grundlagen und Prozessen beruhen. Die Grundlagen umfassen Regelarten als Qualitätsstandards, die sich von der Intensität der Verbindlichkeit unterscheiden und jeweils aus unterschiedlich vielen einzelnen Regeln bestehen. Darunter versteht man beispielsweise Management-Systeme, Best Practices, Normen (ISO, DIN, ÖNORM etc.) bis hin zu gesetzlichen Vorschriften. Zur operativen Umsetzung bieten sich beispielsweise der Risikomanagement-Prozess, Knowledge Management-Prozess oder IT Security Management-Prozess an.

In diesem Kapitel wird ein Präventionsprozess dargestellt. Einzelne relevante Normen für Management-Systeme und Best Practices für Prävention werden betrachtet. Beide enthalten die aktuellen nationalen und internationalen Erkenntnisse zu den jeweiligen Normen. Durch die periodische Überarbeitung der Normen wird sichergestellt, dass das enthaltene Know-how aktuell ist. Organisationen sollen die Anforderungen und Inhalte der Normen einhalten, wenn beispielsweise eine Zertifizierung entsprechend der Norm angestrebt wird (z. B. Informationssicherheits-, Risiko- oder Qualitätsmanagement) oder sich an den Normen orientieren und punktuell organisationsspezifische Vorteile nutzen, wenn keine Zertifizierung angestrebt oder möglich ist.

Wichtige Normen fordern eine Prozessorientierung, wie zum Beispiel beim Qualitäts-, Risiko- oder Knowledge-Management. Die Einbettung in die unternehmensweite Geschäftsprozess-Systematik hinsichtlich der Wertschöpfungsketten, Management- und Supportprozesse soll sicherstellen, dass auch normenorientierte Prozesse transparent, für alle Stakeholder zugreifbar, sensibilisiert und trainiert und im Sinne der Zielerreichung der Organisation steuerbar sind. Eine Integration der normenorientierten Prozesse im multifunktionalen Geschäftsprozess-Management (siehe Abb. 3.5) fördert die Nutzung der Synergien zwischen den einzelnen Normen.

▶ **Wichtig**

- Die Konfliktprävention ist kein Einzelprozess, sondern ein institutionalisiertes Gesamtprozesssystem, der die gesamte Wertschöpfungskette der Organisation sowie die Management- und Unterstützungsprozesse inkludiert.
- Die Kundenorganisation ist prinzipiell für die Entwicklung, Implementierung, den laufenden Betrieb und die Weiterentwicklung des Konfliktpräventions-Systems verantwortlich.
- Externe mediative Dienstleistungen können den Präventionsprozess durch Beratungsleistung als Starthilfe unterstützen.
- Im Falle einer Konflikteskalation kann die Durchführung einer Mediation eingeleitet werden.
- Die Kundenorganisation sollte die Konfliktprävention institutionalisieren und intern verankern und durch die Etablierung von Konfliktmanagementbeauftragten (KMB) absichern.

In Anlehnung an den Risikomanagement-Prozess (ISO 31000:2018) lässt sich ein allgemeiner Präventionsprozess ableiten, der die wichtigsten Anforderungen an eine Konflikt- und Risikovorsorge erfüllt. Der Präventionsprozess (siehe Abb. 3.1) ist ein permanenter Prozess, der regelmäßig die notwendigen Prozessschritte durchläuft, um neu auftretende Konflikte und Konfliktrisiken zu erkennen und identifizierte Konflikte zu beurteilen und in der Folge zu bewältigen.

Der Präventions-Kernprozess besteht (1) aus der Schaffung und Sicherstellung der notwendigen Grundlagen zur Konfliktprävention, (2) aus der Konflikt-Beurteilung, die aus den Komponenten (2a) der Identifikation der Konflikte, (2b) der Konflikt-Analyse und (2c) der Konflikt-Bewertung besteht. Bei der Konflikt-Behandlung/-Bewältigung (3) soll ein drohender oder schlagend gewordener Konflikt vermieden, verringert oder verlagert werden. Beim Prozessschritt (4) besteht ein permanentes Monitoring-Verfahren zur Überwachung und Überprüfung der Konfliktsituation in der Organisation.

Nach der dreistufigen Konflikt-Beurteilung erfolgt der Prozessschritt der Konflikt-Behandlung/-Bewältigung, was aber nicht Gegenstand dieser

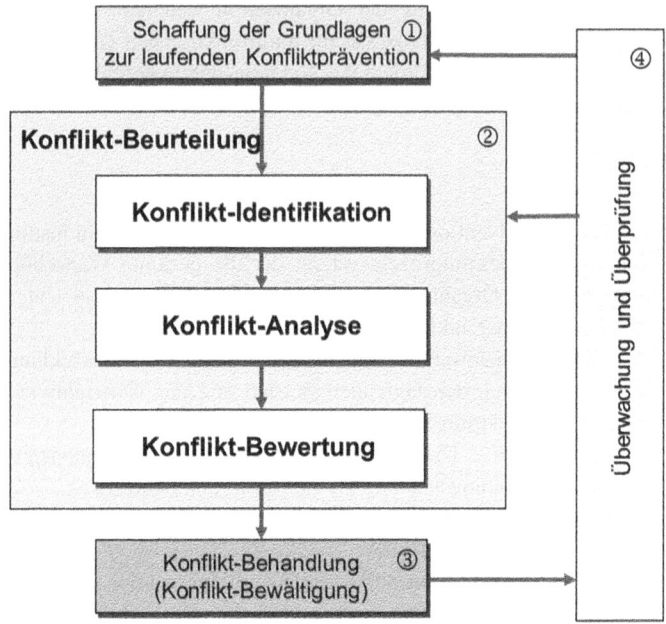

Abb. 3.1 Konfliktpräventions- und Konfliktbehandlungsprozess. (Quelle: Eigene Darstellung in Anlehnung an t ISO 31000: 2018)

Präventions-Betrachtungen ist. Das laufende Monitoring beobachtet die Konfliktsituation in der Organisation. Wird der Konflikt nicht vermieden und schlagend, kann die Durchführung der Konflikt-Behandlung/-Bewältigung beginnen.

Umsetzung bei kleinen Unternehmen
In Österreich gibt es einen großen Anteil kleiner Unternehmen. 72,94 % der Unternehmen sind Ein-Personen-Unternehmen (EPU) oder Unternehmen mit einer mitarbeitenden Person. 19,42 % haben 2–9 Personen und 7,64 % der Unternehmen haben 10 oder mehr Mitarbeitende (Statistik Austria, 2021). Große Unternehmen mit komplexeren Strukturen können sich personell, strukturell und finanziell ausreichend ausgestattete Stellen oder Organisationseinheiten leisten, die die Management-Systeme professionell betreiben. Kleinere und kleine Unternehmen müssen sich selbst mit den Inhalten der Management-Systeme auseinandersetzen. Aus praktischen Gründen und wegen der zum Beispiel geringeren personellen, organisatorischen und externen Rahmenbedingungen genügt die Konzentration auf die jeweils relevanten Inhalte der Management-Systeme.

Der Konfliktpräventions- und Konfliktbewältigungsprozess ist ein rollierender Prozess.

(1) Grundlagen
Bevor der in der Kundenorganisation institutionalisierte Konfliktpräventions-Prozess gestartet wird, sollten die notwendigen Grundlagen geschaffen werden, um die Vorteile der Norm zu nutzen. Benötigte Ressourcen sind zum Beispiel

- die Sicherstellung des Know-how mit der personellen Verfügbarkeit,
- ein Budget,
- die erforderlichen Kompetenzen, IT-Tools und
- sonstige Rahmenbedingungen.

Die Erfüllung der Grundlagen soll periodisch überprüft werden, wenn ein wirkungsvolles System angestrebt wird.

Konflikt-Management-Beauftragte (KMB) sollen für die Entwicklung, den Betrieb und die Weiterentwicklung intern zuständig sein. Die Verantwortung für das System liegt beim obersten Management.

(2) Konflikt-Beurteilung
Die Konflikt-Beurteilung ist der Kernprozess der Konfliktprävention. Er besteht aus drei Unterprozessen:

- Konflikt-Identifikation,
- Konflikt-Analyse und
- Konflikt-Bewertung.

(2a) Konflikt-Identifikation
Die bestehenden und potenziellen Konflikte werden periodisch rollierend gescannt und die vorhandenen Bedrohungen identifiziert. Es gibt unterschiedliche Konfliktarten, wie Sach-, Beziehungs-, Wahrnehmungs- Rollen- und Zielkonflikte. Dazu stehen verschiedenste Methoden und Instrumentarien zur Verfügung (siehe Abb. 3.2). Bei der Konflikt-Identifikation ist es entscheidend, möglichst viele Konfliktpotenziale zu identifizieren, damit die notwendigen vorbeugenden Maßnahmen ergriffen beziehungsweise Maßnahmenpläne für schlagend werdende Konflikte vorbereitet werden können.

Zur Erkennung potenzieller Konflikte bieten sich klassische sowie digitale Identifikationsmethoden an. Beispiele:

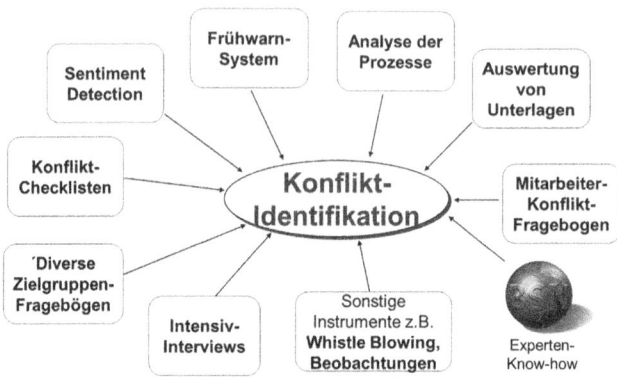

Abb. 3.2 Instrumente der Konflikt-Identifikation

- Prüfung aller Geschäftsprozesse (in jedem einzelnen Prozessschritt),
- Checklisten für interne und externe Konfliktpotenziale,
- Fragebögen für Mitarbeiter und externe Stakeholder,
- Methoden wie Whistleblowing, Mystery Shopping etc.

▶ **Wichtig**
   Die Beiziehung externer Beraterinnen oder Berater bieten die
   Chance, noch nicht erkannte Konflikte zu lokalisieren.
       Je intensiver die Identifikation durchgeführt wird, desto detail-
   lierter werden die Gefahrenpunkte erkannt und können bearbeitet
   werden. Maßnahmen zur Verhinderung oder zur Verminderung der
   Konsequenzen sind damit leichter zu ergreifen. Je mehr Konflikte
   identifiziert werden, desto intensiver können Präventionsmaßnahmen
   erarbeitet werden.

Darüber hinaus kann neben digitalen Konflikterkennungssystemen wie die Sentiment Detection und Emotion Recognition auch ein strategisches und operatives
Frühwarnsystem eingesetzt werden.

Strategische und operative Konflikt-Früherkennungssysteme
Die Früherkennung von Konflikten und Krisen ist ein wichtiger Teil des vorbeu-
genden Konflikt- und Krisenmanagements aus operativer und strategischer Sicht
(Bartl, 2023, S. 1). Frühwarn-Systeme bieten die Chance, sehr frühzeitig noch nicht

entdeckte Konfliktfelder zu erkennen. Konflikt-Frühwarnsysteme gibt es bereits seit längerer Zeit zur zwischen- und innerstaatliche Konfliktprävention (Bungarten, 1995). Das betriebliche Frühwarn- und Früherkennungs-System befindet sich aktuell in der 4. Generation. Die ersten Frühwarnsysteme in den 1950er-Jahren haben auf Hard Facts – vornehmlich aus dem Rechnungswesen – beruht und hatten kaum prognostischen Charakter. Die Systeme der 4. Generation beruhen auf der Integration interner und externer sowie operativer und strategischer Methoden, einem strategisch-operativen Frühwarnradar und der Berücksichtigung der Wechselwirkung zwischen den Einflussfaktoren. Diese Systeme sind konzipiert, um auf potenzielle, latente und akute Konflikt- und Risikophasen hinzuweisen. Das operative und strategische Früherkennungs-Radar und die Wahrnehmung schwacher Signale – die Weak Signals – werden immer bedeutsamer bei der modernen Konflikt- und Risikoprävention in allen Ausprägungsstufen der Konfliktprävention. Die Frühwarn-Systeme der 4. Generation sind komplex und müssen im Anwendungsfall im Unternehmen oder sonstigen Organisationen weiterentwickelt werden. In einem Früherkennungsprozess wird das methodische Vorgehen bei der Gewinnung der Frühinformationen dargestellt (siehe Abb. 3.3). In diesem Prozess sind die einzelnen Schritte abgebildet, die zu einer internen oder externen Konflikt- oder Konfliktrisiko-Früherkennung führen können.

Bei kleineren oder weniger komplexen Organisationen ist es oft ausreichend, einfachere Systeme anzuwenden, um zufriedenstellende Ergebnisse zu erzielen.

Sentiment Detection

Die digitale Sentiment-Analyse (Sentiment Detection) setzt Künstliche Intelligenz im Sinne der Stimmungserkennung ein. Dadurch können zukünftig sich anbahnende Konflikte in Organisationen auf Basis gesprochener Informationen (Reden, Diskussionen etc.), Beobachtungen (Videokonferenzen etc.) oder geschriebener Informationen (Schriftverkehr, Emails, Berichte etc.) erkannt werden (Burin, 2023, S. 9). Empfindungen und Gefühle werden digital erkannt, um vorhersagbare Konflikte frühzeitig zu identifizieren oder bestehende Konflikte aufzuzeigen. Die Sentiment-Analyse ist eine Untergruppe des Text Minings, einer Gruppe von Algorithmus-basierten Analyseverfahren zur Erkennung möglicher Bedeutungsstrukturen in unstrukturierten oder schwach-strukturierten Textdaten (Hajiyan et al., 2023). (Die Emotionserkennung mit Künstlicher Intelligenz ist derzeit laut dem EU AI ACT 2024 nicht zulässig.)

Emotion Recognition

Die Erkennung von Gesichtsemotionen ist eine Technologie zur Analyse von Gefühlen aus verschiedenen Quellen wie Bildern und Videos. Es gehört zur

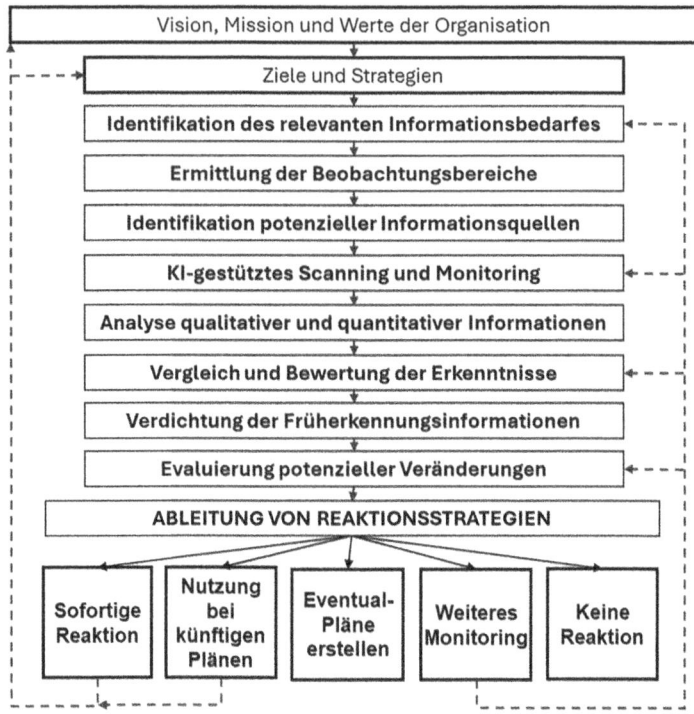

Abb. 3.3 Früherkennungsprozess. (Quelle: Eigene Darstellung in Anlehnung an Hauff, 2009, S. 32)

Technologiefamilie, die oft als „Affective Computing" bezeichnet wird, einem multidisziplinären Forschungsgebiet über die Fähigkeiten von Computern, menschliche Emotionen und affektive Zustände zu erkennen und zu interpretieren, und baut häufig auf Technologien der künstlichen Intelligenz auf (Lüthe, 2020). Die vier Merkmale von Emotionen sind:

- Affektivität,
- Objektgerichtetheit,
- Unwillkürlichkeit und
- begrenzte Dauer.

(2b) Konflikt-Analyse
Die identifizierten potenziellen Konflikte werden jeweils entsprechend den beiden
Kriterien Eintrittswahrscheinlichkeit und Auswirkung eingeschätzt. Die Ergebnisse
der Einschätzungen können beispielsweise in einem Konflikt-Portfolio visualisiert
werden (siehe Abb. 3.4). Konflikte mit einer hohen Eintrittswahrscheinlichkeit und
mit hohen (negativen) Auswirkungen befinden sich im Konfliktportfolio rechts oben
und zeigen die „Ampelfarbe" rot. Konflikte mit einer niedrigen Eintrittswahrscheinlichkeit und niedrigen Auswirkungen befinden sich im Portfoliobereich links unten
grün dargestellt.

(2c) Konflikt-Bewertung
Im dritten Schritt wird eine Bewertung der einzelnen Konflikte vorgenommen. Hier
wird für jeden identifizierten Konflikt oder jedes erkannte und definierte Konflikt-
risiko entschieden, ob Maßnahmen zu deren Bearbeitung ergriffen werden oder sie
unverändert akzeptiert werden können.

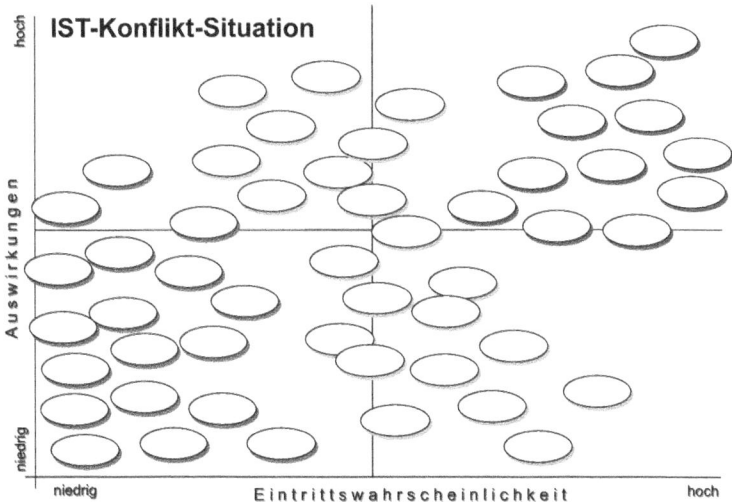

Abb. 3.4 Beispiel für ein Konflikt-Portfolio

Wenn zum Beispiel eine definierte Konflikt-Toleranzgrenze nicht überschritten wird, werden keine Maßnahmen eingeleitet. Dies kann beispielsweise dann der Fall sein, wenn

- die Bedeutung oder die Auswirkungen gering sind,
- wenn die Kosten der Konfliktbearbeitung wesentlich höher wären als der mögliche Schaden des potenziellen Konfliktes.

In allen anderen Fällen wird die nächste Stufe im Konfliktpräventionsprozess – die Konflikt-Behandlung/-Bewältigung – eingeleitet.

(3) Konflikt-Behandlung/-Bewältigung

Auf der Basis der bewerteten Konflikte bzw. befürchteten Konfliktrisiken kann versucht werden, die drohende oder bereits bestehende Konfliktsituation zu beenden oder zu deeskalieren. Wenn die Vermeidung oder der Abbau des drohenden Konfliktes erfolgt, ist der Konfliktpräventions-Prozess beendet.

Wenn dies nicht erreicht werden kann, können mediative Dienstleistungen zur Konfliktbewältigung eingeleitet werden wie zum Beispiel Organisationsentwicklung, Teamentwicklung, Change Management, Konflikttrainings, Coaching und Supervision oder ein Mediationsprozess.

Die Konflikt-Bewältigung bietet auch die Möglichkeit, Konflikte zu vermeiden oder zu entfernen, indem zum Beispiel die Konfliktquelle durch personelle oder organisatorische Maßnahmen beseitigt wird.

Die Konfliktrisiken können jedoch auch akzeptiert und die Konfliktauswirkungen zum Beispiel auf Versicherungsunternehmen oder Lieferanten oder Lieferantinnen verlagert werden. Eine freiwillige Konfliktakzeptanz kann erfolgen, wenn die Vermeidung unmöglich ist oder die Konfliktvermeidungskosten – siehe (2) – unverhältnismäßig hoch sind und in keinem vernünftigen Verhältnis zum möglichen Schaden stehen.

(4) Konflikt-Überwachung und -Überprüfung (Monitoring)

Die potenziellen und bestehenden Konfliktrisiken sollten laufend überprüft und kritisch beobachtet werden, um festzustellen, ob es Veränderungen in der Konfliktlage gibt, wenn man ein wirkungsvolles Konfliktpräventionssystem praktizieren will. Ein wirkungsvolles Konfliktpräventionssystem enthält die laufende Überprüfung und kritische Beobachtung der Konfliktlage. Damit können Veränderungen zeitnah wahrgenommen werden. Beim Feststellen von Abweichungen sind die entsprechenden Aktivitäten zu ergreifen. Das Monitoring der Konflikte kann zum Beispiel durch ein Konflikt-Cockpit zielgruppengenau für die Empfänger von Informationen gestaltet werden.

3.3 Normen und Best Practices zur Konfliktprävention

Eine systematische Prävention soll auf abgesicherten Grundlagen und Prozessen beruhen. Die Grundlagen umfassen Regelarten, die sich von der Intensität der Verbindlichkeit unterscheiden und jeweils aus unterschiedlich vielen einzelnen Regeln bestehen, wie beispielsweise Management-Systemen, Best Practices, Normen (ISO, DIN etc.) bis hin zu gesetzlichen Vorschriften. Es gibt Prozesse, die diese Regeln operativ umsetzbar gestalten wie beispielsweise der Risikomanagement-Prozess, der Knowledge-Management-Prozess oder der IT Service Management-Prozess.

Management-Systeme und deren Umsetzung in Normen können auch als wesentliche Maßnahmen zur Konfliktprävention betrachtet werden. Im Folgenden werden ausgewählte Management-Systeme und Normen dargestellt, die einen Beitrag zur Konfliktprävention leisten können.

In aktuellen Managementsystemen ist das Präventionsprinzip aktueller denn je und durchgehend zu finden. Die Grundlagen einer modernen durchgängigen interdisziplinären Konfliktprävention ist in den bestehenden nationalen und internationalen Normen, Best Practices und Früherkennungssystemen – meist in Verbindung mit den jeweiligen Geschäftsprozessen – zu finden, die teilweise bereits digitalisiert sind. Die Leitlinie für Unternehmensberatungsdienstleistungen (ISO 20700:2019) wird im Kap. 2 näher betrachtet.

3.3.1 Compliance Management

Das Compliance Management soll sicherstellen, dass in allen Phasen des Konfliktpräventionsprozesses die internen und externen Vorschriften eingehalten werden.

Ein Compliance Management ist der Ordnungsrahmen zur Einrichtung und Sicherstellung der rechtlichen Vorschriften und ethischen Regeln in einem Unternehmen oder jeder anderen Organisationsart. Die ÖNORM ISO 37301:2021 ist eine internationale Norm, die die Anforderungen an Compliance Management-Systeme definiert und Richtlinien für die Einrichtung, die Entwicklung, Einführung, Bewertung, Aufrechterhaltung und Weiterentwicklung eines effektiven Compliance Management-Systems innerhalb einer Organisation bereitstellt. Diese Norm trägt dazu bei, dass durch die Einhaltung der Vorschriften Konflikte vermieden oder minimiert werden können. Dabei handelt es sich um Konflikte, die von der individuellen Personen-Ebene bis zur Inter-Organisationsebene reichen.

Der Standard ist auf alle Arten von Organisationen anwendbar, unabhängig von ihrer Größe, Branche, Risikoexposition oder globalen Präsenz. Die ÖNORM ISO 37301 ist flexibel in ihren Anforderungen und erkennt an, dass jede einzelne Organisation selbst dafür verantwortlich ist, die Ansprüche an ihr eigenes Compliance Management-System zu definieren und die empfohlenen Praktiken letztendlich umzusetzen.

3.3.2 Management-Normen

Aus der Vielzahl der relevanten Management-Normen sollen bei dieser Betrachtung einige Management-Normen, Best Practices und Management-Systeme herausgegriffen werden, die eine wesentliche Bedeutung haben. Diese Normen dienen auch dazu, transparente, geregelte, stabile und steuerbare sowie ausgewogene, gerechte problemarme Prozesse und Grundlagen sicherzustellen, damit Konflikte möglichst vermieden werden oder geregelt bearbeitet und gelöst werden können. Grundlegend dazu sind auch die Darstellungen zum „Multifunktionalen Geschäftsprozess-Management" (siehe Abb. 3.5), weil die Notwendigkeit des Einsatzes der Geschäftsprozesse mit dem dazugehörigen Prozessmanagement in wesentlichen Normen gefordert ist.

3.3.2.1 Multifunktionales Geschäftsprozess-Management

Eine Reihe grundlegender Normen und Best Practices verlangen als Grundlage – auch für eine Konfliktprävention – ein funktionierendes und praktizierendes Geschäftsprozess-Management. Die gängigen Geschäftsprozess-Management-Systeme beschränken sich oft nur auf die Definition der aufeinanderfolgenden Festlegung von Tätigkeiten, Verzweigungen, Verknüpfungen und Abhängigkeiten etc. Das Qualitäts-Management zum Beispiel definiert den Prozess als eine Reihe von miteinander verknüpften oder interagierenden Aktivitäten, die Inputs in Outputs umwandeln (ISO 9001:2015).

Diese eingeschränkten Definitionen und aktuellen praktischen Anwendungen sind aber nicht ausreichend, um aus der ganzheitlichen interdisziplinären Sicht die vorhandene Komplexität wichtiger organisationaler Zusammenhänge und Wirkungsmechanismen auch hinsichtlich der Konfliktprävention zu berücksichtigen und abzubilden.

Notwendig ist eine umfassendere Sicht der Mechanismen und Rahmenbedingungen in Organisationen. Dazu sollten die Geschäftsprozesse genutzt werden, um möglichst umfangreiche Bedingungen der Organisation in den Prozessen abzubilden, bzw. diese in die Prozesse einzuarbeiten. Dazu wurde das multifunktionale Geschäftsprozess-Management zur Steuerung und Konflikterkennung im Sinne von ungeplanten Abweichungen von Zielen in Unternehmen und sonstigen Organisationen entwickelt (siehe Abb. 3.5).

Beim multifunktionalen Geschäftsprozess-Management werden in jedem einzelnen Prozessschritt – wenn möglich oder notwendig – die relevanten Daten zur Steuerung des Prozesses und als Grundlage zur Vermeidung oder präventiven Sichtbarmachung von Konflikten definiert und dokumentiert. In den multifunktionalen Geschäftsprozessen sind in Summe alle relevanten Informationen der definierten Management-Disziplinen auch zur Konfliktprävention enthalten. Hier sind beispielhaft einige dieser Management-Disziplinen angeführt:

- **Performance:** Um Abweichungen von finanziellen, terminlichen oder personalressourcen-bezogenen Ziele und gegebenenfalls daraus resultierende Konflikte und andere Probleme zu erkennen und im Zuge des Prozessmonitorings sichtbar machen zu können, müssen für jeden Prozessschritt neben den

Multifunktionaler Geschäftsprozess

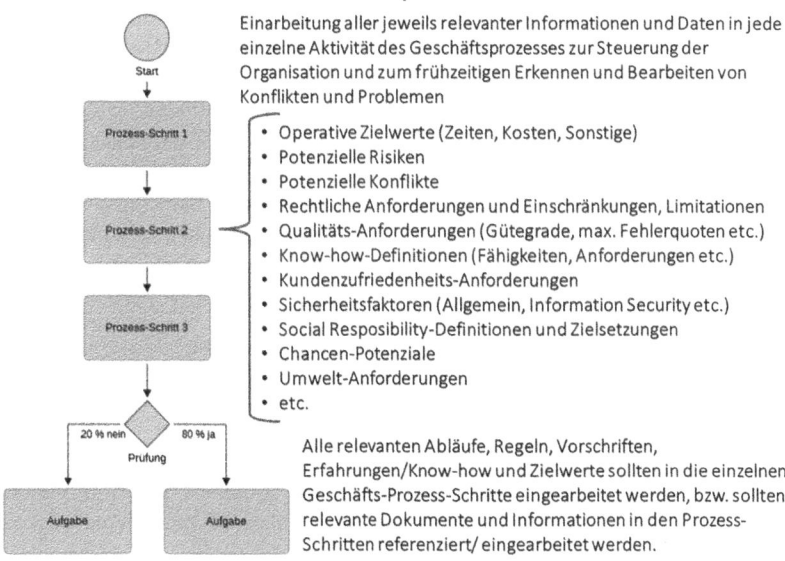

Abb. 3.5 Multifunktionaler Geschäftsprozess mit Management-Disziplin-Informationen

Zielwerten der einzelnen Management-Disziplinen (z. B. Qualitäts-, Risiko-, Performance-, Kundenzufriedenheits-Ziele etc.) auch die Ziele der einzelnen Prozessschritte definiert werden.

– Zum Monitoring der Zeitdimensionen:
  Bearbeitungszeiten,
  Liegezeiten,
  Wartezeiten und
  Transportzeiten.
– Zur Verfolgung von Kostenabweichungen:
  direkte Prozesskosten des jeweiligen Arbeitsschrittes,
  Bearbeitungszeiten,
  Personalkosten.
– Auf der Basis aller obigen Zeitkomponenten der Bearbeitungs-, Liege-, Warte- und Transportzeiten sowie der drei Kostenkomponenten lassen sich die Gesamtdurchlaufzeit des Prozesses und eventuelle Abweichungen ermitteln. Da in der Praxis operationale Zielabweichungen bei der Leistungserbringung Gefahren von Konflikten bergen, ist das Monitoring, die transparente Darstellung und die konstruktive Besprechung von Zielabweichungen ein wirkungsvolles Instrumentarium zur Konfliktprävention. Die potenziellen Konfliktfelder finden sich in mehreren Management-Systemen.

• **Risiken:** Für jeden Prozessschritt sind die potenziellen Risiken zu definieren, um bereits an der Wurzel – im Zeitpunkt des möglichen Entstehens – auftauchende Risiken zu identifizieren und konfliktvermeidend oder konfliktreduzierend bearbeitet werden zu können (siehe Risikomanagement).

• **Konflikte:** Ebenso sind für jeden Prozessschritt die möglichen Konfliktpotenziale zu definieren. Konflikte können aus definierbaren Standard-Situationen entstehen wie z. B. Eskalationsstufen nach Glasl (2023) oder sie können erhoben oder identifiziert werden wie z. B. durch Sentiment Detection (Burin, 2023), Emotion Recognition (Leyer & Iren, 2021) oder Facial Emotion Recognition (Vemou et al., 2021).

• **Compliance:** Die für den Prozessschritt rechtlich relevanten Vorgaben, Aufgaben oder Verbote sind ebenfalls festzulegen, um Abweichungen von rechtlichen Vorschriften sofort im Prozess, d. h. im Zeitpunkt des Entstehens der Abweichung zu erkennen und mögliche innerbetriebliche Konflikte (z. B. interne Streitpotenziale) oder außerbetriebliche Konflikte (z. B. Probleme mit Behörden, Lieferanten, Kundinnen und Kunden) zu minimieren oder zu vermeiden (siehe Corporate Governance).

• **Qualität:** Im Prozessschritt sind ebenfalls die qualitätsrelevanten Informationen zu definieren, wie beispielsweise Qualitätshinweise, Qualitätsstandards und Qualitätsmerkmale wie Toleranzen, Fehlerquoten und sonstige technische Festlegungen. Ebenso müssen die einzelnen Prüfschritte und Prüfverfahren in eigenen Prozessschritten festgelegt werden, um Qualitätskonflikte zu vermeiden (ISO 9001:2015).

- **Knowledge:** Um die Prozessschritte konfliktarm durchführen zu können, müssen für jeden Schritt die notwendigen Qualifikationen, Skills und Erfahrungen festgelegt werden. Auch hier können Konflikte minimiert oder vermieden werden, wenn sichergestellt ist, dass nur befähigte Mitarbeiterinnen und Mitarbeiter eingesetzt werden (DIN SPEC 91.443:2021).
- **Kundenzufriedenheit:** Ein wichtiger Punkt in kundenorientierten Organisationen ist die Zufriedenheit der Kundinnen und Kunden. Daher müssen auch die kundenzufriedenheits-relevanten Kriterien im Prozessschritt eingearbeitet werden (ISO 10001 ff.:2023).
- Weiters sind die jeweiligen Anforderungen der Normen beispielsweise zur **Informationssicherheit** (ISO/IEC 27.000:2020), **Social Responsibility** (ISO 26000:2021) sowie Fragen zur **Umwelt** und weitere potenzielle Konfliktfelder in den multifunktionalen Geschäftsprozessen zu berücksichtigen.

3.3.2.2 Risikomanagement

Die Regeln und die Prozesse des Risikomanagements sind in der ISO 31000:2018 geregelt. Die Hauptaufgabe ist die Einrichtung eines Risikomanagement-Systems in der Organisation, die Identifikation der Risiken, deren Analyse und Bewertung und schließlich die Risiko-Bewältigung, um Konflikte und Risiken vorzubeugen. Die Norm schreibt einen Risikomanagement-Prozess vor, um ein strukturiertes Vorgehen sicherzustellen. Die Grundlage zur Erkennung und Behandlung risikorelevanter Konflikte stellt der Risikomanagement-Prozess (siehe Abb. 3.6) dar (ÖNORM D 4900:2021).

Der entscheidende Schritt zur Konfliktprävention besteht in der Identifikation möglicher Risiken. Je vollständiger potenzielle Risiken erkannt werden, umso wirkungsvoller können Vorsorgemaßnahmen zur Vermeidung von internen und externen Risiken und Konflikten vorgebeugt werden.

In der Norm wird Risiko als die Gefahr einer Abweichung von Zielen hinsichtlich aller Bedrohungspotenziale und Chancen der Organisation bezeichnet, wobei es sich um strategische, operationelle, finanzielle Ziele, die Sicherheit von Menschen, Sachen und der Umwelt genauso wie die anderen Ziele der Organisation handelt (ISO 31000:2018).

Es gibt eine Vielzahl von internen und externen Bedrohungspotenzialen, die beispielhaft dargestellt werden. Diese und weitere Bedrohungspotenziale sind

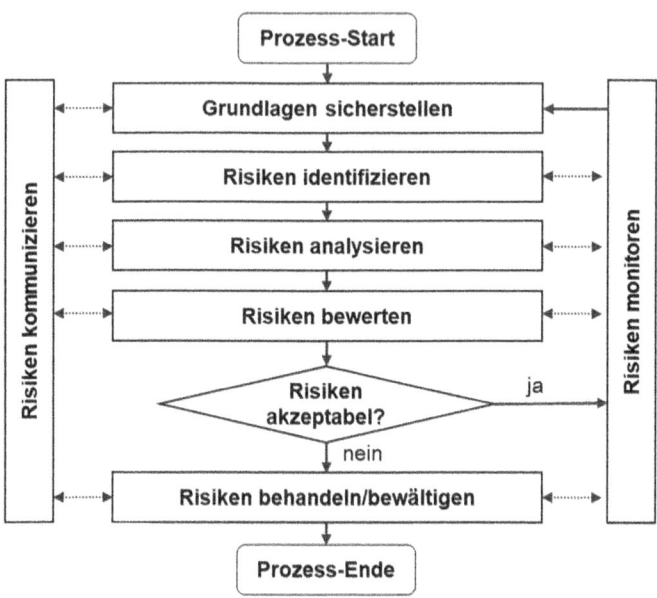

Abb. 3.6 Risikomanagement-Prozess. (Quelle: Eigene Darstellung in Anlehnung an ÖNORM D 4900:2021)

zutreffend für potenzielle Konflikte. Im Rahmen des Risikomanagements werden für jedes einzelne Risiko zumindest festgelegt, was vorgesorgt werden muss, um den Eintritt des einzelnen Risikos zu vermeiden (Risikovermeidungsplan) und was vorgeplant werden muss, was unternommen werden muss, wenn das Risiko schlagend geworden ist (Risiko-Behandlungs- bzw. -bewältigungsplan, Notfallplan etc.).

Die einzelnen identifizierten Risiken mit Risikovermeidungsplan und Risikobewältigungsplan sollten in multifunktionalen Geschäftsprozessen referenziert werden. Damit werden Gefahren und Risiken zeitnah sichtbar und Konflikte können vermieden oder minimiert werden. Damit kann einer der Bausteine der Konfliktprävention wirkungsvoll in der Organisation implementiert und betrieben werden.

3.3.2.3 Qualitätsmanagement

Für die Erkennung und Prävention qualitätsrelevanter Konflikte bietet das Qualitätsmanagement in der ISO 9001:2015 eine umfassende Grundlage. Qualität ist
gemäß der Norm dann erreicht, wenn die Eigenschaften der Leistungen genau den
Kundenanforderungen entsprechen. Die ISO 9001 versteht unter Qualität nicht die
„maximale Qualität" oder die „perfekte Ausführung", sondern die den externen
oder internen Kundinnen und Kunden versprochene Qualität.

Das Qualitätsmanagement besteht aus den drei Bereichen Dokumentation,
Qualitätsmanagement-Instrumentarien und Kontinuierlicher Verbesserungsprozess (KVP).

In der **Dokumentation** sind die Grundlagen des Qualitätsmanagements
beschrieben, dokumentiert und veröffentlicht: Sie beginnen bei der Vision als
generelle Ausrichtung der Organisation aus langfristiger etwa fünf bis zehnjäh-
riger Sicht und gelten der Ausrichtung der Mitarbeiter und Mitarbeiterinnen
auf diese globalen Ziele. In der Mission wird die Existenzberechtigung und
der Leistungsinhalt der Organisation für die Kundinnen und Kunden im weiteren Sinne beschrieben. Das Wertesystem legt die Rahmenbedingungen und
Grenzen des Unternehmens fest wie zum Beispiel, welche Geschäftsfelder nicht
betrieben werden. Aus den globalen Zielen werden die abgeleiteten Strategien
definiert. Alle einzelnen Teilstrategien werden in einem strategischen Ursache-
Wirkungs-Modell miteinander in Wirkungszusammenhänge gebracht. Daraus
entsteht die Strategy Map, in der die strategischen und operativen Ziele mit
Kennzahlen, Indikatoren und Messgrößen festgelegt werden. In der Norm ist das
Prozessmanagement vorgeschrieben, das im günstigen Fall mit dem multifunktionalen Geschäftsprozess-Management abgedeckt wird. Verfahrens-, Arbeits- und
Prüfanweisungen sichern die operativen Qualitätsarbeiten.

Laufend werden die **Qualitätsmanagement-Instrumente** eingesetzt wie
Fehleridentifizierungs- und Korrektursysteme, laufende Fehlererfassung, Mes-
sung der Kundinnen- und Kundenzufriedenheit sowie der Mitarbeiterinnen- und
Mitarbeiterzufriedenheit, Lieferantenbewertung, Beschwerdemanagement etc.

Jährlich – oftmals rollierend – werden die einzelnen Bereiche des Unternehmens intern auditiert. Dabei soll die Wirksamkeit des Systems überprüft und auf
Schwachstellen geprüft werden. Periodisch, zum Beispiel einmal im Jahr, findet
ein Management Review statt, bei dem die Schwerpunkte zur Weiterentwicklung des QM-Systems festgelegt werden. Aus diesem Vorgehen bildet sich der
Kontinuierliche Verbesserungsprozess (KVP).

3.3.2.4 Knowledge Management

Zur Erkennung und Behandlung wissensrelevanter Konflikte kann das Knowledge Management eingesetzt werden. Das Knowledge Management (Wissensmanagement) soll sicherstellen, dass die Organisation jederzeit das als notwendig definierte Know-how besitzt, um diese definierten Ziele zu erreichen und die zugesagten Versprechen an die Kundinnen und Kunden einzuhalten zu können. In der DIN SPEC 91.443:2021 Systematisches Wissensmanagement für KMU – Instrumente und Verfahren werden Regeln für das Wissensmanagement definiert. Im Kern steht der Knowledge-Management-Prozess mit seinen Prozessblöcken Wissen identifizieren, erzeugen, speichern, teilen und nutzen und seinem KVP-Prozess.

Im European guide to good practice in knowledge management – Knowledge management framework (Europäischer Leitfaden zur erfolgreichen Praxis im Wissensmanagement) – CWA 14.924–1:2004 Technische Regel – ist das Knowledge Management als Drei-Schichten-Modell festgelegt (siehe Abb. 3.7).

Abb. 3.7 Drei-Ebenen-System des Knowledge Managements. (Quelle: Eigene Darstellung in Anlehnung an CWA 14.924:2004)

In der **ersten Schicht (1)** wird ein durchgängiges Prozessmanagement mit der Erarbeitung der Geschäftsprozesse verlangt. Das für das Unternehmen notwendige Wissen soll in den Prozessdarstellungen eingearbeitet werden, um ständig verfügbar zu sein und digital unterstützt genutzt zu werden. Die **zweite Schicht (2)** besteht aus dem Knowledge Lifecycle, der aus den folgenden rollierenden Blöcken besteht:

- **Wissen identifizieren:** Die Geschäftsprozesse werden modelliert und optimiert und das notwendige Know-how sowie die erforderlichen Fähigkeiten (Skills) werden in jeden Prozessschritt eingearbeitet. Anschließend wird eine laufende Know-how-Inventur durchgeführt, um festzustellen, welches Wissen im Unternehmen/in der Organisation vorhanden ist. Dabei wird festgestellt, wo Wissen fehlt und wo es zu viel Wissen gibt. Nicht notwendiges Wissen kann aus Kostengründen abgebaut werden.
- **Wissen erzeugen:** Im zweiten Block soll das fehlende Wissen ergänzt werden, um die Prozesse mit ausreichender Qualität durchführen zu können. Durch Schulungen, neues Personal, externes Know-how etc. kann das fehlende Wissen ergänzt werden.
- In den nächsten Blöcken kann das Wissen **gespeichert, geteilt** und **genutzt** werden. Danach startet der Lifecycle erneut rollierend.

In der **dritten Schicht/Befähiger (3)** soll das persönliche Wissen der einzelnen Personen in das **organisationale Wissen** integriert werden und steht somit zur allgemeinen Nutzung den Beteiligten an allen Prozesspunkten zur Verfügung.

Mit diesem Vorgehen wird sichergestellt, dass durch das Vorhandensein des jeweils notwendigen Wissens eine fehlerfreie rechtzeitige Erledigung der notwendigen Arbeiten erfolgt und das Konfliktpotenzial minimiert wird.

3.3.2.5 Kundenzufriedenheits-Management

Bei den Best Practices der Normen ISO 10001:2023 bis ISO 10003:2023 geht es um die Vermeidung kundenzufriedenheitsrelevanter Probleme und den daraus resultierenden Konflikten mit den Kundinnen und Kunden sowie bei den internen Mitarbeitenden und externen Stakeholdern. Durch die Nutzung der Erkenntnisse und Erfahrungen der Normen sollen weitgehend Konflikte vermieden oder zumindest reduziert werden. Die Normen haben folgende Schwerpunkte:

- ISO 10001:2023 **Steigerung der Kundenzufriedenheit** durch die Best Practices: Verbesserung des Kundenverständnisses, Vorbeugen gegen Reklamationen und Konflikte, Förderung von kundenorientiertem Verhalten.

- ISO 10002:2023 **Behandlung von Kundenreklamationen**: Es soll ein Best Practice-Reklamationsprozess gelebt und der Reklamationsprozess überwacht werden. Damit sollen Konflikte weitgehend vermieden werden.
- ISO 10003:2023 **Lösung von Konflikten mit Kunden**: Einsatz der Grundsätze der Konfliktlösung gemäß einer Konfliktlösungspolitik. Das Ziel ist nicht nur eine Konfliktlösung, sondern eine Konfliktumkehr. In der überwiegenden Zahl der Konfliktfälle kann aus dem Konfliktkunden ein zufriedener langfristiger Kunde werden, wenn die Best Practices angewendet werden.

3.3.3 Weitere Normen und Regelungen

Beispielhaft werden hier einige relevante Normen und Regelungen betrachtet:

- **Corporate Governance (CG)**
  Die Grundsätze der Unternehmensführung sind der Ordnungsrahmen für die Führung und Steuerung von Organisationen. „Regelungen der CG können Spielräume und Motivationen zu opportunistischem Verhalten zwar eindämmen, aber nicht alle denkbaren Konfliktfälle zwischen den Bezugsgruppen vorab lösen" (Gabler, 2023), aber es kann eine Minimierung möglicher Konflikte angestrebt werden. Auch hier besteht ein Fokus auf die Geschäftsprozesse.
  Auch sollen Konfliktfelder der Neuen Institutionenökonomie verringert werden wie beispielsweise potenzielle Konflikte der Property Rights Theorie in Bezug auf die Verfügungsrechte in Organisationen und die Konflikte in Bezug auf die Informationsasymmetrien der Principal-Agents-Theorie. Hier geht es insbesondere um Konfliktbereiche zwischen den Eigentümern von Organisationen und dem Management sowie zwischen dem Management und den Mitarbeitern, die verhindert oder gemindert werden können.
  Im Corporate Governance Kodex Österreich besteht für Aktiengesellschaften ein Ordnungsrahmen für die Leitung und Überwachung von börsennotierten Unternehmen (Österreichischer Arbeitskreis für Corporate Governance, 2023, S. 9).
- **Social Responsibility**
  Zur Erkennung und Behandlung sozialverantwortlicher Konflikte gibt es eine Reihe von Normen. Hier soll die ISO 26000:2021 Social Responsibility und die EU-Richtlinie zur Nachhaltigkeitsberichterstattung (CSRD) betrachtet werden. Die Norm ist ein Leitfaden, der Orientierung und Empfehlungen

gibt, wie sich Organisationen jeglicher Art verhalten sollten, damit sie als gesellschaftlich verantwortlich angesehen werden können. Die Internationale Organisation für Normung (ISO) hat im November 2010 die Norm ISO 26000 zu gesellschaftlicher Verantwortung von Unternehmen und Organisationen herausgegeben. Die Grundlage für die Wahrnehmung gesellschaftlicher Verantwortung bildet gemäß der ISO 26000:2021 die sieben Grundsätze:

- Rechenschaftspflicht,
- Transparenz,
- Ethisches Verhalten,
- Achtung der Interessen von Anspruchsgruppen,
- Achtung der Rechtsstaatlichkeit,
- Achtung internationaler Verhaltensstandards,
- Achtung der Menschenrechte.

Die folgenden sieben Kernthemen sind definiert:
- Organisation und Organisationsführung,
- Menschenrechte,
- Arbeitspraktiken,
- Umwelt,
- Faire Betriebs- und Geschäftspraktiken,
- Konsumentinnen- und Konsumentenanliegen,
- Einbindung und Entwicklung der Gemeinschaft.

- **EU-Richtlinie zur Nachhaltigkeitsberichterstattung (CSRD)**
  Die CSRD (Corporate Sustainability Reporting Directive) schreibt detailliertere Berichtspflichten vor und regelt, dass bestimmte Unternehmen über Nachhaltigkeitsaspekte zu den Themen wie Umwelt, Soziales und Unternehmensführung (Governance) berichten müssen. Es werden einheitliche europäische Berichtsstandards und das Reporting nach dem Prinzip der Doppelten Wesentlichkeit vorgegeben. Die CSRD führt auch eine Prüfungspflicht für die Nachhaltigkeitsberichterstattung ein und verbessert die Zugänglichkeit und Auswertungen der Informationen, indem sie deren Veröffentlichung in einem digitalen und maschinenlesbaren Format im Lagebericht vorschreibt. Bei Nichteinhaltung drohen Sanktionierung und Verlust von Investitionen (WKO, 2022).
- **Information Security Management**
  Zur Erkennung und Behandlung informationssicherheitsrelevanter Konflikte liefert die Norm zum Informationssicherheits-Management (ISO/IEC

27000:2020) eine internationale Grundlage. Die Hauptzielsetzungen der Norm
sind die Verfügbarkeit, Vertraulichkeit und Integrität der Informationen.
Es gibt umfangreiche Checklisten zur Erkennung oder Vermeidung von
Informationssicherheits-Risiken und -Konflikten wie beispielsweise die Check-
list des deutschen Bundesamtes der Informationssicherheit. Diese Checklisten
sind üblicherweise in ein bestehendes Risikomanagement-System eingearbeitet.

• **Change Management in Beratungskontexten**
  In der Norm DIN SPEC 91405:2020 „Organisationales Change Management
  in Beratungskontexten" werden Qualitätsstandards und Methoden zum Thema
  Veränderungsmanagement im Consulting zur Verfügung gestellt.

> „Übergeordnetes Ziel ist es, ein gemeinsames Verständnis von Beratern und Orga-
> nisationen zu diesem Thema zu schaffen. Zusätzlich kann die vorliegende DIN
> SPEC Organisationen als Bezugsgröße bei der Vergabe von Beratungsmandaten
> für Change-Begleitung und -Beratung dienen. Organisationen erhalten eine Richt-
> linie für Anforderungen an die Vorgehensweise in Veränderungsvorhaben" (DIN
> SPEC 91405, 2020, S. 6).

In einem Vier-Phasen-Vorgehensmodell wird die Best Practice zum Thema
dargestellt. Diese Best Practice-Empfehlungen tragen zur Konfliktprävention in dem besonders sensiblen Bereich des Change Managements bei, bei
dem häufig Konflikte in der Individuellen Personen-Ebene bis zur Inter-
Organisations-Ebene auftreten.

3.4 Monitoring- und Steuerungssystem zur Konfliktprävention

Zur Steuerung der Konfliktprävention soll dargestellt werden, wie ein integrier-
tes Konfliktpräventions-System praktisch angewendet wird und welchen Nutzen
diese Systematik für Unternehmen/Organisationen und Berater und Beraterinnen
haben kann.

Praktische Anwendung der Konfliktpräventions-Systematik
Das beschriebene System der Konfliktprävention basiert auf den nationalen und
internationalen Erkenntnissen, die in Management-Normen und Best Practice-
Regeln beschrieben sind. Relevantes Know-how ist in den vorherigen Kapiteln

beschrieben. Hier geht es nun um die Fragen der optimierten Abwicklung der Geschäftsprozesse. Dabei stehen folgende zentralen Punkte im Fokus:

• Erfüllung der Anforderungen der internen und externen Kundinnen und Kunden,
• Sicherstellung der versprochenen Qualität gegenüber den Kundinnen und Kunden,
• Vorbeugende Vermeidung von Konflikten und Risiken,
• Sicherstellung des internen Know-how zur Absicherung der qualitativen Leistungserbringung,
• Steigerung der Kundenzufriedenheit,
• Einhaltung von Vorgehensweisen bei Kunden-Unzufriedenheiten oder Konflikten mit Kundinnen und Kunden beziehungsweise potenziellen Lieferantenkonflikten,
• Vermeidung von Informationssicherheits-Konflikten,
• Vermeidung rechtlicher, sozialer oder sonstiger Konflikte.

Je enger das Präventionsnetz geknüpft wird, desto geringer wird die Notwendigkeit, aufbrechende Konflikte nachgelagert bearbeiten zu müssen.

Das zentrale Instrument zur Konfliktprävention durch die Steuerung der Organisation ist das „multifunktionale Geschäftsprozess-Management", in dem die konfliktminimierenden Informationen, Vorgaben und Regeln eingearbeitet sind.

Zielgruppenorientiertes Konflikt-Monitoring-System zur Steuerung.
Nachdem in den Geschäftsprozessen die notwendigen Informationen zur Erkennung und dem Monitoring der Konflikte und Probleme vorhanden sind, kann der Konflikterkennungs- und Steuerungsmechanismus eingesetzt werden. Durch eine möglichst automatisierte Feststellung der jeweils aktuellen Konflikt- und Risiko-Zustände bei allen definierten Kriterien über alle eingebundenen Management-Disziplinen hinweg kann im Zuge des Monitorings kurzfristig und automatisiert festgestellt werden, bei welchen Monitoring-Checkpoints Konflikt- oder Risikopotenzial besteht. Durch eine festgelegte Klassifizierung je Mess- und Meldepunkt im Monitoringsystem kann die Intensität der Konfliktpotenziale festgestellt sein: Eine klassische Darstellung kann ein Ampelsystem mit den Farben rot-gelb-grün, Thermometer mit einer feingegliederten Zahlenskala und ebenfalls mit den Ampelfarben, Tachoscheiben etc. mit dahinterliegenden Detailinformationen sein (siehe Abb. 3.8).

Beim zielgruppen-orientierten Konflikt- und Problem-Cockpit werden automatisiert diejenigen Monitoring-Informationen an eine Stelle oder Person weitergeleitet, die für die Ergebnisse und Zustände des jeweiligen Arbeitsbereiches verantwortlich

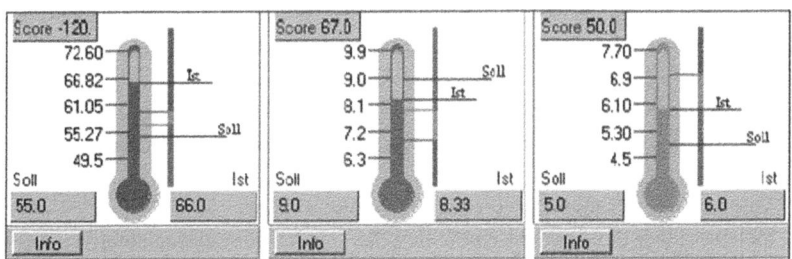

Abb. 3.8 Muster einer Konfliktrisiko-Cockpit-Darstellung bei der Konfliktprävention

ist. Diese Personen sorgen dafür, dass sich abzeichnende negative Entwicklungen (zum Beispiel Konfliktpotenziale) bearbeitet und Lösungsmaßnahmen ergriffen werden. Im theoretischen Idealfall können alle sich abzeichnende oder sich anbahnende Konflikte vor dem Ausbruch abgefangen oder gelöst werden, indem beispielsweise Vorteile durch einen Mediationsprozess gewonnen werden können. Konstruktiv gelöste Konflikte ermöglichen positive Veränderungen.

3.5   Ausblick

Zukünftig sollte der Schwerpunkt der mediativen Dienstleistungen weniger in der nachgelagerten Konfliktbearbeitung, sondern in der vorgelagerten Konfliktvermeidung liegen. Dazu ist es notwendig, die Konflikte – analog zum Risikomanagement – bereits in einem sehr frühen Stadium zu identifizieren und wirkungsvoll zu „entschärfen". Die unterschiedlichen traditionellen betrieblichen und sonstigen Frühwarnsysteme sowie KI-gestützten Systeme bieten zumindest Lösungsansätze. Die sich exponentiell entwickelnden Instrumentarien im Bereich der Künstlichen Intelligenz könnten künftig hocheffiziente Unterstützungen bei der Konfliktprävention bieten.

3.6   Key Points

3.6.1   Key Points für Wirtschaftsmediatoren

- Eine aktive und systematische Konfliktprävention trägt dazu bei, sich anbahnende Konflikte frühestmöglich zu identifizieren.
- Die Konfliktprävention soll nicht „aus dem Bauch heraus" betrieben werden, sondern auf nationalen und internationalen Erfahrungen und bewährten Lösungsansätzen beruhen. Dazu bieten sich Normen und Best Practices an.
- Klassische Konflikterkennungssysteme unterstützen die frühzeitige Identifikation sich anbahnender Konflikte.
- Immer intensiver werden digitale Konflikterkennungsmethoden entwickelt und angeboten wie beispielsweise die Sentiment Detection.
- Zukünftig werden systematische Vorgehensweisen in der Form von Normen und Best Practice wichtiger werden. Die Möglichkeiten der Digitalisierung werden einen steigenden Einfluss auf die Konfliktprävention ausüben und den internen und externen Experten und Expertinnen umfangreiche Hilfestellungen bei der Erkennung und Vermeidung von Konflikten bieten.

3.6.2   Key Points für Kunden

- Durch die rechtzeitige Identifizierung kann das Ausbrechen der Konflikte verhindert werden.
- Beim Ausbrechen von Konflikten sollen die im Rahmen der Konfliktprävention festgelegten und definieren Maßnahmenpakete unmittelbar zum Tragen kommen, um die Auswirkungen zu minimieren oder an Dritte zu verlagern.
- Dringend notwendig ist ein systemgestütztes Konflikt- und Konfliktrisiken-Monitoring-System, um sehr zeitnah die Situationen und Entwicklungen zu beobachten, den Beteiligten zu vermitteln und kurzfristig steuernd eingreifen zu können.

Literatur

Alter, U., & Inderbitzin, W. (2020). Konfliktprävention und -management in der personellen Führung. In U. Alter & W. Inderbitzin (Hrsg.). *Führung an Hochschulen in Konfliktsituationen. Ein Leitfaden zur Konfliktprävention und Krisenintervention für die Praxis* (S. 27–43). Springer Fachmedien.

Bartl, M. (2023). Die Früherkennung von Krisen: Eine unternehmensübergreifende Sichtweise. *Krisennavigator, 26,* Jahrgang (2023), Ausgabe 7 (Juli). Kiel: Christian-Albrechts-Universität.

Bungarten, P. (1995). Frühwarnung und Vermittlung bei Konflikten – Chancen für Prävention? Bonn: Friedrich-Ebert-Stiftung.

Burin, L. (2023). *Benchmarkvergleich von State of the Art Sentimentanalysis Lösungen.* [Masterarbeit]. Wien: University of Applied Sciences Technikum.

Faller, D., & Faller, K. (2014). *Innerbetriebliche Wirtschaftsmediation.* Wolfgang Metzner Verlag.

Gabler Wirtschaftslexikon. (2023). Corporate Governance. https://wirtschaftslexikon.gabler.de/definition/corporate-governance-28617/version-367554. Zugegriffen: 14. Okt. 2023.

Glasl, F. (2023). *Konfliktmanagement. Ein Handbuch für Führung, Beratung und Mediation* (12. Aufl.). Stuttgart: Verlag Freies Geistesleben.

Hajiyan, H., Davoudi, H., & Ebrahimi, M. (2023). A Comparative analysis of local explainability of models for sentiment detection. In K. Arai (Hrsg.), *Proceedings of the future technologies conference (FTC) 2022,* Volume 3. FTC 2022 2022. Lecture Notes in Networks and Systems, Bd. 561. Springer.

Hauff, S. (2009). *Konzeption der Früherkennung.* Universität Hamburg.

Leyer, M., & Iren, D. (2021). Emotionserkennung mit künstlicher Intelligenz. Möglichkeiten und Grenzen. White Paper Serie des Lehrstuhls ABWL: Service Operations, Volume 3, Nr. 1. Rostock: Universität Rostock.

Lüthe, T. (2020). *Konzeption und prototypische Implementierung eines hybriden Algorithmus zur Emotionserkennung mit humanoiden Robotern.* Technische Hochschule Wildenau.

Österreichischer Arbeitskreis für Corporate Governance. (2023). *Österreichischer Corporate Governance Kodex.* Wien: Österreichischer Arbeitskreis für Corporate Governance.

Statistik Austria. (2021). Erwerbsstatistik 2019, Arbeitsstättenzählung 2019, Stichtag 31.10.2019, Sonderauswertung Unternehmen in Österreich, erstellt am 19.08.2021. Wien: Statistik Austria.

Vemou, K., Horvath, A., & Zerdick, T. (2021). Facial emotion recognition, Issue 1. Brüssel: Technology and Privacy Unit of the European Data Protection Supervisor (EDPS).

WKO. (2022). Informationspflicht über Nachhaltigkeitsaspekte. https://www.wko.at/service/umwelt-energie/Informationspflicht-ueber-Nachhaltigkeitsaspekte.html. Zugegriffen: 13. Okt. 2023.

Normen

CWA 14924-1:2004 (E) European guide to good practice in knowledge management – Knowledge management framework (CEN Workshop Agreement).

DIN SPEC 91405:2020 Organisationales Change-Management in Beratungskontexten.

DIN SPEC 91443:2021 Systematisches Wissensmanagement für KMU – Instrumente und Verfahren.

ISO 10001:2023 Qualitätsmanagement – Kundinnen- und Kundenzufriedenheit – Leitfaden für Verhaltenskodizes für Organisationen.

ISO 10002:2023 Qualitätsmanagement – Kundinnen- und Kundenzufriedenheit – Leitfaden für die Reklamationsbearbeitung in Organisationen.

ISO 10003:2023 Qualitätsmanagement – Kundinnen- und Kundenzufriedenheit – Leitfaden für Konfliktlösung außerhalb von Organisationen

ISO 20700:2019 Leitlinien für Unternehmensberatungsdienstleistungen.

ISO 26000:2021 Leitfaden zur gesellschaftlichen Verantwortung.

ISO 31000:2018 Risikomanagement – Leitlinien.

ISO 9001:2015 Qualitätsmanagementsysteme – Anforderungen.

ISO/IEC 27000:2020 Informationstechnik – Sicherheitsverfahren – Informationssicherheits-Managementsysteme – Überblick und Terminologie.

ÖNORM D 4900:2021 Risikomanagement für Organisationen und Systeme – Begriffe und Grundlagen – Anleitung zur Umsetzung der ISO 31000.

ÖNORM ISO 37301:2022 Compliance-Managementsysteme – Anforderungen mit Anleitung zur Anwendung.

Rechtliche Aspekte der Wirtschaftsmediation und ihre Qualitätsstandards

4

Ulrike Frauenberger-Pfeiler

Zusammenfassung

Das Recht wirkt auf die Wirtschaftsmediation auf vielfältige Weise ein. Wesentlich ist die Unterscheidung hinsichtlich der Rechtslage, die auf den Anlassfall der Mediation wirkt und bezüglich des rechtlichen Rahmens, der Aspekte des Verfahrens der Mediation selbst und der daran Beteiligten prägt. Nur der zweite Aspekt ist in diesem Kontext einer generalisierten Darstellung zugänglich, die hier für den gesamten DACH-Raum erfolgt. Folgende Fragen werden erörtert: Welche gesetzlichen Bestimmungen und Qualitätsstandards prägen die Tätigkeit von Wirtschaftsmediator*innen? Inwiefern ist das Mediationsverfahren gesetzlich geregelt und welche Anschlussstellen zu anderen Methoden der Konfliktbearbeitung gibt es? Welche rechtlichen Aspekte und Qualitätsstandards sind für die Beteiligten an einer Mediation wesentlich? Als Ergebnis der Erörterung werden die rechtlichen Konturen dieser Konfliktbeilegungsmethode geschärft. Die Kenntnis und Beachtung der vom Recht gezogenen Grenzen gibt Orientierung und Sicherheit bei der Konfliktbearbeitung.

U. Frauenberger-Pfeiler (✉)
Universität Wien, Wien, Österreich
E-Mail: ulrike.frauenberger@univie.ac.at

4.1   Die Rolle des Rechts in der Wirtschaftsmediation – Grundlegungen

4.1.1   Mediation als Methode der nichtgerichtlichen Streitbeilegung – Eine Verortung

Mediation als Methode der Konfliktbearbeitung kann man aus verschiedenen Blickwinkeln betrachten. Legt man den Fokus auf das erklärte **Ziel** dieser Konfliktbeilegungsmethode, steht Mediation als eine Möglichkeit der „Alternative Dispute Resolution" („ADR")[1] neben Moderation und Schlichtung der gerichtlichen oder schiedsgerichtlichen Konfliktbeilegung gegenüber. Der wesentliche Unterschied der ADR gegenüber der (Schieds-)Gerichtsbarkeit besteht darin, dass bei ersterer die Streitparteien die **Entscheidungskompetenz** hinsichtlich ihres Konfliktes **behalten,** während sie diese in (schieds-)gerichtlichen Verfahren an einen Dritten übertragen, an dessen Entscheidung sie gebunden sind. Der Aspekt der **Selbstverantwortung** für das **Ergebnis** der Konfliktbearbeitung wird regelmäßig als das vorteilhafte Herzstück der ADR gepriesen. Im Folgenden werden die gängigen Methoden zur Konfliktbearbeitung gemäß der **Eingriffsintensität** des **Dritten** kurz umrissen.

Wenn **Verhandlungen** zwischen den Parteien scheitern, können diese, wenn sie eine Methode der ADR wählen, auf die Dienstleistung Dritter zugreifen, die sie bei einer selbstverantworteten Lösung unterstützen. Je nach **Art** und **Intensität** der **Aktivität** des **Dritten** spricht man von **Moderation, Mediation** oder **Schlichtung,** wobei die Begriffe – ungeachtet des Vorhandenseins partiell anwendbarer gesetzlicher Definitionen – nicht immer einheitlich verwendet werden.

Moderation weist die geringste Eingriffstiefe hinsichtlich des Konflikts auf und wird definiert als ein

> Instrument, welches die Kommunikation in Teams in der Art und Weise unterstützt und ordnet, dass die Ressourcen der Teilnehmer bestmöglich zum Einsatz kommen. Sie ist weiterhin eine Arbeits- und Darstellungstechnik, die der Moderator in Arbeitsgruppen, bei Konferenzen oder in ähnlichen Situationen einsetzt. Der Moderator bietet Hilfen methodischer Art zur Problemlösung oder auch Konfliktregelung an, ohne

---

[1] Angemessener erscheint das Akronym „ADR" mit „Appropriate Dispute Resolution" belegt zu werden, weil es doch gilt, für jeden Konflikt die geeignete Bearbeitungsmethode zu finden. Freilich sind dann aber auch Schieds- und Gerichtsverfahren von diesem Begriff umfasst, weil gerade auch diese für den speziellen Konflikt die angemessene Bearbeitungsmethode sein können.

dabei inhaltlich Stellung zu beziehen bzw. Partei zu ergreifen. (Gabler Wirtschaftslexikon, 2023)

Mediation weist zweifellos die Elemente der Moderation auf und geht mit ihrer Zielsetzung über die übliche Form der Moderation hinaus. Die Streitparteien versuchen mithilfe des Mediators oder der Mediatorin auf freiwilliger Basis selbst eine **Vereinbarung über die Beilegung ihrer Streitigkeit zu erzielen** (Art 3 der EU-Richtlinie RL, 2008/52/EG, im Folgenden EU-MediationsRL). Im Verfahren werden die **Bedürfnisse** und **Interessen** der Parteien in den Fokus des **Dialogs** gerückt und das **gegenseitige Verständnis** der Parteien gefördert; dies kann beziehungsverbessernd wirken und bildet die Grundlage für eine Einigung.

Die **Schlichtung** unterscheidet sich im Ziel von der Mediation dahingehend, dass der Schlichter oder die Schlichterin **im Bedarfsfall einen Lösungsvorschlag macht,** der sich **im rechtlichen Rahmen zu bewegen hat.** Die Parteien sind frei, diesen Vorschlag anzunehmen oder nicht. Das Verfahren dient weniger der Förderung des gegenseitigen Verständnisses als einem **Interessenausgleich.** Während Mediation einzeln und in Teams zumeist nicht hoheitlich organisiert angeboten wird (sondern in Vereinen und allenfalls institutionell-privat organisiert ist) wird Schlichtung überwiegend in einem institutionellen Rahmen, den sog. **Schlichtungsstellen** (im gesamten DACH-Raum sind etwa Schlichtungsstellen in Mietangelegenheiten (in Österreich nach dem Mietrechtsgesetz [MRG]), in Gleichbehandlungsfragen (in Österreich nach dem Gleichbehandlungsgesetz [GlBG]) oder Verbrauchersachen (in Österreich nach dem Alternative-Streitbeilegung-Gesetz [AStG] allgemein bekannt), durchgeführt.

Die begrifflichen Grenzen sind aber nicht immer klar gezogen; es können durchaus auch Konfliktbeilegungsmethoden als (evaluative oder Vergleichs-) Mediation bezeichnet werden, die nach dem oben beschriebenen europäischen Verständnis eher als Schlichtung zu qualifizieren sind. Auch im institutionellen Kontext (wie etwa nach den Wiener Mediationsregeln des Vienna International Arbitral Center) ist es möglich, dass das Wort „Mediation" als Überbegriff sowohl für die Methode der Mediation als auch der Schlichtung verwendet wird.

Zu erwähnen sind weiter die besonders aus dem Baubereich bekannten Dispute Boards. Dabei handelt es sich um vertraglich vereinbarte Verfahren zur Entscheidung, Schlichtung oder Prävention von Konflikten durch ein Gremium unabhängiger Dritter, welches entweder projektbegleitend oder im Konfliktfall tätig wird. Dabei kann es sich um Empfehlungen handeln, die mangels Widerspruchs verbindlich werden, oder um vorläufig bindende Entscheidungen, die nach Widerspruch (einer) der Parteien überprüft werden.

Wenn eingangs erwähnt wird, dass die Methoden der ADR jenen der (schieds-) gerichtlichen Konfliktlösung gegenüberstehen, so dient dies zunächst einer klaren Grenzziehung im Hinblick auf die Entscheidungskompetenz. Denn auch diese Konfliktbeilegungsmethoden können in Mischformen (**hybride Verfahren**) auftreten. Hervorzuheben ist auch, dass der Einigung der Parteien der Vorrang vor einer Entscheidung durch das (Schieds-)Gericht gegeben wird. In Österreich etwa hat das Gericht in jeder Lage des Verfahrens auf eine **gütliche Einigung der Parteien hinzuwirken.** Es kann die Parteien dazu auf Einrichtungen der außergerichtlichen Streitbeilegung verweisen (§ 204 österreichische Zivilprozessordnung, im Folgenden öZPO); dazu zählt auch die Mediation. Im **Schiedsverfahren** besteht die Möglichkeit von **Mediation Windows,** innerhalb derer die gütliche Beilegung von Schiedsverfahren möglich ist. Weiter gibt es die Kombination von Mediation und Arbitration, in der ein Schiedsverfahren auf eine Mediation folgt, wenn der Streit in der Mediation nicht (ganz) beigelegt werden kann (**Med-Arb-Verfahren**). Auch kann eine Mediation auf ein Schiedsverfahren folgen (**Arb-Med-Verfahren**), wenn sich die Parteien doch gütlich einigen wollen. Darüber hinaus sind Verfahren zu nennen, in denen ein Schiedsverfahren unterbrochen wird, um für einen festgesetzten Zeitraum eine Mediation durchzuführen (**Arb-Med-Arb-Verfahren**) (siehe dazu auch Kap. 11).

In all diesen Situationen sind sowohl die gesetzlichen Verfahrens- und Mediationsbestimmungen als auch die von den Parteien vereinbarten Schieds- und Mediationsregeln zu beachten. Es ist an dieser Stelle anzumerken, dass eine Begleitung durch Rechtsanwält*innen bei der Durchführung von und bei der Teilnahme an hybriden Verfahren dringend anzuraten ist.

Dieser Beitrag über die rechtlichen Rahmenbedingungen und Qualitätsstandards konzentriert sich ausschließlich auf jene der (Wirtschafts-)Mediation.

4.1.2   Das Recht der Wirtschaftsmediation – Das Recht in der Wirtschaftsmediation

Auch wenn Mediation als Methode der Konfliktbearbeitung in ihrer angestrebten Wirkung weit über die rechtliche Beurteilung eines Konflikts im Rahmen eines (schieds-)gerichtlichen Verfahrens hinausgeht, wirkt das Recht auf unterschiedliche Art und Weise auf die Mediation ein. Dabei ist zwischen dem **Recht, das die Rahmenbedingungen der Mediation regelt** und jenem **Recht, das auf den Konfliktfall anwendbar ist,** zu unterscheiden. Nur der erste Aspekt wird hier in den nachfolgenden Ausführungen behandelt.

Das im Konfliktfall anwendbare Recht wird durch den Konflikt und die daran beteiligten Parteien bestimmt; potenziell kann etwa das materielle Recht der Rechtsordnung eines Staates oder mehrerer Staaten anwendbar sein. Nach dem **anwendbaren materiellen Recht** bestimmen sich die mehr oder weniger günstigen **(Rechts-)Positionen** und Aussichten auf Gewinn oder Verlust in (schieds-) gerichtlichen Verfahren. Die Betrachtung eines **Konflikts im Lichte des Rechts** **überformt** diesen mithilfe der **rechtlichen Kategorien und entfremdet** ihn damit **dem von** den Parteien **individuell empfunden Konfliktgeschehen.** Diese Entfremdung vermeidet die Methode der Mediation. Dennoch ist es bei Anwendung dieser wichtig, die Chancen auf (Nicht-)Durchsetzung im Falle einer Nichteinigung bei Verhandlungen einzuschätzen. Auch wenn der Ausgang eines (schieds-) gerichtlichen Verfahrens nie mit Sicherheit vorhergesagt werden kann, so gibt es doch einen Rahmen, mit dem die potenziellen Erfolgsaussichten beschrieben werden können. Dabei handelt es sich etwa um **BATNA** (Best Alternative To Negotiated Agreement) („Harvard-Konzept", Fisher et al., 2015, S. 147–149) und **WATNA** (Worst Alternative To Negotiated Agreement) (Rabe & Wode, 2020, S. 28–29), womit jene **„Red Line"** gezogen wird, **unter der das** (auch in einer Mediation) **erzielte Verhandlungsergebnis nicht liegen sollte,** andernfalls könnte trotz einer erzielten Einigung leicht der Eindruck entstehen, dass „man sich über den Tisch hat ziehen lassen". Derlei sollte tunlichst vermieden werden. Dies kann nur gelingen, wenn die Konfliktparteien im Rahmen der mediativen Dienstleistung **jederzeit** über die **rechtliche Seite ihres Konflikts** so weit **informiert** sind, dass sie ihre **Nichteinigungsalternativen** realistisch einschätzen können. Deshalb ist es generell wichtig, dass Mediator*innen bei Bedarf auf rechtliche Beratung hinweisen; gem. § 16 Abs 3 öZivMediatG besteht dazu sogar eine Verpflichtung.

4.2 Gesetzliche Regelungen, Qualitätsstandards und Begriffsbestimmungen

EU-Recht Im EU-Raum schafft die EU-MediationsRL einen sehr losen einheitlichen Rahmen für Mediation. In gerade einmal 10 Artikeln werden bestimmte Aspekte der Mediation in Europa angesprochen. Gem. Art 1 der RL ist es das **Ziel,** den **Zugang zur alternativen Streitbeilegung zu erleichtern** und die **gütliche Beilegung** von Streitigkeiten zu **fördern,** indem zur Nutzung der Mediation angehalten und für ein ausgewogenes Verhältnis zwischen Mediation und Gerichtsverfahren gesorgt wird. Die Richtlinie (im Folgenden RL) gilt allerdings aus kompetenzrechtlichen Gründen nur in **grenzüberschreitenden Streitigkeiten** (Art 2) und knüpft an den Wohnsitz/Sitz der Parteien in unterschiedlichen Mitgliedstaaten an. Geregelt wird in erster Linie nicht – anders als man vermuten könnte – das Mediationsverfahren, sondern, nach einer **Begriffsbestimmung,** der Schutz der in der Mediation vereinbarten oder garantierten **Vertraulichkeit** in nachfolgenden (schieds-)gerichtlichen Verfahren (Art 7), die **Auswirkung** der Mediation auf **Verjährungsfristen** (Art 8) und die **Vollstreckbarkeit** einer im Mediationsverfahren **erzielten Vereinbarung** (Art 6). Weiter sollen die Mitgliedstaaten die **Qualität** der Mediation fördern und sicherstellen (Art 4).

Im Wesentlichen sind es auch diese Aspekte der Mediation, die den Schwerpunkt der gesetzlichen Regelungen betreffend Mediation im DACH-Raum ausmachen.

Deutschland In Umsetzung der oben erwähnten EU-MediationsRL erließ der deutsche Gesetzgeber das Mediationsgesetz 2012 (im Folgenden dMediationsG). Dort werden die **Pflichten** der Mediator*innen und grundlegende Aspekte des Mediationsverfahrens geregelt (§ 2). Weiter ist die **Verschwiegenheitspflicht** (§ 4), die **Aus- und Fortbildung** (§ 5) und die Ausbildung zum **zertifizierten Mediator** (§§ 5 f.) geregelt. Darüber hinaus wurde die deutsche Zivilprozessordnung angepasst und das Güterichtermodell eingeführt, das eine gerichtsinterne Konfliktbeilegung durch eine*n nicht entscheidungsbefugte*n Richter*in – auch mit mediativen Mitteln – ermöglicht.

Mediation kann in Deutschland nicht nur von entsprechend ausgebildeten Personen angeboten werden. Die Bezeichnung „Mediator*in" ist nicht geschützt; ein Schutz gilt nur für die Bezeichnung „zertifizierte*r Mediator*in", wobei besondere Ausbildungserfordernisse gelten.

Der **Anwendungsbereich** des deutschen Mediationsgesetzes ist weit: Es erfasst, anders als die EU-RL, nicht nur die Mediation in grenzüberschreitenden Zivil- und Handelssachen, sondern setzt einen nahezu **ubiquitär geltenden gesetzlichen Rahmen**. Es ist auf zivil-, verwaltungs-, finanz-, sozial-, patent- und markenrechtliche Streitigkeiten anwendbar (Klowait & Gläßer, 2018, Kap. 1, 1 Rz 22).

Gem. § 15a Einführungsgesetz zur deutschen Zivilprozessordnung (EGdZPO) kann für **bestimmte Arten von Streitigkeiten** (in Bagatellstreitigkeiten bis € 750,-, für manche Ansprüche nach dem Nachbarrecht, in Streitigkeiten über Ehrverletzungen, die nicht in Presse oder Rundfunk begangen wurden und für bestimmte Ansprüche nach dem Gleichbehandlungsgesetz) durch Landesgesetz bestimmt werden, dass die Erhebung der Klage erst zulässig ist, nachdem von einer durch die Landesjustizverwaltung eingerichteten oder anerkannten **Gütestelle** versucht worden ist, die **Streitigkeit einvernehmlich beizulegen.**

Österreich Österreich nimmt hinsichtlich der **gesetzlichen Regelung der Mediation** mit dem Zivilrechts-Mediations-Gesetz 2003 (im Folgenden öZivMediatG;

dazu ausführlich Frauenberger-Pfeiler, 2013, S. 1–28) eine **Vorreiterrolle** ein. Damit werden **Aspekte** der **Ausübung der Mediation in Zivilsachen in Österreich durch beim Bundesministerium für Justiz** (im Folgenden öBMJ) **eingetragene Mediator*innen** geregelt. Dazu gehört eine **Begriffsdefinition** der Mediation, die Einrichtung eines **Beirates** für Mediation beim öBMJ, Voraussetzungen für die **Eintragung** der Mediator*innen in die **Liste** beim öBMJ, Voraussetzungen für die Anerkennung von **Ausbildungseinrichtungen** und von **Lehrgängen** sowie die Aufnahme dieser in eine Liste und die Regelung der **Rechte** und **Pflichten** der in die Liste beim öBMJ eingetragenen Mediator*innen sowie die Rechtsfolgen der Mediation. Das Verfahren der Mediation ist kaum geregelt. Überdies ist die Regelung nicht abschließend. Von diesem Gesetz **nicht geregelt** wird Mediation im **öffentlichen** und im **strafrechtlichen Bereich**; auch die Angehörigen freier Berufe wie etwa Notar*innen, Anwält*innen, Wirtschaftstreuhänder*innen oder Steuerberater*innen oder auch Personen mit Gewerbeberechtigung, wie Unternehmensberater*innen und Lebens- und Sozialberater*innen können Mediation ausüben, wenn dies vom entsprechenden **Gewerbe umfasst oder** im **Berufsbild vorgesehen** ist. Für Unternehmensberater*innen ist Wirtschaftsmediation in § 136 Gewerbeordnung (öGewO) zwar nicht ausdrücklich erwähnt, aber im Berufsbild Unternehmensberatung (Fachverband Unternehmensberatung, Buchhaltung und Informationstechnologie [UBIT], 2023, S. 15) als Beratungsfeld gelistet.

Wenn Mediation unentgeltlich angeboten wird, kann diese grundsätzlich von „jedermann" durchgeführt werden.

Infolge der Erlassung der EU-MediationsRL war diese auch in das österreichische Recht umzusetzen. Dies erfolgte mit dem **österreichischen EU-Mediations-Gesetz** (im Folgenden öEU-MediatG), das durch eine nahezu wörtliche Übernahme des Richtlinientextes diese in das österreichische Recht implementierte. Dies führt zu einer regelungstechnisch unglücklichen **Doppelgleisigkeit der Gesetzeslage** (dazu ausführlich Frauenberger-Pfeiler, 2014, S. 1–28): Sowohl das öZivMediatG als auch das öEU-MediatG regeln die Mediation in Österreich, wodurch die **Unterscheidung zwischen der Mediation von grenzüberschreitenden und nicht grenzüberschreitenden Streitigkeiten** notwendig wird. Das öEU-MediatG gilt für die Mediation von dort näher definierten grenzüberschreitenden Streitigkeiten. Das Verhältnis zum öZivMediatG wurde so geregelt, dass für eingetragene Mediator*innen (§ 13 öZivMediatG) nur die Vorschriften des öZivMediatG (also auch in grenzüberschreitenden Fällen) anwendbar sind. **Im Ergebnis gilt das** öEU-MediatG **daher für Mediator*innen, die nicht in die Liste beim öBMJ eingetragen sind, wenn sie grenzüberschreitende Fälle im Sinne dieses Gesetzes mediieren.**

Im Übrigen wird in verschiedenen **Materiengesetzen auf Mediation hingewiesen** und in wenigen Fällen eine Verpflichtung zur Inanspruchnahme einer außergerichtlichen Konfliktbearbeitung vorgesehen, bevor die Gerichte angerufen werden können. In der Wirtschaftsmediation ist von Interesse, dass etwa im Fall der **außerordentlichen Lehrlingskündigung** diese unwirksam ist, wenn nicht zuvor eine Mediation durchgeführt oder zumindest versucht wurde (§ 15a Berufsausbildungsgesetz [BAG]). Auch auf die Einrichtungen zur außergerichtlichen Beilegung von Verstößen gegen das Recht auf Gleichbehandlung nach dem Gleichbehandlungsgesetz (GlBG) ist zu verweisen (dazu ausführlich Hattenberger, 2022, § 11 Rz 1 und § 12 Rz 1).

Weiter sehen die **Verfahrensgesetze im Zivil-, Straf- und öffentlichen Recht** den **Schutz der Vertraulichkeit der in der Mediation erlangten Informationen** vor. Dies ist für die in die Liste beim öBMJ eingetragene Mediator*innen, andere Berufsgruppen und Gewerbeberechtigte **nicht einheitlich geregelt** (siehe dazu Abschn. 4.4.8.2).

Schweiz Die Schweiz hat mit den **Friedensrichter*innen,** Mietschlichtungsstellen und Schlichtungsstellen in Gleichbehandlungsfragen eine **lange Tradition** in der Vermittlung von Konfliktsituationen. Mit der **grundsätzlich obligatorischen Schlichtung** ist eine direkte Klage nur unter besonderen Voraussetzungen zulässig (Gloor & Umbricht Lukas, 2021, Art 197 Rz 1). Das Instrument der **Mediation** hat in das Schweizer Rechtssystem noch **kaum Eingang gefunden,** nur die **Einbindung dieser in das System der gerichtlichen Rechtsverfolgung** ist geregelt (siehe Art 213–218 schweizerische Zivilprozessordnung, im Folgenden chZPO). Parteien können anstelle der Schlichtung (Art 213 chZPO) oder während des Gerichtsverfahrens (Art 214 Abs 2 chZPO) eine Mediation beantragen; auch das Gericht kann eine Mediation empfehlen (Art 214 Abs 1 chZPO). Durch die angesprochenen Regelungen in der Schweizer Zivilprozessordnung wird nur der Umgang der Gerichtsbehörden mit Mediation und deren Verhältnis zum zivilgerichtlichen Verfahren geregelt.

Ein der deutschen oder österreichischen Regelung vergleichbares **Mediationsgesetz auf Bundesebene fehlt** (Gloor und Umbricht Lukas, 2021, Art 213–218 Rz 3). Die Mediation außerhalb von gerichtlichen Verfahren, in anderen Rechtsgebieten (mit Ausnahme des Jugendstrafrechts, siehe § 17 schweizerische Jugendstrafprozessordnung [chJStPO] und im Verwaltungsverfahren Art 33b schweizerisches Verwaltungsverfahrensgesetz [im Folgenden chVwVG]), die Ausbildung und Eintragung von Mediator*innen in einem Berufsregister und die Versicherungspflicht sind nicht gesetzlich geregelt (Gloor & Umbricht Lukas, 2021, Art 213–218 Rz 3); eine gesetzliche **Begriffsdefinition der Mediation fehlt gänzlich** (siehe auch Kumpan & Bauer-Bulst, 2013, S. 1204).

Auf **Kantonaler Ebene** bestehen **ergänzende Regelungen** (Kumpan & Bauer-Bulst, 2013, S. 1208 mwN).

Qualitätsstandards – Verhaltenskodizes, Mediationsregeln und Ausbildungsstandards Aufgrund dessen, dass detaillierte gesetzliche Bestimmungen zum Verfahren der Mediation fehl(t)en, erließen – zumeist – Mediationsverbände Qualitätsstandards in Form von **Verhaltenskodizes,** an die sich **Mediator*innen** als Mitglieder dieser Vereine **gebunden erklären** oder sich zumindest halten sollen. Auch die **Europäische Kommission** erließ 2004 einen europäischen Verhaltenskodex für Mediator*innen, der Vorbild für viele andere Kodizes war und ist. Die Kodizes beschreiben Pflichten der Mediator*innen und grundlegende Verfahrensbestimmungen. Für die Schweiz sind etwa die Berufsethischen Leitlinien für Mediatorinnen und Mediatoren des Schweizerischen Dachverbands Mediation (im Folgenden chBLM-SDM) zu nennen, die in weiterer Folge mangels (bundes-) gesetzlicher Regelung zur Darstellung der schweizerischen Rahmenbedingungen für Mediation herangezogen werden.

Weiter sind die „**Mediationsregeln**" zu erwähnen, die von **Schieds- und Schlichtungsinstitutionen** erlassen werden (siehe etwa die Wiener Mediationsregeln des Vienna International Arbitral Center, die DIS-Mediationsordnung der Deutschen Institution für Schiedsgerichtsbarkeit oder die Swiss Rules of Mediation 2021 des Swiss Arbitration Center). Im Zusammenhang mit Mediation werden zumeist die administrativen Belange rund um Mediationsverfahren und dessen Grundsätze geregelt. Dabei handelt es sich etwa um die Unterstützung bei der Auswahl von Mediator*innen, Kostenfragen, die Verpflichtung zur Verschwiegenheit aller Beteiligten und die Administration von hybriden Verfahren.

Verbindlichkeit erhalten Verhaltenskodizes und/oder Mediationsregeln, indem sie von den am Mediationsverfahren Beteiligten in den Mediationsvertrag oder in eine Mediationsklausel aufgenommen werden.

Zu den Qualitätsstandards sind auch die **Standards für die Ausbildung in Wirtschaftsmediation** zu zählen. Zum einen können, wie in Österreich und Deutschland, Inhalte gesetzlich vorgeschrieben sein, die durch Ausbildungsverordnungen präzisiert werden. Zum anderen werden, wo dies nicht der Fall ist (wie etwa in der Schweiz), Ausbildungsstandards im Rahmen von Vereinen erarbeitet und in die Praxis umgesetzt. Zudem setzen sich auch international tätige Institutionen mit ihrem Angebot an spezialisierter Ausbildung und Zertifizierung für Qualitätsstandards in der Ausbildung ein (siehe dazu ausführlich Kap. 11).

4.3   Rahmenbedingungen für Wirtschaftsmediatoren

4.3.1   Ausbildung

Deutschland Die **Ausbildung** und **Fortbildung** der Mediator*innen ist in §§ 5 f. dMediationsG geregelt. Die Anordnung entspricht einem **Gütesiegelmodell** (Klowait, 2018, Kap. 2, § 5 Rz 16) und kennt zwei Gruppen von Mediator*innen, jene der nicht-zertifizierten und jene der zertifizierten Mediator*innen. Für beide Gruppen geltend dieselben Rechte und Pflichten des dMediationsG. Die **Zertifizierung wird gefördert, aber nicht gefordert** (Klowait, 2018, Kap. 2, § 5 Rz 16).

Für die Ausbildung zum oder zur „einfachen" Mediator*in ist keine Mindeststundenanzahl vorgesehen. Vermittelt werden sollen Kenntnisse über die Grundlagen der Mediation sowie deren Ablauf und Rahmenbedingungen, Verhandlungs- und Kommunikationstechniken, Konfliktkompetenz, Kenntnisse über das Recht der Mediation sowie über die Rolle des Rechts in der Mediation sowie praktische Übungen, Rollenspiele und Supervision. Weiter sind Mediator*innen zur regelmäßigen Fortbildung verpflichtet; auch hier ist eine Konkretisierung nicht vorgesehen und liegt in der Eigenverantwortlichkeit der Mediator*innen.

Die Bezeichnung **„zertifizierter Mediator"** (§ 5 Abs 2 iVm § 6 dMediationsG) genießt in Deutschland **gesetzlichen Schutz**. Als solcher darf sich bezeichnen, wer gemäß Rechtsverordnung (§ 6 dMediationsG in Verbindung mit [im Folgenden iVm] der Zertifizierte-Mediatoren-Ausbildungsverordnung) 130 Präsenzzeitstunden (40 % davon dürfen unter bestimmten Bedingungen virtuell durchgeführt werden) über die in der VO gelisteten Ausbildungsinhalte absolviert hat und an fünf Supervisionen im Anschluss an als Mediator*in oder Co-Mediator*in durchgeführte Mediationen teilgenommen hat. Die Teilnehmenden müssen die Mediationen längstens innerhalb von drei Jahren nach Abschluss der Ausbildung durchgeführt haben. Die Verpflichtung zur Fortbildung beträgt in vier Jahren 40 Zeitstunden.

Österreich In Österreich ist die **Aus- und Fortbildung** des oder der beim **öBMJ „eingetragenen Mediators"** in §§ 10, 20, 29 ZivMediatG iVm der Zivilrechts-Mediations-Ausbildungsverordnung geregelt und entspricht dem **Anerkennungsmodell** (siehe zum Modell Klowait, 2018, Kap. 2, § 5 Rz 4), bei dem ein rechtlicher Zusammenhang zwischen der Erfüllung vorgegebener Ausbildungsstandards und der Gewährung bestimmter gesetzlicher Vergünstigungen, Rechte und Privilegien durch Eintragung in eine Liste hergestellt wird.

Der theoretische Teil umfasst 200 Mindesteinheiten, der anwendungsorientierte Teil 165. Für Angehörige bestimmter Berufsgruppen kann sich die Ausbildungsdauer auf insgesamt 220 Einheiten reduzieren. Zu den Inhalten gehören die

Grundzüge und Entwicklung der Mediation, Verfahrensablauf, Methoden und Phasen der Mediation, Grundlagen der Kommunikation, Konfliktanalyse, Anwendungsbereiche der Mediation, psychologische Grundlagen, ethische Fragen der Mediation, Grundzüge rechtlicher Bestimmungen und Grundzüge ökonomischer Zusammenhänge. Weiter werden 40 Einheiten Einzel- und Gruppenselbsterfahrung, Praxisseminare, Peergruppenarbeiten, eine Fallarbeit und eine begleitende Teilnahme an der Praxissupervision, wovon drei Einheiten in Einzelsupervision zu absolvieren sind, verlangt. Die **Verpflichtung zur Fortbildung** beträgt in fünf Jahren zumindest 50 Einheiten, die dem öBMJ nachzuweisen sind.

Schweiz Die Ausbildung zum Mediator oder zur Mediatorin ist in der Schweiz **nicht gesetzlich geregelt.** Der **Schweizerische Dachverband Mediation** (SDM) oder auch Federation Suisse Mediation (FSM) genannt, gibt ein Ausbildungsreglement und Richtlinien für Ausbildungen und Qualifikationen im Bereich der Mediation heraus (zuletzt vom 1.1.2020). Die Ausübung der Mediator*innentätigkeit ist nicht an den Nachweis einer Ausbildung gekoppelt, allerdings kann ein **Ausbildungszertifikat** erlangt werden und als eine Art Gütesiegel eingesetzt werden. Damit folgt die Qualitätssicherung in der Schweiz dem „**Gütesiegelmodell**" (siehe zum Modell Klowait, 2018, Kap. 2, § 5 Rz 5).

In diesen Richtlinien werden 120 h für das Grundmodul veranschlagt. Die Inhalte des Grundmoduls umfassen Geschichte und Entwicklung der Mediation, Grundlagen der Kommunikationspsychologie und Konfliktdynamik samt systemischer Ansätze, Wirkungsweisen von Mediation, die Struktur des Mediationsverfahrens und Grundsätze der Mediation, rechtliche Aspekte der Mediation und Anwendungsbereiche der Mediation. Für das Aufbaumodul wird die Absolvierung von 80 h verlangt; eine Falldokumentation ist möglich. Nach einem Leistungsnachweis wird ein **FSM-Titel** („Mediator/-in FSM" oder „Mediator/-in FSM mit Spezialisierung in ...") ausgestellt. Es wird erwartet, dass sich demnach ausgebildete und arbeitende Mediator*innen **weiterbilden,** wofür 60 h persönliche Weiterbildung in 3 Jahren verlangt werden.

4.3.2 Berufsrecht

Wie sich aus den obigen Ausführungen erschließen lässt, ist das Berufsrecht der Mediation im DACH-Raum ebenso unterschiedlich oder gar nicht geregelt, wie die Ausbildungen. Schon die Treffsicherheit des Wortes „Berufsrecht" kann in Zweifel gezogen werden, weil der Beruf der Mediatorin oder des Mediators – jedenfalls in Österreich – kein einheitlich geregelter, geschützter Beruf ist. In der Schweiz ist er gar nicht geregelt. Die **Tätigkeit** eines Mediators oder einer Mediatorin als Konfliktbearbeitung stellt überwiegend einen **Bestandteil unterschiedlicher Berufe oder Gewerbe** dar, die hier nicht detailliert dargestellt werden können. Im Folgenden wird der Fokus daher überwiegend auf die mediationsspezifischen Regelungen gelegt und allenfalls auf ihr Verhältnis zu weiteren berufsrechtlichen Bestimmungen hingewiesen.

Deutschland Der Beruf des Mediators oder der Mediatorin ist in Deutschland kein geschützter Beruf; **gesetzlich geschützt** ist die Berufsbezeichnung **„zertifizierter Mediator".** Zu den erhöhten Anforderungen an die Ausbildung zum „zertifizierten" Mediator oder zur „zertifizierten" Mediator*in Abschn. 4.3.1. Keinen Schutz genießt die Bezeichnung „Mediator*in"; jede*r kann sich als solche*r bezeichnen. Die Aus- und Fortbildung ist grundsätzlich eigenverantwortlich den Mediator*innen überlassen. Nach dem Willen des Gesetzgebers soll es **kein behördliches Zulassungsverfahren** geben, sondern der Gesetzgeber möchte es den interessierten Kreisen freistellen, sich auf ein privatrechtliches „Gütesiegel" für solche Ausbildungen zu einigen, die den festgelegten Anforderungen entsprechen (vgl. etwa die Standards und Ausbildungsrichtlinien 2018 für die Lizenzierung als Mediatorin BM/Mediator BM). Es sollten die maßgeblichen Mediator*innen- und Berufsverbände, die berufsständischen Kammern, die Industrie- und Handelskammern sowie andere gesellschaftliche Gruppen die Möglichkeit erhalten, sich auf freiwilliger Basis privatrechtlich auf eine Vorgehensweise zu verständigen und „Zertifizierungsstellen" einzurichten. Bisher wurden keine Zertifizierungsstellen eingerichtet, sondern es gilt das **Prinzip der Selbstzertifizierung**: Jede*r, der oder die die Voraussetzungen der Zertifizierte-Mediatoren-Ausbildungsverordnung erfüllt, darf sich als „zertifizierte*r Mediator*in" bezeichnen (Schmidt, 2023, SGB VIII § 17, Rz 48.4 f.). Mit der Novelle der Zertifizierte-Mediatoren-Ausbildungsverordnung vom 11.7.2023 ist nunmehr weiter vorgesehen, dass von den Ausbildungseinrichtungen eine Bescheinigung über die vollständig absolvierte Ausbildung auszustellen ist, die Voraussetzung für die Berechtigung zur Führung der Bezeichnung „zertifizierte*r Mediator*in" ist.

Der Beruf kann und wird überwiegend im Rahmen verschiedener Quellberufe ausgeübt (vgl. etwa für Deutschland Berufsordnung für Rechtanwälte [BORA]).

Österreich Wirtschaftsmediation ist in Österreich ein Tätigkeitsfeld, das von **Angehörigen unterschiedlichster Berufe** ausgeübt werden kann. Zu nennen sind etwa Anwält*innen, Notar*innen, Wirtschaftstreuhandberufe, Ziviltechniker*innen, Unternehmensberater*innen und „eingetragene Mediator*innen", die in die beim öBMJ geführte Liste eingetragen sind. Für die **Berechtigung zur Ausübung der Mediation** kommt es darauf an, ob Mediation im jeweiligen **Berufsbild** genannt ist. Die Vermittlung im Konflikt darf dann im Rahmen des jeweiligen Berufes ausgeübt werden.

Eine **Sonderstellung** nehmen die nach dem öZivMediatG **eingetragenen Mediator*innen** ein. Unabhängig von einem Quellberuf dürfen diese in Konflikten vermitteln, für deren Entscheidung an sich die Zivilgerichte berufen wären (§ 1 Abs 2 ZivMediatG). Mediationen über öffentlich-rechtliche Ansprüche – ohne, dass damit ein zivilrechtlicher Anspruch verknüpft wäre, – oder über strafrechtliche Ansprüche können von eingetragenen Mediator*innen daher nicht unter dem Regime des öZivMediatG durchgeführt werden. Wollen diese ihr **Tätigkeitsfeld auf die vom** öZivMediatG **nicht erfassten Bereiche ausweiten,** müssen **entsprechende Berechtigungen zur Berufsausübung erworben werden.** Deshalb verfügen in Österreich tätige Mediator*innen oftmals über Gewerbeberechtigungen als Unternehmensberater*innen und als Lebens-und Sozialberater*innen und sind nach dem öZivMediatG eingetragene Mediator*innen, oder auch umgekehrt, lassen sich Unternehmensberater*innen und Lebens-und Sozialberater*innen nach Absolvierung einer entsprechenden Ausbildung beim öBMJ in die Liste aufnehmen um ihre umfangreiche Spezialausbildung auf dem Gebiet der Mediation als Qualitätsmerkmal hervorzuheben. Dies gilt auch für Anwält*innen, Notar*innen und Wirtschaftstreuhänder*innen.

Anwält*innen, Notar*innen und Wirtschaftstreuhänder*innen nehmen überdies in ihren **Standesrichtlinien zur Berufsausübung** auf die Ausübung der Mediation Bezug (siehe Art V. der Richtlinien der Österreichischen Notariatskammer vom 21.10.1999 über das Verhalten und die Berufsausübung der Standesmitglieder idF 12.10.2023 [Standesrichtlinien – STR 2000]; die Richtlinien für die Tätigkeit von Rechtsanwält*innen im Rahmen von Mediation [RL-Mediation]; 3. Abschnitt der Verordnung der Kammer der Steuerberater und Wirtschaftsprüfer über die Allgemeine Richtlinie über die Ausübung der Wirtschaftstreuhandberufe der Kammer der Steuerberater und Wirtschaftsprüfer [WT-AARL 2017-KSW]). Die **Berufsgrundsätze und Standesregeln** in der **Unternehmensberatung** (Fachverband Unternehmensberatung, Buchhaltung und Informationstechnologie [UBIT], 2019) nehmen auf Mediation nicht ausdrücklich Bezug; jedoch gelten die dort genannten Grundsätze und Richtlinien der Berufsausübung, wie etwa fachliche Kompetenz und Sorgfalt sowie Vertraulichkeit und Verschwiegenheit auch für die Mediation. Darüber hinaus versteht sich die Norm ISO 20700 als praxisnahe Richtlinie für die Durchführung der Dienstleistung (Ennsfellner, 2021, S. 181–195).

Schweiz Auch in der Schweiz gibt es auf Bundesebene keinen geregelten Beruf „Mediator*in"; Mediation wird dort vor allem im Rahmen verschiedener Quellberufe ausgeübt. Berufsrecht existiert allenfalls auf kantonaler Ebene und in Form von Leitlinien oder Kodizes (Kumpan & Bauer-Bulst, 2013, S. 1231 mwN). Nach den Informationen des offiziellen schweizerischen Informationsportals der Berufs-, Studien- und Laufbahnberatung zur Mediation wird eine Berufsausbildung grundsätzlich als Zulassungsbedingung für die Ausbildung zum Mediator oder zur Mediatorin angeführt.

Der Schweizerische Dachverband Mediation (SDM) etwa hat Berufsethische Leitlinien für Mediatorinnen und Mediatoren erlassen. Siehe dazu Abschn. 4.2.

4.3.3 Vereine

Eine bedeutende Rolle in der Mediation spielen die Vereine. Diese sind üblicherweise Zusammenschlüsse von Mediator*innen, die Mediation praktizieren und eine Plattform zum Informationsaustausch anbieten. Darüber hinaus engagieren sie sich in Ausbildungen und Fortbildungen. Als internationale Institutionen, die eine länderübergreifende Kooperation fördern und auch Zertifizierungen anbieten, sind etwa das International Mediation Institute (IMI) und das Centre for Effective Dispute Resolution (CEDR) zu nennen (siehe dazu Kap. 11).

Deutschland In der deutschen Mediationslandschaft gibt es eine Vielzahl von Verbänden, Vereinen und Gesellschaften, die sich die Förderung der Mediation auf verschiedenen Ebenen zum Ziel gesetzt haben und hier nicht alle aufgezählt werden können (vgl die Liste bei Mediation Deutschland e.V. Verbände [2023]). Als Zusammenschlüsse dieser Einrichtungen sind etwa zu nennen: Verband Mediation Deutschland (VMD), Deutsches Forum für Mediation (DFfM), Deutsche Gesellschaft für Mediation (DGM) und Centrale für Mediation (CfM).

Als mitgliederstärkster Mediationsverband in Europa bezeichnet sich der Bundesverband Mediation (BM).

Österreich In Österreich ist als berufsübergreifender, mitgliederstärkster Verband der Österreichische Bundesverband für Mediation (ÖBM) zu nennen.

Das Österreichische Netzwerk Mediation (ÖNM) versteht sich als Plattform für die bundesweite Mediationsszene. Ziel ist die Bündelung der Interessen der Mitglieder zur gemeinsamen Stimme gegenüber der Öffentlichkeit und Entscheidungsträger*innen. Mitglieder können Praxisverbände und juristische Personen oder Personenverbindungen sein, wie Ausbildungseinrichtungen, Kammern und

Einrichtungen der Wissenschaft; zu den Mitgliedern siehe die Auflistung auf der Homepage[2].

Für die Unternehmensberatung ist die Experts Group Wirtschaftsmediation des Fachverbandes Unternehmensberatung, Buchhaltung und Informationstechnologie (UBIT) der Wirtschaftskammer Österreich hervorzuheben. Experts Groups werden durch den Fachverband eingerichtet, sind Kooperations- und Marketingplattformen und stellen offene Arbeitskreise mit speziellem Auftrag des Fachverbandes UBIT dar (Wirtschaftskammer Österreich, 2022, S. 1).

Schweiz Der Schweizerische Dachverband Mediation (SDM) versteht sich als Vereinigung von Organisationen (die Liste der Schweizer Mediationsverbände ist online abrufbar)[3] und als Organisation für Berufspersonen. Der Verband konzipiert ein Reglement und Richtlinien für Ausbildungen und Qualifikationen im Bereich der Mediation und berufsethische Leitlinien für Mediator*innen und verleiht Titel, wodurch die Qualität der Ausbildung bescheinigt wird. Dadurch werden die erforderlichen Rahmenbedingungen für professionelle Arbeit von Mediator*innen in der Schweiz geschaffen (siehe Abschn. 4.3.1).

4.3.4   Mediative Dienstleistung im Ausland

Will ein*e **Wirtschaftsmediator*in** im europäischen **Ausland** tätig sein, stellt sich die Frage nach den **rechtlichen Bedingungen**. Im EU-Raum sind die Mitgliedstaaten verpflichtet, Berufsqualifikationen gegenseitig anzuerkennen (Richtlinie 2005/36/EG des Europäischen Parlaments und des Rates vom 7. September 2005 über die Anerkennung von Berufsqualifikationen und Richtlinie 2013/55/EU des Europäischen Parlaments und des Rates vom 20. November 2013 zur Änderung der Richtlinie 2005/36/EG über die Anerkennung von Berufsqualifikationen und der Verordnung (EU) Nr. 1024/2012 über die Verwaltungszusammenarbeit mithilfe des Binnenmarkt-Informationssystems [„IMI-Verordnung"]).

In **Deutschland** wurde § 6 Zertifizierte-Mediatoren-Ausbildungsverordnung zur Umsetzung der Richtlinie geschaffen. Demnach darf sich als zertifizierte*r Mediator*in auch bezeichnen, wer im Ausland eine Ausbildung zum oder zur Mediator*in im Umfang von mindestens 90 Zeitstunden abgeschlossen hat und

---

[2] Abgerufen von https://www.netzwerk-mediation.at/ am 19.4.2024.

[3] Abgerufen von https://www.mediation-ch.org/cms3/de/verband/mitgliedsorganisationen am 19.4.2024.

anschließend als Mediator*in oder Co-Mediator*in mindestens vier Mediationen durchgeführt hat.

In **Österreich** besteht dazu keine ausdrückliche Regelung. Will sich ein*e Mediator*in in die Liste beim öBMJ eintragen lassen, wird die Vorlage eines Ausbildungsnachweises, der der österreichischen ZivMediat-Ausbildungsverordnung entspricht, notwendig sein. Die oben genannte Richtlinie über die Anerkennung von Berufsqualifikationen ist anzuwenden.

In der **Schweiz** ist die genannte Richtlinie über die Anerkennung von Berufsqualifikationen grundsätzlich ebenfalls anwendbar (Oesch, 2020, S. 104). Da der Beruf eines*r Mediators*in in der Schweiz allerdings nicht reglementiert ist, ist die Richtlinie für Mediator*innen nicht anwendbar. Der Schweizerische Dachverband Mediation (SDM) erteilt jedoch auch Personen, die ihre Qualifikation im Ausland erworben haben, einen entsprechenden Titel, wenn sie den Nachweis erbringen, dass ihre Ausbildung die Voraussetzungen für die SDM-Anerkennung gemäß dem Reglement und den Ausbildungsrichtlinien erfüllt (Art 19 des Reglements für Ausbildungen/Qualifikationen im Bereich der Mediation [1.1.2022]).

4.4   Verfahrensbezogene Rahmenbedingungen

4.4.1   Gesetzliche Begriffsbestimmungen der Mediation

Die **gesetzlichen Begriffsbestimmungen** der Mediation in Deutschland und Österreich **unterscheiden** sich **geringfügig;** ungeachtet dessen ergibt sich daraus kaum ein Unterschied im Hinblick auf das Verfahren der Mediation und dessen Grundsätze und Garantien. Der maßgebliche **Unterschied** besteht im **Anwendungsbereich der Gesetze.** Während in Österreich danach eine Einschränkung auf Mediation in Zivil- und Handelssachen durch eingetragene Mediator*innen gegeben ist und für nicht eingetragene Mediator*innen das EU-MediatG gilt, das bei der Mediation von grenzüberschreitenden Streitigkeiten zu beachten ist (siehe dazu Abschn. 4.2), ist die (kurative) **Mediation** in **Deutschland** durch das Gesetz **umfassend** und **einheitlich** geregelt.

In der **Schweiz** ist Mediation **nicht gesetzlich definiert,** wobei in der Literatur für eine Begriffsbestimmung auch auf die EU-MediationsRL und § 1 öZivMediatG und auf die Definition des Schweizerischen Dachverbandes Mediation (SDM) verwiesen wird (Gloor & Umbricht Lukas, 2021, Vor Art 213-218, Rz 4). Auch gibt es keine (bundes-)gesetzlichen Regelungen der Mediation, die mit jenen in Österreich und Deutschland vergleichbar wären. Wesentlich aber ist, dass die

Wirkungen einer Mediation in Bezug auf und im Zusammenspiel mit einem Gerichtsverfahren in der schweizerischen ZPO geregelt sind (siehe Art 213-218 chZPO).

Art 3 lit a) der EU-Mediations-RL lautet

„Mediation" [bezeichnet] ein strukturiertes Verfahren unabhängig von seiner Bezeichnung, in dem zwei oder mehr Streitparteien mithilfe eines Mediators auf freiwilliger Basis selbst versuchen, eine Vereinbarung über die Beilegung ihrer Streitigkeiten zu erzielen. Dieses Verfahren kann von den Parteien eingeleitet oder von einem Gericht vorgeschlagen oder angeordnet werden oder nach dem Recht eines Mitgliedstaats vorgeschrieben sein.

Art 3 lit b) der EU-Mediations-RL lautet

„Mediator" [bezeichnet] eine dritte Person, die ersucht wird, eine Mediation auf wirksame, unparteiische und sachkundige Weise durchzuführen, unabhängig von ihrer Bezeichnung oder ihrem Beruf in dem betreffenden Mitgliedstaat und der Art und Weise, in der sie für die Durchführung der Mediation benannt oder mit dieser betraut wurde.

§ 1 deutsches Mediationsgesetz lautet

(1) Mediation ist ein vertrauliches und strukturiertes Verfahren, bei dem Parteien mithilfe eines oder mehrerer Mediatoren freiwillig und eigenverantwortlich eine einvernehmliche Beilegung ihres Konflikts anstreben.
(2) Ein Mediator ist eine unabhängige und neutrale Person ohne Entscheidungsbefugnis, die die Parteien durch die Mediation führt.

§ 1 österreichisches ZivMediatG lautet

(1) Mediation ist eine auf Freiwilligkeit der Parteien beruhende Tätigkeit, bei der ein fachlich ausgebildeter, neutraler Vermittler (Mediator) mit anerkannten Methoden die Kommunikation zwischen den Parteien systematisch mit dem Ziel fördert, eine von den Parteien selbst verantwortete Lösung ihres Konfliktes zu ermöglichen.
(2) Mediation in Zivilrechtssachen ist Mediation zur Lösung von Konflikten, für deren Entscheidung an sich die ordentlichen Zivilgerichte zuständig sind.

§ 2 österreichisches EU-MediatG lautet

§ 2. (1) Im Sinn dieses Bundesgesetzes bedeuten

1. Mediation: ein strukturiertes Verfahren ungeachtet seiner Bezeichnung, in dem zwei oder mehr Streitparteien mithilfe eines Mediators auf freiwilliger Basis selbst versuchen, eine Vereinbarung über die Beilegung ihrer Streitigkeit zu erzielen, unabhängig davon, ob dieses Verfahren von den Parteien eingeleitet, von einem Gericht vorgeschlagen oder angeordnet oder nach dem Recht eines Mitgliedstaats vorgeschrieben wird;
2. Mediator: eine dritte Person, die ersucht wird, eine Mediation auf wirksame, unparteiische und sachkundige Weise durchzuführen, und die ihren Wohnsitz oder gewöhnlichen Aufenthalt in einem Mitgliedstaat hat;
3. grenzüberschreitende Streitigkeit: eine Streitigkeit, bei der mindestens eine der Parteien zu dem Zeitpunkt, zu dem
   a) die Parteien nach Entstehen der Streitigkeit eine Mediation vereinbaren oder
   b) die Mediation von einem Gericht angeordnet wird oder
   c) nach dem Recht eines Mitgliedstaats eine Pflicht zur Nutzung der Mediation entsteht oder
   d) die Parteien von einem Gericht aufgefordert werden, eine Mediation in Anspruch zu nehmen, ihren Wohnsitz oder gewöhnlichen Aufenthalt in einem anderen Mitgliedstaat hat als eine der anderen Parteien;
4. Wohnsitz: der Wohnsitz im Sinn der Art. 59 und 60 der Verordnung 2001/44/EG über die gerichtliche Zuständigkeit und die Anerkennung und Vollstreckung von Entscheidungen in Zivil- und Handelssachen, ABl. Nr. L 12 vom 16. Jänner 2001, S. 1;
5. Mitgliedstaat: ein Mitgliedstaat der Europäischen Union.
   (2) Ist strittig, ob die Voraussetzungen nach Abs. 1 Z 1 oder 2 vorliegen, so kann das Gericht eine Stellungnahme des Ausschusses für Mediation (§ 7 _ Zivilrechts-Mediations-Gesetz – ZivMediatG, BGBl. I Nr. 29/2003) einholen.

4.4.2 Unabhängigkeit, Unparteilichkeit, Neutralität und Allparteilichkeit

Die Aspekte der Unabhängigkeit, Unparteilichkeit, Neutralität oder auch Allparteilichkeit des Wirtschaftsmediators oder der Wirtschaftsmediatorin sind als **grundlegende Garantien des Mediationsverfahrens** zu bezeichnen. Diese

Begrifflichkeiten oder deren Gehalt finden sich sowohl explizit als auch implizit in den gesetzlichen Grundlagen und Verhaltenskodizes.

Unabhängigkeit Auf die Unabhängigkeit verweisen explizit das deutsche Mediationsgesetz (§ 1 Abs 2) und Art 4 der (schweizerischen) Berufsethischen Leitlinien für Mediatorinnen und Mediatoren SDM (in der Folge chBLM-SDM). Der deutsche Gesetzgeber versteht darunter die **personenbezogene Unabhängigkeit** im Sinne einer **personellen, finanziellen** oder **wirtschaftlichen Ungebundenheit;** dazu kommt die **Weisungsungebundenheit** (Gesetzesbegründung BT-Drucksache 17/5335, S. 14; Hagel, 2018, Kap. 2, § 1 Rz 21 ff.). Darunter zu verstehen ist das Fehlen von persönlichen Naheverhältnissen ebenso wie jenes von vertraglichen Beziehungen der Wirtschaftsmediator*innen zu einer der Parteien. Auch dürfen diese kein Interesse am inhaltlichen Ausgang des Verfahrens haben.

In Art 4 Abs 2 der chBLM-SDM wird näher ausgeführt, dass Mediator*innen vor, während oder nach einer Mediation keine anderen Mandate für die am Konflikt Beteiligten übernehmen, wenn dadurch ihre Unabhängigkeit gefährdet werden könnte. Die Übernahme weiterer, auch andersartiger Mandate setzt danach Transparenz und ausdrückliches Einverständnis aller Beteiligten voraus. **Ausgeschlossen** bleibt jedenfalls die **Rechtsvertretung** nur einer Seite in der gleichen Angelegenheit.

In diesem Sinne sieht auch § 16 Abs 1 öZivMediatG vor, dass eine Person, die selbst Partei, Parteienvertreter*in, Berater*in oder Entscheidungsorgan in einem Konflikt zwischen den Parteien ist oder gewesen ist, in diesem Konflikt nicht als Mediator*in tätig sein darf. Desgleichen darf danach ein*e Mediator*in in einem Konflikt, auf den sich die Mediation bezieht, nicht vertreten, beraten oder entscheiden. Eine Ausnahme besteht nur für die Umsetzung des Mediationsergebnisses, wenn die Parteien dies wünschen und sich diese Tätigkeit im Rahmen der sonstigen beruflichen Befugnisse des Mediators oder der Mediatorin bewegt; damit angesprochen sind Rechtsanwält*innen und Notar*innen.

Unparteilichkeit, Neutralität und Allparteilichkeit Grundlegend könnte man **Unparteilichkeit** und **Neutralität** dahingehend definieren, dass diese Begriffe inhalts- und themenbezogen zu verstehen sind. **Allparteilichkeit** kann als verfahrensbezogene Interaktionsdimension gegenüber den Medianden verstanden werden. Generalisiert lässt sich dieses Verständnis den gesetzlichen Bestimmungen jedoch nicht entnehmen.

Die Mediations-RL und das öEU-MediatG nehmen auf den Aspekt der **Unparteilichkeit** in ErwGr 17, Art 3 lit b) und Art 4 sowie in § 2 Abs 1 Z 2 Bezug, ohne diesen näher zu beschreiben. Die Unparteilichkeit bezieht sich dort jeweils auf die

Durchführung der Mediation, ist also **verfahrensbezogen.** Dem sehr nahe steht die Formulierung, dass der Mediator oder die Mediatorin zur Neutralität verpflichtet ist (siehe § 1 Abs 1 öZivMediatG und § 1 Abs 2 dMediationsG). Auch die **Neutralität** ist **verfahrensbezogen** zu verstehen (siehe § 16 Abs 2 öZivMediatG) und verpflichtet Mediator*innen zur **Gleichbehandlung der Parteien** (Hagel, 2018, Kap. 2, § 1 Rz 23). Unparteilichkeit und Neutralität werden zumeist im Sinne einer **passiven Äquidistanz** verstanden. In Art 5 Abs 2 der chBLM-SDM wird ausgeführt, dass sich Mediator*innen neutral hinsichtlich der **Themen** und **Inhalte** verhalten und sie eine entsprechende Einflussnahme unterlassen. Auch haben danach Mediator*innen **Umstände offenzulegen,** die zu **Zweifeln** an ihrer Neutralität oder zum Anschein von **Interessenkonflikten** Anlass geben können.

Diese Frage kann insbesondere auch dann relevant werden, wenn ein*e Mediator*in die Funktion eines Schlichters oder einer Schiedsrichterin in einem nachfolgenden Verfahren übernimmt (**„Same-Neutral-Med-Arb"**). Problematisch erscheint, dass die Kenntnis der emotionalen Lage der Parteien es möglicherweise verhindern kann, dass eine neutrale und unbefangene Entscheidung nur aus dem Blickwinkel des Rechts gefällt wird. Vorteilhaft kann es dagegen sein, dass der oder die Dritte in den Fall eingearbeitet ist und kostenschonend eine Entscheidung fällen kann. Freilich liegt es an den Parteien, dieses Verfahren zu wählen und an der Mediatorin oder dem Mediator dies abzulehnen, wenn er oder sie diese Rolle nicht übernehmen will. Ein solcher **Wechsel** von der **Mediation** in ein **anderes ADR-Verfahren** setzt jedenfalls äußerste **Transparenz, Aufklärung** und **ausdrückliches Einverständnis** aller Beteiligten voraus. Nach Art 5 Abs 2 chBLM-SDM ist es wohl zulässig, wenn ein*e schweizerische*r Mediator*in nach Beendigung der Mediation als Schiedsrichter*in tätig wird; auch die deutsche Rechtslage schließt dies nicht explizit aus (siehe die ausführliche Regelung in § 3 dMediationsG). Dagegen ist die österreichische Rechtslage mit der Regelung des Tätigkeitsverbots in § 16 Abs 1 öZivMediatG im internationalen Vergleich sehr restriktiv; dies betrifft vor allem das Entscheidungsverbot nach Durchführung und Beendigung einer Mediation. Meines Erachtens ist grundsätzlich nichts dagegen einzuwenden, wenn in (internationalen) Wirtschaftsmediationen auf Wunsch der Parteien der oder die vormalige (nicht entscheidungsbefugte) Mediator*in etwa über offen gebliebene Streitpunkte als Schiedsrichter*in eine Entscheidung trifft. Eingetragenen Mediator*innen (in Österreich) ist dieser Rollenwechsel aufgrund des eindeutigen Gesetzeswortlautes aber wohl verboten.

Über die Neutralität hinaus geht die **Allparteilichkeit,** die in § 2 Abs 3 Satz 1 dMediationsG und Art 5 chBLM-SDM angesprochen ist. Nach diesen Formulierungen ist der Mediator oder die Mediatorin allen Parteien „**gleichermaßen verpflichtet**" oder „**zugewandt**". Die Verfahrensinteressen aller Parteien sind

„gleichermaßen zu vertreten" und „entsprechend zu unterstützen" (Hagel, 2018, Kap. 2, § 1 Rz 23). Die Anliegen aller Beteiligten und weiterer Betroffener sollen während der Mediation zum Ausdruck und zum Tragen kommen. Ein ausdrücklicher Hinweis auf die Allparteilichkeit findet sich im öZivMediatG nicht. Allerdings nehmen etwa die Ethikrichtlinien des österreichischen Netzwerk Mediation, zu dessen Einhaltung sich die in Vereinen organisierten Mediator*innen regelmäßig verpflichten, auf die Allparteilichkeit in ihrem Punkt 2.3.2 ausdrücklich Bezug.

Offenbarungspflicht Allgemein anerkannt ist, dass Mediator*innen den Parteien **Umstände offenzulegen** haben, die ihre **Unabhängigkeit** und/oder **Neutralität beeinträchtigen können** (siehe § 3 Abs 1 dMediationsG und Art 5 Abs 2 chBLM-SDM: „...*zu Zweifeln an ihrer Neutralität oder zum Anschein von Interessenkonflikten Anlass geben können...*"). Die Offenbarungspflicht ist in Österreich nicht expliziert normiert, ergibt sich aber aus dem Neutralitätsgebot (§ 1 und § 16 Abs 2 öZivMediatG) und dem Tätigkeitsverbot (§ 16 Abs 1 öZivMediatG). Die deutsche Rechtslage sieht in § 3 dMediationsG eine detaillierte Regelung zu Offenbarungspflichten und Tätigkeitsverboten zur Absicherung der Unabhängigkeit und Neutralität des Mediators oder der Mediatorin vor. Von der gesetzlichen Regelung kann durch **ausdrückliche Einwilligung der Parteien teilweise abgewichen** werden (ausführlich dazu Goltermann, 2018, Kap. 2, § 3 Rz 1 ff.). Großzügiger erscheint die schweizerische Lage, wonach in Art 4 Abs 2 chBLM-SDM nur die Rechtsvertretung einer Seite in der gleichen Angelegenheit ausgeschlossen ist.

4.4.3   Aufklärungspflicht und Freiwilligkeit

Aufklärungspflicht Mediation ist ein relativ junges Instrument zur Konfliktbearbeitung und steht neben anderen Möglichkeiten der ADR zur Verfügung (siehe Abschn. 4.1.1). Es kann nicht davon ausgegangen werden, dass dieses Verfahren mit seinen Charakteristika im Bewusstsein der rechtssuchenden Bevölkerung verankert ist. Es gilt daher, Mediation nicht nur weiter bekannt zu machen, sondern die Positionierung im Rahmen der Konfliktbeilegungsmethoden bewusst zu machen, um zum einen die **Wahlfreiheit** der **Konfliktparteien hinsichtlich** der **gewählten Methode** und zum anderen die **Freiwilligkeit der Teilnahme am Verfahren** sicherzustellen. Deutlich bringt das Art 9 chBLM-SDM zum Ausdruck, wonach Mediator*innen mit den Beteiligten prüfen, ob Mediation der geeignete Weg für die Bearbeitung des konkreten Konfliktes ist und auf Risiken und Grenzen hinweisen. Wo angezeigt, empfehlen sie die Wahl von auf die Bedürfnisse ausgerichteten

Maßnahmen und Verfahren. Wenn dies auch nicht explizit in § 2 Abs 2 dMediationsG ausgeführt ist, so ist doch davon auszugehen, dass auch dieser Aspekt von der Pflicht zur Vergewisserung, *„dass die Parteien die Grundsätze und den Ablauf des Mediationsverfahrens verstanden haben und freiwillig an der Mediation teilnehmen"* abgedeckt ist (Gläßer, 2018, Kap. 2, § 2 Rz 77 f.). Vergleichbares gilt für die Bestimmung des § 16 Abs 2 öZivMediatG, wonach die Parteien über das Wesen und die Rechtsfolgen der Mediation in Zivilrechtssachen aufzuklären sind.

In den Bestimmungen nicht explizit angesprochen wird die Aufklärung über den von dem Mediator oder der Mediator*in angewandten **Mediationsstil.** Dies wird man jedoch gleichermaßen unter die Informiertheit über den geeigneten Weg (Art 9 chBLM-SDM), über das Wesen der Mediation (§ 16 Abs 2 öZivMediatG) oder über Grundsätze und Ablauf des Mediationsverfahrens (§ 2 Abs 2 dMediationsG) subsumieren können (für die deutsche Rechtslage siehe Gläßer, 2018, Kap. 2 § 2 Rz 50 ff. und 85 ff.).

Auf der Hand liegt die **Aufklärungspflicht** hinsichtlich der „**Grundsätze** und des **Ablaufs des Verfahrens**" wie dies die deutsche Regelung (§ 2 Abs 2 dMediationsG) klar zum Ausdruck bringt. Zu den Grundsätzen gehören die Vertraulichkeit, Strukturiertheit, Freiwilligkeit, Eigenverantwortlichkeit – insbesondere auch hinsichtlich des Ergebnisses – und Konsensorientierung, sowie die Unabhängigkeit und Neutralität des Mediators oder der Mediator*in. Hinsichtlich des Ablaufes des Verfahrens ist die Aufklärung über das Phasenmodell hervorzuheben, auf das an dieser Stelle nicht näher eingegangen wird. Zur Erklärung des Ablaufs gehört wohl auch die Erörterung der zeitlichen Strukturierung und allenfalls ablaufprägender methodischer Elemente wie etwa von Einzelgesprächen (Gläßer, 2018, Kap. 2, § 2 Rz 79 ff.) oder hybrider Verfahren.

Auf die **Informationspflicht** hinsichtlich der **Kosten** verweist explizit Art 9 Abs 3 chBLM-SDM und hinsichtlich der **Notwendigkeit rechtlicher Beratung** im Zusammenhang mit der Mediation § 16 Abs 3 öZivMediatG. Art 9 chBLM-SDM erwähnt ausdrücklich die Möglichkeit der **Teilnahme von Rechtsvertreter*innen** an der Mediation, wenn alle Beteiligten zustimmen. Die damit einhergehende **Veränderung der Prozessdynamik** wird ebenfalls vorab mit den Parteien zu erörtern sein (siehe zur Mediation unter Einbeziehung von Rechtsanwält*innen Gläßer, 2018, Kap. 2, § 2 Rz 165 ff.).

Zur Offenbarungspflicht im Zusammenhang mit Neutralität und Allparteilichkeit siehe Abschn. 4.4.2. Zur Aufklärungspflicht im Zusammenhang mit Rechtsfolgen, Ergebnis und dessen Umsetzung siehe Abschn. 4.4.7.1.

Freiwilligkeit Im gesamten DACH-Raum wird Freiwilligkeit als **zentrales Prinzip der Mediation** anerkannt (§ 1 Abs 1, § 2 Abs 2 dMediationsG, § 1 Abs 1 öZivMediatG und Art 7 chBLM-SDM). Man kann zwischen der **Freiwilligkeit bei der Verfahrenseinleitung** und hinsichtlich der **Teilnahme am Verfahren** unterscheiden. Während erstere durch gesetzliche Anordnung, Empfinden einer richterlichen Empfehlung oder Machtausübung, etwa durch eine*n Vorgesetzte*n oder Vertragspartner*in, eingeschränkt sein kann, ist die **Freiwilligkeit bezüglich der Teilnahme am Verfahren**, als intrinsische Motivation, **unabdingbar.** Diese kann auch bei eingeschränkter äußerlicher Freiwilligkeit gegeben sein oder hergestellt werden (dazu Gläßer, 2018, Kap. 2, § 2 Rz 94 ff.). Jedenfalls hinsichtlich der **Einigung in der Sache** muss Freiwilligkeit gegeben sein (so auch explizit Art 7 Abs 2 chBLM-SDM). Bestehen Zweifel an der Freiwilligkeit und lässt sich diese im Laufe des Verfahrens (i. S. der inneren Freiwilligkeit) nicht herstellen, kann die Mediation von der Partei oder dem Mediator oder der Mediatorin jederzeit abgebrochen werden (dazu näher Gläßer, 2018, Kap. 2, § 2 Rz 99 ff.). Das Prinzip der Freiwilligkeit bringt es auch mit sich, dass der Mediator oder die Mediatorin nur mit **Zustimmung der Parteien** (§ 16 Abs 2 öZivMediatG) bzw. dem **Einverständnis der Beteiligten** (Art 9 Abs 1 chBLM-SDM) tätig werden darf.

Selbst- oder Eigenverantwortung In § 1 öZivMediatG und § 1 dMediationsG wird explizit auf die **Selbstverantwortung** bzw. **Eigenverantwortung** hinsichtlich der **Lösungsfindung** bzw. **Beilegung des Konflikts** hingewiesen. Gemäß Art 8 chBLM-SDM übernehmen die an der Mediation Beteiligten Mitverantwortung und treffen Entscheidungen selbstverantwortlich in Kenntnis der damit verbundenen Konsequenzen. Gem. Abs 2 ergreifen Mediator*innen geeignete Maßnahmen, wenn die Selbstverantwortung und Autonomie der Beteiligten insbesondere durch einseitige Schwächen, eingeschränkte Urteilsfähigkeit, Manipulation, Machtmissbrauch, Androhung oder Ausübung von Gewalt gefährdet ist. Auch wenn eine dem Abs 2 entsprechende Regelung in den Bestimmungen Deutschlands und Österreichs nicht explizit angesprochen wird, so ergibt sich diese Verpflichtung aus der Allparteilichkeit und Verfahrensverantwortung der Mediator*innen.

Die **Selbst- oder Eigenverantwortung** bezieht sich auf die **Aufnahme** und **Beendigung** der Mediation, die **Auswahl des Mediators oder der Mediatorin** und des **Verfahrensablaufs**, den **Inhalt des Verfahrens**, sowie das (inhaltliche) **Ergebnis der Mediation** (näher dazu Hagel, 2018, Kap. 2, § 1 Rz 15).

4.4.4   Mediationsvertrag

Der Mediationsvertrag als Arbeitsgrundlage für die Mediation enthält verschiedene **Aspekte.** Zum einen werden **Mediator*innen mit der Mediation beauftragt** (dabei handelt es sich um einen freien Dienstvertrag, siehe auch Greger, 2016, § 2 Rz 36 mwN; zur österreichischen Rechtslage Falk & Koren, 2005, § 17 Rz 5.14.12.) und zum anderen **vereinbaren die Parteien die Mediation durchzuführen** (für Österreich: Falk & Koren, 2005, § 17 Rz 5.8.; für die Schweiz: Kumpan & Bauer-Bulst, 2013, S. 1222; zu den Vertragspflichten der Parteien ausführlich Greger, 2016, § 1 Rz 188 ff.).

Die gesetzlichen Mediationsbestimmungen (insbes § 2 dMediationsG sowie §§ 1, 16 und 18 öZivMediatG) können zur Präzisierung des Inhalts des Mediationsvertrages herangezogen werden (dazu ausführlich Gläßer, 2018, Kap. 2, § 2 Rz 16 ff. und 72 ff.).

Als **wesentlichen Vertragsinhalt** nennt Art 10 chBLM-SDM Personen, die an der Mediation beteiligt sind und deren Rollen; Klärung des Verhältnisses von rechtlichen Verfahren zur Mediation; Prinzip der freiwilligen, selbstbestimmten, eigenverantwortlichen Teilnahme und Entscheidung der Medianden; Grundlagen der Kostenberechnung und den Hinweis auf berufsethische Leitlinien (siehe auch Kumpan & Bauer-Bulst, 2013, S. 1224). Weiter können der Zeitrahmen sowie Ort der Mediation, Verfahrens-, Kommunikations- und Verhaltensregeln, Vereinbarungen zur Dokumentation der Mediationsinhalte oder zum Umfang des Einsichtsrechts in die Mediationsakten aufgenommen werden (Gläßer, 2018, Kap. 2, § 2 Rz 74).

Üblicherweise wird auf der Basis eines **Standard-Vertragsentwurfs** der Inhalt individuell ausgehandelt oder ergänzt. In Österreich stellt der ÖBM für Mitglieder einen Pool an Standardvertragsklauseln zur Verfügung.

4.4.5   Verfahren

Beginn der Mediation Der genaue Zeitpunkt des Beginns der Mediation ist nach **österreichischer** Rechtslage wesentlich, weil ab diesem Zeitpunkt der Lauf etwaiger Fristen im Zusammenhang mit der (gerichtlichen) Durchsetzung von Ansprüchen im Fortlauf gehemmt wird (§ 22 öZivMediatG). Gem. § 17 öZivMediatG gilt als Beginn jener **Zeitpunkt,** zu dem die **Parteien übereingekommen** sind, den **Konflikt durch Mediation zu lösen.**

Nach **deutscher** Rechtslage kommt es auf die genaue Bestimmung des Zeitpunktes offenbar nicht an, weil gem. § 203 Abs 1 BGB die Verjährung immer dann gehemmt ist, wenn zwischen den Parteien *„Verhandlungen über den Anspruch oder die den Anspruch begründenden Umstände schweben"*. Als Verhandlung gilt nicht nur die Mediation als solche, sondern schon ein **Gespräch über den Vorschlag, eine Mediation einzuleiten** (Gläßer, 2018, Kap. 2, § 2 Rz 76).

Verfahrensführung Gemäß der Mediations-RL muss das Verfahren „wirksam" und „strukturiert" (Art 3 Lit a) und b) Mediations-RL) durchgeführt werden. Weiter geht das dMediationsG, das neben der Strukturiertheit verlangt, dass die Parteien in **angemessener** und **fairer** Weise in die Mediation eingebunden sind. (§§ 1 und 2 Abs 3 dMediationsG). § 1 öZivMediatG verweist auf die **systematische Förderung** der **Kommunikation** mit **anerkannten Methoden** durch Mediator*innen (ähnlich § 2 Abs 3 dMediationsG).

Ziel ist die **„Ermöglichung"** der selbst verantworteten Lösung durch die Parteien (§ 1 öZivMediatG) oder das **„Anstreben"** einer einvernehmlichen Beilegung des Konflikts **durch die Parteien** (§ 1 dMediationsG) bzw. der „Versuch", eine Vereinbarung über die Beilegung der Streitigkeiten zu erzielen (Art 3 lit a) EU-MediationsRL). **Entscheidungsbefugnis** in der Sache haben Mediator*innen **niemals.**

Gem. Art 8 chBLM-SDM **unterstützen** Mediator*innen die Beteiligten auf dem Weg der **konstruktiven Konfliktbearbeitung,** bei der kreativen Suche nach zukunftsorientierten Lösungsmöglichkeiten sowie hinsichtlich der Fairness des Verfahrens und der Ergebnisse. **Ziel** ist das selbstverantwortliche Treffen von Entscheidungen in Kenntnis der damit verbundenen Konsequenzen.

Die zitierten Gesetze und berufsethischen Leitlinien zeigen, dass Mediator*innen bei der **Verfahrensgestaltung, die primär in seiner oder ihrer Verantwortung** liegt, im Verhältnis zum Verfahren vor staatlichen Institutionen weitgehend frei sind. Freilich kann es auch zur Verfahrensgestaltung **Parteienvereinbarungen** geben. Die in diesem Zusammenhang geforderte „Strukturiertheit" bezieht sich auf das **Verfahrensdesign,** also verschiedene mögliche **Mediationsstile** der Mediator*innen, worüber die Parteien zu informieren sind und die Anwendung eines **Phasenmodells** (dazu etwa Wanderer, 2023, S. 19–23 oder Duve et al., 2019, S. 79–84) (bzgl. der Digitalisierung der Wirtschaftsmediation siehe Kap. 10), das flexibel gehandhabt werden kann und soll.

Die **Kommunikationsförderung** stellt darauf ab, dass die Parteien sich klar und wahrheitsgemäß (authentisch) ausdrücken, wobei angestrebt wird, dass die Äußerungen wechselseitig annehmbar sind oder werden. „Empowerment" und „Recognition" stellen in diesem Zusammenhang wesentliche Elemente dar (Gläßer, 2018, Kap. 2, § 2 Rz 123 ff.).

Einbindung der Parteien und Dritter Nach deutscher Rechtslage haben Mediator*innen die Parteien **„angemessen"** und **„fair"** in die Mediation **einzubinden** (Art 2 Abs 3 dMediationsG). Gem. Art 8 chBLM-SDM unterstützen sie die Beteiligten hinsichtlich der „Fairness" des Verfahrens. Nach Gläßer (2018, Kap. 2, § 2 Rz 132) ist die Einbeziehung **angemessen,** wenn sie zum einen den **objektiven Maßstäben der Mediationsprinzipien** entspricht und den Fortgang der Mediation fördert und zum anderen das **subjektive Kriterium der „empfundenen Stimmigkeit"** aufseiten der betroffenen Partei erfüllt. Freilich können die beiden Aspekte im Einzelfall in ein Spannungsverhältnis geraten, weshalb es meines Erachtens für eine rechtliche Beurteilung der angemessenen Einbindung im Zweifel auf eine objektive Betrachtung ankommen müssen wird.

Auch das Kriterium der **Fairness** ist nach Gläßer (2018, Kap. 2, § 2 Rz 134) situativ-qualitativ zu verstehen, das sich aus den Aspekten der **Transparenz, Bedarfsgerechtigkeit** und **Ausgewogenheit** der Interventionen zusammensetzt. Dabei handle es sich um eine Balance zwischen der notwendigen Unterstützung der Parteien und ihrer Gleichbehandlung. Ausdruck findet die Fairness unter Anderem in der Einhaltung der Kommunikationsregeln, worauf Mediator*innen zu achten haben. **Unfaires Verhalten** kann in der Mediation oder auch außerhalb einer Mediation in Bezug auf diese gesetzt werden. Wenn eine Unterbindung nicht möglich ist, wird u. U. der Abbruch der Mediation durch die Mediator*innen notwendig.

Auch **Dritte,** etwa Anwält*innen oder Sachverständige, können mit Zustimmung aller Parteien in die Mediation einbezogen werden (explizit bestimmt dies § 2 Abs 4 dMediationsG).

Einzelgespräche (Caucus) Nur nach dem dMediationsG (§ 2 Abs 3) ist die Führung von **Einzelgesprächen** (Caucus) durch Mediator*innen **im Einverständnis mit allen Parteien** vorgesehen. Dies ist weit zu verstehen und erfasst alle Situationen, in denen bei Gesprächen nicht alle Parteien präsent sind. Das Spektrum reicht von der Führung einzelner, **situativer Einzelgespräche** bis hin zur **Pendel- oder Shuttle-Mediation** (Gläßer, 2018, Kap. 2, § 2 Rz 139 ff.). Die Nützlichkeit dieses Instruments wurde kontrovers diskutiert (Gläßer, 2018, Kap. 2, § 2 Rz 142 m. w. N.). Die Zulässigkeit im Rahmen einer Mediation unterliegt – ungeachtet der Existenz einer gesetzlichen Regelung – der Parteiautonomie.

Persönliche Durchführung Gem. § 1 Abs 2 dMediationsG und § 16 Abs 2 öZivMediatG ist der Mediator oder die Mediatorin **„eine Person",** bzw. ist die Mediation persönlich durchzuführen. Dies bedeutet, dass die Mediator*innentätigkeit eine personenbezogene Tätigkeit ist, die **höchstpersönlich** durchzuführen ist (so auch Hagel, 2018, Kap. 2, § 1 Rz 24). Ein*e Mediator*in kann sich daher ohne Zustimmung der Parteien **weder vertreten lassen noch** ohne eine solche seitens einer Institution **ausgetauscht** werden.

Online-Mediation Die pandemiebedingten Entwicklungen der letzten Jahre haben zu einer vermehrten Nachfrage nach Online-Mediation geführt. Die **Zulässigkeit** war insbesondere in **Österreich fraglich,** weil gem. § 16 Abs 2 öZivMediatG die Mediation persönlich und **unmittelbar durchzuführen** ist. Im Ergebnis wird man die Zulässigkeit jedoch auch für Österreich bejahen können (Fucik, 2020, S. 105–109). Dies ergibt sich aus der Vorbildwirkung des Psychotherapiegesetzes auf das öZivMediatG und aus den Wertungen, die den Bestimmungen zum österreichischen zivilgerichtlichen Verfahren entnommen werden können. Gerade die Nähe des öZivMediatG zum öPsychotherapieG, in dessen Rahmen jedenfalls auch Online-Beratungsleistung als zulässig angesehen wird, spricht für die Zulässigkeit von Online-Mediation (siehe dazu ausführlich Frauenberger-Pfeiler, in Druck, S. 1–13). Freilich ist die **Aufklärung und Zustimmung der Parteien erforderlich** und auf die **Einschränkungen im Bereich der Kommunikationstechniken** ist Rücksicht zu nehmen (dazu weiterführend Kleindienst-Passweg & Reinprecht, 2020, S. 73–84). Die Durchführung einer Mediation mit KI gesteuerter Robotik als Mediator*in ist im Rahmen des öZivMediatG und dem dMediationsG nach derzeitiger Rechtslage nicht gesetzeskonform. Siehe zur Digitalisierung der Dienstleistung auch Kap. 10, 11.

Beendigung des Verfahrens Das Mediationsverfahren wird beendet, wenn ein **Ergebnis erzielt** wird (§ 17 Abs 1 öZivMediatG, Art 11 chBLM-SDM) (dazu unten Abschn. 4.4.7).

Aufgrund des geltenden Grundsatzes der Freiwilligkeit des Verfahrens besteht aber auch die jederzeitige Möglichkeit zum **Abbruch durch die Parteien.** Auf die Beendigung durch Abbruch – also ohne Erzielung einer Abschlussvereinbarung – nehmen ausdrücklich § 2 Abs 5 dMediationsG und Art 11 chBLM-SDM Bezug (§ 17 Abs 1 öZivMediatG spricht vom Ende der Mediation, weil die Mediation nicht fortgesetzt wird).

Auch **Mediator*innen** können die Mediation nach Maßgabe der vertraglichen Verpflichtung **beenden.** Dies wird dann der Fall sein, wenn eine eigenverantwortliche Kommunikation oder eine Einigung der Parteien nicht zu erwarten ist (§ 2 Abs 5 dMediationsG), aber auch bei **Verletzung wesentlicher Verfahrensprinzipien** der Mediation durch die Parteien oder bei **Missbrauch des Verfahrens** ist die Mediation abzubrechen (Gläßer, 2018, Kap. 2, § 2 Rz 218 ff.). Gründe für den Abbruch seitens der Mediator*innen können die **Überschreitung ethisch-moralischer Grenzen,** psychologischer Grenzen oder der **Verlust der Allparteilichkeit** sein (dazu ausführlich Gläßer, 2018, Kap. 2, § 2 Rz 225 ff.).

4.4.6 Vertraulichkeit und Verschwiegenheitspflicht

Grundsätzliches Neben der Freiwilligkeit, Allparteilichkeit und Eigenverantwortlichkeit ist die Vertraulichkeit und Verschwiegenheit als **Verfahrensgrundsatz von zentraler Bedeutung** für die Mediation. Auf der Ebene des Europarechts macht die Mediations-RL (Art 7) den Mitgliedstaaten zwingende Mindestvorgaben zur Wahrung der Vertraulichkeit. Dem wird mit § 4 dMediationsg, § 3 öEuMediatG und § 18 öZivMediatG sowie den Bestimmungen in Verfahrensgesetzen (siehe Abschn. 4.4.8.2) im gesamten DACH-Raum entsprochen. Auch Art 6 chBLM-SDM sieht die Vertraulichkeit vor. Die Vertraulichkeit soll das **Substitut für Vertrauen** sein und es den Parteien ermöglichen, in der Mediation offen ihre Bedürfnisse und Interessen darzulegen. Dies führt in Wechselwirkung dazu, dass die Parteien in ihrer Beziehung wieder Vertrauen und füreinander Verständnis entwickeln können. Damit wird die Basis für gemeinsame Lösungen geschaffen (siehe auch Goltermann, 2018, Kap. 2, § 4 Rz 3 mwN).

Schutzbereich und Adressatenkreis Grundsätzlich bedeutet Vertraulichkeit, dass in der Mediation die **Öffentlichkeit ausgeschlossen** ist und die Mediator*innen **über** die **Inhalte** der Mediation **Stillschweigen** bewahren. Dies bezieht sich auf **Tatsachen,** die im Rahmen der Mediation anvertraut oder sonst bekannt wurden (§ 18 öZivMediatG). In § 18 öZivMediatG ist außerdem explizit angeführt, dass die den Mediator*innen übergebenen **Unterlagen** vertraulich zu behandeln sind. Der Bruch der Vertraulichkeit und die Verletzung der Verschwiegenheit durch eingetragene Mediator*innen sind **in Österreich strafbar** (§ 31 öZivMediatG). Nach deutscher und österreichischer Rechtslage gilt die Vertraulichkeit auch für **Hilfspersonen** des Mediators (auch für Auszubildende; § 18 öZivMediatG) bzw. **Personen,** die in das Mediationsverfahren **eingebunden** sind (§ 4 dMediationsg); in den schweizerischen Leitlinien ist dies für diese nicht ausdrücklich vorgesehen. Gem. Art 6 Abs 1 Satz 1 chBLM-SDM sind jedoch die Verhandlungen und die im Mediationsverfahren offengelegten Informationen vertraulich, woraus eine vertragliche Verpflichtung aller daran beteiligten Personen abgeleitet werden kann.

Nach **deutscher und österreichischer Rechtslage** ist der Schutz der Vertraulichkeit im Hinblick auf den **Adressatenkreis nicht vollständig** gegeben. Die Parteien sind **gesetzlich nicht zur Vertraulichkeit verpflichtet. In Deutschland** kann dieser

Mangel durch **vertragliche Vertraulichkeitsvereinbarungen** sowie – hinsichtlich Gerichtsverfahren – durch vertragliche Vortrags- und Beweismittelbeschränkungen **wirksam ausgeglichen** werden (siehe dazu etwa Goltermann, 2018, Kap. 2, § 4 Rz 22 ff.; zum Schutz der gesetzlich bestimmten Vertraulichkeit im nachfolgenden Gerichtsverfahren siehe Abschn. 4.4.8.2). Sollte eine Partei abredewidrig Informationen aus der Mediation im Gerichtsverfahren vorbringen und diesbezüglich Beweisanträge stellen, wären diese unbeachtlich und unzulässig. Für Österreich wurde Vergleichbares in den Gesetzesmaterialien zum öZivMediatG auch vertreten (24 BlgNR 22.GP 21). Wegen der bisherigen Rechtsprechung zur Verwertung rechtswidrig erlangter Beweismittel im Zivilprozess (Rechberger, 2017, Vor § 266 ZPO Rz 70) ist aber fraglich, ob von der Rechtsprechung ein Verwertungsverbot hinsichtlich der rechtswidrig offenbarten Informationen angenommen werden wird. Zum Schutz des Instruments der Mediation und zur Verwirklichung ihres Zwecks ist dies – gestützt vom historischen Willen des Gesetzgebers – jedoch unbedingt zu fordern.

Für die **schweizerische Rechtslage** ist in der Zivilprozessordnung sogar ein **Verwertungsverbot für Aussagen der Parteien** (im Zuge des Mediationsverfahrens) ausdrücklich vorgesehen (Art 216 chZPO). Dies bedeutet, dass Informationen von Parteien oder Dritten, sollten sie in das Gerichtsverfahren getragen werden, **für die Urteilsfindung nicht verwendet werden dürfen** (Gloor & Umbricht Lukas, 2021, Art 216 Rz 6). In Mediationen ohne Zusammenhang mit einem gerichtlichen Verfahren ist die Vertraulichkeit vertraglich abzusichern (Gloor & Umbricht Lukas, 2021, Art 216 Rz 1).

Ausnahmen vom Schutz der Vertraulichkeit Nach der EU-Mediations-RL (Art 7), § 3 öEU-MediatG und § 4 dMediationsG sind Ausnahmen von der Verschwiegenheitspflicht vorgesehen. Das betrifft etwa die Situation, dass die Offenlegung zur **Umsetzung oder Vollstreckung des Ergebnisses** notwendig ist; diese Offenlegung betrifft nur das Ergebnis. Weiter kann die Offenlegung aus **vorrangigen Gründen der öffentlichen Ordnung** geboten sein, um insbesondere den **Schutz des Kindeswohls** zu gewährleisten oder eine **Beeinträchtigung der physischen oder psychischen Integrität einer Person abzuwenden**. Nach deutscher Rechtslage wird auch noch darauf hingewiesen, dass **Offenkundiges** und **Bedeutungsloses nicht der Vertraulichkeit** unterliegen. Auch wenn im öZivMediatG diese Ausnahmetatbestände nicht angeführt sind, wird eine richtlinienkonforme Auslegung im Anlassfall angezeigt sein. Die Strafbarkeit der Offenlegung (Privatanklagedelikt) nach österreichischem Recht (§ 31 öZivMediatG) kommt hier nicht infrage, weil gem. § 31 Abs 2 öZivMediatG Täter*innen nicht zu bestrafen sind, wenn die

Offenbarung der Verwertung nach Inhalt und Form durch ein öffentliches oder ein berechtigtes privates Interesse gerechtfertigt ist.

Dokumentationspflicht Die Regelung einer **gesetzlichen Dokumentationspflicht** im Zusammenhang mit dem Mediationsverfahren sieht nur das öZivMediatG (§ 17) vor. Danach haben Mediator*innen den Beginn, die Umstände, aus denen sich ergibt, ob die Mediation gehörig fortgesetzt wurde, sowie das Ende der Mediation zu dokumentieren. Diese Pflicht steht im Zusammenhang mit der Bestimmung des Zeitraumes der Fristenhemmung für die Rechtsverfolgung.

Aufzeichnungen haben Mediator*innen mindestens sieben Jahre nach Beendigung der Mediation aufzubewahren und auf Verlangen der Parteien eine Gleichschrift der Aufzeichnungen auszufolgen (§ 17 Abs 3 öZivMediatG).

Datenschutz Im DACH-Raum sind die für Dienstleistungen jeweils gültigen datenschutzrechtlichen Vorgaben anzuwenden.

Im Rahmen der DSGVO (Art 5) gilt, dass Daten nur so lange gespeichert werden dürfen, bis diese ihren Zweck erfüllt haben. Sind gesetzliche **Aufbewahrungsfristen** vorgesehen, ist mit dem Ablauf der Aufbewahrungsfristen der Zweck im Sinne von Art 5 DSGVO erfüllt. Die elektronisch gespeicherten Daten sind daher nach Ablauf der Frist zu löschen.

Einen Überblick über den Inhalt eines Informationsblattes nach DSGVO geben Kleindienst-Passweg und Reinprecht (2020, S. 76–77).

4.4.7   Ergebnis der Mediation und Umsetzung

4.4.7.1   Das Ergebnis und Aufklärungspflichten

Das **Ergebnis der Mediation,** das bei idealtypischem Verlauf eine **Einigung der Parteien** ist, hängt vom Parteiwillen ab und ist gesetzlich nicht näher definiert. Die Parteien **bestimmen** sowohl den **Inhalt** als auch die **rechtliche Verbindlichkeit.** Soweit verbindliche Regelungen erarbeitet wurden, hat die Vereinbarung grundsätzlich **vertraglichen Charakter,** auch wenn diese nur mündlich geschlossen wurde (§ 883 öABGB; §§ 133, 157 dBGB). Ist die Bindung unerwünscht, ist es ratsam, dass dies durch ausdrückliche Bezeichnung ersichtlich gemacht wird (etwa: „Absichtserklärung" oder „Memorandum of Understanding").

§ 2 Abs 6 dMediationsG, § 16 Abs 1, Abs 3 und § 17 Abs 2 öZivMediatG, sowie Art 11 chBLM-SDM regeln bestimmte Aspekte im Falle einer „Einigung". **Rechtliche Beratung** ist sicherzustellen. Nach deutscher Rechtslage und den schweizerischen Leitlinien tragen die Mediator*innen auch Sorge dafür, dass die Parteien die **Vereinbarung in Kenntnis der Sachlage** bzw. **ausreichender sachlicher und rechtlicher Information** treffen. Auf die Überprüfung durch externe Berater*innen kann (Art 11 chBLM-SDM) oder muss u. U. (§ 2 Abs 6 dMediationsG) hingewiesen werden. Gem. § 16 Abs 3 öZivMediatG haben Mediator*innen auf die **Form** hinzuweisen, in der das Ergebnis der Mediation gefasst werden muss, um die Umsetzung sicherzustellen. Angesprochen ist damit etwa eine gesetzliche Schriftform oder notarielle Beurkundung.

Art 17 Abs 2 öZivMediatG verpflichtet Mediator*innen, das **Ergebnis der Mediation** sowie die zu dessen Umsetzung erforderlichen Schritte, auf Verlangen der Parteien **schriftlich festzuhalten.** Anders formuliert § 2 Abs 6 dMediationsG, dass die Einigung mit Zustimmung der Parteien festgehalten werden „kann". Nach Art 11 Abs 2 chBLM-SDM werden erzielte Einigungen „in der Regel" schriftlich in einer Mediationsvereinbarung festgehalten. Beim „Festhalten" des Ergebnisses handelt es sich um eine **Dokumentation des Parteiwillens.** Die **Zulässigkeit** einer „(vertrags-)gestaltenden" **Mitwirkung** des Mediators oder der Mediatorin an dieser Vereinbarung wird durch die **gesetzlichen Rahmenbedingungen für** die **rechtsberatenden Berufe** gezogen. Die allgemeinen und themenspezifischen materiellen Wirksamkeitsbedingungen für Verträge sind einzuhalten (Gläßer, 2018, Kap. 2, § 2 Rz 306).

4.4.7.2 Umsetzung des Ergebnisses

Deutschland Wenn das Ergebnis der Mediation nicht nur dokumentiert wird, sondern auch eine „rechtsgestaltende" Mitwirkung an der Formulierung stattfindet, hat dies grundsätzlich durch eine*n Rechtsdienstleister*in zu erfolgen, es sei denn, die Formulierung erfolgt auf Basis spezifischer Rechtskenntnisse und ist mit Blick auf die Haupttätigkeit von untergeordneter Bedeutung (näher Gläßer, 2018, Kap. 2, § 2 Rz 258 und 260). Die **Einhaltung** der Abschlussvereinbarung **kann eingeklagt werden;** das Urteil bildet einen **Vollstreckungstitel.** Soll mit der Vereinbarung auch deren Vollstreckbarkeit sichergestellt werden – Art 6 EU-Mediations-RL verpflichtet die Mitgliedstaaten, diese Möglichkeit vorzusehen –, kommt die Errichtung eines **Anwaltsvergleichs (§§ 796a, 796b dZPO),** einer **vollstreckbaren notariellen Urkunde (§ 794 Abs 1 Nr 5 dZPO),** eines **Vergleichs vor einer anerkannten Gütestelle (§ 794 Abs 1 Nr 1 dZPO)** oder, bei begonnenem Gerichtsverfahren, auch eines **Prozessvergleichs (§ 794 Abs 1 Nr 1 dZPO)** in Frage (dazu näher Gläßer, 2018, Kap. 2, § 2 Rz 310 ff. mwN).

Österreich § 16 Abs 1 öZivMediatG erlaubt es Mediator*innen, nach Beendigung der Mediation im Rahmen ihrer **sonstigen beruflichen Befugnisse und mit Zustimmung aller betroffenen Parteien** zur Umsetzung des Mediationsergebnisses tätig zu sein. Angesprochen sind damit Anwält*innen und Notar*innen. Anwält*innen können über die erfolgte Einigung einen **Vertrag** und Notar*innen einen Vertrag und darüber hinaus auch einen **vollstreckbaren Notariatsakt** (§§ 3, 54 Abs 1 öNO) errichten. Grob gesprochen hat letzterer den Vorteil, dass er als Exekutionstitel unmittelbar die Grundlage für eine Vollstreckung darstellt, während aus einem (anwaltlichen) Vertrag erst Klage erhoben werden muss, um ein Urteil zu erlangen, das als Grundlage für ein Vollstreckungsverfahren dient. Eine weitere Möglichkeit, einen vollstreckbaren Titel zu erlangen, ist die Erwirkung eines **prätorischen Mediationsvergleiches bei einem Bezirksgericht** (§ 433a öZPO; dazu näher Frauenberger-Pfeiler & Risak, 2012, S. 798–803) oder, wenn ein Gerichtsverfahren anhängig ist, die **Protokollierung eines Prozessvergleichs** (§ 204 ff. öZPO). Wenn Anwält*innen **nicht** eingetragene Mediator*innen sind, dürfen sie mit Zustimmung aller Parteien auch nach Durchführung der Mediation als Schiedsrichter*innen tätig sein und einen **Schiedsspruch** fällen (Med-Arb); die Richtlinien zur Berufsausübung (RL-Mediation vom 28.9.2015 idF vom 15.5.2017) verbieten dies nicht.

Schweiz Endet das Mediationsverfahren mit einer **Vereinbarung,** steht es den Parteien frei, diese gem. Art 217 chZPO **gerichtlich genehmigen** zu lassen (Sutter-Somm & Seiler, 2021, Art 217 Rz 1 mwN); die genehmigte Vereinbarung hat die **Wirkung eines rechtskräftigen Entscheids** (Art 217 chZPO). **Voraussetzung** dafür ist, dass ein **gerichtliches Verfahren anhängig** ist und ein **gemeinsamer Antrag** vorliegt. Wurde die Mediation vorprozessual oder außerhalb eines gerichtlichen Verfahrens durchgeführt, haben die Parteien erst ein Schlichtungsverfahren und bei mangelnder Zuständigkeit der Schlichtungsbehörde direkt ein gerichtliches Verfahren einzuleiten (Gloor & Umbricht Lukas, 2021, Art 217 Rz 6). Alternativ dazu können die Parteien eine **öffentliche vollstreckbare Urkunde** errichten lassen, die direkt vollstreckbar ist (Gloor & Umbricht Lukas, 2021, Art 217 Rz 12; zu den Voraussetzungen siehe Kofmel Ehrenzeller, 2021, Art 347 chZPO Rz 5 ff.).

Internationale Vollstreckung In Mediationsverfahren mit **international tätigen Unternehmen** kann es relevant sein, dass die **Mediationsvereinbarung im Ausland vollstreckbar** ist. Im europäischen Rechtsraum ist in diesem Zusammenhang auf die **Garantie des freien Urteilsverkehrs** zu verweisen, der neben gerichtlichen Urteilen auch vollstreckbare Notariatsakte und gerichtliche Vergleiche erfasst. Soll eine weltweite Vollstreckung nach der New York Convention erreicht werden, empfiehlt es sich derzeit, das Mediationsverfahren in ein **Schiedsverfahren** einzubetten („Mediation Window") und das Ergebnis der Mediation in einen **Schiedsspruch mit vereinbartem Wortlaut** zu fassen (Frauenberger-Pfeiler, 2019, Art 10 Rz

8 ff.). Abgesehen von diesen Möglichkeiten, ist mittlerweile die Singapore Convention in Kraft getreten, die nach dem Vorbild der New York Convention eine weltweite Vollstreckung von Mediationsvereinbarungen anstrebt (dazu weiterführend etwa Frauenberger-Pfeiler, 2022, S. 137–152). In folgenden Mitgliedstaaten werden derzeit – unter bestimmten Voraussetzungen – Mediationsvereinbarungen ungeachtet ihrer Herkunft vollstreckt: Belarus, Ecuador, Fiji, Georgien, Honduras, Japan, Kasachstan, Katar, Saudi-Arabien, Singapur, Türkei und Uruguay.

4.4.8 Wirkung der Mediation auf die Durchsetzung von Ansprüchen und andere Verfahren (schiedsgerichtliches und gerichtliches Verfahren)

4.4.8.1 Fristenhemmung

Grundsätzlich gilt, dass mit dem Entstehen eines vertraglichen oder gesetzlichen Anspruchs eine Frist (**Verjährungsfrist**) läuft, in der dieser Anspruch, sofern er nicht erfüllt wird, allenfalls (schieds-)gerichtlich geltend gemacht werden muss. Mit Ablauf der bestimmten Frist kann der Anspruch nicht mehr durchgesetzt werden. Auch Präklusivfristen beschränken den Zeitraum für die Geltendmachung von Ansprüchen.

Verhandeln Parteien über den Bestand des Anspruchs könnte es bei (dadurch) ungehindertem Lauf der Verjährungsfrist dazu kommen, dass (absichtlich) so lange verhandelt wird, bis eine gerichtliche Durchsetzung nicht mehr möglich ist. Grundsätzlich gilt daher, dass **Verhandlungen der Parteien über den Anspruch oder die den Anspruch begründenden Umstände die Verjährung hemmen**. Vergleichbares muss für Verhandlungen gelten, die in einer Mediation geführt werden.

Art 8 EU-Mediations-RL verpflichtet die EU-Mitgliedstaaten daher sicherzustellen, dass Parteien, die eine Streitigkeit im Wege der Mediation beizulegen versucht haben, im Anschluss daran nicht durch das Ablaufen der Verjährungsfristen während des Mediationsverfahrens daran gehindert werden, ein Gerichts- oder Schiedsverfahren hinsichtlich derselben Streitigkeit einzuleiten.

Deutschland Gem. § 203 dBGB ist vorgesehen, dass **Verhandlungen den Ablauf der Verjährungsfrist hemmen**. Da das Ende der Verhandlungen in engem zeitlichem Zusammenhang mit dem Fristablauf stehen kann, sieht § 203 dBGB vor, dass die **Verjährung erst frühestens 3 Monate nach dem Ende der Verhandlungen eintritt**. Dies gilt auch für Verhandlungen in der Mediation; eine Sonderregelung enthält das dMediationsG nicht.

Österreich In Österreich ist hinsichtlich der Verjährungshemmung **dahingehend zu unterscheiden, von wem die Mediation durchgeführt wird**: Wird die Mediation von eingetragenen Mediator*innen durchgeführt, gilt, dass der **Anfang und Fortlauf der Verjährungsfrist und sonstiger Fristen** (Präklusivfristen) **zur Geltendmachung der von der Mediation betroffenen Rechte und Ansprüche für die Dauer der Mediation gehemmt ist (Fortlaufshemmung; § 22 öZivMediatG).** Diese Zeitspanne wird für die Berechnung der Verjährungsfrist nicht einbezogen.

Bei Durchführung einer Mediation durch andere als eingetragene Mediator*innen und im Anwendungsbereich des öEU-MediatG (§ 4) kommt es zur **Ablaufshemmung.** Diese Art der Hemmung hat auf den Verlauf der Verjährungsfrist grundsätzlich keinen Einfluss, **verhindert** aber den **Ablauf der Frist.** Die Ablaufshemmung durch Vergleichsgespräche ist zwar im öABGB nicht vorgesehen, jedoch von Rechtsprechung (RIS-Justiz RS0034501[4]) und Lehre anerkannt (Vollmaier, 2012, Vor zu §§ 1494–1496 ABGB Rz 6). **Nach Ablauf** der Verjährungsfrist und Beendigung der Verhandlungen **bleiben** dem Kläger nach der Rechtsprechung **noch etwa 3 Monate Zeit** (eine „angemessene" Frist), das (schieds-)gerichtliche Verfahren einzuleiten (Madl, 2018, § 1496 Rz 8).

Schweiz Im Unterschied zur Rechtslage in Deutschland und Österreich ist die **Verjährung** während der Dauer von Vergleichsgesprächen, eines Mediationsverfahrens oder anderer Verfahren zur außergerichtlichen Streitbeilegung **nur gehemmt, wenn die Parteien dies vereinbaren** (Art 134 Obligationenrecht [im Folgenden chOR]). Dabei handelt es sich um eine Hemmung des Beginnes oder Fortlaufs der Frist **(Fortlaufshemmung).**

Wird ein **Schlichtungsgesuch** zusammen **mit einem Antrag auf Mediation** eingebracht, tritt Rechtshängigkeit ein (Art 62 chZPO; Kumpan & Bauer-Bulst, 2013, S. 1212); dies hat den **Effekt, dass Unterbrechung der Verjährung eintritt** (Art 64 Abs 2 chZPO iVm Art 135 Z 2 chOR). Wird eine Mediation während des Gerichtsverfahrens unternommen, wird das Verfahren sistiert; die Rechtshängigkeit bleibt aufrecht (Art 214 chZPO; Kumpan & Bauer-Bulst, 2013, S. 1212).

---

[4] Abgerufen von https://www.ris.bka.gv.at/Dokument.wxe?Abfrage=Justiz&Fachgebiet=& Gericht=&Rechtssatznummer=RS0034501&Rechtssatz=&Fundstelle=&Spruch=&Rechts gebiet=Undefined&AenderungenSeit=Undefined&JustizEntscheidungsart=&Norm=&Suc heNachRechtssatz=True&SucheNachText=False&GZ=&VonDatum=&BisDatum=12.12. 2023&ImRisSeitVonDatum=&ImRisSeitBisDatum=&ImRisSeit=Undefined&ImRisSeit ChangeSet=Undefined&ImRisSeitForRemotion=Undefined&ResultPageSize=100&Suc hworte=&Position=1&SkipToDocumentPage=true&ResultFunctionToken=72148295-f591-45f7-aa61-5d106aa80381&Dokumentnummer=JJR_19720118_OGH0002_0040OB0 0624_7100000_001 am 12.12.2023.

4.4.8.2 Beweisaufnahmeverbote und Entschlagungsrechte

Das tragende Prinzip der Vertraulichkeit und Verschwiegenheit in der Mediation wäre wertlos, wenn in einem nachfolgenden (schieds-)gerichtlichen Verfahren **Informationen** aus einer Mediation oder solche, die sich aus dem Zusammenhang damit ergeben, **zum Thema gemacht** werden könnten und **Mediator*innen** oder **andere in die Mediation eingebundene Personen** („Hilfspersonen" der Mediator*innen wie etwa Bürokräfte oder Dolmetscher*innen) als **Zeug*innen** dafür geführt werden könnten. Entsprechend verpflichtet Art 7 EU-Mediations-RL die EU-Mitgliedstaaten zu gewährleisten, dass die genannten Personen in Gerichts- oder Schiedsverfahren in Zivil- und Handelssachen – abgesehen von schwerwiegenden Ausnahmen oder bei übereinstimmenden Parteiwillen – **nicht zur Aussage gezwungen werden können.** Die Einschränkung in dieser Bestimmung auf Zivil- und Handelssachen ist der (mangelnden) Kompetenz des europäischen Gesetzgebers geschuldet, Vergleichbares auch für Verfahren in anderen Rechtsgebieten (etwa dem Strafrecht) zu normieren. Die Wertung hat freilich auch dort ihre Berechtigung.

Deutschland Die sich aus § 4 dMediationsG ergebende Verschwiegenheitspflicht für Mediator*innen und deren „Hilfspersonen" wird durch ein **Zeugnisverweigerungsrecht** gem. § 383 Abs 1 Nr 6 dZPO im **Zivilverfahren** geschützt. Aufgrund der in anderen Gesetzen bestehenden Verweisungsnormen auf § 383 dZPO gilt der Schutz auch in anderen Verfahren, etwa dem **Verwaltungsverfahren** (§ 98 Verwaltungsgerichtsordnung [dVwGO]; Goltermann, 2018, Kap. 2, § 4 Rz 9, 11). Im **Strafverfahren** besteht dagegen nur ein Schutz für die dort genannten Berufe. Mediation ist dort nicht genannt; ein Schutz besteht daher nur für Rechtsanwält*innen und Notar*innen (Goltermann, 2018, Kap. 2, § 4 Rz 12).

Österreich Im Zivilverfahren dürfen nach dem öZivMediatG **eingetragene Mediator*innen als Zeug*innen nicht darüber vernommen** werden, was ihnen **im Rahmen der Mediation anvertraut** oder **sonst bekannt** wurde (Beweisaufnahmeverbot gem. § 320 öZPO; dazu Frauenberger, 2017, § 320 ZPO Rz 9).

Die von § 18 öZivMediatG weiter erfassten Personen – Hilfspersonen und auszubildende Personen – werden von § 320 öZPO nicht genannt. Auf sie ist – wie auf jede andere Person (etwa Rechtsanwält*innen, Notar*innen; Mediator*innen im Anwendungsbereich des EU-MediatG; Wirtschaftstreuhänder*innen, Ziviltechniker*innen), für deren Tätigkeit eine gesetzlich anerkannte Verschwiegenheitspflicht vorgesehen ist (§ 18 öZivMediatG, § 9 Abs 2 RAO, § 37 Abs 1 NO, § 80 WTBG, § 15 Abs 1 ZTG) – § 321 Abs 1 Z 3 öZPO anzuwenden (siehe auch Frauenberger, 2017,

§ 320 ZPO Rz 9). Danach dürfen **Zeug*innen** die **Aussage in Bezug auf Tatsachen verweigern, hinsichtlich derer nicht ausgesagt werden kann, ohne eine obliegende staatlich anerkannte Pflicht zur Verschwiegenheit zu verletzen, sofern nicht eine gültige Entbindung davon durch die Parteien erfolgte.** Für Unternehmensberater*innen in ihrer Tätigkeit als Wirtschaftsmediator*innen ist eine Verschwiegenheitspflicht **gesetzlich grundsätzlich nicht vorgesehen** (ein **Schutz** der Verschwiegenheit besteht **nur im Anwendungsbereich des** EU-MediatG); zumeist erfolgt eine vertragliche Zusicherung der Verschwiegenheit. **Vertragliche Verpflichtungen,** selbst wenn sie mit einer Pönale bewehrt sind, rechtfertigen jedoch nicht eine Aussageverweigerung (Frauenberger, 2017, § 321 ZPO Rz 13 und Spitzer, 2020, § 321 ZPO Rz 14). Allenfalls kann ein Geheimnisschutz insofern greifen, als das Beweisthema ein Betriebs- oder Geschäftsgeheimnis der Parteien betreffen würde (§ 321 Abs 1 Z 5 öZPO). M. E. ist im Wege einer Interessenabwägung in Betracht zu ziehen, dass auch Unternehmensberater*innen, zu deren Berufsbild Mediation gehört, aufgrund des allgemein anerkannten Grundsatzes der Verpflichtung zur Vertraulichkeit und Verschwiegenheit der Mediator*innen ein Aussageverweigerungsrecht zugestanden wird (i. d. S. zur deutschen Rechtslage vor Erlassung des dMediationsG Goltermann, 2018, Kap. 2, § 4 Rz 9 m. w. N. FN 33). Insbesondere ist keine sachliche Rechtfertigung für eine Differenzierung im Hinblick darauf zu erkennen, dass etwa in dem Fall, in dem die (schieds-) gerichtliche Verfahrensführung nach einer Mediation im Inland erfolgt, kein Aussageverweigerungsrecht besteht, im Fall der Verfahrensführung im Ausland aber schon (§ 3 iVm § 1 Abs 2 EU-MediatG). Darüber hinaus kann aus sachlichen Gründen erwogen werden, die im vorhin geschilderten Fall von der Vertraulichkeit erfassten Tatsachen, dem Geschäftsgeheimnis des Unternehmensberaters oder der Unternehmensberaterin als Mediator*in gem. § 321 Abs 1 Z 5 öZPO zu unterstellen.

Im **Strafverfahren** ist den nach dem öZivMediatG eingetragenen Mediator*innen gem. § 157 öStPO ein Aussageverweigerungsrecht eingeräumt. Gem. § 49 Abs 1 Z 2 öAVG besteht für Zeug*innen im **Verwaltungsverfahren** ein Aussageverweigerungsrecht über Fragen, die nicht beantwortet werden könnten, ohne eine gesetzlich anerkannte Pflicht zur Verschwiegenheit, von der nicht gültig entbunden wurde, zu verletzen oder ein Kunst-, Betriebs- oder Geschäftsgeheimnis zu offenbaren.

Schweiz In der Schweiz ist die **Vertraulichkeit für Mediationen,** die einem **zivilgerichtlichen Verfahren** im Rahmen eines Schlichtungsverfahrens vorangehen oder während eines solchen Verfahrens durchgeführt werden, **in einem nachfolgenden oder fortgesetzten Verfahren geschützt.** Es sollen keine Informationen aus der Mediation an das Gericht gelangen. Die **von den Parteien in**

der Mediation gemachten Aussagen dürfen im gerichtlichen Verfahren ohne deren Einwilligung nicht verwendet werden (Art 216 chZPO). Werden Inhalte der Mediation **dennoch** ins Verfahren **eingebracht,** dürfen sie für die Urteilsfindung nicht herangezogen werden; sie sind **unbeachtlich.** Ein Verstoß dagegen begründet einen Verfahrensmangel, der mit einem Rechtsmittel geltend gemacht werden kann (Gloor & Umbricht Lukas, 2021, Art 216 Rz 6).

Mediator*innen haben im gerichtlichen Beweisverfahren ein **Verweigerungs- recht** hinsichtlich ihrer Mitwirkungspflicht bezüglich der **Feststellung von Tatsa- chen, die im Rahmen der Mediationstätigkeit wahrgenommen wurden** (§ 166 Abs 1 lit d chZPO) und bezüglich der **Herausgabe von Dokumenten** (Kumpan & Bauer-Bulst, 2013, S. 1220). Dies gilt wohl für alle Mediationen, also auch solche, die unabhängig von einem Gerichtsverfahren durchgeführt wurden (Kumpan & Bauer-Bulst, 2013, S. 1222).

Im **Strafprozess** ist Mediation als Beruf nicht im Zusammenhang mit dem Zeug- nisverweigerungsrecht gem. Art 171 chStPO oder Art 173 iVm Art 321 chStGB genannt; die Vertraulichkeit ist im Strafprozess daher **nicht geschützt.**

Im **Verwaltungsverfahren** ist gem. Art 33b chVwVG die Möglichkeit, Media- tion in Anspruch zu nehmen, ausdrücklich vorgesehen. Ein Zeugnisverweigerungs- recht der Mediator*innen bezüglich der Inhalte dieses Verfahrens besteht gem. Art 16 Abs 1 chVwVG.

4.5 Besondere Rahmenbedingungen für die Verfahrensbeteiligten

Ad hoc-Vereinbarung der Mediation und Mediationsklauseln Das Prinzip der Freiwilligkeit in der Mediation bringt es mit sich, dass es grundsätzlich in den Hän- den der Parteien liegt, ihren Konflikt im Rahmen einer Mediation bearbeiten zu wollen. Für die Entscheidung ist zu empfehlen, **Beratung über die Möglichkei- ten der geeigneten Konfliktbearbeitung** (siehe dazu Abschn. 4.1.1) einzuholen. Mediation kann auch gesetzlich verpflichtend vorgesehen sein; diesfalls beschränkt sich die Freiwilligkeit auf die Möglichkeit zum Abbruch der Mediation.

Zur Durchführung einer Mediation kann **nach Entstehen eines Konfliktfalles** eine „ad hoc-Vereinbarung" getroffen werden (siehe Abschn. 4.4.4) oder, **vor Entstehung eines Konflikts,** aus Anlass eines Vertragsabschlusses eine **Media- tionsklausel** in diesen aufgenommen werden. Diese kann dann als Teil einer

Streitbeilegungsklausel, mit der auch weiterführende Vorkehrungen für die Ergeb-
nislosigkeit einer Mediation getroffen werden, vereinbart werden („**Multi-Tiered-
Dispute-Resolution-Clauses**"). Nicht ungewöhnlich in diesem Zusammenhang ist
die Verbindung mit einer Schiedsklausel.

Die Wirksamkeit solcher Klauseln wird unterschiedlich beantwortet. Unproble-
matisch ist es, wenn die Parteien einer solchen **keinen zwingenden Charakter**
zuerkennen wollen. Es bleibt dann dabei, dass für den Streitfall Mediation versucht
werden kann, aber nicht muss. Die Mediationsklausel ist dann nicht durchsetzbar.
Das heißt, wird ungeachtet dieser Klausel ein (schieds-)gerichtliches Verfahren eingeleitet, kann dieses „sofort" durchgeführt werden, ohne, dass vorher ein
Streitbeilegungsversuch in der Mediation versucht werden muss.

Wollen die Parteien ihrer Vereinbarung dagegen einen **„zwingenden" Charakter** mit der Wirkung verleihen, dass die Parteien den Versuch einer Einigung vor
der Verfahrenseinleitung vor dem (Schieds-)Gericht unternehmen müssen, muss
die Klausel in aller Regel bestimmte Kriterien erfüllen. Diese sind (nicht nur) im
DACH-Raum von den jeweiligen (verfahrens-)gesetzlichen Anforderungen oder der
dazu entwickelten Rechtsprechung abhängig (zur ungerechtfertigt strengen österreichischen Rechtsprechung siehe Frauenberger-Pfeiler, 2023, S. 1197–1210; zur
deutschen Rechtslage allgemein Greger, 2016, § 1 Rz 199 ff. m. w. N.). Nach schweizerischer Rechtslage vermag eine Mediationsklausel den gerichtlichen Rechtsschutz
offenbar nicht hinauszuschieben (Kumpan & Bauer-Bulst, 2013, S. 1210 unter
Berufung auf Art 61 chZPO). Der (schieds-)gerichtliche Rechtsschutz darf gegen
den Willen einer Partei grundsätzlich nicht für mehr als 6 Monate hinausgescho-
ben werden (EGMR 26.3.2015–11.239/11, Momcilovic/Kroatien; zu Österreich
Frauenberger-Pfeiler, 2023, S. 1207). Die Freiwilligkeit der Mediation ist grundsätzlich auch im Fall einer zwingenden Mediationsklausel gewahrt, weil sie beim
Abschluss der Klausel bestanden hat und die Beendigung der Mediation möglich
ist.

Beispiele für Mediationsklauseln bieten Schiedsinstitutionen im DACH-Raum
an (siehe etwa jene von VIAC[5], DIS[6] und SAC[7]; zu weiteren internationalen
Organisationen, die Mediationsdienstleistungen anbieten siehe Kap. 11). Durch
eine Schiedsinstitution administrierte Mediationsverfahren bieten Vorteile bei der

---

[5] Abgerufen von https://www.viac.eu/de/mediation/inhalte/viac-schieds-und-mediationsor
dnung-2021-mediationsklauseln-commercial-and-investment am 7.12.2023.

[6] Abgerufen von https://www.disarb.org/werkzeuge-und-tools/dis-musterklauseln am
7.12.2023.

[7] Abgerufen von https://www.swissarbitration.org/centre/mediation/mediation-clauses/ am
7.12.2023.

Organisation und Abwicklung der Mediation (siehe dazu die Internetauftritte der Schiedsinstitutionen & Meisinger, 2021, 3. Kap., IV 3.70–3.94).

Auch der Fachverband Unternehmensberatung, Buchhaltung und Informationstechnologie (UBIT) der Wirtschaftskammer Österreich empfiehlt auf seiner Homepage eine Mediationsklausel[8].

Darüber hinaus kann es **Verpflichtungen zur Mediation** in Situationen geben, in denen die **Wahlfreiheit einer Partei gegenüber der anderen eingeschränkt ist,** weil ihre Entscheidungsmacht aus faktischen, hierarchischen oder rechtlichen Gründen eingeschränkt ist oder fehlt. Dies kann sich aus einem **Arbeitsvertrag, Kollektivvertrag,** einer **Weisung des Arbeitgebers** oder einem **gerichtlichen Vorschlag** ergeben (zur deutschen Rechtslage Hagel, 2018, Kap. 2, § 1 Rz 14; zur österreichischen Rechtslage etwa Risak, 2012, S. 389–396 und Risak, 2013, S. 240–244). Allerdings bleibt die Freiheit aller Parteien zur Beendigung des Mediationsverfahrens immer gegeben.

Auswahl des Mediators Die **Auswahl** der Mediator*innen **obliegt,** so wie die Wahl des **Mediationsstils,** den **Parteien.** Eine solche erfolgt im Rahmen einer „ad hoc-Vereinbarung" zumeist gemeinsam mit der Vereinbarung (siehe Abschn. 4.4.4), eine Mediation durchzuführen. In Mediationsklauseln sind Mediator*innen selten schon namentlich genannt.

Im Streitfall kann es sehr schwierig sein, sich auf eine*n Mediator*in zu einigen. Immerhin ist es in der eskalierten Situation ein im Einvernehmen zu setzender Schritt. Es ist daher in Mediationsklauseln nützlich – und nach der österreichischen Rechtsprechung (OGH 3 Ob 98/22 s, 6 Ob 229/22b) zurzeit auch geboten – einen Mechanismus festzulegen, nach dem Mediator*innen im Nichteinigungsfall auszuwählen sind. In Österreich führt das Bundesministerium für Justiz die Liste der „eingetragenen Mediatoren", die die Ausbildung gemäß dem öZivMediatG absolviert haben.[9] Regelmäßig bieten auch Schieds- und Mediationsinstitutionen Unterstützung bei der Wahl von Mediator*innen an. Dies reicht von der Führung von Mediator*innenlisten, bis hin zur Vermittlung von geeigneten Mediator*innen nach einem vorab bestimmten Mechanismus (siehe etwa Art 7 VIAC Mediationsordnung 2021).

---

[8] Abgerufen von https://www.wko.at/oe/information-consulting/unternehmensberatung-buc hhaltung-informationstechnologie/wirtschaftsmediation/mediationsklausel am 4.1.2024.

[9] Abgerufen von https://mediatorenliste.justiz.gv.at/mediatoren/mediatorenliste.nsf/conten tByKey/VSTR-7DXPU8-DE-p am 7.12.2023.

Die Vereinbarung mit den Mediator*innen, die Mediation durchzuführen, ist am ehesten als freier Dienstvertrag zu qualifizieren (siehe dazu Abschn. 4.4.4). **Mediator*innen haften** ihren Kund*innen (dazu etwa Greger, 2016, § 2 Rz 88 ff.); in **Österreich** besteht für eingetragene Mediator*innen die gesetzliche Verpflichtung, eine **Haftpflichtversicherung** abzuschließen (§ 19 ZivMediatG).

Vertraulichkeit und Verschwiegenheit Wie bereits oben ausführlich dargelegt, ist der Schutz der Vertraulichkeit und Verschwiegenheit hinsichtlich der in der Mediation geteilten Informationen essenziell. Dies gilt prinzipiell auch für die Parteien, ist gesetzlich in Österreich und Deutschland aber nicht (ausreichend gut) abgesichert (siehe dazu Abschn. 4.4.6). Es empfiehlt sich daher vor Durchführung einer Mediation in der Rechtsberatung Erkundigungen einzuholen, um allfällige Risiken, die durch vorbehaltlose Offenlegung von Informationen entstehen können, zu vermeiden.

Weitere Aspekte Zur Beendigung der Mediation siehe Abschn. 4.4.5.
Zum Ergebnis der Mediation und dessen Umsetzung siehe Abschn. 4.4.7.

4.6   Ausblick

4.6.1   Wirtschaftsmediatoren

Wirtschaftsmediation ist kein einheitlich geregelter Beruf. Dieser Umstand zeigt sich nicht nur innerhalb des Rahmens der nationalen Regelungen, sondern auch in wesentlichen Strukturunterschieden im DACH-Raum. Sowohl die Ausbildung zum oder zur Wirtschaftsmediator*in, als auch die gesetzlichen Regelungen zur Ausübung der mediativen Dienstleistung sind unterschiedlich ausgestaltet. Dies betrifft auch den Brückenschlag zum (schieds-)gerichtlichen Verfahren, der der Rechtskultur entsprechend angepasst ist. Es ist daher, um exzellente mediative Dienstleistung anzubieten, dringend zu empfehlen, sich mit den rechtlichen Rahmenbedingungen eingehend zu beschäftigen. Die verfahrensbezogenen Grundsätze der Mediation sind in den Rechtsordnungen Deutschlands und Österreichs entsprechend abgesichert. In der Schweiz erfolgt die Sicherstellung überwiegend im Rahmen der vertraglichen Vereinbarung mit den Kund*innen. Exzellente mediative Dienstleistung verlangt, rechtliche Beratung im Bedarfsfall sowohl in Anspruch zu nehmen als auch den Kund*innen prozessbegleitend zu empfehlen. Bei internationalen Konfliktfällen ist die Geltung der Singapore Convention zu berücksichtigen.

4.6.2 Kunden

Wirtschaftsmediation ist neben dem Verhandeln der kooperative Weg zur Konfliktbearbeitung, der die Interessen und Bedürfnisse der Kund*innen in den Mittelpunkt rückt. Dies vermögen sowohl Schlichtungsverfahren als auch (schieds-) gerichtliche Verfahren nicht zu leisten. Es ist im Konfliktfall wesentlich, die richtige Streitbeilegungsmethode zu wählen. Die gesetzlichen Rahmenbedingungen räumen größtmögliche Autonomie bei der Wahl der – entsprechend ausgebildeten – Wirtschaftsmediator*innen, der Gestaltung des Verfahrens und des Ergebnisses ein. Institutionelle Anbieter erleichtern die Abwicklung des Verfahrens. Professionelle Rechtsberatung schützt vor unrealistischen Vereinbarungen und sichert deren Um- und Durchsetzung. Besondere Umsicht ist in internationalen Konfliktfällen geboten.

4.7 Key Points

4.7.1 Key Points für Wirtschaftsmediatoren

Für die exzellente Ausübung der mediativen Dienstleistung Wirtschaftsmediation ist sicherzustellen:

- Die bestmögliche Aus- und Fortbildung in Wirtschaftsmediation, unter Umständen auch bei internationalen Institutionen.
- Die Kenntnis und Einhaltung der geltenden gesetzlichen Rahmenbedingungen für Wirtschaftsmediation.
- Die Einhaltung der Ethischen Grundsätze im Rahmen der Wirtschaftsmediation.

4.7.2 Key Points für Kunden

Für die Zufriedenheit mit der mediativen Dienstleistung Wirtschaftsmediation ist sicherzustellen:

- Wirtschaftsmediation ist die angemessene Methode der Konfliktbearbeitung. Es besteht ausreichend (rechtliche) Information über den Konfliktfall und die konkreten Alternativen zu einer Verhandlungslösung.

- Die Arbeitsweise des Wirtschaftsmediators, wie etwa Mediationsstil und Feldkompetenz, ist bekannt und erwünscht.
- Die Information über das (mögliche) Ergebnis der Wirtschaftsmediation ist tragfähig und über die (rechtlichen) Folgen herrscht im Einigungsfall Klarheit.

Literatur

Duve, C., Eidenmüller, H., Hacke, A., & Fries, M. (2019). *Mediation in der Wirtschaft. Wege zum professionellen Konfliktmanagement.*. Verlag Dr. Otto Schmidt Köln.
Ennsfellner, I. (2021). Anwendung der ISO 20700 Leitlinien für Unternehmensberatungsdienstleistungen für mediative Dienstleistungen der Wirtschaftsmediation in Fischer-Korp. In C. Wisleitner, B. Ennsfellner, I. Ehardt-Schmiederer, M. Pöschl, & C. H. Michael (Hrsg.), *Praxiswissen Wirtschaftsmediation*. Springer Fachmedien Wiesbaden.
Falk, G., & Koren, G. (2005). *Zivilrechts-Mediations-Gesetz.* Kommentar zum ZivMediatG: Verlag Österreich.
Fisher, R., Ury, W., & Patton, B. M. (2015). *Das Harvard-Konzept. Die unschlagbare Methode für beste Verhandlungsergebnisse.* Campus.
Frauenberger, A., in Fasching H. W., Konecny A. (2017). *Zivilprozessgesetze[3] III/1.* Manz.
Frauenberger-Pfeiler, U., in Esplugues, C., Iglesias, J., & Palao, C. (2013). *Civil and commercial mediation in Europe. National mediation rules and procedures,* vol. I. Intersentia Publishing.
Frauenberger-Pfeiler, U., in Esplugues, C., Iglesias, J., & Palao, C. (2014). *Civil and commercial mediation in Europe. National mediation rules and procedures,* vol. II. Intersentia Publishing.
Frauenberger-Pfeiler, U. (in Druck) (o. J.). *Rechtliche Aspekte der Online-Mediation in Zivilrechtssachen.*
Frauenberger-Pfeiler, U. in Vienna International Arbitral Center of the Austrian Federal Economic Chamber (2019). *VIAC handbook. Rules of arbitration and mediation. A practitioner's guide.* Service-GmbH der WKÖ.
Frauenberger-Pfeiler, U., & Risak, M. (2012). Der prätorische Mediationsvergleich. *ÖJZ, 18,* 798–803.
Frauenberger-Pfeiler, U., Zur „direkten" Vollstreckbarkeit von Mediationsvergleichen nach dem Übereinkommen von Singapur. Idee, Skepsis und ein Ausblick – auf den Spuren der Zurückhaltung aus österreichischer Sicht in Rassi, Jürgen, C. T., Riel, S., & Schneider, B. (2022). *Festschrift Andreas Konecny.* MANZ'sche Verlags- und Universitätsbuchhandlung.
Frauenberger-Pfeiler U., Zur Wirksamkeit von Mediationsklauseln in Garber, T. (2023). *Festschrift Matthias Neumayr.* MANZ'sche Verlags- und Universitätsbuchhandlung.
Fucik, R., Anhang: Unmittelbarkeitsgebot für Mediationen in Zeiten der Online-Kommunikation in Kleindienst-Passweg, S., & Reinprecht, A. (2020). *Positive mediation.* Verlag Österreich.
Gabler Wirtschaftslexikon, Definition von Moderation (24.02.2018). https://wirtschaftslexikon.gabler.de/definition/moderation-38919/version-262340. Zugegriffen: 30. Okt. 2023.

Gläßer, U., in Klowait, J., & Gläßer, U. (2018). *Mediationsgesetz, Handkommentar.* Nomos.

Gloor, U., Umbricht Lukas, B., in Oberhammer, P., Domej, T., & Haas, U. (2021). *Kurzkommentar, Schweizerische Zivilprozessordnung.* Helbing Lichtenhahn Verlag Basel.

Goltermann, N., in Klowait, J., & Gläßer, U. (2018). *Mediationsgesetz, Handkommentar.* Nomos.

Greger, R., in Greger, R., Unberath, H., & Steffek, F. (2016). *Recht der alternativen Konfliktlösung, Mediationsgesetz VSBG, Kommentar.* Beck.

Hagel, U., in Klowait, J., & Gläßer, U. (2018). *Mediationsgesetz, Handkommentar.* Nomos.

Hattenberger, D., in Windisch-Graetz (2022). *GlBG, Gleichbehandlungsgesetz.* Verlag Österreich.

Kleindienst-Passweg, S., & Reinprecht, A. (2020). *Positive mediation.* Verlag Österreich.

Klowait, J., in Klowait, J., & Gläßer, U. (2018). *Mediationsgesetz, Handkommentar.* Nomos.

Klowait, J., & Gläßer, U. in Klowait, J., Gläßer, U. (2018). *Mediationsgesetz, Handkommentar.* Nomos.

Kofmel Ehrenzeller, S., in Oberhammer, P., Domej, T., & Haas, U. (2021). *Kurzkommentar, Schweizerische Zivilprozessordnung.* Helbing Lichtenhahn Verlag Basel.

Kumpan, C., Bauer-Bulst, C., in Hopt, K., & Steffek, F. (2013). *Mediation. Principles and regulation in comparative perspective.* Oxford University Press.

Madl, R., in Kletečka, A., & Schauer, M. (1. Oktober. 2009). ABGB-ON$^{1.06}$, § 1496. Abgerufen von rdb.at am 30.11.2023.

Mediation Deutschland e. V. Verbände (2023). Vereine und Gesellschaften in der Mediationslandschaft. https://mediation-deutschland.de/verbaende/. Zugegriffen: 21. Nov. 2023.

Meisinger, A. (2021). *System der Konfliktbereinigung, Alternative, komplementäre und angemessene Streitbeilegung.* MANZ'sche Verlags- und Universitätsbuchhandlung.

Oesch, M. (2020). *Schweiz-Europäische Union.* Grundlagen Bilaterale Abkommen Autonomer Nachvollzug (eBook): EIZ Publishing.

Offizielles schweizerisches Informationsportal der Berufs-, Studien- und Laufbahnberatung (2023). Mediator/in abgerufen von https://www.berufsberatung.ch/dyn/show/1900?id=3662. Zugegriffen: 21. Nov. 2023.

Rabe, C. S., & Wode, M. (2020). *Mediation, Grundlagen, Methoden, rechtlicher Rahmen (eBook).* Springer erlag.

Rechberger, W., in Fasching, H. W., & Konecny, A. (2017). *Zivilprozessgesetze³ III/1.* Manz.

Risak, M. (2012). Die Mediation im Arbeitsrecht, Grundlagen und aktueller Stand. *ÖJZ, 9,* 389–396.

Risak, M. (2013). Mediation arbeitsrechtlicher Konflikte. *Perspektive Mediation, 4*(2013), 240–244.

Schmidt, C., in Rolfs, C., Jox, R., & Wellendorfer, M. (2023). beck-online.GROSSKOMMENTAR, SGB VIII §17 (Stand: 1.11.2023).

Spitzer, M., in Spitzer, M., & Wilfinger, A. (2020). *Beweisrecht. Kommentar der §§266 bis 389 ZPO.* MANZ'sche Verlags- und Universitätsbuchhandlung.

Sutter-Somm T., & Seiler B. (2021). *Handkommentar zur Schweizerischen Zivilprozessordnung.* Schulthess Juristische Medien AG.

Vollmaier, P., in Fenyves, A., Kerschner, F., & Vonkilch, A. (2012). *Klang³, Kommentar zum ABGB.* Verlag Österreich.

Wanderer, U. (2023). *Mediation, Konfliktlösung in Familien, bei Erbschaften, in Nachbarschaft und Schule, im Datenschutz, in der Wirtschaft, im öffentlichen Bereich sowie im Strafrecht (Tatausgleich)*. Linde Verlag.

Rechtsquellenverzeichnis

Europäische Union

EU-Richtlinie RL 2008/52/EG des Europäischen Parlaments und des Rates vom 21. Mai 2008 über bestimmte Aspekte der Mediation in Zivil- und Handelssachen (Mediations-RL). ABl. L 136 vom 24.5.2008, S. 3.

EU-Richtlinie RL 2005/36/EG des Europäischen Parlaments und des Rates vom 7. September 2005 über die Anerkennung von Berufsqualifikationen. ABl. L 255 vom 30.9.2005, S. 22.

EU-Richtlinie 2013/55/EU des Europäischen Parlaments und des Rates vom 20. November 2013 zur Änderung der Richtlinie 2005/36/EG über die Anerkennung von Berufsqualifikationen und der Verordnung (EU) Nr. 1024/2012 über die Verwaltungszusammenarbeit mithilfe des Binnenmarkt-Informationssystems ("IMI-Verordnung"), ABl. L 354 vom 28.12.2013, S. 132).

Verordnung (EU) Nr. 1024/2012 über die Verwaltungszusammenarbeit mithilfe des Binnenmarkt-Informationssystems ("IMI-Verordnung", ABl. L 316 vom 14.11.2012, S. 1).

Verordnung (EU) 2016/679 des Europäischen Parlaments und des Rates vom 27. April 2016 zum Schutz natürlicher Personen bei der Verarbeitung personenbezogener Daten, zum freien Datenverkehr und zur Aufhebung der Richtlinie 95/46/EG (Datenschutz-Grundverordnung) ("DSGVO", ABl. L 119 vom 4.5.2016, S. 1).

Deutschland

Bürgerliches Gesetzbuch (BGB) BGBl. 2002 I S. 42, 2909; 2003 I S. 738 idF BGBl. 2023 I Nr. 411.

Gesetz, betreffend die Einführung der Zivilprozessordnung (EGZPO) in der im Bundesgesetzblatt Teil III, Gliederungsnummer 310-2, veröffentlichten bereinigten Fassung, idF BGBl. 2023 I Nr. 272.

Mediationsgesetz (MediationsG) BGBl. 2012 I S. 1577 idF BGBl. 2015 I S. 1474.

Verwaltungsgerichtsordnung (VwGO) BGBl. 1991 I S. 686 idF BGBl. 2023 I Nr. 409.

Zertifizierte-Mediatoren-Ausbildungsverordnung (ZMediatAusbV) BGBl. 2016 I S. 1994 idF BGBl. 2023 I Nr. 185.

Zivilprozessordnung (ZPO) idF BGBl. 2005 I S. 3202; 2006 I S. 431; 2007 I S. 1781 idF BGBl. 2023 I Nr. 411.

Österreich

Allgemeines bürgerliches Gesetzbuch (ABGB) JGS 1811/946 idF BGBl I 2023/182.
Allgemeines Verwaltungsverfahrensgesetz 1991 (AVG) BGBl 1991/51 idF BGBl I 2023/88.
Alternative-Streitbeilegung-Gesetz (AStG) BGBl I 2015/105 idF BGBl I 2018/32.
Berufsausbildungsgesetz (BAG) BGBl 1969/42 idF BGBl I 2023/62.
EU-Mediations-Gesetz (EU-MediatG) BGBl I 2011/21.
Gewerbeordnung 1994 (GewO) BGBl 1994/194 idF BGBl I 2023/75.
Gleichbehandlungsgesetz (GlBG) BGBl I 2004/66 idF BGBl I 2023/115.
Mietrechtsgesetz (MRG) BGBl 1981/520 idF BGBl I 2023/176.
Notariatsordnung (NO) RGBl 1871/75 idF BGBl I 2022/147.
Rechtsanwaltsordnung (RAO) RGBl 1868/96 idF BGBl I 2023/39.
Wirtschaftstreuhandberufsgesetz 2017 (WTBG 2017) BGBl I 2017/137 idF BGBl I 2023/42.
Zivilprozessordnung (ZPO) RGBl 1895/113 idF BGBl I 2023/77.
Zivilrechts-Mediations-Gesetz (ZivMediatG) BGBl I 2003/29 idF BGBl I 2021/246.
Zivilrechts-Mediations-Ausbildungsverordnung (ZivMediat-AV) BGBl II 2004/47.
Ziviltechnikergesetz 2019 (ZTG) BGBl I 2019/29 idF BGBl I 2022/113.
Strafprozessordnung 1975 (StPO) BGBl 1975/631 idF BGBl I 2023/182.

Schweiz

Bundesgesetz betreffend die Ergänzung des Schweizerischen Zivilgesetzbuches (Fünfter
    Teil: Obligationenrecht) (OR) AS 27 317 idF AS 2023 680.
Schweizerische Zivilprozessordnung (ZPO) AS 2010 1739 idF AS 2023 491.
Schweizerisches Strafgesetzbuch (StGB) AS 54 757 idF AS 2024 27.
Verwaltungsverfahrensgesetz (VwVG) AS 1969 737 idF AS 2022 289.

Völkerrechtliche Verträge

New Yorker Übereinkommen über die Anerkennung und Vollstreckung ausländischer
    Schiedssprüche vom 10. Juni 1958 (New York Convention) abgerufen von https://www.
    newyorkconvention.org/english. Zugegriffen: 30. Nov. 2023.
United Nations Convention on International Settlement Agreements Resulting from Media-
    tion vom 20. Dezember 2018 (Singapore Convention) abgerufen von https://uncitral.
    un.org/sites/uncitral.un.org/files/singapore_convention_eng.pdf. Zugegriffen: 30. Nov.
    2023.

Berufsbilder, Berufsrechtliche Richtlinien und Reglemente, Verhaltenskodizes und Verordnungen

Europäische Union

Europäischer Verhaltenskodex für Mediatoren (2.7.2004). Abgerufen von https://www.bmev. de/fileadmin/_migrated/content_uploads/code_of_conduct_de_02.pdf. Zugegriffen: 5. Dez. 2023.

Deutschland

Berufsordnung für Rechtsanwälte (BORA) in der Fassung vom 1.10.2023 abgerufen von https://www.brak.de/fileadmin/02_fuer_anwaelte/berufsrecht/BORA_Stand_01.10. 2023.pdf. Zugegriffen: 29. Jan. 2024.
Standards und Ausbildungsrichtlinien 2018 für die Lizenzierung als Mediatorin BM/ Mediator BM (vom 17. September 2017) abgerufen von https://www.bmev.de/fileadmin/ downloads/anerkennung/BM_Standards_MediatorIn_2018.pdf. Zugegriffen: 29. Jan. 2024.

Österreich

Ethikrichtlinien des österreichischen Netzwerk Mediation abgerufen von http://www. wirtschaftsmediation.at/fileadmin/user_upload/Ethikrichtlinien_OENM_2017.pdf. Zugegriffen: 29. Jan. 2024.
Fachverband Unternehmensberatung, Buchhaltung und Informationstechnologie. (2023). Berufsbild Unternehmensberatung Ausgabe September 2023. https://www.wko.at/oe/inf ormation-consulting/unternehmensberatung-buchhaltung-informationstechnologie/unt ernehmensberatung/berufsbild-unternehmensberatung.pdf. Zugegriffen: 29. Jan. 2024.
Fachverband Unternehmensberatung, Buchhaltung und Informationstechnologie. (2019). Berufsgrundsätze und Standesregeln in der Unternehmensberatung (April 2019). https:// www.wko.at/oe/information-consulting/unternehmensberatung-buchhaltung-informati onstechnologie/unternehmensberatung/berufsgrundsaetze-standesregeln-unternehmens beratung.pdf. Zugegriffen: 29. Jan. 2024.
Wirtschaftskammer Österreich. (2022). Rahmenordnung für Bundes-Experts Groups Fach-verband Unternehmensberatung, Buchhaltung und IT. https://www.wko.at/oe/inform ation-consulting/unternehmensberatung-buchhaltung-informationstechnologie/rahmen ordnung-experts-group.pdf. Zugegriffen: 29. Jan. 2024.
Richtlinien der Österreichischen Notariatskammer vom 21.10.1999 über das Verhalten und die Berufsausübung der Standesmitglieder idF 12.10.2023 [Standesrichtlinien – STR

2000]. https://ihr-notariat.at/fileadmin/user_upload/Notariatskammer/Informationen/Bek anntmachungen/Delegiertentagsbeschluesse/2023/Update_14.07.2023/STR_2000_-_Fassung_DT_12-10-2023.pdf. Zugegriffen: 17. Nov. 2024.

Richtlinien für die Tätigkeit von Rechtsanwält*innen im Rahmen von Mediation (RL-Mediation RL-Mediation vom 28.9.2015 idF vom 15.5.2017). https://www.rakwien.at/userfiles/file/Gesetze/rl-mediation2015_16052017_01.pdf. Zugegriffen: 17. Nov. 2024.

Verordnung der Kammer der Steuerberater und Wirtschaftsprüfer über die Allgemeine Richtlinie über die Ausübung der Wirtschaftstreuhandberufe der Kammer der Steuerberater und Wirtschaftsprüfer [WT-AARL 2017-KSW]). https://eurax.at/wp-content/uploads/2019/10/WT-ARL2017-AARL2017-KSW-ABl-II-2017.pdf. Zugegriffen: 17. Nov. 2023.

Schweiz

Berufsethischen Leitlinien für Mediatorinnen und Mediatoren des Schweizerischen Dachverbands Mediation (SDM) vom 1.1.2022. https://www.mediation-ch.org/cms3/fileadmin/doc/01/taetikeit/de/SDM_Berufsethik_Leitlinien.pdf. Zugegriffen: 21. Nov. 2023.

Richtlinien für Ausbildungen/Qualifikationen im Bereich der Mediation vom 1.1.2022 des Schweizerischen Dachverbands Mediation (SDM). https://www.mediation-ch.org/cms3/fileadmin/doc/01/ausb-anerk/de/SDM_Ausbildungsreglement.pdf. Zugegriffen: 21. Nov. 2023.

Institutionelle Mediationsregeln

Deutschland

DIS-Mediationsordnung der Deutschen Institution für Schiedsgerichtsbarkeit. Abgerufen von https://www.disarb.org/fileadmin/user_upload/Werkzeuge_und_Tools/DIS-Mediationsordnung_V.pdf. Zugegriffen: 5. Dez. 2023.

Österreich

Wiener Mediationsregeln des Vienna International Arbitral Center. Abgerufen von https://www.viac.eu/de/schiedsverfahren/inhalte/wiener-regeln-2021-onlinefassung. Zugegriffen: 5. Dez. 2023.

Schweiz

Swiss Rules of Mediation 2021 des Swiss Arbitration Center. https://www.swissarbitration. org/centre/mediation/mediation-rules/. Zugegriffen: 12. Dez. 2023.

Vereine und Organisationen (Auswahl)

International

Centre for Effective Dispute Resolution (CEDR) (2024). https://www.cedr.com/. Zugegriffen: 29. Jan. 2024.
International Mediation Institute (IMI). https://imimediation.org/. Zugegriffen: 29. Jan. 2024.

Deutschland

Bundesverband Mediation e. V. (BM). https://www.bmev.de/. Zugegriffen: 29. Jan. 2024.
Centrale für Mediation e.V. (CfM) abgerufen von Centrale für Mediation – Startseite – Rund um das Thema Mediation und professionelles Konfliktmanagement (centrale-fuer-mediation.de). Zugegriffen: 29. Jan. 2024.
Deutsches Forum für Mediation e. V. (DFfM) abgerufen von https://www.deutscher-mediat ionsrat.de/startseite.html. Zugegriffen: 29. Jan. 2024.
Deutsche Gesellschaft für Mediation e. V. (DGM). https://www.dgmediation.de/newpage. Zugegriffen: 29. Jan. 2024.
Verband Mediation Deutschland e. V. (VMD) abgerufen von https://mediation-deutschland. de/verbaende/. Zugegriffen: 29. Jan. 2024.

Österreich

Experts Group Wirtschaftsmediation abgerufen von https://www.wko.at/dienststelle/21812. Zugegriffen: 29. Jan. 2024.
Österreichischer Bundesverband für Mediation (ÖBM) abgerufen von https://www.oebm.at/. Zugegriffen: 29. Jan. 2024.
Österreichisches Netzwerk Mediation (ÖNM) abgerufen von ÖNM – Das Österreichische Netzwerk Mediation (netzwerk-mediation.at). Zugegriffen: 29. Jan. 2024.

Schweiz

Schweizerischer Dachverband Mediation (SDM-FSM) abgerufen von https://www.mediat ion-ch.org/cms3/de/verband/dachverband. Zugegriffen: 29. Jan. 2024.
Schweizerische Jugendstrafprozessordnung (JStPO) AS 2010 1573 idF AS 2024 490

Qualität Im Mediatorensystem

5

Gerhart Conrad Fürst

Zusammenfassung

Die Fähigkeit zur aktiven Gestaltung von Mediationsprozessen entwickelt sich entlang vieler fachlicher und persönlicher Eigenschaften. Manche bekommt man in die Wiege gelegt, andere muss man sich hart erarbeiten. Wo stehe ich in meiner Entwicklung zum*r mediativen Berater*in? Welche Kompetenzen möchte ich noch verstärken? Gibt es Bereiche, die für mich nicht so wichtig erscheinen? Dieses Kapitel beschreibt 21 Kriterien, die einander ergänzen, aber nie ganz kompensieren können. Zwar können Stärken in einer Richtung Schwächen woanders abfedern. Dennoch: Ein bisschen braucht es von jedem. Der individuelle Mix aus Qualitäten macht das persönliche Profil des Mediators bzw. der Mediatorin aus.

5.1 Relevanz der Qualität des Mediatorensystems

Der Fokus dieses Buchs liegt ausschließlich auf der Wirtschaftsmediation, d. h. der Anwendung mediativer Skills in und zwischen Organisationen. Andere Anwendungsgebiete könnten analog mitbetrachtet werden, könnten aber auch andere Kompetenzschwerpunkte erfordern.

Mediation, in unserem Zusammenhang also Wirtschaftsmediation, sollte als gemeinsames Werk von Auftraggeber*innen und Auftragnehmer*innen gesehen

G. C. Fürst (✉)
Trialogis OG, Wien, Österreich
E-Mail: gerhart.fuerst@trialogis.at

I. A. Ennsfellner und G. C. Fürst (Hrsg.), *Exzellente Wirtschaftsmediation*,
https://doi.org/10.1007/978-3-662-69680-4_5

143

werden. Dieser Anspruch stellt die Rollenverteilung in der klassischen Unternehmensberatung infrage. Dass das Mediationsteam das vermeintliche Problem des
Auftraggebers oder der Auftraggeberin löst, ist manchmal der Wunsch, entspricht
aber nicht der Methodik, Denkweise und Haltung in der Mediation. Wir sprechen
von Prozessbegleitung – und diese muss gekonnt durchgeführt werden.

Daher ist anbieterseitig, also vom Mediationsteam, höchste Qualität erforderlich, wenn der gemeinsame Prozess gelingen soll. Das Mediationsteam ist es,
welches das Know-how für die Gestaltung und Führung der Gespräche einbringt.
An den Auftraggeber*innen liegt es, die Lösungssuche inhaltlich zu gestalten.
Und dann müssen auch noch die Rahmenbedingungen passen, damit die Sache
gelingt.

Wenn das Mediationsteam sein Handwerk nicht gut beherrscht, ist den Kunden
wenig gedient. Dann können sie ihren Konflikt vielleicht besser allein lösen.

5.2   Qualitätskriterien im Mediatorensystem

Die Reihenfolge der Qualitätskriterien wurde chronologisch, nach der menschlichen Entwicklung, gewählt. Die Liste ist unvollständig. Eine vollständige Liste
aller Kriterien qualifizierter Mediator*innen müsste bei der Geburt anfangen, die
frühkindliche Entwicklung, die Erziehung, die diversen Bildungswege und weitere Aspekte beschreiben. Das würde den Rahmen dieses Werkes – und wohl
auch die Kompetenz des Autors – überschreiten. Wir beschränken uns daher auf
einige Eckpfeiler des Kompetenzaufbaus, anhand derer sich die oder der Einzelne
orientieren, beschreiben und bewerten kann.

5.2.1   Lebenserfahrung

Jeder Tag in unserem Leben schenkt uns zusätzliche Erkenntnisse über uns selbst
und andere.

Der Anthroposoph Hans van Sassen hat im Rahmen der 2. Trigon-
Coachingwerkstatt 1996 mit 82 Jahren gesagt, sein Leben würde jeden Tag inter-
essanter. Vielleicht hat er dabei auch an die täglich steigende Lebenserfahrung
gedacht.

Frauen sammeln andere Erfahrungen als Männer. Jüngere verarbeiten diese
Geschenke des Lebens anders als Ältere. Das zeitweilige Leben in einem anderen
Kulturkreis kann den Blick auf Unterschiede in Mentalität oder Religion weiten
und das Verständnis für das Anderssein fördern. Jeder Mensch sammelt auf seine

eigene Art Lebenserfahrung und stärkt damit die individuelle soziale Kompetenz. Diese ist ein nützlicher Baustein in der Qualifizierung zur Mediatorin oder zum Mediator.

So sieht beispielsweise das österreichische Zivilrechts-Mediations-Gesetz (öZivMediatG, 2003) als Kriterium für die Eintragung in die Liste der Mediatoren beim Bundesministerium für Justiz u. a. das Erreichen des 28. Lebensjahres vor. Dies begründet sich aus der Befähigung, mit der Eintragung praktisch in allen Anwendungsgebieten der Mediation tätig sein zu können, insbesondere auch im gerichtsanhängigen oder justiziablen Bereich.

Lebenserfahrung kann nicht objektiviert werden. Sie ist ein individuelles Gut, welches in die Mediationspraxis unterschiedlich einfließt.

5.2.2 Selbsterfahrung

Manche Kolleginnen und Kollegen fanden ihren Weg in den Mediationsberuf aufgrund eigener tiefgehender Konflikterlebnisse wie etwa eigener Scheidung, Kündigung am Arbeitsplatz oder anderer zivilrechtlicher Streitigkeiten. Diese Erfahrungen könnten das Interesse an Konflikten fördern bzw. den Zugang zu Konflikten verändern. Berührungsängste werden möglicherweise abgebaut, die Streitfähigkeit gefördert. Damit hält man auch den Streit zwischen Parteien besser aus – eine wesentliche Voraussetzung, um in eskalierten Situationen einen kühlen Kopf zu bewahren.

Umgang mit Emotionen

Als Beispiel für emotional belastete Situationen gilt folgender Praxisfall: Drei Abteilungsleiter – zwei Männer und eine Frau – sitzen in der Mediation. Auftraggeber ist der gemeinsame Vorgesetzte, der an der Mediation aber nicht teilnimmt, weil er den Konflikt ausschließlich zwischen den dreien sieht. Streitthema ist die zugesagte aber wegen des anstehenden Konflikts verweigerte Beförderung einer der drei Personen zum Primus inter Pares. Zu Beginn der dritten Sitzung wird dem Mediationsteam mitgeteilt, dass die Frau die Lebenspartnerin des gemeinsamen Vorgesetzten ist. Als der Zusammenhang zwischen der privaten Beziehung und dem Konfliktthema sichtbar wird, bricht der betroffene enttäuschte Abteilungsleiter von einer Sekunde auf die andere in Tränen aus. Minutenlang kann er sich nicht fassen. Der frisch ausgebildete und noch wenig erfahrene Mediator ist von der Situation etwas überfahren. Seine Co-Mediatorin ist praktizierende Psychotherapeutin und daher an emotionale

Ausbrüche gewöhnt. Sie übernimmt die Führung und tut – nichts. Aufgrund ihrer Erfahrung lässt sie das Ereignis wirken.◄

Eine weitere wichtige Selbsterfahrung ist die eigene Teilnahme an Mediationen als Beteiligte*r. Ein Arzt muss manchmal Schmerzen verursachen. Wer diese Schmerzen aus eigener Erfahrung kennt, wird empathischer, vielleicht vorsichtiger vorgehen. Ähnlich verhält es sich in der Mediation. Das Wissen um die psychische und physische Belastung einer Konfliktsituation, das Erleben, durch eine Mediation geführt zu werden, wie es sich anfühlt, in Ich-Botschaften dem „ach so gefürchteten/verachteten/gehassten Gegenüber" seine Interessen erklären zu müssen, oder die Qual, diesem zuhören zu müssen und Dinge zu erfahren, die man lieber gar nicht hören will, sind wichtige Lernmomente für die eigene Tätigkeit als Mediator*in.

Die Mediationsausbildung gemäß der Ausbildungsverordnung zum österreichischen Zivilrechts-Mediations-Gesetz (öZivMediatG, 2003) beinhaltet 40 Lehreinheiten Selbsterfahrung, jene für die begünstigten Berufsgruppen 20 Lehreinheiten.[1] Damit soll vor allem der eigene Zugang zu und Umgang mit Konflikten reflektiert werden. Näheres dazu findet sich im Kap. 4 über rechtliche Aspekte.

5.2.3   Soziale Kompetenz

Wer im Lauf des Lebens ein gutes Gespür für andere Menschen entwickelt, rasch deren Befindlichkeit in einer bestimmten Situation erkennt und darauf angemessen reagiert, wird sich auch als Mediator*in leichttun, Konfliktsituationen gekonnt zu begegnen, passende Interventionen zu setzen und durch seine Persönlichkeit Akzeptanz zu finden. Soziale Kompetenz ist keine Frage des Alters, der Bildung oder der Intelligenz. Sie entwickelt sich u. a. im persönlichen sozialen Umfeld, in der Familie, dem Arbeitsumfeld oder im Sportverein. Auch die Erziehung und der damit verbundene Freiraum, sich persönlich zu entfalten, spielt eine Rolle.

Soziale Kompetenz wird u. a. mit drei Aspekten beleuchtet:

- der gesellschaftlichen Kompetenz,
- der komplexen Fähigkeit, erfolgreich zwischenmenschliche Beziehungen zu gestalten,

---

[1] Die Ausbildungsverordnung des öZivMediatG sieht für einige juristische, wirtschaftliche, psychosoziale und technische Berufsgruppen ein reduziertes Ausbildungsvolumen vor.

• den sozialen Aktivitäten in einzelnen Lebensbereichen.

Erkennbar wird soziale Kompetenz durch Durchsetzungsfähigkeit, Anpassungs-
fähigkeit und den Kompromiss zwischen Anpassung und Durchsetzung (Reißig,
2007).

Gerade die komplexe Fähigkeit, zwischenmenschliche Beziehungen zu gestalten, beschreibt eine besonders wichtige, wenn nicht die zentrale Voraussetzung,
um Mediationen zu leiten.

5.2.4 Empathie und Perspektivübernahme

Der Begriff Empathie (altgriechisch für „Leidenschaft") wird in der Literatur
vielfach behandelt. Theodor Lipps hat ihn mit der „Gabe, die Emotionen der
Mitmenschen nachzufühlen und sich vorstellen zu können, was sie denken oder
empfinden" beschrieben (Luerweg, 2024). In der Mediation fragen wir uns, was
wir nun mit dieser Gabe tun, wie wir sie dem Verfahren nützlich machen können.
Dazu sprechen Forscher des Max-Planck-Instituts für Kognitions- und Neuro-
wissenschaften von der Perspektivübernahme (Schurz & Radua, 2020). Zuerst
brauchen wir also das Empfinden für die Situation eines Menschen, danach die
Fähigkeit, angemessen zu reagieren. Auf der Kommunikationsebene wird dies
z. B. durch das Paraphrasieren umgesetzt, indem wir der betroffenen Person etwas
mitteilen, was wir verstanden haben. Bestätigt sie unsere Annahme, wissen wir,
dass wir ihre Bedürfnisse richtig eingeschätzt haben. Diese Form der bewussten
Rückmeldung sichert nicht nur das richtige Verstehen des Gesagten. Gleichzeitig
wird auch Empathie und Wertschätzung für den Inhalt übermittelt.

5.2.5 Erfahrung aus Herkunftsberufen

Als die Wirtschaftsmediation Ende der 1990er-Jahre in Österreich ein Thema
wurde, gründeten sich rasch einige berufsgruppenspezifische Mediationsvereine,
welche zum Teil bis heute von den Standesvertretungen (Kammern) dieser
Berufsgruppe gefördert werden. Weitere Informationen finden sich im Kap. 11
über Trends. Dem lag der Anspruch zugrunde, dass Mediation ein klassischer
Bestandteil des jeweiligen Herkunftsberufes ist. Diese Ansicht ist diskussions-
würdig, wurde auch viel diskutiert (zumal damit auch ein gewisses Konkurrenz-
empfinden zwischen den Standesvertretungen verbunden war) und inzwischen

teilweise wieder verworfen. Die Vereine gibt es nach wie vor. Die Erwartungen ihrer jeweiligen Kammern richten sich auf die Sicherung der Mediation als Bestandteil des jeweiligen Berufsbildes.

Welche zusätzlichen Erfahrungen können aus Herkunftsberufen in die Mediationstätigkeit einfließen? Die Ausbildungsverordnung des österreichischen Zivilrechts-Mediations-Gesetzes (öZivMediatG, 2003) schreibt einigen Berufsgruppen Vorqualifikationen zu, die ihnen den Vorteil eines um immerhin 40 % reduzierten Ausbildungsvolumens eröffnen. Diese Ausnahmeregelungen werden auch kritisch gesehen. Ein gewisses Verständnis von Konfliktsystemen oder soziale Kompetenzen mögen eine Zusatzqualifikation darstellen. Einzelnen Berufsgruppen gesamtheitlich eine besondere Fähigkeit zuzuschreiben, aufgrund derer sie weniger Ausbildungsbedarf haben, kann wohl kaum argumentiert werden. Gerade der Wechsel von der parteilichen Beratung in die allparteiliche Führung einer Mediation erscheint vielen eher als Hemmnis, denn als Ressource.

Die Kompetenz, inhaltliche Zusammenhänge rund um den Streitgegenstand rascher erfassen zu können, stellt ein weiteres Argument für den Nutzen von Berufserfahrung dar. Diese muss aber immer in Zusammenhang mit der jeweiligen Feldkompetenz – etwa im Steuerrecht, in der Organisationsberatung, aufgrund technischer oder juristischer Schwerpunkte – gesehen werden.

Schnittstelle Herkunftsberufe und Mediation

Einige Berufsgruppen haben Mediation bereits in ihr standesrechtliches Berufsbild aufgenommen. Der Fachverband Unternehmensberatung, Buchhaltung und Informationstechnologie der Wirtschaftskammer Österreich (2023, S. 15) sieht u. a. folgende mediative Tätigkeiten als Teil des Portfolios der Unternehmensberatung:

- Mediative Begleitung und Unterstützung in allen unternehmensinternen Konflikten zwischen Einzelpersonen, Gruppen, Abteilungen und bei auf Ausgrenzung abzielenden Verhaltensweisen (z. B. Mobbing),
- Mediative Begleitung und Unterstützung in grundsätzlichen Strukturfragen, wie z. B. Unternehmensnachfolge, Kooperationen und Fusionen,
- Präventive Maßnahmen der Konfliktbearbeitung,
- Etablierung einer konstruktiven Konflikt- und Streitkultur.◄

5.2.6 Ausbildung in Mediation

Viele Menschen verfügen über ein Basiswissen in Mediation aus Vorträgen, Kurz-
seminaren oder aus der Literatur. Damit wissen sie grundlegend, was Mediation
ist. Nach der Teilnahme an einem Einführungsseminar können sie die Methode
erklären und sind in der Lage, das eine oder andere Tool anzuwenden.

Erst der Abschluss einer qualifizierten Mediationsausbildung befähigt zur Ausübung des Berufs im Sinn des aktuellen österreichischen Zivilrechts-Mediations-
Gesetzes (öZivMediatG, 2003). Bis zu dessen Inkrafttreten und der damit
verbundenen Ausbildungsverordnung wurden in Österreich Grundausbildungen
in Mediation im Ausmaß von meist 200 Lehreinheiten angeboten. Diese befähigten zur Ausübung der Mediation in verschiedenen Anwendungsgebieten, zuerst
vorrangig im Bereich Familie und Scheidung.

Mit Beschluss des österreichischen Zivilrechts-Mediations-Gesetzes wurde in
der Ausbildungsverordnung das Ausmaß der vollen Mediationsausbildung mit
365 Lehreinheiten à 45 min neu festgelegt. Einen reduzierten Ausbildungs-
plan gibt es für vier Berufsgruppen. Es sind dies eine juristische, eine wirt-
schaftswissenschaftliche, eine ziviltechnische Berufsgruppe sowie eine Gruppe
psychosozialer Grundberufe. Für sie liegt das Ausbildungsvolumen bei 220
Lehreinheiten.

Die Absolvierung der Ausbildung sowie weitere formelle Zugangskriterien[2]
ermöglichen die Eintragung in die Liste der Mediatoren beim Bundesministerium
für Justiz. Diese berechtigt zur Führung der Berufsbezeichnung „eingetragener
Mediator" bzw. „eingetragene Mediatorin". Die Bezeichnung „Mediator" oder
„Mediatorin" allein ist hingegen nicht geschützt.

Mit der Ausbildung soll die Befähigung erlangt werden, eine Mediation allein
oder im Team mit einer Kollegin oder einem Kollegen auszuführen.

Das öZivMediatG verlangt von eingetragenen Mediatorinnen und Mediatoren
darüber hinaus Weiterbildungen im Ausmaß von 50 Lehreinheiten alle 5 Jahre,
um eine Verlängerung der Eintragung zu sichern. Näheres auch dazu findet sich
im Kap. 4 über rechtliche Aspekte.

---

[2] Erreichen des 28. Lebensjahres, Vorlegen einer Strafregisterbescheinigung, Abschluss einer
Haftpflichtversicherung.

5.2.7 Weiterbildung in Wirtschaftsmediation

Lange Zeit wurden Weiterbildungen in Mediation vorwiegend von Personen durchgeführt, die Erfahrungen in der Familienmediation hatten. Seit einiger Zeit werden sie auch von praktizierenden Wirtschaftsmediatorinnen und -mediatoren angeboten. Auf jeden Fall empfiehlt es sich, nach der Grundausbildung und im Rahmen der gesetzlich vorgeschriebenen Weiterbildungen den Fokus auf wirtschaftsrelevante Themen und mediative Dienstleistungen zu legen. Die Arbeit mit großen Gruppen, systemische Ansätze aus der Organisationsentwicklung, Konfliktcoaching oder die Mediation handelsgerichtsanhängiger Verfahren sind Beispiele dafür.

Die Kenntnis organisatorischer Strukturen in einem Unternehmen oder das eigene Erleben sozialer Strukturen – und somit auch von Konfliktsituationen – tragen dazu bei, sich in die Situation von Kund*innen schneller einfühlen zu können. Eine Assoziation mit selbst erlebten Konfliktsituationen kann die Mediationstätigkeit allerdings auch behindern, wenn man automatisch in inhaltliches Lösungsdenken verfällt, statt dieses den Kunden zu überlassen. Denn das ist deren Aufgabe. Jedoch: Eine Einschränkung erfährt diese Aussage in der Phase der Optionensuche, in der das Mediationsteam das Brainstorming kreativ unterstützen darf.

Außerdem fördert die Erfahrung aus wirtschaftsnahen Berufen das Verständnis für Wirtschaftsmediation. Diese kann aus der Tätigkeit in einer Organisation stammen oder auch aus externen beratenden Funktionen in der Unternehmensberatung, der Steuerberatung, dem Wirtschaftstreuhandwesen oder von rechtlichen Berufen.

Nutzen der Ausbildung im Herkunftsberuf

Sehr berührend war der Bericht eines Notars, als er zum letzten Modul der Ausbildung bei der ARGE Wirtschaftsmediation (heute Trialogis) im Jahr 2000 erschien. „Stell Dir vor, als ich vom vorigen Modul nach Hause kam und am Montag darauf die ersten Kund*innen zu mir kamen, habe ich den Nutzen der Mediationsausbildung gespürt. Ich habe anders zugehört, habe andere Fragen gestellt, habe viel mehr über die Interessen und Bedürfnisse meiner Kunden erfahren und konnte ihnen daher eine viel passgenauere juristische Lösung anbieten. Ich bin ein besserer Notar geworden." Das ist vielleicht ein Einzelfall. Aber wir hören Ähnliches auch aus anderen Berufssparten.

Klar ist, dass jemand, der ausschließlich Wirtschaftsmediation betreibt, mehr spezifische Berufserfahrung sammelt als in der
„Nebenerwerbsmediation".◄

5.2.8 Haltung

Mediation wird oft als eine Haltung beschrieben. Der Duden (2024) beschreibt
Haltung als „innere (Grund)einstellung, die jemandes Denken und Handeln
prägt". Damit wird die innere Einstellung zur Mediationstätigkeit in den Vordergrund gestellt.

Haltung beschreiben wir in der Mediation und somit auch im Spezialge-
biet Wirtschaftsmediation u. a. mit Neutralität, Lösungsoffenheit, Allparteilichkeit
oder balancierter Parteilichkeit, Interesselosigkeit in Bezug auf inhaltliche Ergebnisse oder Wertschätzung anderer Menschen, vor allem den Kundinnen und
Kunden gegenüber.

Diese Beschreibung ist gut mit der prozessbegleitenden Tätigkeit verein-
bar. Die Kompatibilität mit streitgegenständlicher Kompetenz wird im unteren
Abschnitt über Mediation versus Schlichtung angesprochen.

5.2.9 Methodenklarheit

Durch frühere oder zeitgleiche berufliche Tätigkeiten verfügen Mediator*innen
oft über Kompetenzen, mit denen sie ihre Arbeit methodisch ergänzen. Sachverständige könnten z. B. in ihrem Fachgebiet auch Mediation anbieten.
Anwält*innen könnten in ihrem spezifischen Fachgebiet Mediation als Alternative zur gerichtlichen Auseinandersetzung entdecken. Richter*innen ergänzen
ihre Kompetenzen nicht nur im Beruf, sondern wechseln immer öfter nach
ihrer Pensionierung in die Mediation. Und viele freiberufliche Wirtschaftsmediator*innen kommen ursprünglich aus der Unternehmensberatung, Psychotherapie
oder Steuerberatung sowie Wirtschaftstreuhandwesen.

Durch den Einfluss ergänzender Erfahrungen bildet sich der persönliche
Mediationsstil aus. Dies stellt eine Bereicherung der Kompetenzen dar. Dabei
ist nur wichtig, in der Methodik klar und transparent zu bleiben.

Eine besondere Bedeutung kommt der Unterscheidung von Mediation und
Schlichtung zu. Mediator*innen verzichten klassischerweise auf inhaltliches Wissen über den Streitgegenstand. Ihre Qualifikation liegt in der Prozessgestaltung
und lösungsorientierten Gesprächsführung.

Wenn sie inhaltliches Know-how in ihre Arbeit einfließen lassen, nähern sie sich methodisch der Schlichtung. Das sollten sie transparent machen, weil sie damit in der Lösungssuche u. U. nicht mehr neutral sind.

Die österreichische Mediationspraxis geht mehrheitlich davon aus, dass es nicht Sache der Mediatorinnen und Mediatoren ist, in der Streitsache fachliche Kompetenz zu besitzen. Das Handwerk der Mediation besteht in der Gestaltung des Mediationsprozesses, der Führung der Gespräche und dem Projektmanagement (Besemer, 2003).

Muss der Mediator bzw. die Mediatorin mit dem Fachgebiet der Kund*innen vertraut sein? Manche Kund*innen scheinen das zu erwarten. Dahinter stecken vor allem zwei Bedürfnisse:

1. Die Hoffnung, das Mediationsteam möge die Lösungsfindung mit seiner Feldkompetenz beeinflussen oder zumindest beschleunigen und,
2. wenn das schon nicht der Fall ist, so soll es zumindest rasch verstehen, worum es geht.

▶ **Kompetenzen des Mediationsteams**

In der Praxis der Wirtschaftsmediation, insbesondere in Auseinandersetzungen zwischen Organisationen, gibt es folgende Erkenntnisse:

Das Wesen der Mediation und die Rolle des Mediationsteams müssen erklärt werden. Vielen Kundinnen und Kunden (und auch deren Rechtsberatungen) fehlen anfangs Bilder, was Mediation ist und wie sie funktioniert. Manchen schwebt zu Beginn die Sehnsucht nach der – Schutz und Sicherheit gebenden – dritten Person vor, die sie verstehen und ihnen letztlich Recht geben wird. Bei dieser Rollenklärung ist die fehlende inhaltliche Kompetenz ein wirksames Argument. Der These, dass Mediator*innen selbst nicht nur Experten des Konflikts, sondern auch der Lösungsfindung sein können, sind die meisten Kunden dann aber doch recht schnell zugänglich.

Das im Sachinhalt des Konfliktes kompetente Mediationsteam wird sich zurückhalten müssen, um nicht den Verlockungen des eigenen Lösungsdenkens zu verfallen. Im Extremfall könnte damit sogar die Umsetzung der eigenen Lösungsideen erwartet werden. Die Distanz zum Konflikt ist genauso wichtig wie die Interesselosigkeit in Bezug auf die Lösung. Eine Ausnahme stellt die Phase der Optionenentwicklung in der Mediation dar. Dort darf das Mediationsteam mithelfen, kreative Ideen zu finden, die zu einer Lösung beitragen könnten. Es wird auf diese Möglichkeit vor allem dann zurückgreifen, wenn sich die Kunden schwertun, eigene Vorschläge zu machen. Verständlich hingegen erscheint der Wunsch der Kundinnen und Kunden, dass das Mediationsteam ihr Problem schnell erfasst und sie nicht viele Stunden dafür aufwenden müssen, Sachverhalte und Konfliktursachen zu erklären. Zu dieser Frage hat Helmut Peltz (2002) den sehr treffenden Begriff der Verständniskompetenz gefunden. Im äußersten Bedarfsfall bietet sich die Variante an, dass ein Mitglied des Mediationsteams Sachkompetenz einbringt und das andere für die unbedarften Fragen verantwortlich ist (siehe Abschn. 5.2.11).

Trennung von inhaltlichem Fachwissen und mediativer Prozesskompetenz

Das als die weltgrößte Mediation beschriebene Verfahren am Flughafen Wien 2000 bis 2005 wurde von einem dreiköpfigen Mediationsteam geleitet (Falk et al., 2006). Dessen berufliche Herkünfte waren Politologie, Chemie und Betriebswirtschaft. Keiner hatte fachliche Kenntnisse z. B. über flugtechnische Fragen, Luftmessungsverfahren, Botanik oder Lärmschutzmaßnahmen. Es waren vielmehr das Großgruppenverfahren mit bis zu 100 Anspruchsgruppen, Sitzungen mit bis zu 60 Teilnehmenden und 100.000en Betroffenen im Umfeld zu managen. Es war gerade Aufgabe des Mediationsteams, „Anwält*innen des Nichtwissens" zu sein, d. h. unzählige Verständnisfragen im Interesse jener zu stellen, die ebenfalls völlig uninformiert vor den ökologischen, ökonomischen und sozialen Fragen standen. Die zum Teil fehlende Expertise wurde von einer wissenschaftlichen Begleitung, quasi Sachverständigen, eingebracht, die vom Mediationsforum, also allen beteiligten Interessengruppen, gemeinsam ausgesucht worden war. Deren Aufgabe war u. a. die Datenbeschaffung und neutrale Berechnung von Lösungsszenarien.

Etwas anders verhielt es sich bei einem der größten öffentlichen Bauverfahren der letzten Jahre, in Österreich bei dem es um die Klärung von Differenzen zwischen Bauherren und Generalplanung ging. Das bestellte Mediationsteam stellte klar, dass es über keine bautechnischen Kenntnisse verfügt. Die Kund*innen wiesen auf die äußerste Komplexität und Spezialität der Baustelle hin und meinten, dass auch ein „normaler Bauingenieur" hier fachlich überfordert wäre. Man wolle vielmehr auf die langjährige Erfahrung des Teams mit Mediation setzen. Um die Frage einer allfälligen Verständniskompetenz abzusichern, ergänzte eine Architektin und Mediatorin das Mediationsteam und beriet es bei Bedarf in Sachfragen.◄

Wie die angeführten Praxisfälle zeigen, verzichtet die Mediation klassischerweise auf inhaltliche Kompetenzen im Mediationsteam. Was ist denn so reizvoll daran, dass die Lösungsverantwortung vollständig bei den Kund*innen liegt? Wir sehen den wichtigsten Vorteil in der größeren Umsetzungschance. Je mehr sich die Konfliktbeteiligten selbst und gemeinsam um eine Lösung bemühen, umso höher wird die Qualität des Ergebnisses sein. Und umso größer sind die Chancen, dass dieses auch umgesetzt wird. Man sollte nicht die Lösungskompetenz des Kundensystems unterschätzen. Es ist eine der wichtigsten Ressourcen für erfolgreiche Mediationen.

Methodisch anders sehen wir die Frage fachlicher Kompetenz in der Schlichtung. Hier spielt die Expertise zum Konfliktthema sehr wohl eine Rolle. Die Schlichtung setzt bei der Lösungssuche sowohl Elemente der Kommunikation als auch Feldkompetenz seitens der Schlichtenden ein. Der daraus resultierende Mix aus Klärung und Beratung kann in manchen Fällen schneller zu einem Ergebnis führen als eine Mediation – dies jedoch auf Kosten der Kundenautonomie, d. h. der selbstverantworteten gemeinsamen Lösungssuche aller Beteiligten, was in der Regel eine höhere Umsetzungswahrscheinlichkeit bedeutet.

Vorsicht: Der Begriff Schlichtung ist mehrdeutig, und zwar z. B. in Zusammenhang mit Mietangelegenheiten. Die im Mietrechtsgesetz (MRG 1981) so bezeichneten „Schlichtungsstellen" haben Entscheidungskompetenz. Dagegen sind echte „Schlichtungsstellen" jene nach dem Alternative-Streitbeilegungs-Gesetz (AStG 2015) (Verbraucherschlichtungsstellen).

So wie in der Unternehmensberatung können wir in der Mediation die Kriterien Information, Kommunikation, Offenheit, Empathie und Konstruktivität als Qualitätskriterien untersuchen. Wenn das Kundensystem ernsthaft an einer Veränderung der Situation interessiert ist, so wird es offen und voll Vertrauen alle Informationen, die zur Bewältigung einer Konfliktsituation von Bedeutung sind, dem Mediationsteam zur Verfügung stellen. Warum sollte es das auch nicht tun? Welchen Nutzen hätte es von einer mangelhaften Transparenz?

Dennoch beobachten wir immer wieder unterschiedliches Verhalten in Bezug auf Offenheit auf den verschiedenen Ebenen einer Auftraggeber*innen-Organisation. Manchmal kommt der Veränderungswille aus der operativen Ebene, den Teams, und die Vorgesetzten verhalten sich zögerlich in Bezug auf die Zusammenarbeit mit dem Mediationsteam. Wenn man deren Beweggründen nachgeht, so stellt sich oft schlichtweg Angst als Antreiberin heraus. Manche Führungskräfte sind geprägt vom Wissen um ihr Unvermögen, z. B. Teams effizient zu leiten oder die Arbeit ihrer Abteilung zu organisieren, und haben im Hintergrund ihre private Situation mit allen Facetten wie Einkommensdruck, unsicherer Chance am Arbeitsmarkt, Verunsicherung durch den Verlust technischen

Know-hows etc. Oft kommen auch entwicklungsbedingte Prägungen dazu oder das Wegfallen einer schützenden Kraft (Protektionismus).

Umgekehrt tritt auch bisweilen die Situation auf, dass Führungskräfte die Veränderung wünschen und vorantreiben, einen klaren Auftrag erteilen und mit den externen Berater*innen kooperieren wollen, aber die Mitarbeitenden verunsichert sind und sich auf den Prozess nur schwer einlassen.

In beiden Fällen ist das Mediationsteam gefordert, sich mit Empathie und Konstruktivität der Aufgabenstellung zu nähern, einen vertrauensvollen Rahmen für die ersten Gespräche herzustellen, Verschwiegenheit über das Gehörte zuzusichern und sich auf diese Art langsam ein Bild von der Situation zu machen.

Wenn es dann gelingt, die unerwünschten Symptome eines Konflikts als etwas völlig Natürliches und Normales darzustellen, von jeglichen Schuldgedanken Abstand zu nehmen und konstruktive Lösungswege aufzuzeigen, aus denen keine Person beschädigt hervorgeht, so kann man von gelungener Prozessgestaltung ausgehen. Die „Chemie" zwischen Mediatorensystem und Kundensystem passt.

Die hier angesprochene Erlangung des inneren Auftrages stellt die Basis für eine gute Zusammenarbeit dar. Weitere Kriterien nach der Auftragsklärung sind die Erstellung eines nachvollziehbaren Angebots, eine Verhandlung der Konditionen und die Akzeptanz mediativer Rahmenbedingungen wie z. B. die Akzeptanz von Vertraulichkeit in Bezug auf Informationen aller Beteiligter an das Mediationsteam.

5.2.10 Umgang mit Vorab-Informationen

Zu einer gelingenden Mediation gehört eine entsprechende Vorbereitung. Diese muss auf methodischer und kann (!) auf fachlicher Ebene stattfinden. Bei wiederholter Arbeit im selben Anwendungsgebiet wie etwa der Scheidungsmediation werden routinierte Mediationsteams, die außerdem schon oft zusammengearbeitet haben, relativ wenig Zeit brauchen, um sich vor den Sitzungen abzustimmen. Ähnliches gilt vielleicht auch bei typischen Zwei-Personen-Konflikten in Organisationen. Dennoch wird ein Mindestmaß an Informationen schon vorab zur Verfügung stehen – umso mehr, wenn man das will.

Nun ist der Umgang mit Vorab-Informationen sehr unterschiedlich.

In der Wirtschaftsmediation wollen manche Mediationsteams die Vorgeschichte des Konflikts möglichst genau kennen. Oder sie brauchen ein Bild von der Organisation, ihrer Struktur, ihren Produkten oder Dienstleistungen. Der Blick auf die Website ist für viele selbstverständlich. Bei gerichtsanhängigen Verfahren sehen sich z. B. juristisch ausgebildete Kolleginnen oder Kollegen gerne den Gerichtsakt an, sofern das Gericht ihn zur Verfügung stellt.

Ein anderer Zugang zur Mediation ist die ausschließliche Arbeit mit jenen Informationen, die von den Kunden in der Mediation zur Verfügung gestellt werden.

Die Arbeitsweise hängt von den Gewohnheiten und Bedürfnissen des Mediationsteams ab. Wer viel Sicherheit in seiner Vorbereitung braucht, wird sich mehr Informationen vorneweg holen als jemand, der sich völlig unvoreingenommen in das Arbeitssetting begibt, um dort spontan mit den sich anbietenden Informationen arbeiten zu können.

Mögliche Informationen sind:

* Strukturell – Organigramme, Tätigkeitsfelder, Produktinformationen, (Dienst-) Alter, Stammbäume von Unternehmerfamilien
* Kommunikativ – Vorkorrespondenzen, bisherige Versuche zur Konfliktlösung
* Juristisch – Gerichtsakte, Schriftsätze, Anwaltskorrespondenzen etc.

Wer die spontane Dynamik nicht schätzt und lieber kontrollierend vorgeht, wird eventuell Einzelvorgespräche führen und sich von den einzelnen Beteiligten (bzw. Interessensgruppen) deren jeweilige Sicht der Dinge schildern lassen. Dies ergibt oft einen guten Überblick, die Informationen ergänzen einander und man findet erste Anhaltspunkte über die Konfliktdynamik.

Getrennt geführte Einzelvorgespräche bedeuten innerhalb des Mediationsteams zwar einen gewissen Rückbindungsaufwand, bieten aber auch die Chance, die Vorbereitung der Mediation auf ein breiteres Fundament zu stellen. Wenn man die Konfliktanalyse vor der Planung des Mediationsprozesses abschließt, ermöglicht dies eine größere Treffsicherheit. Es hat sich in unserer Arbeit bewährt, erst nach der Konfliktanalyse ein definitives Angebot für die Mediation zu erstellen.

5.2.11 Feldkompetenz und Verständniskompetenz

Sowohl die Kompetenzen aus einem Herkunftsberuf als auch die Auswahl von Weiterbildungen verleiten zur Frage, ob man in der Wirtschaftsmediation nicht doch auch über inhaltliche Kompetenzen verfügen sollte. Mit inhaltlicher Kompetenz oder Feldkompetenz wird das Wissen und die Lösungskompetenz in Bezug auf den Streitgegenstand des Kundensystems bezeichnet.

Die Aufgabe der Mediation in ihrer ursprünglichen Definition liegt in der Unterstützung der Kund*innen bei deren autonomer Lösungssuche. Das österreichische Zivilrechts-Mediations-Gesetz (öZivMediatG, 2003) sieht vor, dass der/ die Mediator*in „mit anerkannten Methoden die Kommunikation zwischen den Parteien systematisch mit dem Ziel fördert, eine von den Parteien selbst verantwortete Lösung ihres Konfliktes zu ermöglichen." Eine Kompetenz im Sinn der inhaltlichen Lösungssuche ist hier also nicht angesprochen.

Eine bewusst gewollte und gesetzlich verankerte Ausnahme stellt die geförderte Familienmediation dar, bei der ausdrücklich ein Mediationsteam mit je einem juristisch geschulten und einem psychosozial geschulten Mitglied vorgesehen ist. Dieses soll zusätzlich zur Förderung der Kommunikation zwischen den Streitpaaren auch juristische Fragen beantworten können sowie psychosoziale Elemente in seine Tätigkeit einfließen lassen.

Die internationale Literatur fasst den Mediationsbegriff etwas weiter. So finden wir z. B. bei Nadja Alexander (2004) diverse Mediationsstile mit unterschiedlichem Zugang zu inhaltlichen Positionierungen (siehe dazu näher Kap. 11). In der österreichischen Wirtschaftsmediation hat sich auf jeden Fall die Methodik der Prozessbegleitung – in klarer Abgrenzung zur Schlichtung – etabliert. Schlichtung setzt inhaltliche Kompetenz über den Streitgegenstand voraus, Mediation nicht. Schlichter*innen können inhaltliche Lösungen bewerten bzw. beraten ihre Kund*innen bei Lösungsentscheidungen. Mediator*innen tun dies nicht, denn sie überlassen die Lösungssuche den Kund*innen. Sollten gesetzeswidrige oder unmoralische Lösungen in Betracht kommen, so müsste das Mediationsteam auf jeden Fall die Zuziehung von einem Expertenrat einfordern.

Verzicht auf Feldkompetenz

Der amerikanische Mediator John Haynes (1932–1999), den einige von uns noch als Trainer und Vortragenden bei Kongressen erleben konnten, berichtete beim Mediationskongress an der Universität Klagenfurt 1997 von einem Autobauer und einem Motorenhersteller, die wegen eines technischen Konflikts zur Mediation erschienen waren. Ihre erste Frage an den Mediator war, ob er sich ohnehin gut mit Motoren auskenne. Haynes antwortete: „Ich habe ein Auto und nachdem es fährt, vermute ich, dass da vorn ein Motor drin ist. Aber ehrlich gesagt, nachgesehen habe ich noch nie." Die Kund*innen waren überrascht. Da sie aber weit angereist waren, blieben sie. Nach drei Stunden hatten sie mithilfe des „ahnungslosen Mediators" ihren Konflikt geklärt.◄

5.2.12 Methodenvielfalt und Ergänzungspotenziale

Aufbauend auf einem starken Fundament aus Lebens- und Berufserfahrung sowie grundlegenden und weiterführenden Mediationsausbildungen verfügen viele Kolleginnen und Kollegen auch über Tools aus anderen Beratungsmethoden. Diese können in einer bestimmten Arbeitssituation eine Ergänzung darstellen. Es ist immer wieder interessant zu erleben, wie rasch eine kurze Aufstellung als Intervention Klarheit schaffen kann, wie erleichternd es für internationale Kund*innen sein kann, wenn das Mediationsteam ihr Land, ihre Lebensumstände, ihre Mentalität näher kennt oder wie rasch gemeinsame Drittsprachen Beziehung herstellen können. Ein ergänzendes Repertoire prägt den persönlichen, einzigartigen Arbeitsstil, der aber auch nicht für alle Kund*innen passen muss. Oft wird das „solide, pure Handwerk" der klassischen Mediation viel mehr geschätzt.

Sollte sich herausstellen, dass für die Fragestellung der Kund*innen nicht Mediation allein das geeignete Mittel ist und noch anderer Unterstützungsbedarf besteht, so können benachbarte Disziplinen herangezogen werden, wenn diese vom Mediationsteam abgedeckt werden.

Ergänzungspotenziale und Rollenklarheit

Eine besondere Belastungssituation kann vielleicht zunächst psychotherapeutisch unterstützt werden, ehe die Handlungsautonomie (wieder) gegeben ist. Ein strukturelles Problem in einem Unternehmen kann bei Bedarf zuerst durch Organisationsberatung gelöst werden. Der Mediator bzw. die Mediatorin kann, wenn er oder sie auch Notar*in ist, bei der Änderung des Gesellschaftsvertrages nach einer abgeschlossenen Mediation behilflich sein.

In allen Fällen ist es wichtig, eine Verwechslung der Rollen zu vermeiden. Den Parteien muss immer klar sein, in welcher Rolle die Externen gerade arbeiten.◄

Die thematischen Möglichkeiten, eine Grundausbildung zu ergänzen, um in Wirtschaftsmediation sicherer und kompetenter zu werden, sind vielfältig. Es geht dabei um die Methodik, nicht um materielles Wissen in Zusammenhang mit Konfliktthemen. Damit meinen wir z. B. Weiterbildungsthemen in den Bereichen Psychologie, Selbsterfahrung, Gesprächsführung, Kommunikationstechniken wie Moderation oder Tools der Online-Kommunikation. Auch Fertigkeiten in einem digitalen Rechenprogramm (z. B. für Vorteilhaftigkeitsvergleiche) oder Projektmanagement (bei Großgruppen-Mediationen) haben sich schon als hilfreich erwiesen.

5.2.13 Wissensmanagement

Das Angebot für Mediation allgemein und vor allem für Wirtschaftsmediation erfolgt in Österreich zum größten Teil durch Einzelunternehmerinnen und Einzelunternehmer (EPU), die mit anderen Mediator*innen projektabhängig Kooperationen zur Co-Mediation eingehen. Die erprobteste Struktur auf Angebotsseite ist ein Mediationsteam von zwei Personen, die einander ergänzen und unterstützen. Die Co-Mediator*innen befinden sich meist in Netzwerken, zu denen sich die Einzelnen mehr oder weniger strukturiert zusammengefunden haben. Der Austausch in diesen Netzwerken erfolgt über gemeinsame Ausbildungen, kollegiale Beratung (Intervision, Supervision) sowie über Arbeitsgruppen im Rahmen von Vereinen und Interessensvertretungen (siehe dazu auch Kap. 11).

Ein wichtiger Teil der Qualitätssicherung in der Mediation ist die Vernetzung mit Kolleginnen und Kollegen. Auch die routinierteste Mediatorin und der erfahrenste Mediator werden sich in ihrer Arbeit immer wieder absichern, ob sie auf dem optimalen Weg sind. Ein bewährtes Tool ist die kollegiale Beratung. Wenn wir nicht ohnehin in Co-Mediation arbeiten, so tauschen wir uns zumindest mit der Kollegenschaft über Praxisfälle aus. Neben regelmäßiger Intervision gehört dazu auch die Inanspruchnahme von Supervision.

▶ **Kollegialer Austausch und Intervision/Supervision**
Wird in einem fixen Büroverbund, einer Praxisgemeinschaft oder einem Mediationsunternehmen gearbeitet, so ist der rasche Zugang zu einem professionellen Austausch erleichtert. Weitere Austauschmöglichkeiten bieten gemeinsame Fortbildungen oder einfach der gelegentliche „schnelle Kaffee". Entscheidend ist in vielen Arbeitssituationen der rasche Zugriff auf eine Reflexionsmöglichkeit. Jegliche Form der Vernetzung ist hilfreich und oft eine Bereicherung. Kein Kollege ist davor gefeit, einmal etwas ratlos dazusitzen und sich zu denken, „Na super, und wie geht es jetzt weiter?" Aber gerade in Momenten der kurzfristigen Ratlosigkeit liegt die größte Chance für die persönliche und fachliche Weiterentwicklung.
Darüber hinaus sollte die Teilnahme an Intervisionsgruppen bzw. Supervisionen zur Arbeitsroutine und Qualitätssicherung gehören.

5.2.14 Ethik & Verschwiegenheit

Nach Verabschiedung des österreichischen Zivilrechts-Mediations-Gesetzes (öZivMediatG, 2003) hat sich eine interdisziplinäre Arbeitsgruppe des *Österreichischen Netzwerks Mediation* gefunden, um weiterführend Ethikrichtlinien für den Berufsstand zu definieren (Österreichisches Netzwerk Mediation, 2017). Diese beschreiben Haltung und Menschenbild in der Mediation, geben Orientierung für die Kompetenz und die Übernahme eines Mediationsauftrages und stecken die Kriterien eines fairen Verfahrens wie Unabhängigkeit (z. B. keine Nähe zu einer der Konfliktparteien), Arbeitsweise, Methode, Autonomie der Kundinnen und Kunden (hier als Mediandinnen und Medianden bezeichnet) ab.

Ethik von Mediator*innen

Die Ethikrichtlinien des Österreichischen Netzwerks Mediation umfassen vier Kapitel:

1. Haltung und Menschenbild,
2. Kompetenz und Übernahme eines Mediationsauftrages,
3. Faires Verfahren,
4. Arbeitsvereinbarung, Methode und Ablauf, Abschluss.◄

Besondere Bedeutung kommt in der Mediationsarbeit der Verschwiegenheit zu, welche auch im österreichischen ZivMediatG streng geregelt ist. Einige wenige Berufsgruppen[3] sind betreffend Zeugenaussagen vor Gericht besonders geschützt (siehe näher Kap. 4). Eingetragene Mediatorinnen und Mediatoren sind eine davon.

Abgesehen von den methodischen Qualitäten als Mediatorin oder Mediator sollte man auch die Außenwirkung im Markt im Auge behalten. Wir sind heute mehr denn je gefordert, im Markt erkennbar zu sein. Ein professioneller Auftritt über Website und Social Media ist für die meisten Kolleg*innen selbstverständlich. Es gibt aber auch Kolleginnen und Kollegen, die nur über eine E-Mail-Adresse und ein Handy verfügen – und bestens verdienen.

Auch der Zugang zu Büroräumlichkeiten mit Besprechungszimmern in erforderlicher Größe ist nicht immer selbstverständlich. Die Beschaffung geeigneter

---

[3] Es sind dies u. a. Psychiater*innen, Psycholog*innen, Mediator*innen, Rechtsanwält*innen, Medienmitarbeiter*innen.

Infrastruktur bedeutet zusätzlichen Organisationsaufwand, wenn man diese nicht ständig zur Verfügung hat.

5.2.15 Stellenwert der Mediation im eigenen beruflichen Kontext

Wenn wir vor 20 Jahren eine Ausbildungsgruppe für Mediation fragten, welche Ziele sie mit der später abgeschlossenen Mediationsausbildung hätte, so antwortete gut ein Drittel der Teilnehmenden, sie wollten sich zur Gänze auf die Mediationstätigkeit verlegen. Viele zeigten die Absicht, Mediation als zweites berufliches Standbein aufzubauen. Und nur wenige sprachen von Kompetenzerweiterung im Herkunftsberuf.

Heute stellt sich das Bild eher so dar, dass nur wenige – geschätzt maximal 5 % – den Sprung in die hauptberufliche Tätigkeit als Mediatorin oder Mediator geschafft haben. Die nebenberufliche Tätigkeit gelingt einigen, und zwar dann, wenn sie die Mediation in ihrem Marktauftritt (von der Visitkarte bis zur Website) völlig getrennt vom Herkunftsberuf präsentieren. Und ein großer Teil der Ausgebildeten steht dazu, Werkzeuge der Mediation im Arbeitsalltag als zusätzliche Kompetenz zu nutzen.

5.2.16 Auftragsabhängigkeit und Souveränität

Paul Watzlawicks (zit. in Pritz, 2008) berühmtes Zitat „Wer als Werkzeug nur einen Hammer hat, sieht in jedem Problem einen Nagel" verleitet zu einem Vergleich mit dem Beratungsbusiness. Auf die Mediation übertragen könnte dieser lauten: „Wer Mediation kann, sieht an jeder Ecke einen Konflikt." Tatsächlich ist es so, dass die Befassung mit Konfliktmanagement den Blick auf schwierige Situationen schärfen kann. Dennoch muss und will nicht alles mediiert werden, was nach Konflikt oder Spannung aussieht.

Im Gegenteil, Mediation beginnt am besten, wenn sie angefragt wird, d. h., wenn auf Seite der Kund*innen ein Bedarf und der Wille nach Veränderung vorhanden ist. Der Umkehrschluss lautet, Mediation lässt sich nicht akquirieren.

Es ist daher für neu in den Markt eintretende Mediatorinnen und Mediatoren schwierig, an Aufträge zu kommen. Ähnliches haben wir seinerzeit im Coaching beobachtet, das sich mittlerweile zu einer anerkannten und gängigen Beratungsleistung entwickelt hat.

Der Aufbau des Geschäftsfeldes Mediation braucht einen langen Atem und finanzielles Durchhaltevermögen. Wer von Einkünften aus der Mediation abhängig ist, um seinen Lebensunterhalt bestreiten zu können, läuft Gefahr, seine Souveränität in der Auftragsanalyse und -annahme aufzugeben. Kund*innen merken das. Mit einem geschickten persönlichen Businessplan kann man den schrittweisen Umstieg vom Herkunftsberuf in die Mediation aber sicher schaffen.

5.2.17 Kommunikationskompetenzen

Schulung in Kommunikation und Gesprächsführung ist Teil jeder Mediationsausbildung und könnte daher in diesem Abschnitt subsumiert werden. Allerdings kommen Kommunikationskompetenzen auch aus der Veranlagung, Erziehung und jeweiligen Interessenslage. Daher sollen sie hier einen eigenen Platz bekommen.

Unser Denken richtet sich sehr stark auf die verbale Kommunikation, also das Sprechen und Hören. Erfolgreich wird die Verständigung bekanntlich erst durch kognitives Verstehen, das heißt, dass das, was im Kopf der einen Person entsteht und von dort losgeschickt wird, auch bei der anderen Person im Kopf ankommt.

Sprachliche Formulierungskunst, Redegewandtheit und Schlagfertigkeit sind weitere Qualitätsmerkmale, welche die Kommunikationskompetenz beeinflussen.

In der Zusammenarbeit mit dem Pantomimen Samuel Bartussek haben wir uns in mehreren Seminaren mit der Körpersprache als Kommunikationsmedium auseinandergesetzt. Tatsächlich bemerkt man deren Bedeutung in der Mediation – verrät sie doch so viel darüber, wie es der betreffenden Person gerade geht. Dies hat sich als gewichtiges Argument für die analoge Mediation und als Schwäche der Online-Mediation erwiesen.

Als Kontrastprogramm haben wir Kleingruppen von maximal zehn Personen in Zusammenarbeit mit Gerhild Trübswasser mehrfach eingeladen, mit uns einige Stunden im lichtlosen Raum[4] zu arbeiten und Kommunikation, ohne jede visuelle Wahrnehmung auszuprobieren. Es ist beeindruckend, wie anders sich schon das Kennenlernen der Teilnehmenden gestaltet, wenn sie einander vor Seminarbeginn nicht sehen. Die Teilnehmer*innen wurden zeitversetzt in den Seminarraum eingecheckt. Manche wollten auch nach dem Seminar die anderen Teilnehmer*innen nicht sehen, sondern aus der rein akustischen Begegnung in Erinnerung behalten.[5]

---

[4] Lichtlos ist nicht als finster oder dunkel zu verstehen, sondern bedeutet gänzliches Fehlen jeglichen Lichts. Dadurch gestaltet sich Kommunikation ausschließlich über Sprechen, Hören, Tasten oder Riechen. Visuelle Wahrnehmung ist nicht möglich.

[5] Vgl. https://www.trialogis.at/blind-space-und-mediation/.

5.2.18 Erfahrung in Konfliktlösung als konfliktbeteiligte bzw. konfliktbetroffene Person

Auch dieses Kriterium könnte als Teil eines anderen, nämlich der Selbsterfahrung, gesehen werden. Dennoch: Die Erfahrung mit Konflikten aus unterschiedlichen Blickwinkeln ist ein wichtiger Bestandteil der Qualifizierung zum Mediator oder zur Mediatorin. Visuelle Beobachtung, akustische Wahrnehmung, gefühlsmäßige Aufnahme, die Bewertung einer Situation als belastend oder störend oder aushaltbar und schließlich die Entscheidung, etwas dagegen zu unternehmen oder die Situation zu ertragen, sind wertvolle Parameter, um die eigene Beziehung zu Konflikten zu verstehen.

5.2.19 Erfahrung als Kunde oder Kundin oder Mediand*in

In der hohen Schule der mediativen Selbsterfahrung wechselt man die Seite, konsumiert als Beteiligte*r mediative Dienstleistungen, z. B. ein Coaching, ist Teil einer Teamentwicklung oder nimmt als konfliktbeteiligte oder vom Konflikt betroffene Person an einer Mediation teil. In dieser Rolle kann man am besten lernen, wie sich Interventionen externer Beratender anfühlen, wie wichtig Empathie, die passende Frage oder das Verstehen von Bedürfnissen für Kund*innen ist, um sich gut aufgehoben zu fühlen.

5.2.20 Rechtliche Kompetenzen

Oft wird Mediation als Teil rechtlicher Berufe gesehen. Im deutschsprachigen Raum wurde Mediation in das Berufsbild einiger Professionen integriert, blieb grundsätzlich jedoch offen und damit allen beruflichen Vorqualifikationen zugänglich. Die Kriterien zur Aufnahme in die diversen Mediator*innenlisten setzen im deutschsprachigen Raum keine zwingende juristischen Ausbildung voraus. Allerdings werden Kenntnisse über mediationsspezifische Gesetze verlangt, in Österreich vor allem über das Zivilrechts-Mediations-Gesetz. Dort wird aber auch geregelt, dass es Aufgabe von Mediator*innen ist, die Parteien auf den Bedarf an Beratung, insbesondere in rechtlicher Hinsicht hinzuweisen (§ 16 (3) öZivMediatG). Gemeint ist damit der Verweis auf externe (in der Regel parteiliche) Fachberatung durch Anwalt oder Anwältin, Notar*in oder auch z. B. Steuerberater*in. Mediator*innen sollen ursprünglich keine juristische Beratung in die

Mediation einbringen. Das erweist sich z. B. insbesondere dann als entlastend, wenn es um die Einschätzung gerichtlicher Entscheidungen geht.

Zuziehung externer Expertise

In einer arbeitsrechtlichen Auseinandersetzung rund um eine Unternehmens-nachfolge ist die Frage aufgetaucht, wie eine bestimmte Frage am wahrschein-lichsten vor Gericht entschieden würde. Die Parteien konnten sich auf keine gemeinsamen Sachverständigen einigen. Also nominierte jede Seite eine Per-son, um ihre Einschätzung abzugeben – die Arbeitnehmer einen Juristen der Arbeiterkammer, die Arbeitgeber einen der Wirtschaftskammer. Die Frage an die Experten wurde gemeinsam formuliert und vom Mediationsteam übermit-telt. Die Antworten der beiden lauteten inhaltlich identisch – sehr zu Freude der einen Seite, weniger zur Freude der anderen. Hätte das Mediationsteam diese Einschätzung abgegeben, so wäre wohl seine Neutralität in Frage gestellt worden.◄

Nun könnte man die Frage stellen, warum denn juristische Kompetenz in der Mediation hinderlich sein soll. Dies lässt sich gut im Rahmen der Themen Metho-denklarheit (siehe Abschn. 5.2.9) und Feldkompetenz (siehe Abschn. 5.2.11) diskutieren. Inhaltliche – und somit auch juristische – Kompetenz kann eine Res-source sein. Sie kann das Mediationsteam aber auch verleiten, sich in inhaltlichen Bewertungen zu verlieren.

Einen Sonderfall bildet die nach österreichischen Familienlastenausgleichs-gesetz (öFLAG) geförderte Familienmediation. Deren Voraussetzung ist, dass sowohl juristische als auch psychosoziale Kompetenz im Mediationsteam ver-treten ist.

5.3 Ausblick

Die Qualifikation zum Mediator oder zur Mediatorin ist eng verknüpft mit per-sönlicher Entwicklung in einem gesellschaftlichen Umfeld. Vergleicht man die Kompetenzen von nur zwei aktuell tätigen Mediator*innengenerationen, kann man schon große Unterschiede in sozialen Kompetenzen, Wertebildern oder digitalen Fähigkeiten feststellen. Insbesondere mit der zunehmenden Bedeutung sozialer Medien sowie jener der Künstlichen Intelligenz sind große Veränderun-gen in den nächsten Jahren und Jahrzehnten bis hin zu Konfliktregelung über rein elektronische Tools zu erwarten.

5.4 Key Points

5.4.1 Für Wirtschaftsmediatoren

1. Neben technisch erlernten Kompetenzen ist auch zu empfehlen, die Lebenserfahrungen aus Familie, Lebensjahren, Herkunftsberuf, sozialen Rollen (wie z. B. ehrenamtlichen Tätigkeiten) in die Selbstbetrachtung einzubeziehen.
2. Es ist jedem/r Mediator*in vorbehalten, die eigene Qualifikation entlang der angebotenen Kriterien zu definieren und zu bewerten.
3. Dabei sollte nicht nur die kurative Mediationstätigkeit betrachtet werden, sondern auch die Möglichkeit, mediative Dienstleistungen präventiv anzubieten.

5.4.2 Für Kunden

1. Die hier beschriebenen Kriterien versuchen eine aufbauende Linie entlang persönlicher und technischer Entwicklung zu zeigen. Sie erheben keinen Anspruch auf Vollständigkeit. Insbesondere sind weitere Detaillierungen vorstellbar.

Literatur

Alexander, N. (2004). Mediation: Ein Metamodell. *Perspektive mediation, 2*, 72–81.
Besemer, C. (2003). *Mediation – Vermittlung in Konflikten. Stiftung Gewaltfreies Leben.* Königsfeld.
Duden. (2024). Haltung. https://www.duden.de/rechtschreibung/Haltung. Zugegriffen: 24. Jan. 2024.
Fachverband Unternehmensberatung, Buchhaltung und Informationstechnologie. (2023). Berufsbild Unternehmensberatung. https://www.wko.at/oe/information-consulting/unt ernehmensberatung-buchhaltung-informationstechnologie/unternehmensberatung/berufs bild-unternehmensberatung.pdf. Zugegriffen: 21. Jan. 2024.
Falk, G., Krainer, L., & Heintel, P. (2006). *Das Mediationsverfahren am Flughafen Wien-Schwechat: Dokumentation, Analyse.* Hintergrundtheorien: Deutscher Universitätsverlag, Wiesbaden.
Luerweg, F. (2024). *Empathie. Psychologie heute.* Beltz.
Österreichisches Netzwerk Mediation. (Hrsg.). (2017). Ethikrichtlinien für MediatorInnen. https://assets-global.website-files.com/5dff4188e65e06538bd40736/5e231d04b966 d92b4c82b968_Ethikrichtlinien.pdf Zugegriffen: 24. Jan. 2024.

Peltz, H. (2003). Mediation in der Wirtschaft – Soft Facts Meet Hard Facts – Abschlussarbeit zum Curriculum Wirtschaftsmediation, vorgelegt bei ARGE Wirtschaftsmediation.
Pritz, A. (2008). Paul Watzlawick: Anleitung zum Unglücklichsein. In A. Pritz (Hrsg.), *Einhundert Meisterwerke der Psychotherapie*. Springer.
Reißig, B. (2007). *Soziale Kompetenzen. Wissenschaftliche Texte*. Halle.
Schurz, M., & Radua, J. (2020). Empathie und Perspektivübernahme (Toward a Hierarchical Model of Social Cognition). Max Planck Institut, Leipzig.

Gesetze

Alternative-Streitbeilegung-Gesetz (AStG) BGBl I 2015/105 idF BGBl I 2018/32.
Familienlastenausgleichsgesetz 1967 (FLAG) BGBl 1967/376 idF BGBl I 2023/2.
Mietrechtsgesetz (MRG) BGBl 1981/520 idF BGBl I 2023/176.
Zivilrechts-Mediations-Gesetz (ZivMediatG) BGBl I 2003/29 idF BGBl I 2021/246.

Qualität im Mediationssystem

6

Gerhart Conrad Fürst

Zusammenfassung

Für eine gelingende Zusammenarbeit zwischen Mediationsteam und Kund*innen in der Mediation oder anderen mediativen Dienstleistungen braucht es Kompetenzen von beiden Seiten. Von den Anbieter*innen erwarten die Kund*innen zurecht Erfahrung und Sicherheit im Umgang mit Konflikten oder hinsichtlich der Vorbeugung von Konflikten. Allerdings braucht es auch einige Voraussetzungen seitens der Auftraggeber*innen und der Beteiligten, damit das gemeinsame Werk gelingt. Welche Erfahrungen im konkreten Anwendungsbereich hat das Mediationsteam, sodass ausreichend Vertrauen seitens der Kund*innen entstehen kann? Welche Verträge und Vereinbarungen braucht es, um eine solide rechtliche Grundlage für die Zusammenarbeit zu schaffen? Und wie groß ist die Bereitschaft, sich bei der Bewältigung anstehender Krisen von externen Expert*innen führen zu lassen? Eine gewissenhafte und selbstkritische Betrachtung der hier angeführten Kriterien kann helfen, den gemeinsamen Mediationsprozess auf eine gute Basis zu stellen.

G. C. Fürst (✉)
Trialogis OG, Wien, Österreich
E-Mail: gerhart.fuerst@trialogis.at

6.1   Relevanz der Qualität des Mediationssystems

Dieser Abschnitt widmet sich dem Mediationssystem, also der Begegnungs-
ebene des Mediationsteams mit den Beteiligten sowie den Auftraggeber*innen
der Mediation. Analog gelten diese Betrachtungen auch für andere mediative
Dienstleistungen und ihre Prozesse.

Während Mediation üblicherweise bei einem handfesten Konflikt ansetzt und
damit kurativ wirkt, bietet der Begriff der mediativen Dienstleistung ein breiteres
Spektrum an Interventionsmethoden zur Konfliktlösung und zur Prävention.

Supervision, Teamentwicklung, Coaching oder Konfliktberatung eignen sich
ebenfalls bestens zur Qualitätssicherung in der täglichen Zusammenarbeit in
Organisationen.

▶   Tipp

- Supervision wird gerne mit dem Anfahren einer Tankstelle ver-
  glichen, um neue Energie für sich selbst oder für ein Team zu
  holen. Auf Konfliktbearbeitung spezialisiert ist die mediationsanaloge Supervision (Krabbe, 2021).
- Teamentwicklung ist wohl die gängigste Form des „Wohlfühlens"
  für eine Gruppe. Sie ist zukunftsorientiert und stabilisiert die
  Zusammenarbeit. Damit kann sie gut präventiv gegen das Aufkommen von Konflikten wirken.
- Coaching kennt unendlich viele Fragestellungen. So lassen sich z. B.
  beginnende Verhärtungen in der Kommunikation bearbeiten und
  frühzeitig abfangen.
- Konfliktberatung kann aus verschiedenen Richtungen angegangen
  werden. Eigentlich müsste es besser Konfliktvermeidungsberatung
  oder Konfliktlösungsberatung heißen. Rein terminologisch lässt der
  Begriff juristische Beratung genauso zu wie psychologische oder
  eben mediative.

▶ Im Folgenden ist eine terminologische Klarstellung zu den handelnden
Personen im Mediationssystem angeführt

- Die Beteiligten an einer Mediation nehmen aktiv am Prozess teil und vertreten
  darin ihre eigenen persönlichen Interessen oder jene einer Gruppe. Beteiligte
  können Betroffene einer wirtschaftlichen oder umwelttechnischen Maßnahme
  genau so sein wie Mitarbeitende oder Führungskräfte einer Organisation. Auch

die Rechtsabteilung eines Unternehmens kann – wenn man z. B. schon bei
Gericht war – die Interessen des Unternehmens vertreten und somit Beteiligte
sein.

• Auftraggeber*innen sind die rechtlichen Vertragspartner*innen des Mediationsteams. Sie können identisch mit den Beteiligten sein. Das muss aber nicht
  so sein. Wenn z. B. ein Unternehmen eine interne Mediation zwischen Mitarbeitenden oder Führungskräften beauftragt, tritt oft die Personalabteilung
  oder die Geschäftsführung als Auftraggeberin auf. Der formale Auftrag an
  das Mediationsteam hat andere Inhalte als der Mediationsvertrag zwischen
  Mediationsteam und Beteiligten. Näheres dazu in Abschn. 6.2.8.

6.2 Qualitätskriterien im Mediationssystem

In diesem Abschnitt geht es um mögliche Messgrößen, mit denen die Qualität der
Zusammenarbeit zwischen Mediationsteam und Beteiligten in einer Mediation
beschrieben werden kann. Alle Formen mediativer Dienstleistung werden dabei
parallel betrachtet.

6.2.1 Vertrauen in den Prozess

Vertrauen setzt ausreichende Kenntnis dessen voraus, dem man vertrauen soll.
Wenn man eine Person gut kennt, kann man beurteilen, ob man ihr vertrauen kann
oder nicht. Genauso verhält es sich mit einer Dienstleistung. Wer sein Stammlokal
oder den Bäcker, bei dem man seit Jahren einkauft, schätzt, vertraut auf dessen
Qualität. Anders läuft das meist bei mediativen Dienstleistungen. Sie sind in der
täglichen Praxis oft noch nicht bekannt oder zu wenig erprobt. Die Kenntnis
der Methode kann nicht automatisch bei allen Kund*innen vorausgesetzt werden. Eigene – hoffentlich gute – Erfahrungen mit Mediation oder persönliche
Empfehlungen sind nützlich, Vertrauen herzustellen.

Eine weitere Chance, Vertrauen in den Mediationsprozess (und in das Mediationsteam) zu fördern, ist die gemeinsame Prozessgestaltung. „Es passiert nichts,
was Sie nicht wollen", ist ein wichtiges Signal an die Beteiligten und bedeutet, dass sie den Prozess jederzeit kontrollieren können. Damit unterscheiden
Mediator*innen ihre Arbeit gerne von jener eines Gerichts, wo man nach viel-
strapazierter Metapher genauso „in Gottes Hand ist wie auf hoher See". Etwas
naheliegender wäre es noch, in der Hand des Anwaltes oder der Anwältin zu
sein. Da hat man zumindest noch eine irdische Ansprechperson, von der man sich

Vertrauen holen kann. In der Mediation ist dies hingegen anders. Das Mediationsteam lädt die Beteiligten bewusst ein, den Prozess aktiv mitzugestalten. Sobald sie
spüren, dass dies keine leere Floskel ist, sondern ein ernstzunehmendes Angebot,
wird das Vertrauen in den Prozess gestärkt.

6.2.2 Vertrauen zwischen den Beteiligten

Wäre die Vertrauensbildung nur eine Sache zwischen einer beteiligten Seite und
dem Mediationsteam, wäre das ja noch relativ einfach. Wenn man zum Arzt geht
und das Gefühl hat, er oder sie wird behutsam und empathisch vorgehen, so ist
rasch Vertrauen gefasst. Im parteilichen Konfliktcoaching verhält es sich ähnlich.
Ich kann ja jederzeit aufstehen und gehen, wenn ich mich nicht gut aufgehoben
fühle.
    Anders ist es in der Mediation, weil da ja noch die Gegenseite des Konflikts
ist. Und auch in sie müssen Beteiligte wechselseitig Vertrauen fassen. Dieses
besteht zum Beispiel darin, dass die Mediation nicht missbraucht wird, um an
vertrauliche Informationen zu kommen, oder etwas Wichtiges im Verborgenen
bleibt und letztlich die Fairness einer Lösung gefährdet. Auch die Frage von
Macht in der Zusammensetzung der beteiligten Personen oder Gruppen kann das
Vertrauen in die Mediation auf den Prüfstein stellen.

6.2.3 Vertrauen zwischen Beteiligten und Mediationsteam

Eine offene und vertrauensvolle Haltung aller Beteiligten zueinander ist wichtig,
damit Mediation gelingt. Sie ist manchmal nicht von vornherein gegeben, sondern muss erst gemeinsam erarbeitet werden. Wenn das nicht gelingt, so beendet
man die Zusammenarbeit besser, bevor der Widerstand gegen Veränderung zu
groß wird. Vielleicht war es der falsche Zeitpunkt für eine Intervention, vielleicht
hat das Mediationsteam in der Startphase etwas übersehen, vielleicht genießt die
Führungskraft nicht (mehr) ausreichend Vertrauen seitens des Teams.
    Wie in einem Beratungsprozess muss die Rollenverteilung zwischen Auftrag-
nehmer*innen und Auftraggeber*innen klar sein. Wer zeichnet für den Prozess
verantwortlich? Wie werden Zwischenergebnisse dokumentiert und kommuniziert? Wie wird der Projektfortschritt kontrolliert und bei Bedarf verbessert? Wie
sieht das mit der „Manöverkritik" auf der Meta-Ebene aus?

Das Know-how zur Gestaltung dieser Punkte wird oft vom Mediationsteam kommen. Verinnerlicht und ausgeführt müssen sie von beiden Seiten werden. In all diesen zuvor genannten Punkten ist das Mediationsteam gefordert, Vertrauen zu fördern und sicherzustellen. Der Mediationsvertrag als Regelwerk für das Mediationsverfahren bildet die Grundlage für das Vertrauen. Die Interventionen des Mediationsteams geben den Beteiligten das Gefühl, in der Mediation gut aufgehoben zu sein, weil das Mediationsteam die Einhaltung der Regeln sicherstellt. Im Endeffekt kommt es aber auf die persönliche Wirkung der Beteiligten aufeinander an, ob sie einander vertrauen oder nicht.

Unterschiedliche Interessen und hohe Emotionen müssen das Vertrauen nicht schwächen. Dem französischen Philosophen Voltaire wird das Zitat zugeschrieben: „Ich missbillige, was Sie sagen, aber ich werde bis zum Tod Ihr Recht verteidigen, es zu sagen."[1] Der Respekt vor der Verhandlungssituation der anderen und deren Interessen ist eine äußerst nützliche Basis, Vertrauen ineinander zu gewinnen.

Aber auch das Mediationsteam muss sich darauf verlassen können, dass die Beteiligten das Mediationsverfahren fair und „mit offenen Karten" betreiben, wobei das mit „den offenen Karten" natürlich so eine Sache ist. Wer bereits einen langen Konflikt hinter sich hat und damit vielleicht schon bei Gericht gelandet ist, von dem kann man nicht von Beginn weg offene Karten erwarten. Aber genau das macht es aus. Entsteht im Laufe der Gespräche Vertrauen zwischen den Beteiligten, so werden sie sich öffnen und die gemeinsame Lösungssuche fördern. Und dann hat auch das Mediationsteam ein gutes Gefühl.

6.2.4   Arbeitsklima, „Chemie"

Vertrauen ist die Basis für Zusammenarbeit. Steht das Vertrauen auf festen Beinen, lässt sich der gesamte Prozess leichter gestalten. Weitere Faktoren für ein gutes Arbeitsklima sind ausreichende Zeit, Respekt voreinander, geeignete Räumlichkeiten, zumutbare Anreisebedingungen, genügend Pausen etc. Es braucht hier keine nähere Beschreibung der Kriterien. Beteiligte wissen, unter welchen Umständen sie sich wohlfühlen und was sie brauchen, um gut miteinander arbeiten zu können. Die Tasse Kaffee auf dem Tisch macht den kleinen, aber feinen Unterschied zum Gerichtssaal.

---

[1] Die Herkunft dieses Zitates ist nicht sicher belegt, es wird aber der Einstellung Voltaires zur Meinungsfreiheit zugeordnet.

6.2.5   Kooperation und Kollaboration

In einem Beitrag über Baumediation fand sich kürzlich eine feinfühlige Unterscheidung zwischen Kooperation und Kollaboration (Exß, 2023). Kooperation lässt sich als Zusammenspiel unterschiedlicher Parteien unter gewissen Spielregeln definieren, ähnlich dem Spiel zwischen zwei Tennisspielenden. Jede Seite kämpft für sich, respektiert aber die Gegenseite, weil es klare Regeln gibt. Kollaboration geht einen Schritt weiter. Sie lässt die parteilichen Interessen in den Hintergrund treten, die Art der Zusammenarbeit wird gemeinschaftlich. Die Metapher hierfür wäre das Team Tennisspielender im Doppel. Eigentlich schade, dass man dafür wieder Gegenspieler auf der anderen Seite des Netzes braucht, weil sonst keine Kooperation möglich ist.

Welche der beiden Formen – Kooperation oder Kollaboration – braucht das Mediationssystem? Die Frage lässt sich wohl nicht mit der einen oder anderen Form beantworten. Vielmehr sollte zuerst eine Kooperation auf der Ebene der Mediationsstruktur (gemeinsames Ziel, abgestimmte Themenliste, Bekenntnis zu den eigenen Interessen) gefunden werden. Im Lauf der Mediation wird es nützlich sein, wenn beide bzw. alle Seiten lernen, die Interessen und Bedürfnisse der jeweils anderen zu verstehen und in der gemeinsamen Lösungssuche zu respektieren.

6.2.6   Verständnis für die Situation des Gegenübers, Umgang mit Unterschieden

Das wechselseitige Problemverständnis wird in der Literatur gerne als Durchbruch am Weg zur Lösungsfindung beschrieben. Der deutsche Familienmediator Rainer Bastine sagte in einer Supervision der Ausbildungsgruppe[2] 1996 einmal: „Wenn sie (die scheidungswilligen Eheleute, Anm.) einmal die Interessen und Bedürfnisse des anderen akzeptiert haben, so braucht es bis zur Lösung nur mehr 20 min." Auch wenn dies eher sinnbildlich gemeint war – ab diesem Zeitpunkt wird die Lösungssuche tatsächlich konstruktiver und emotionsloser. Unterschiede werden nämlich nicht mehr als Feindseligkeiten oder Boshaftigkeiten empfunden, sondern als etwas ganz Normales, das sein Recht auf Bestehen hat.

Wichtig ist an dieser Stelle noch der Hinweis, dass Verständnis für die Situation der Gegenseite oft zu viel verlangt ist, weil es als Zustimmung interpretiert

---

[2] Grundausbildung in Mediation 1996 der ARGE für lösungsorientiertes Konfliktmanagement.

werden könnte. Das ist nicht notwendig und auch nicht ratsam. Eine Zustimmung könnte die eigenen Interessen ins Wanken bringen. Das ist nicht Ziel der Mediation. Nachvollziehbarkeit der wechselseitigen Bedürfnisse reicht, um gemeinsam an Ergebnissen zu arbeiten.

6.2.7 Struktur des Prozesses

Mediation stellt hohe Anforderungen an ihre Kund*innen, insbesondere an die Beteiligten. Neben den Mühen, sich selbst um seine Interessen kümmern zu müssen, gibt es aber auch den Vorteil, dass das Verfahren unter Kontrolle der Beteiligten verläuft. Voraussetzung ist gemeinsame Planung und Umsetzung des Prozesses. Festgehalten wird dies zu Beginn in den folgenden Vereinbarungen zur Mediation (siehe Abschn. 6.2.8; ebenso Kap. 4 über rechtliche Aspekte).

Bevor diese Vereinbarungen jedoch fixiert werden können, muss Einvernehmen hergestellt werden. Dabei weichen die Vorstellungen mancher Kund*innen zu Beginn oft von den professionellen Empfehlungen des Mediationsteams ab. Der Wunsch mancher Organisationen, schnell, billig und möglichst schmerzfrei ihre Konflikte loszuwerden, ist vielleicht nachvollziehbar, aber meist nicht realistisch. Eine Metapher kann dies vielleicht verdeutlichen: „Verbeulte Kotflügel werden auch nicht in der Waschstraße repariert, höchstens besser sichtbar."

Die Verhandlung des Vorgehens in der Mediation ist oft mühsam. Diesen Punkt zu überspringen und auf alle Wünsche der Kund*innen einzugehen, ist kurzfristig bequemer – im weiteren Prozess kann es sich nachteilig auswirken.

> ► **Tipp**
> Die Strukturverhandlung zwischen Kund*innen und Mediationsteam umfasst u. a.:

- Fragestellung – Ziel der Mediation? Was soll erreicht werden?
- Beteiligte – wer nimmt an der Mediation teil und wer muss laufend angebunden sein?
- Mediationsteam – Anzahl der erforderlichen Mediator*innen?
- Information an Auftraggeber*in – was darf/soll/muss er/sie wissen? Das Mediationsteam darf keine inhaltlichen Auskünfte über die Mediation weitergeben.
- Arbeitsschritte – welche Analysen, Planungen, Rückbindungen, Arbeitssitzungen etc. werden gebraucht und in welchem voraussichtlichen Ausmaß?

- Ort – wo finden die Gespräche statt?
- Medium – analog, online, hybrid?
- Budget – welcher finanzielle Rahmen wird vorgesehen?

6.2.8 Verträge

Zu Beginn von Abschn. 6.1 wurde auf die unterschiedlichen Rollen von Beteiligten und Auftraggeber*innen hingewiesen. Diese schlagen sich auch in den Verträgen nieder.

6.2.8.1 Mediationsvertrag mit Beteiligten

Der Mediationsvertrag regelt primär die Form der Zusammenarbeit zwischen den Beteiligten und dem Mediationsteam sowie organisatorische Fragen. Nur wenn die Beteiligten gleichzeitig Auftraggeber*innen sind, werden darin auch wirtschaftliche und rechtliche Punkte wie Honorar oder Zahlungskonditionen fixiert.

6.2.8.2 Vertrag mit Auftraggeber*in

Sollte der Auftraggeber oder die Auftraggeberin an der Mediation nicht aktiv mitwirken (z. B. als Personal- oder Einkaufsabteilung), ist der rechtlich-finanzielle Teil in einem gesonderten Auftrag zu regeln. Teil davon ist neben der Honorarfrage auch z. B. die Klarstellung, dass das Mediationsteam keine Informationen über die Inhalte der Mediation weitergibt.

6.2.8.3 Mediationsvertrag mit Beteiligten als Auftraggeber*innen

Sollten Auftraggeber*innen und Beteiligte identisch sein, so enthält der Mediationsvertrag auch die unter „Vertrag mit Auftraggeber*in" zuvor angeführten Punkte. Sollten die Beteiligten rechtlich nicht Auftraggeber*innen sein, so enthält der Vertrag nur die Vereinbarungen über Ablauf, Umgang („Spielregeln") und Organisation (Ort, Terminregelungen etc.).

6.2.9 Umgang mit Vorinformationen

Wenn ein Konflikt bereits in einer Mediation bearbeitet wird, stellt sich oft die Frage, ob man auf vorhandenes Informationsmaterial zurückgreifen soll. Manche

Kund*innen legen frühere Korrespondenzen als Beweismaterial für die Entstehung des Konflikts oder den rüden Ton des Gegenübers vor oder verweisen auf Gutachten, die dieses oder jenes belegen. Bei gerichtsanhängigen Verfahren, die in der Mediation gelandet sind, stellt sich die Frage, was tun mit dem Gerichtsakt (falls er vom Gericht überhaupt zur Verfügung gestellt wird). Darin findet sich jede Menge Lesestoff für das Mediationsteam – und schon befindet es sich mitten in der Vergangenheit des Konflikts. Und genau dorthin wollte man eigentlich am wenigsten. Am besten, man berät mit den Beteiligten, was von diesen Informationen wirklich nützlich sein kann, um zukunftsorientiert an Lösungen zu arbeiten. „Man will schließlich die Kuh vom Eis holen und nicht diskutieren, warum sie dort steht", wie es unter Mediator*innen gerne heißt.

6.2.10 Qualitätskontrolle für die Lösung

Ein Realitätscheck und ein kritischer Blick auf mögliche Alternativen zu einer einvernehmlichen Lösung (BATNA – Best Alternative To A Negotiated Agreement; Fisher et al., 2000) sind letzte Prüfsteine, bevor eine Vereinbarung endgültig besiegelt wird.

Allgemeinen Feedback-Regeln folgend wird Lob und konstruktive Kritik angenommen. Auf Rechtfertigungen wird verzichtet. Was die angesprochene Person davon mitnimmt und in das zukünftige Vorgehen oder Verhalten integriert, ist ihre Entscheidung.

Wenn die Zusammenarbeit gut funktioniert und der Ablauflogik der Mediation folgend der Prozess gut und zügig zu Lösungen geführt hat, werden die Umsetzung und Qualitätskontrolle die letzten Erfolgskriterien einer exzellenten Mediation sein.

▶ Zur nachträglichen Qualitätsprüfung hat sich ein Follow-Up-Termin etwa drei Monate nach Abschluss der Mediation als sinnvoll erwiesen. Dieser wird am Ende des Prozesses festgelegt und findet statt, wenn er nicht von allen Beteiligten unabhängig voneinander abgesagt wird. Dieses Vorgehen hat gute Gründe. Immer wieder kommt es vor, dass ein Teil der Beteiligten noch etwas nachschärfen möchte, dass eine Detailvereinbarung in der Praxis nicht so gut funktioniert hat. In diesem Fall braucht es nochmals den vertraulichen Rahmen der Mediation, um das Ergebnis nachhaltig zu fixieren und den Prozess endgültig abzuschließen. In der Praxis wird ca. die Hälfte der

Follow-Up-Termine nicht mehr wahrgenommen, weil die Vereinbarung gehalten hat.

6.2.11 Digitalisierung

Mit zunehmendem Digitalisierungsgrad bei den mediativen Dienstleistungen
ändern sich auch die Qualitätsanforderungen an die Wirtschaftsmediator*innen.
Zu den bekannten Fähigkeiten kommen vor allem technische Anforderungen dazu, die für eine reibungslose Abwicklung digitalisierter Kommunikation
entscheidend sind.

Durch Digitalisierung mediativer Dienstleistungen werden darüber hinaus
folgende Aspekte wichtiger (Nissen & Seifert, 2017, S. 424):

- die technische Reaktionsfähigkeit,
- die Sicherstellung der Effizienz im Sinne der Informations- und
  Kommunikations-Technologie (IKT),
- die Anwendung der IKT sowie
- die Systemverfügbarkeit.

Für die Kund*innen der Mediation und mediativer Dienstleistungen bedeutet das,
die technischen Voraussetzungen und den Betrieb sicherzustellen, sofern nicht die
Plattformen der Mediator*innen verwendet werden.

Kap. 10 beschäftigt sich ausführlich mit der Entwicklung und den Zukunfts-
aspekten der Digitalisierung der Wirtschaftsmediation.

6.3   Ausblick

Durch die zunehmende Kenntnis von Mediation und Erfahrung aus miterlebten
Mediationsverfahren steigt die Prozesskompetenz von Organisationen. NGOs und
auf sozialen Profit ausgerichtete Organisationen arbeiten oft selbst nach basisde-
mokratischen Grundsätzen und kommen mit der Haltung in der Mediation besser
zurecht. Auch Anwält*innen erkennen zunehmend den Nutzen von Mediation
für ihre Mandantschaft und können immer besser die früher ungewohnte Rolle
nutzen. Damit steigt die Qualität der Zusammenarbeit im Mediationssystem. In
der Unternehmensberatung, insbesondere in der Organisationsberatung, haben die
Mediation ebenso wie alle mediativen Dienstleistungen einen hohen Stellenwert

erreicht, sodass Kunden kompetente Unterstützung in organisatorischen Krisen und Veränderungsprozessen erwarten.

6.4 Key Points

6.4.1 Für Wirtschaftsmediatoren

1. Die persönlichen Qualitäten als Mediator*in sind das Fundament für die Erbringung mediativer Dienstleistungen. Der wahre Prüfstein ist aber die Umsetzung in der Praxis, also die Arbeit mit den Kund*innen.
2. Bei der Verhandlung des Beratungsauftrages kommt es einerseits auf wirtschaftliche Kompetenz als Unternehmer*in und manchmal auch auf Verhandlungsgeschick an, wenn es z. B. um die Verschwiegenheit gegenüber Vorgesetzten geht, die nicht selbst an der Mediation teilnehmen – und trotzdem das Honorar bezahlen.
3. Die eigene Mediationskompetenz in der Konfliktbearbeitung mit den Beteiligten erweist sich als zentral. Je sicherer dabei agiert wird, desto besser lässt sich die Zusammenarbeit gestalten.

6.4.2 Für Kunden

1. Für Unternehmen ist es manchmal ungewohnt, sich in ein Mediationssetting zu begeben. Vertrauen in das ausgewählte Mediationsteam ist eine wichtige Grundlage, um dieses Angebot optimal nutzen zu können.
2. Der Abschluss eines Mediationsauftrages steht am Beginn, um die Regeln festzulegen. Wer noch keine Erfahrungen mit Mediation hat, betritt danach Neuland. Das Mediationsteam ist der richtige Ansprechpartner, wenn Zweifel aufkommen sollten.

Literatur

Besemer, C. (2003). *Mediation – Vermittlung in Konflikten, Stiftung Gewaltfreies Leben.* Königsfeld.

Bush, R. A. B., & Folger, J. P. (2005). *The promise of mediation.* Josey-Bass.

Exß, C. (2023). Mediation im Bauwesen. *Perspektive Mediation, 2,* 97–103.

Fisher, R., Ury, W., & Patton, B. (2000). *Das Harvard Konzept – Sachgerecht verhandeln – erfolgreich verhandeln.* Campus.

Krabbe, H. (2021). Die mediationsanaloge Supervision. *Perspektive Mediation, 3,* 170–173.
Nissen, V., & Seifert, H. (2017). Die digitale Transformation der Unternehmensberatung. In
M. Bruhn, & K. Hadwich (Hrsg.), *Dienstleistungen 4.0. Geschäftsmodelle –Wertschöp-fung –Transformation,* Bd. 2 (S. 411–443). Springer Gabler.

Qualität Im Kundensystem

7

Gerhart Conrad Fürst

Zusammenfassung

Die Verbreitung der Mediation und anderer mediativer Dienstleistungen hat sich auf viele Organisationen ausgewirkt. Verantwortliche für Konfliktmanagement haben u. a. durch Mediationsausbildungen Kompetenzen erworben, die es ihnen ermöglichen, frühzeitig gegenzusteuern oder bei Bedarf Expert*innen für Mediation und Konfliktmanagement auszuwählen. Der Rückgang zivilrechtlicher Verfahren an österreichischen Gerichten weist ebenfalls auf verbesserte Konfliktvermeidungsstrategien von Unternehmen hin. Wie fit Organisationen für spezifische Prozesse unter externer Leitung sind, lässt sich an zwölf hier entwickelten Kriterien beispielsweise diskutieren.

7.1 Relevanz der Qualität des Kundensystems

So wie sich die Branche der Wirtschaftsmediator*innen in den letzten 25 Jahren zu einem gewissen Reifegrad entwickelt hat, so ist auch bei Organisationen ein Entwicklungsprozess zu beobachten. Der Umgang mit Konflikten wird von der historischen Entwicklung eines Unternehmens geprägt, von der inhaltlichen Ausrichtung eines Vereins, von der Weiterbildung der Mitarbeitenden und der Unternehmens- und Organisationskultur als Gesamtes.

G. C. Fürst (✉)
Trialogis OG, Wien, Österreich
E-Mail: gerhart.fuerst@trialogis.at

179

7.2   Qualitätskriterien im Kundensystem

Wir wollen in diesem Abschnitt versuchen, Kriterien zu definieren, die für eine Beschreibung der Qualität von Konfliktkultur in Organisationen infrage kommen.

Das beste Angebot jeglicher Produkte oder Dienstleistungen im Markt braucht Kund*innen, die diese haben wollen und daher kaufen. Im Zusammenhang mit Produkten und Dienstleistungen zur Mediation braucht es spezielle Konfliktkompetenzen der Kund*innen.

Demgemäß folgt die Reihenfolge der Themen einer Logik des Kompetenzaufbaus. Sie beginnt bei der Wahrnehmung von Konflikten, die noch zu keiner aktiven Reaktion führen muss, und geht über aktive Interventionen zur Konfliktlösung bis zu präventiven Maßnahmen, um Konflikte als Teil einer Unternehmens- und Kommunikationskultur zu integrieren.

7.2.1   Wahrnehmung von Konflikten in der Organisation

In jeder Form der Zusammenarbeit kommt es früher oder später zu Interessensgegensätzen. Das ist im Arbeitsalltag völlig normal. Die Frage ist, welche Umgangsformen die Organisation für diese tägliche kleine Herausforderung bereithält.

Beispiel

Zu Beginn unserer Vortragstätigkeit für das *forum wirtschaftsmediation*[1] Ende der 1990er-Jahre, als wir uns bemühten, Mediation im organisationalen Kontext bekannt zu machen, vertraute uns ein älterer Unternehmer, Chef eines bekannten Familienunternehmens, an: „Wissen Sie, für uns ist das nichts. Bei uns gibt es keine Konflikte." Hinter ihm standen zwei seiner engsten Mitarbeiter, die demonstrativ die Augen rollten. Wir haben auf die Frage verzichtet, aber interessant wäre es schon gewesen, zu erfahren, wie das so läuft „ohne Konflikte". ◄

Es stellt sich die Frage der Achtsamkeit, wie und von wem Spannungen, kleine Widerborstigkeiten oder schon spürbare Konflikte wahrgenommen werden. Wer fühlt sich dafür verantwortlich? Gibt es innerhalb der Führungsstrukturen ein

---

[1] www.wirtschaftsmediation.at, zuletzt abgerufen 15.4.2024.

klares Verständnis, wer dafür zuständig ist? Ist es Teil der Führungskultur? Werden Menschen in der Organisation speziell geschult, um Konflikte wahrnehmen, erkennen, ansprechen und bearbeiten zu können?

Die gesetzliche Fürsorgepflicht von Arbeitgeber*innen gegenüber Mitarbeitenden sieht vor, dass deren Leben und Gesundheit geschützt sind (ABGB, § 1157). Inzwischen gibt es auch gesetzliche Schranken gegen Mobbing, sexuelle Übergriffe und Konflikte am Arbeitsplatz (ABGB 2023; Gleichbehandlungsgesetz, 2004; Angestelltengesetz, 2019).

Auf jeden Fall sind innerbetriebliche Strukturen wie Personalabteilungen, Personalentwicklung, Schulungsabteilungen auf Arbeitgeberseite sowie der Betriebsrat und spezielle Instanzen wie Gleichbehandlungsbeauftragte oder Ombudsstellen dazu bestimmt, auf das Wohlergehen der Mitarbeitenden zu achten und im Bedarfsfall als Ansprechpartner*in für Konfliktsituationen zur Verfügung zu stehen.

Ein entscheidendes Kriterium für die Erkennung von Konflikten ist der Zeitpunkt bzw. die Phase der Konfliktentstehung. Im Idealfall wird durch laufende Maßnahmen in der Führungstätigkeit vorgebeugt, sodass Missstimmungen oder Verwerfungen im Team erst gar nicht aufkommen. Mehr oder weniger regelmäßige Teamworkshops, Supervisionen oder Mitarbeiter*innengespräche bieten gute Chancen der frühzeitigen Erkennung, Bearbeitung und Nutzung (siehe dazu auch Kap. 3 zur Konfliktprävention). Durch entsprechende Fortbildung sind heute viele Führungskräfte in der Lage, Konflikten gegenzusteuern, positive Impulse zur Stabilisierung der Zusammenarbeit zu setzen, vielleicht kleine „Wohlfühlphasen" im Unternehmen selbst zu gestalten. Idealerweise werden mediative Dienstleistungen präventiv in Anspruch genommen. Das ist oft mit geringerem Aufwand verbunden als eine spätere Mediation und quasi ein kleiner Service statt später einer großen Reparatur.

▶ Wie in vielen Fragen des Organisations-Layouts sollte die Initiative und das Monitoring der Konfliktlösung von der obersten Ebene ausgehen, um wirksam dem gesamten System zugute zu kommen.

7.2.2 Sichtweise auf Konflikte, Bewertung und Maßnahmen

Der Begriff Konflikt ist für viele Menschen mit einem negativen Beigeschmack verbunden. Das liegt an den unangenehmen Gefühlen, die man mit selbst erlebten

Konflikten verbindet: Ärger, Streit, Schuldgefühle, Scham, Bestrafung, körper-
liche Symptome bis zu gesundheitlichen Folgen, soziale Isolation, Verlust des
Arbeitsplatzes usw.

Konflikte in der Arbeitswelt werden von den Betroffenen oft als persönliche
Feindschaften erlebt. In der Wirtschaftsmediation stellt sich jedoch heraus, dass
die Ursache eines Konflikts oft in Unzulänglichkeiten des Systems, z. B. schlecht
funktionierenden Abläufen, liegt und es gemeinsame Wünsche an die Organisation gibt. Es wird deutlich, dass die Betroffenen sogar eine wichtige Ressource
für Verbesserungen darstellen. Friedrich Glasl (2003) hat sie als Signalgeber
bezeichnet. Ihnen kommt durch ihr Bemerken und Aufgreifen der Themen die
Rolle der Früherkennung zu, auf deren Basis Mängel in Ablauf, Kommunikation
oder Zusammenarbeit erkannt und behoben werden können. Ein wertschätzen-
der Umgang beim Auftauchen von Konflikten gibt der Organisation die Chance,
effizient und werterhaltend gegenzusteuern. Die Abwertung von Betroffenen als
„Störenfriede" vergibt diese Chance.

Das Interesse einer Organisation an Mitarbeitenden mit allen ihren Qualitäten inklusive ihrer Bedürfnisse, die Bereitschaft, die Fähigkeit und das Ausmaß,
Konflikte aufzugreifen und zu nutzen, sind mögliche Parameter für den Reifegrad
eines Kundensystems.

▶   Eine Organisation, die Konflikte als wichtige Hinweise auf Verbesse-
    rungsmöglichkeiten versteht, hat bessere Chancen, ihre Zukunft aktiv
    positiv zu gestalten.

Beispiel

Die größte Medizinische Universität Österreichs hat zwischen 2011 und 2013
ein umfangreiches Konfliktberatungssystem unter ihren 5000 Mitarbeitenden
eingerichtet. Über 30 Freiwillige aus unterschiedlichsten Abteilungen wurden
zu internen Konfliktberater*innen (IKBs) ausgebildet und fungieren seitdem
als niederschwellige interne Ansprechstelle bei Fragen rund um Konflikte und
andere Kooperationsthemen. Die Größe der Organisation ermöglicht ausreichende Distanz zwischen IKBs und Anfrager*innen. Die interne mediative
Dienstleistung umfasst in diesem Fall Erstberatung, Minicoaching, Mediation wenig eskalierter Konflikte und Vermittlung externer Hilfe, falls diese
gewünscht wird (Ferz & Salicites, 2016).◄

7.2.3 Die Bereitstellung von Ressourcen zur Konfliktlösung

Nach der wertfreien Wahrnehmung und positiven Bewertung von Konflikten stellt sich als nächstes die Frage, welchen Einsatz die Organisation bereit ist zu leisten, um die Konflikte aktiv zu bearbeiten und zu nutzen. Wird jedes Jahr ein Budgetposten für Mediationen bereitgestellt? Welche Antwort bekommen Mitarbeitende auf die Frage, ob sich das Unternehmen an ihren Ausbildungskosten für Mediation beteiligen würde? Gibt es Geld für Trainings in Konfliktmanagement? Die Antwort auf diese Fragen könnte ein Indikator für die Aufgeschlossenheit von Organisationen gegenüber internen Konflikten sein.

▶   Die Verbreitung mediationsspezifischer Kompetenzen unter den Mitarbeitenden kann als Indikator für die eigene Lösungskompetenz der Organisation herangezogen werden. Je mehr Führungskräfte sich um die Harmonie in ihren Teams selbst kümmern können bzw. rechtzeitig gegensteuern, indem sie auch externe Hilfe zuziehen, desto höher ist das „Selbstheilungspotenzial" des Systems.

7.2.4 Budget

Viele Personalabteilungen verfügen heute über ein Budget, aus dem sie Mediationsaufträge durch Externe bezahlen können. Häufig liegt das Freigabepotenzial für Abteilungsleiter*innen bei 5000 €, womit eine externe Intervention oft schon gut abgedeckt werden kann. Wenn Abläufe ins Stocken geraten, Mitarbeitende durch Konflikte abgelenkt und belastet werden und vielleicht sogar kündigen, oder Kunden merken, dass hier etwas nicht ganz rund läuft, ist eine konfliktlösende Maßnahme dringend anzuraten.

In kleineren Unternehmen wird oft spontan durch den/die Eigentümer*in oder die Geschäftsführung entschieden, eine Maßnahme zu setzen.

Deren Rentabilität rechnet sich in der Regel sehr einfach und schnell, wenn man die jährlichen Personalkosten für die Beteiligten bzw. Betroffenen in Relation zum Honorar für externe Unterstützung setzt. Fluktuation ist immer teurer – und löst strukturelle Probleme nicht.

7.2.5 Teilnahme Vorgesetzter an Konfliktmanagementprozessen

Zuvor wurden strukturelle Voraussetzungen angesprochen, die eine Organisation zur Verfügung stellen kann, um Qualität im Konfliktmanagement zu zeigen. Im Folgenden geht es um das persönliche Engagement im Konfliktmanagement, insbesondere von Vorgesetzten.

In der Frühzeit der Mediation in Organisationen war es häufige Praxis, dass Führungskräfte, die sich mit Konflikten in ihrem Verantwortungsbereich überfordert sahen, die Betroffenen in eine Mediation schickten. Die Botschaft an das Mediationsteam lautete quasi: „Bringen Sie sie mir zurück, wenn alles wieder okay ist." Immer wieder haben wir uns als Mediator*innen auch darauf eingelassen. Allerdings hat sich dann oft herausgestellt, dass der Konflikt zwischen Einzelnen oder Mitgliedern eines Teams in starkem Zusammenhang mit strukturellen Unzulänglichkeiten stand. Diese zu beheben lag jedoch außerhalb der Entscheidungsmacht der Beteiligten. Somit wurde die Mitwirkung der Führungskraft bei der Lösungssuche erforderlich. Daher werden Führungskräfte heute in den Mediationsprozess (nicht nur als zahlende Auftraggeber*in) einbezogen oder zumindest angebunden. Das stellt einen wesentlichen Qualitätssprung der mediativen Dienstleistung in Organisationen dar.

Beispiel

Ein Produktionsteam hatte jahrelang selbst seine Dienste für den Schichtbetrieb eingeteilt. Eine Person war zuständig, die anderen konnten ihre Wünsche bezüglich Nachtdienste, Urlaube etc. bekanntgeben und diese wurden so gut es ging berücksichtigt. Durch neue Arbeitszeit- und Ruhebestimmungen wurde die Diensteinteilung plötzlich erschwert. Der Verantwortliche für die Dienstplanerstellung konnte die Wünsche der Einzelnen immer seltener berücksichtigen, Streit und schlechte Stimmung waren die Folge. Als eine Person in einen Langzeitkrankenstand ging und eine weitere einen mehrwöchigen Urlaub antrat, konnte der Dienstbetrieb nur mehr mit vielen Überstunden aufrechterhalten werden. Diese bedeuteten wiederum eine zusätzliche Belastung für die noch verfügbaren Mitarbeiter*innen. Weitere Spannungen und Krankenstände waren die Folge. Schließlich wurde eine Mediation beauftragt. Nach den ersten Gesprächen stellte sich heraus, dass das Team in Rahmenbedingungen gefangen war, die es selbst nicht verändern konnte. Für die sodann zugezogene Vorgesetzte war der Prozess nicht nur eine Klärung der Ursachen, sondern auch eine Lernerfahrung in Bezug auf das soziale Engagement und die kommunikativen Fähigkeiten einzelner Teammitglieder.◄

7.2.6 Lernprozess

Mediation bedeutet soziale Laborarbeit. Die Beteiligten gehen in einen geschützten Raum, in welchem die Regeln des Arbeitsalltags ausgesetzt werden. Hierarchien sind vorübergehend außer Kraft, Offenheit ist erwünscht und wird vor allem nicht sanktioniert, Vertrauen und Vertraulichkeit erleben eine neue und stärkere Dimension. Durch das kontrollierte Zuhören und Verstehen – und Verstandenwerden – bekommt die Kommunikation zwischen den Beteiligten eine neue Qualität. Der Austausch über die Themen des Konflikts und die gemeinsame Lösungssuche wirken sich auf die Dynamik unter den Beteiligten positiv aus. Schließlich kehrt in den meisten Fällen Erleichterung und Entspannung ein. So weit reicht der kognitive Lernprozess.

Eine andere Ebene ist das Sammeln von Informationen dazu, welche besonderen Bedürfnisse eine mitarbeitende Person hat, welche Vorlieben sie in der Freizeit hat, welche Themen sie gerade privat in Familie oder Beziehung beschäftigen etc. Daraus kann die vorgesetzte Person Schlüsse ziehen und ihr Führungsverhalten darauf besser abstimmen.

▶   Organisationen, die bereit sind, sich auf interaktive Lernprozesse einzulassen, erweitern ihre kollektive soziale Kompetenz und verbessern dadurch das Zusammenwirken ihrer Mitarbeitenden.

7.2.7 Kompetenzen der Beteiligten

Die Beteiligten an einer Mediation sind jene Betroffenen, die sich persönlich am Mediationsverfahren beteiligen. In der Fachsprache werden sie auch als Mediand*innen bezeichnet. Sie erfüllen idealerweise fünf Kriterien:

1. Sie sind von dem Konflikt betroffen und haben ernsthaftes Interesse an einer Lösung. Dazu sind sie auch bereit und in der Lage, für eigene Interessen einzutreten.
2. Sie wissen über den Inhalt und die Lösungspotenziale Bescheid, d. h. sie verfügen über ausreichende Feldkompetenz.

3. Sie sind psychisch, physisch und intellektuell in der Lage, aktive Lösungsarbeit in einer Mediation zu leisten. Es besteht Bereitschaft, die Interessen der
   Gegenseite nachzuvollziehen und deren Existenz zu respektieren.
4. Sie haben die Kompetenz oder das Mandat, über Lösungsmöglichkeiten
   zu entscheiden – oder Entscheidungen zumindest kurzfristig herbeizufüh-
   ren – sowie die Umsetzung einer gemeinsam getroffenen Entscheidung zu
   sichern.
5. Sie sind zeitlich flexibel.

Nun kommt es vor, dass Personen für eine Mediation zur Verfügung stehen,
welche das eine oder andere Kriterium nicht ausreichend erfüllen. Damit ist die
Mediation nicht von vornherein gescheitert. Die fehlende Qualifizierung kann
kompensiert werden.

Wenn eine Person kein ausreichendes Interesse an einer Lösung des Konflikts
hat, so ist sie keine Ressource für die Mediation. In diesem Fall ist es ratsam,
den Konflikt und seine Bedeutung für die Organisation in der Interessengruppe
nochmals zu erörtern und alternative Lösungsstrategien zu diskutieren. Wenn
keine Energie für aktive Lösungsarbeit vorhanden ist, kann es zweckmäßiger sein,
den Weg zu Gericht zu beschreiten und dort fremdbestimmt eine Entscheidung
abzuholen. Viele Menschen zögern aber nur, sich auf den Mediationsprozess einzulassen, weil sie nicht sicher sind, was sie erwartet und welche Folgen diese
ungewohnte Art der Kommunikation für sie haben könnte. Als Mediator*innen
konnten wir jedoch immer wieder feststellen, dass sich im Mediationssetting
sehr rasch eine vertrauensvolle Arbeitsatmosphäre entwickelt und Menschen ihr
Arbeitsumfeld mit unerwarteten Qualitäten überraschen. Dann stellt sich bei allen
Beteiligten sehr schnell eine hohe Lernbereitschaft und Lernfähigkeit ein.

Mangelnde oder fehlende Feldkompetenz über die inhaltlichen Fragen des
Konflikts sowie mögliche Lösungspotenziale kann bei Bedarf durch Sachverstän-
dige ergänzt oder ersetzt werden. Voraussetzung ist natürlich, dass die beteiligte
Person, welche ihre eigenen oder die Interessen ihrer Organisation vertritt, in der
Lage ist, den Sachverhalt zu verstehen und Entscheidungen mitzuverantworten.

Mangelnde psychische, physische oder intellektuelle Qualifikation kann durch
entsprechende externe Unterstützung durch eine Erwachsenenvertretung, Anwalt
bzw. Anwältin oder z. B. eine*n Gebärdendolmetscher*in für Gehörlose ausgeglichen werden. Bei nicht ausreichendem Sehvermögen muss sich das Mediationsteam methodisch auf die Situation einstellen und andere Möglichkeiten der
Visualisierung anbieten.

Fehlende Entscheidungskompetenz kann durch eine kurze Rücksprachemög-
lichkeit ausgeglichen werden. Natürlich ist es mühsam, wenn für kleinste Themen

jedes Mal nachgefragt werden muss. Erfahrene Mediator*innen werden daher bereits im Vorfeld einer Mediation in den Vorgesprächen oder zwischendurch die einzelne Interessengruppe dabei unterstützen, im Entscheidungsprozess schneller zu sein, allfällige Kompetenzen zu erweitern oder – noch besser – die Zuziehung einer entscheidungskompetenten Person zumindest in der Schlussphase der Verhandlung sicherzustellen.

Das Erfordernis zeitlicher Verfügbarkeit klingt fast wie eine Banalität, ist aber nicht immer selbstverständlich. Schlüsselarbeitskräfte, die viel auf Dienstreisen oder anderweitig in nächster Zeit blockiert sind, können den Start und Ablauf einer Mediation erheblich behindern. In diesem Fall sollte man klären, ob eine andere Person ihre Interessen in der Mediation wahrnehmen kann und sie in anderer Form als der persönlichen Teilnahme in den Prozess eingebunden werden. Es ist auch die Vermutung naheliegend, dass Menschen, die selten oder nie da sind, den Konflikt nicht sehr befeuern können.

7.2.8 Unterstützung und Umsetzung von Vereinbarungen

In Kap. 6 wurde das Mediationssystem als die operative Begegnungsfläche zwischen Mediationsteam und Betroffenen definiert. Meist ist das Mediationssystem kleiner als das gesamte System der Betroffenen einer Organisation. Ergebnisse einer Mediation müssen dann weiter kommuniziert werden, wenn sie sich auch auf andere auswirken. Vorgesetzte müssen mit der Lösung einverstanden sein, weil die Umsetzung auch von ihnen abhängt. Das heißt, die Kenntnis und Akzeptanz einer Mediationsvereinbarung im gesamten System ist von entscheidender Bedeutung für die Qualität der Umsetzung. Und es macht einen großen Unterschied, ob die Organisation den Mediand*innen mit Respekt und Anerkennung begegnet oder sie als „Streithähne" belächelt. Daher ist es von zentraler Bedeutung, wie eine Mediation im Unternehmen konnotiert wird, wer davon in welcher Form informiert ist und welchen Support sie von der höchsten Führungsebene (und allen Hierarchieebenen dazwischen) bekommt.

Indikatoren für Akzeptanz und Wertschätzung von Mediation sind u. a. die Handhabung von Aufträgen oder Rechnungen. Wird auf Anonymisierung des Konflikts und des Mediationsauftrages wertgelegt, dürfen Namen der Betroffenen im Angebot nicht aufscheinen. Wird das Thema Konflikt (noch) sehr schambesetzt behandelt, ist die Organisation noch in einer Aufbauphase im Umgang mit Konflikten.

7.2.9 Kompetenzaufbau in Konfliktmanagement

In der Frühphase der Organisationsentwicklung lagen die Kompetenzen in Bezug auf Moderation, Teamentwicklung und Konfliktmanagement fast ausschließlich bei den Beraterinnen und Beratern. Prozessbegleitung als Form der Unternehmensberatung zielte auf die Förderung der Lösungskompetenz des beratenen Systems und seiner Menschen ab. Die Betroffenen der beratenen Unternehmen waren vollends damit beschäftigt, sich in der Lösungssuche führen zu lassen. Vertreter*innen der Wiener Schule der Organisationsentwicklung berichteten, wie sich bei ihren Kund*innen erst später langsam das Interesse am eigenen Erlernen von Prozesstools entwickelte. Entsprechende Lernprozesse unterstützten den Kompetenzaufbau, bis man eines Tages sagen musste: Die Berater*innen haben sich selbst „hinausberaten", wie mir ein Beraterkollege einmal selbstironisch erzählte – ein schönes Beispiel, wie Organisationen begonnen haben, eigene Prozessführungskompetenzen aufzubauen, indem sie ihre Mitarbeitenden förderten, sich selbst zu entwickeln.

Bezogen auf Konfliktmanagement und Mediation ist die Entwicklung erkennbar, dass immer mehr Menschen in Organisationen in Mediation ausgebildet – wenn nicht auch praktizierend – sind. Am Beginn einer innerbetrieblichen Mediation steht daher die Frage, wer von Mediation schon gehört hat, wer bereits Erfahrung als Mediand*in hat, oder wer schon Aus- oder Weiterbildungen in Mediation bzw. Konfliktmanagement absolviert hat, um zu klären, welche Kompetenzen bei den Beteiligten vorhanden sind. Diese Vorbildungen stellen ein wichtiges Fundament für die Konfliktmanagement-Kompetenz einer Organisation dar.

▶ **Tipp**
Was ist nun der Nutzen, wenn Konfliktmanagement-Kompetenzen wie „Streusamen" in der Organisation herumliegen? Genau die in den vorherigen Absätzen geschilderten Elemente werden dadurch gefördert.

- Die Wahrnehmung von Konflikten findet schneller statt, weil höhere Sensibilisierung vorhanden ist.
- Konflikte werden nicht so sehr tabuisiert, weil sie als Ressource für Veränderung längst erkannt und akzeptiert sind.
- Ausgebildete Mediator*innen in Organisationen unterstützen Konfliktlösungsprozesse, weil sie deren Verbesserungspotenzial kennen.

- Ihr Zugang ist niederschwellig, weil sie den Prozess kennen und keine Scheu haben, ihn von innen zu erleben. Die Mitwirkung in einem Mediationsverfahren als Konfliktbeteiligte ist eine der wichtigsten Selbsterfahrungen für angehende wie für praktizierende Mediator*innen!
- Als Entscheidungsträger*innen werden Kund*innen auch eher bereit sein, Budgets für diese sinnvolle Form externer Beratung bereitzustellen.

7.2.10 Mediationsausbildungen für Führungskräfte

Mit Einführung und Verbreitung systemischer Beratungsmethoden, welche die Prozessbegleitung und weniger die Fachberatung in den Vordergrund stellten, stieg auch das Interesse vieler Organisationen, Begleitungsaufgaben wie z. B. die professionelle Moderation interner Meetings durch eigene Mitarbeitende abzudecken. Entsprechende Weiterbildungen wurden besucht und umgesetzt.

Im Bereich der Mediation konnte beobachtet werden, dass zunächst der Großteil der Ausbildungswilligen als Ziel die Ausübung von Mediation als (entgeltliche) Dienstleistung sah. Nach und nach verschob sich deren Anteil zugunsten von Führungskräften (und übrigens auch Human Ressource-Spezialist*innen), welche die Mediationsausbildung und die damit verbundenen Kompetenzen als Verbesserung ihrer Arbeitsqualität im Herkunftsberuf identifizierten.

Selbstverständlich kann eine Führungskraft im eigenen Bereich nicht Mediation im klassischen Sinn ausüben. Ergebnisoffenheit, Neutralität und Distanz zum Konfliktgegenstand sind in der Regel nicht gegeben – oder können zumindest nicht glaubhaft versichert werden.

Es gibt aber eine Reihe wertvoller Tools, die eine Mediationsausbildung vermittelt und die für eine Führungskraft eine sinnvolle Ergänzung und Qualitätsverbesserung darstellen kann. Die grundsätzliche Haltung, Mitarbeitenden auf gleicher Augenhöhe zu begegnen, ihnen Wertschätzung und Respekt entgegenzubringen, sie als Expert*innen für ihr Arbeitsgebiet zu betrachten, ihre Interessen und Bedürfnisse zu erfragen, gemeinsam mit ihnen Vereinbarungen zu treffen usw., ist nur ein Beispiel für möglichen Kompetenzzuwachs durch eine Mediationsausbildung.

Beispiel

Auch im Bereich freier Berufe berichteten z. B. Vertreter*innen juristischer Tätigkeiten wie Notar*innen, dass sich ihre Beratungstätigkeit durch eine andere Art der Gesprächsführung verändert habe. Das Erfragen und Verstehen persönlicher Interessen und Bedürfnissen von Kund*innen (wie z. B. Gesellschafter*innen oder Erb*innen) hat die Qualität juristischer Beratung signifikant verbessert. Aus erprobten juristischen Lösungsmodellen wurden maßgeschneiderte Einigungen. Deren Umsetzung hat bessere Chancen, weil sich die Kund*innen darin besser verstanden und angenommen sehen.◄

7.2.11 Interne Konfliktberatungssysteme

Eine nächste Stufe des Kompetenzaufbaus innerhalb von Organisationen bildet die Ausbildung von internen Konfliktberater*innen oder Konfliktlots*innen. Wie das Beispiel der Medizinischen Universität Wien (siehe Abschn. 7.2.2) zeigt, kann das gezielte Training von Mitarbeitenden dazu führen, dass niederschwellig jemand aus einer anderen Organisationseinheit zugezogen werden kann, um eine schwierige Situation zu analysieren, über mögliche Lösungsschritte zu beraten oder bei Bedarf sogar selbst zu moderieren, zu mediieren oder zu coachen. Dies bedingt jedoch eine gewisse Organisationsgröße, damit im Bedarfsfall Personal aus anderen Bereichen zur Verfügung steht, sodass die fachliche und persönliche Distanz gewährleistet ist.

7.2.12 Konfliktbilanzen, Konfliktmonitoring

Pflicht des Vorstandes einer Aktiengesellschaft ist die Erstellung einer Jahresbilanz, mit der er u. a. die Aktionäre informiert, was mit deren Geld geschieht. Für Unternehmer*innen ist es selbstverständlich, sich mittels Bilanzen über den wirtschaftlichen Erfolg ihrer Firma auf dem Laufenden zu halten. Das ist so, seit es freies Unternehmertum gibt, welches sich für die finanzielle Entwicklung verantwortlich fühlt.

Neu war in den frühen 1970er-Jahren der Gedanke, eine Sozialbilanz aufzustellen. Darin wird der soziale Nutzen den sozialen Kosten gegenübergestellt und ermittelt, was ein Unternehmen im Rahmen seiner Corporate Social Responsibility gegenüber seinen Mitarbeitenden leistet. Auch hier geht es um Soll und Haben, den finanziellen Vorteil bestimmter Maßnahmen (Pfitzer, 2023).

Ein weiterer Begriff, der unter Expert*innen immer wieder angesprochen, aber in der Praxis und Fachliteratur noch nicht ausreichend erfasst ist, ist die Konfliktbilanz. Gemeint ist eine Gegenüberstellung von in Geld messbarem Aufwand und Nutzen von Konflikten bzw. gegensteuernden Maßnahmen. Defizite in der Arbeitsleistung, Krankenstände oder Fluktuation lassen sich kalkulieren. Das würde auch die Kosten konfliktvermeidender mediativer Dienstleistungen umfassen.

Als Kenngrößen bieten sich an:

- Honorare des Mediationsteams,
- Anteilige Personalkosten der Beteiligten,
- Sachkosten wie Raummiete, Fahrtkosten etc.,
- Zeitverluste durch Ablenkung, Konzentrationsmängel, Fehler oder Krankenstände,
- Opportunitätskosten durch Nichterreichen von Verkaufszahlen, Ausbleiben von Entwicklungserfolgen etc.,
- Kosten durch Fluktuation (personelle Unterbesetzung, Überstunden, Nichterledigung wichtiger Arbeiten, Suchkosten, Personalberater-Provisionen, Zeitaufwand für Bewerber*innen-Interviews, Einschulungskosten, Fehlerbehebung in der Anlernphase usw.).

Hintergrundinformation

Die Erfassung von Zufriedenheit am Arbeitsplatz hat sich z. B. die Organisation Great Place To Work seit den frühen 1990er-Jahren zur Aufgabe gemacht. Sie berät Unternehmen dabei, sich für Mitarbeitende attraktiv zu machen, und bewertet deren Status quo jährlich in einem Ranking für die Teilnehmerbetriebe.

Von solchen Systemen ist die Wirtschaftsmediation noch ein Stück weit entfernt, man sollte sie aber als Ziel im Auge behalten. Organisationen, die offen für solche Bilanzen sind, könnten in Zukunft auch die ersten Gesprächspartner*innen für Konfliktbilanzen sein.

Ein wahres Zukunftsthema wäre ein Konfliktmonitoring. Bei höherer Digitalisierung könnten automatische Konfliktmonitoring-Systeme zur laufenden Erkennung sich anbahnender Konflikte und Beobachtung bestehender Konflikte verfügbar werden (siehe dazu näher Kap. 3).

7.2.13 Umgang mit konkreten Konfliktthemen

Ist eine Konfliktsituation einmal aufgetaucht – und „genießt" sie insbesondere auch ein breites „Publikum" – bekommt der Umgang damit besondere

Aufmerksamkeit. Wie verhält sich die Führungskraft, die Geschäftsleitung, der Betriebsrat, der Aufsichtsrat? Wird die Gelegenheit „beim Schopf gepackt" und aktiv eine Lösungsarbeit eingeleitet? Oder werden eher Schuldige gesucht und die Problemlösung delegiert?

7.2.14 Bereitschaft zu Offenheit und Bearbeitung von Konflikten

Die Bereitschaft, Konfliktthemen offen anzusprechen, hängt u. a. von der Bewertung und allfälligen Sanktionierung ab. Mit gelösten Konflikten kann man einen Imagegewinn erzielen oder geringschätzig angeschaut werden: „Na, zumindest hat er *sein* Problem selbst gelöst."

7.2.15 Entscheidungsmacht bzgl. Konfliktthemen

Entscheidungen sind oft auch eine Frage des Mutes. Je kompetenter die Beteiligten einer Organisation mit Konflikten umgehen, umso glaubwürdiger sind sie als verantwortungsvolle Führungskräfte.

7.2.16 Rückhalt in der Organisation

Hier geht es um die Aspekte der Schuldigensuche oder der Verantwortungsübernahme. In einer reifen Organisation sind das Benennen und Aufgreifen von Konflikten Teil von Führungsaufgaben. Dies benötigt entsprechende Weiterbildung, Erfahrung und Handlungssicherheit – und keine Berührungsängste.

7.2.17 Rückbindungsmechanismen

Es ist wichtiger Teil der Konfliktanalyse und des anschließenden Prozesses, das zu informierende System zu kennen und zu wissen, welche Personen für nachhaltige Lösungen gebraucht werden oder die Umsetzung verhindern können. Internes Konfliktmanagement ist gefordert.

7.2.18 Persönliche Eigenschaften

Verleugnung oder Transparenz, Schamgefühl oder Bekenntnis und Mut, Offenheit oder Verschwiegenheit machen die persönliche Reife von handelnden Personen in einer Organisation aus. Kommunikative Fähigkeiten, Berechenbarkeit oder Handschlagqualität können wertvolle Beiträge zu einem erfolgreichen Umgang mit Konflikten sein.

7.2.19 Priorität für Lösungsfindung

Niemand wird Begeisterung erwarten, wenn ein Problem auftaucht. Aber es macht einen Unterschied, ob die Umgebung dann reflexartig untertaucht oder die Situation aktiv aufgreift.

7.2.20 Rechtliche Kompetenz

Das Kundensystem ist für die Umsetzung von Lösungen zuständig. Mediationsteams können diesen Schritt begleiten bzw. als „Anwälte des Mediationsverfahrens" überwachen. Es liegt allerdings in der Verantwortung der Kunden, die rechtliche Ausgestaltung erzielter Vereinbarungen abzusichern. Wenn die dafür notwendige Kompetenz in der Organisation (z. B. durch eine interne Rechtsabteilung) fehlt, muss sie extern zugezogen werden. Das Mediationsteam muss auf diese Verantwortung hinweisen.

7.3 Ausblick

Die Verbreitung mediativer Dienstleistungen in Organisationen hängt von mehreren Faktoren ab. Der offene Umgang mit Konflikten, d. h. die Bereitschaft zu Offenheit und Bearbeitung von Konflikten statt Tabuisierung, die Erteilung von Entscheidungskompetenzen, Konflikte aktiv zu managen, der Rückhalt Handelnder in der Organisation, funktionierende Rückbindungssysteme bis in die Geschäftsleitung sowie nicht zuletzt persönliche Eigenschaften von Führungskräften (kommunikativ und berechenbar zu sein, Handschlagqualität zu beweisen etc.) sind erforderlich, um aktiven Lösungsfindungen Priorität zu geben.

Durch die zunehmende Akzeptanz mediativer Dienstleistungen können wir Entwicklungen beobachten, die Grund zu Optimismus geben.

Zusammenfassend kann gesagt werden, dass Mediation – konkret Wirtschafts-mediation – nicht nur als freiberufliche Dienstleitung zu sehen ist, sondern zunehmend auch als Kompetenz von Teilnehmer*innen innerhalb organisatorischer Systeme genutzt wird.

Wenn der Rückgang zivilgerichtlicher Verfahren an österreichischen Gerichten, wie er ab 2015 beobachtet wurde, mit dem Aufbau zunehmender Kompetenzen in Unternehmen in Verbindung gebracht werden könnte (was aktuell nur eine Hypothese ist), so könnten Mediationsausbildungen für Führungskräfte und Entscheidungsträger*innen auch als spürbarer Beitrag zu konstruktiverem und nachhaltigem Umgang mit Konflikten zwischen Unternehmen gesehen werden.

7.4   Key Points

7.4.1   Für Wirtschaftsmediatoren

Beratungsqualität umfasst das projektspezifische Management der Beratungs-dienstleistung. Im Mittelpunkt stehen der Beratungsprozess und die Beratungs-ergebnisse mit den notwendigen fachlichen, methodischen, sozialen und persönlichen Kompetenzen des Beraters oder der Beraterin zur Bearbeitung der Kundenthemen. Grundlage dafür bilden die Empfehlungen der ISO 20700.

Beratungsqualität hat darüber hinaus die Erfüllung der Anforderungen aller Stakeholder sowie die Sicherstellung der Nachhaltigkeit der Beratungsleistungen durch Akzeptanz und Umsetzung sowie adäquates Risikomanagement und Performancesicherung zum Ziel.

7.4.2   Für Kunden

Die Beratungsqualität kann und soll aus Sicht der Beratungsanbieter*innen und der Kund*innen definiert werden.

Qualitätsmerkmale sind ein exakt festgelegter Beratungsauftrag, ein klar strukturierter Prozess mit adäquaten Interventionsmethoden und qualifizierten Prozessbeteiligten, ebenso wie geeignete Beratungsstrukturen (externe versus interne Beratung), die Beraterauswahl, der Umgang mit Beratung und das Management des Beratungsprozesses durch den Kunden oder die Kundin.

Literatur

Ferz, S., & Salicites, H. (2016). *Mediation in Betrieben – Konfliktmanagement und Organisationsentwicklung im Arbeitsalltag*. Verlag Österreich.

Glasl, F. (2003). *Konfliktmanagement in Organisationen*. Freies Geistesleben.

Pfitzer, N. (2023). Sozialbilanz. https://wirtschaftslexikon.gabler.de/definition/sozialbilanz-44814. Zugegriffen: 29. Dez. 2023.

Gesetze

Allgemeines bürgerliches Gesetzbuch (ABGB)JGS 1811 /946 idF BGBl I 2023/182.

Angestelltengesetz (AngG) BGBl 1921/292 idF BGBl I 2023/115.

Gleichbehandlungsgesetz GlBG) BGBl. I Nr. 66/2004..

Qualität von Rahmenbedingungen und Umfeld der Wirtschaftsmediation 8

Gerhart Conrad Fürst

Zusammenfassung

Politischer Wille, berufliche und gesellschaftliche Normen sowie Gesetze sind wichtige Rahmenbedingungen für Entwicklung und Akzeptanz von Mediation in der Gesellschaft. Darauf aufbauend entwickelt sich ein regulierter Markt (etwa durch verpflichtende Mediationsversuche bei Gerichtsverfahren) oder ein freier Markt (durch freiberufliches Angebot). Das Bedürfnis westlicher Gesellschaften nach Harmonie und einvernehmlicher Konfliktlösung statt Konfrontation und Machtausübung wird den Durchbruch mediativer Dienstleistungen im Allgemeinen und von Mediation im Besonderen früher oder später ermöglichen. Welche Art der Konfliktbearbeitung entspricht den gesellschaftlichen Normen? Worin liegen die Bedürfnisse der Bevölkerung im Umgang mit Konflikten? Was entspricht der Mentalität und Kultur aktuell am meisten? Wie müssten sich die Gepflogenheiten durch Veränderungen in der Gesellschaftsstruktur anpassen? In diesem Kapitel werden die vom Umfeld vorgegebenen Rahmenbedingungen beleuchtet. Geklärt wird, welchen Einfluss diese Rahmenbedingungen auf die Entwicklung mediativer Dienstleistungen haben.

G. C. Fürst (✉)
Trialogis OG, Wien, Österreich
E-Mail: gerhart.fuerst@trialogis.at

© Der/die Autor(en), exklusiv lizenziert an Springer-Verlag GmbH, DE, ein Teil von Springer Nature 2025
I. A. Ennsfellner und G. C. Fürst (Hrsg.), *Exzellente Wirtschaftsmediation*,
https://doi.org/10.1007/978-3-662-69680-4_8

8.1 Rahmenbedingungen im Umfeld der Wirtschaftsmediation

Jede wirtschaftliche Aktivität hängt bei ihrer Verbreitung von den Bedingungen ab, die das Umfeld ihr bietet. Dabei ist vor allem an die politische und gesellschaftliche Situation zu denken. Z. B. können Gesetze Mediation vor Beginn eines Gerichtsverfahrens empfehlen, vorschreiben oder erschweren. Eine Gesellschaft kann Mediation gegenüber aufgeschlossen oder zurückhaltend sein. Wirtschaftliche Systeme zeigen einen Trend, wie sie mit Konflikten umgeht, ob sie eher zur gerichtlichen Auseinandersetzung neigt oder lieber konsensuale Lösungen sucht.

Die folgenden Anhaltspunkte bieten eine aktuelle Einschätzung der Rahmenbedingungen und des Umfeldes für Mediation oder allgemein für mediative Dienstleistungen.

8.2 Qualitätskriterien für Rahmenbedingungen im Umfeld der Wirtschaftsmediation

Zu Beginn wird der Blick auf zwei andere Beratungsbranchen gerichtet – Medizin und Architektur. Für beide haben sich in den letzten Jahrzehnten alternative bzw. komplementäre Ansätze eröffnet. In der Medizin war es z. B. die Homöopathie oder die Traditionelle Chinesische Medizin (TCM), in der Architektur (und nicht nur dort) war es Feng-Shui. Nach anfänglicher Skepsis bis Ablehnung, die bei Verfechter*innen der „traditionellen Kunst" teilweise bis heute noch wahrzunehmen sind, haben diese alternativen Methoden immer mehr zum Nachdenken angeregt. Zunehmendes Interesse der Patient*innen bzw. Kund*innen veranlasste immer mehr Expert*innen, ihr Fachgebiet damit zu ergänzen. Nicht jede*r Mediziner*in wurde zum Verfechter von Homöopathie, aber viele erkennen an, dass Patient*innen gerne auf natürliche Heilmethoden zurückgreifen. Nicht jede*r Architekt*in plant und baut nach Feng-Shui-Richtlinien, aber viele akzeptieren, dass „etwas dran sein muss", wenn immer mehr Menschen auf natürliche Materialien oder runde Formen ansprechen.

Mediation verbreitet sich ähnlich. Immer mehr Anwält*innen verstehen ihre Aufgabe in der Lösung von Konflikten und nicht im Führen von Prozessen. Immer mehr Richter*innen sehen Mediation nicht als Konkurrenz, sondern als manchmal sinnvolle Ergänzung in der Lösung von Auseinandersetzungen. Immer mehr Unternehmen suchen den gemeinsamen friedlichen Weg, bevor

sie gerichtliche Schritte einleiten. Und nicht zuletzt ist die Unternehmens-
beratung als organisationale Dienstleistungsbranche gefordert, mit mediativen
Dienstleistungen den Anforderungen des Marktes zu entsprechen.
Dazu müssen Rahmenbedingungen im Umfeld passen.

8.2.1 Politischer Wille

Um Mediation in einem Land anbieten zu dürfen, muss sie grundsätzlich zulässig
und bekannt sein. Interessanterweise bildet die Mediation in totalitären Systemen
wie in China aufgrund ihrer historischen Verankerung einen festen Bestandteil zivilrechtlicher Konfliktlösung, allerdings in direktiverer Form als in Europa
bekannt. In westlichen Demokratien entwickelte sie sich seit den 1970er-Jahren.
In manchen nahöstlichen Kulturen blickt sie auf eine lange Tradition zurück
(Klammer & Geißler, 1999). Siehe dazu auch Kap. 11 über Trends.
Die Entfaltung von Mediation ist immer dort möglich, wo das politische
System sie zulässt und fördert.

8.2.2 Bekanntheit von Mediation in der Öffentlichkeit und gesellschaftspolitischer Stellenwert

Wie bei jedem Produkt und jeder Dienstleistung ist die Verbreitung und Entwicklung der Mediation von der Akzeptanz des Marktes und der Gesellschaft
abhängig. Der Nutzen muss erkennbar sein, die Vorteile müssen überwiegen und
das Angebot leistbar sein.
Die Wirtschaftsmediation hat sich ihren Weg in kleinen Schritten und manchmal vielleicht etwas mühsam erarbeitet. Ein plötzlicher Boom oder Hype ist ihr
erspart geblieben. Die Anbieter*innen haben sich mehrheitlich mit Ausdauer und
Konsequenz einen Platz im Markt gesichert. Das langsame Wachstum kam dem
kontinuierlichen Aufbau der Qualität zugute. Somit kann heute gesagt werden,
dass der Begriff Mediation in der Gesellschaft mehrheitlich positiv besetzt ist.
In Bezug auf die weiteren Methoden mediativer Dienstleistung, z. B. bei
Coaching oder Teamentwicklung, welche beide präventiv auf Konflikte wirken
können, ist eine viel längere Geschichte erkennbar als bei der Mediation.

8.2.3 Bekanntheit von Wirtschaftsmediationsfällen in der Öffentlichkeit

Konflikte werden immer noch als unanständig, peinlich oder als Schwäche konnotiert. Die gesetzliche bzw. vertragliche Verschwiegenheitspflicht von Mediator*innen trägt daher viel zur Akzeptanz der Methode bei, weil damit gesichert ist, dass der Konflikt streng vertraulich behandelt wird. Genau dieser Schutz der Konfliktsphäre hat aber auch eine Kehrseite. Die Öffentlichkeit weiß nichts über erfolgreich abgeschlossene Mediationsfälle, weil Mediator*innen keine Referenzfälle nennen dürfen, wenn sie von den Kund*innen nicht ausdrücklich dazu ermächtigt wurden.

Hintergrundinformation
Zwei Ausnahmen aus der eigenen Praxis sind das Mediationsverfahren Flughafen Wien (2000–2005), welches bis heute als das weltweit größte typische Mediationsverfahren gilt, sowie das gerichtsanhängige Anlegerverfahren des Vereins für Konsumenteninformation VKI gegen den Anlegerberater AWD. Über beide Verfahren wurde in den Medien öffentlich berichtet. Und in beiden Fällen hat die Mediation den Beteiligten eine ungleich längere und teurere Auseinandersetzung erspart. Dass Mediation auch private und öffentliche Bauverfahren unterschiedlicher Größe, Gesellschafterkonflikte oder Markenstreitigkeiten zu raschen und kostengünstigen Lösungen geführt hat, bleibt aufgrund der für eingetragene Mediator*innen geltenden gesetzlichen Verschwiegenheitspflicht oft im Verborgenen. Die beteiligten Parteien ziehen es meist vor, dass der Konflikt nicht medienwirksam wird. Schade ist es allerdings, dass Medien dazu neigen, über (noch ungelöste) Konflikte sehr prominent zu berichten. Wenn sie dann gelöst sind (egal ob über einen Vergleich oder eine Mediation), ist die Meldung kaum mehr als eine Randnotiz wert. Der Streit um den Markennamen eines bekannten österreichischen Gastronomiebetriebes war wochenlang Gegenstand medialer Berichterstattung. Als er gelöst war, las man kaum eine Information darüber. Über die seinerzeitigen Protestbewegungen gegen den Bau einer dritten Startbahn am Flughafen Wien konnte man an prominenter Stelle ausführliche Berichte lesen. Als die Lösungssuche dank einer Mediation in geordnete Bahnen kam und niemand mehr auf die Straße ging, war das Interesse der Medien verschwindend klein. Zugestanden wird, dass dies dem Mediationsteam nur recht war und dem Mediationsverfahren guttat, weil man in Ruhe arbeiten konnte, ohne dass sich ständig jemand vor laufenden Kameras rechtfertigen musste.

8.2.4 Gesetzliche Regelungen

Die erste gesetzliche Verankerung mit wirtschaftlichem Bezug fand die Mediation 1993 im Umweltverträglichkeitsprüfungsgesetz (UVP-G, 1993). Dort wird gezielt auf die Möglichkeit einer Mediation hingewiesen, wenn der Bauträger einer solchen zustimmt. Damit wird einerseits die Freiwilligkeit abgesichert, andererseits ist dies eine pragmatische Regelung, da der Bauträger üblicherweise auch die Kosten der Mediation trägt (zur Umweltmediation siehe Kerschner et al., 2003; Fürst et al., 2004).

2003 wurde mit der Verabschiedung des österreichischen Zivilrechts-Mediations-Gesetzes (öZivMediatG, 2003) und der angeschlossenen Ausbildungsverordnung die Mediation breiter und vor allem für gerichtsanhängige Verfahren geregelt. Die wichtigsten Bestandteile sind die unabdingbare Verschwiegenheitspflicht von Mediator*innen (sie können auch nicht entbunden werden) sowie eine Fristenhemmung für die Dauer der gehörig fortgeführten Mediation. Damit gelang auch eine Vorreiterrolle innerhalb der Europäischen Union. Die EU-Mediationsrichtlinie (Richtlinie, 2008/52/EG) sowie internationale Standards für Mediation wie die Singapore Convention (siehe Singapore International Dispute Resolution Academy; Frauenberger-Pfeiler, 2022) geben weitere Orientierung und werden in Kap. 4, 11 näher behandelt.

8.2.5 Normen und Standards der Wirtschaftsmediation

Qualitätsstandards für die Wirtschaftsmediation – im Sinne von Verfahrensstandards und Qualifikationsstandards für Mediator*innen und mediative Dienstleister*innen – wurden in Kap. 2 klassifiziert und diskutiert, ebenso wie die zunehmende strategische und normative Bedeutung des Beitrages von Kundenorganisationen für Konfliktmanagement und Konfliktprävention.

Freiwillige Standards wie die ISO 20700 Leitlinien für Unternehmensberatungsdienstleistungen (2019) bieten Qualitätsrichtlinien für Berater*innen als Wirtschaftsmediator*innen für die Ausübung von Mediation an (siehe dazu näher Kap. 2).

Darüber hinaus haben mehrere Berufsverbände bzw. Kammern Mediation als Teil ihres Berufsbildes definiert und versucht, diese mit den Standesregeln für den eigenen Berufsstand in Einklang zu bringen. So hat der Fachverband Unternehmensberatung, Buchhaltung und Informationstechnologie (2023a, b, S. 15) ein Berufsbild zum rechtlichen Rahmen, dem Beratungsprozess, den Beratungsmethoden sowie den Kompetenzen und Beratungsfeldern erstellt. Zur Wirtschaftsmediation wird dabei wie folgt ausgeführt:

Wirtschaftsmediation

- Mediative Begleitung und Unterstützung in allen unternehmensinternen Konflikten zwischen Einzelpersonen, Gruppen, Abteilungen und bei auf Ausgrenzung abzielenden Verhaltensweisen (z. B. Mobbing)
- Mediative Begleitung und Unterstützung in streitigen Verhandlungen zwischen Management und Belegschaftsvertretungen
- Mediative Begleitung und Unterstützung in grundsätzlichen Strukturfragen, wie z. B. Unternehmensnachfolge, Kooperationen und Fusionen
- Analyse von Konflikten innerhalb und zwischen Unternehmen
- Mediative Begleitung und Unterstützung in streitigen Verhandlungen zwischen Unternehmen, z. B. vor- und nachgelagert in der Prozesskette oder dem Mitbewerb
- Beratung bei der Auswahl des Verhandlungsteams sowie Coaching desselben
- Unterstützung bei der Formulierung einer verbindlichen Vereinbarung
- Präventive Maßnahmen der Konfliktbearbeitung
- Etablierung einer konstruktiven Konflikt- und Streitkultur
- Begleitung bei der Umsetzung (eventuell Nachverhandlung) einer erzielten Vereinbarung

Weiter geben die Ethikrichtlinien des Österreichischen Netzwerks Mediation (2017) einen umfassenden Rahmen für Ethik und Haltung von Mediator*innen. Sie beziehen sich grundsätzlich auf Mediationsverfahren, sind aber für jede Form mediativer Dienstleistung adaptierbar.

Zivilrechtliche Verträge enthalten üblicherweise eine Klausel für den Fall von Streitigkeiten aus dem gegenständlichen Rechtsgeschäft. Statt des lapidaren Satzes „Gerichtsstand ist … " wurden zunächst auch Schiedsgerichtsklauseln verwendet mit der Erwartung, dass diese im Konfliktfall rascher und emotionsloser zu Entscheidungen führen. Als eine nächste Entwicklungsstufe in der konsensorientierten Zusammenarbeit könnte man Mediationsklauseln betrachten. Diese sind vielfach im Internet abrufbar.

Beispiel

Die Wirtschaftskammer Österreich (WKO Experts Group Wirtschaftsmediation) bietet zum Beispiel folgende Formulierung für eine Mediationsklausel an:

„Für den Fall von Streitigkeiten aus diesem Vertrag auch hinsichtlich dessen Wirksamkeit werden die Vertragsparteien über eine Konfliktlösung miteinander verhandeln. Führen die Verhandlungen binnen 30 Tagen nicht zum Erfolg, vereinbaren die Vertragsparteien als nächsten Schritt den ernsthaften Versuch, den Konflikt in einer Mediation zu lösen. Die Erfassung der Konfliktthemen, die Auswahl von am Bundesministerium für Justiz eingetragenen MediatorInnen (öZivMediatG) und die Festlegung des Ablaufes werden einvernehmlich erfolgen. Jeder Vertragspartei steht es von Beginn an frei, diese Mediation ohne Sanktionen abzubrechen, um eventuell weitere rechtliche Schritte zu unternehmen."◄

Mediationsklauseln bewirken, dass vor dem Gang zu Gericht auf jeden Fall nochmals über Alternativen nachgedacht werden muss und der außergerichtliche Streitbeilegungsversuch zumindest in Betracht gezogen wird (siehe dazu Kap. 4). Der Nutzen liegt fast in allen Fällen in der Kosten- und Zeitersparnis sowie der Chance, Geschäftsbeziehungen nicht weiterer Eskalation auszusetzen, sondern sie sogar wieder „in ein ruhigeres Fahrwasser" zu bringen, auf dessen Basis zukünftige Kooperationen eher wieder denkbar sind.

8.2.6   Staatliche Institution oder freier Markt

Mediation – insbesondere im Kontext gerichtsanhängiger Verfahren – wird auf zwei Arten sichtbar:

8.2.6.1   Mediation als staatliches Instrument der Konfliktlösung bei Gerichten und Behörden

Das Verhältnis zwischen Mediation und gerichtlichen Verfahren ist in Europa (zum DACH-Raum siehe Kap. 4) sehr unterschiedlich ausgestaltet. In einigen europäischen Staaten wird Mediation im Fall gerichtlicher Auseinandersetzungen gleich zu Beginn vom Gericht als Verfahrensalternative angeboten. In Slowenien z. B. werden die Konfliktparteien regulär angeschrieben und müssen sich binnen einer Frist äußern, ob sie beide/alle zu einem Mediationsversuch bereit sind. Wenn das der Fall ist, werden sie gemeinsam einem/r anderen als dem/r Verfahrensrichter*in zugewiesen, der bzw. die die Mediation durchführt. Führt die Mediation zu keiner oder keiner vollständigen Einigung, wird an den/die Verfahrensrichter*in zurückverwiesen. In Österreich läuft dazu ein Pilotversuch unter dem Titel „Einigungsrichter*innen". Hier ist der Versuch so wie auch in Slowenien, kostenlos.

8.2.6.2 Mediation als freiberufliche Dienstleistung

Seit 2003 ist Mediation als freiberufliche Dienstleistung im öZivMediatG geregelt. Seit 2008 hat sich eine Gruppe von Mediator*innen auf die Mediation
bei handelsrechtlichen Streitigkeiten spezialisiert, später wurde das Modell auf
mehrere österreichische Landesgerichte und wenige Bezirksgerichte ausgeweitet.
Voraussetzung ist die Führung der Mediation durch eine*n beim Bundesministerium für Justiz eingetragene*n Mediator*in. 2011 wurde mit dem Verband für
Mediation gerichtsanhängiger Verfahren eine Organisation gegründet, die Qualitätsrichtlinien vorschlägt und eine Liste speziell erfahrener Mediator*innen führt
(VMG, 2023). Dieses Werk betont schwerpunktmäßig die Möglichkeiten der
mediativen Dienstleistung als Teil der Unternehmensberatung.

8.3   Ausblick

Die Verbreitung von Mediation hängt von politischen und gesellschaftlichen Rahmenbedingungen ab. Nur auf deren Basis können sich die Nachfrage und ein
Markt entwickeln. Die Verordnung von Mediation bei gerichtlicher Auseinandersetzung ist nicht unbedingt der wirksamste Hebel. Verpflichtung oder moralischer
Druck führen eher zu Widerständen als zu Überzeugung. Letztlich lebt Mediation
wie jedes Produkt von guten Beispielen und Erfolgsgeschichten.

Die langsame Entwicklung der Mediation dient der Qualität. Das schnelle
Geschäft ist damit nicht zu machen, und berühmt wird man damit aufgrund der
fehlenden Schlagzeilentauglichkeit auch nicht.

Sollten die politischen Zeichen international derzeit auch auf Konfrontation,
Radikalisierung und Rechtsruck stehen, so wünschen sich die Menschen in den
Gesellschaften doch oft mehr Harmonie. Mediation und mediative Dienstleistungen finden genau dort ihren Weg und werden daher mittel- bis langfristig aus
allen Ebenen von Konfliktlösung nicht mehr wegzudenken sein.

8.4   Key Points

8.4.1 Für Wirtschaftsmediatoren

1. Die gesetzlichen Rahmenbedingungen haben einen grundlegenden Einfluss auf
   die Positionierung der Mediation bei gerichtsanhängigen Verfahren. Während
   gesetzlich vorgesehene Mediationsversuche im Rahmen von Gerichten diese

praktisch ausschließlich durch Richter*innen vorsehen, erfordert das Fehlen eines solchen Gesetzes die Entwicklung eines freien Anbietermarkts.

2. Hinderliche Rahmenbedingungen könnten eine qualitativ höherwertige Entwicklung der Mediation begünstigen, weil dadurch der Marktzugang erschwert ist. Solche Hürden können am ehesten jene Anbieter*innen überwinden, die sich in ihrem Portfolio vollständig auf mediative Dienstleistungen konzentrieren.

8.4.2 Für Kunden

1. Wenn die Inanspruchnahme von Mediation bei gerichtsanhängigen Verfahren nicht gesetzlich geregelt ist, so bedeutet dies die Notwendigkeit, dass sich Kund*innen über das Angebot auf dem freien Markt informieren und bei Bedarf über Referenzen Anbieter*innen in der gewünschten Qualität finden müssen.
2. Wenn gesetzliche Normen für Mediation fehlen, könnte weniger Veranlassung gegeben sein, diesen Dienstleistungszweig zu nutzen. Damit verblieben Kund*innen öfter bei der unter Umständen teureren und zeitaufwendigeren gerichtlichen Konfliktlösung.
3. Wenn man die Entwicklung der Wirtschaftsmediation seit dem Jahr 1997 verfolgt, so kann man deutliche Fortschritte in der Verbreitung und auch Akzeptanz dieser Methode erkennen. Sowohl auf Seite der Europäischen Union als auch in den Mitgliedstaaten bzw. im deutschsprachigen Raum wächst das Interesse und die Informiertheit über neue Wege der konsensorientierten Streitbeilegung.

Literatur

Fachverband Unternehmensberatung, Buchhaltung und Informationstechnologie. (2023). Berufsbild Unternehmensberatung. https://www.wko.at/oe/information-consulting/unt ernehmensberatung-buchhaltung-informationstechnologie/unternehmensberatung/berufs bild-unternehmensberatung.pdf. Zugegriffen: 21. Jan. 2024.

Fachverband Unternehmensberatung, Buchhaltung und Informationstechnologie. (2023). Experts Group Wirtschaftsmediation; Mediationsklausel – WKO, Zugegriffen: 15. Apr. 2024.

Frauenberger-Pfeiler, U. (2022). Zur „direkten" Vollstreckbarkeit von Mediationsvergleichen nach dem Übereinkommen von Singapur. Idee, Skepsis und ein Ausblick – auf den Spuren der Zurückhaltung aus österreichischer Sicht. In J. C. T. Rassi, S. Riel, & B. Schneider

(Hrsg.), *Festschrift Andreas Konecny*. *MANZ'sche Verlags- und Universitätsbuchhandlung*. Zugegriffen: 18. Sept. 2024.

Fürst, G. C., Kolenaty, E., Kollmann, C., & Menasse, P. (2004). *Umweltmediation: Methoden – Verfahren – Lösungswege für Entscheidungsträger und Mediatoren*. MANZ.

Kerschner, F., Bergthaler, W., & Hittinger, H. (2003). Umweltmediation im österreichischen Recht – Grundlagen – Potenzial – Instrumente. *BMLFUW, 4* (2003), 1–196.

Klammer, G., & Geißler, P. (1999). *Mediation – Einblicke in Theorie und Praxis professioneller Konfliktregelung*. Falter.

Österreichisches Netzwerk Mediation. (Hrsg.). (2017). Ethikrichtlinien für MediatorInnen. https://assets-global.website-files.com/5dff4188e65e06538bd40736/5e231d04b966 d92b4c82b968_Ethikrichtlinien.pdf. Zugegriffen: 24. Jan. 2024.

Singapore International Dispute Resolution Academy. (2022). Singapore Convention. https://www.singaporeconvention.org. Zugegriffen: 10. Jan. 2024.

Verband für Mediation gerichtsanhängiger Verfahren (VMG). (2023). www.vmg.or.at. Zugegriffen: 29. Dez. 2023.

Gesetze

Richtlinie 2008/52/EG des Europäischen Parlaments und des Rates vom 21. Mai 2008 über bestimmte Aspekte der Mediation in Zivil- und Handelssachen.

Umweltverträglichkeitsprüfungsgesetz 2000 (UVP-G) BGBl I 1993/697 idF BGBl I 2023/26.

Zivilrechts-Mediations-Gesetz (ZivMediatG) BGBl I 2003/29 idF BGBl I 2021/246.

Normen

EN ISO 20700:2019 Leitlinien für Unternehmensberatungsdienstleistungen.

Reifegradmodell der Wirtschaftsmediation

9

Gerhart Conrad Fürst

Zusammenfassung

Die in den Kapiteln 5 bis 8 entwickelten und beschriebenen Qualitätskriterien werden nun versuchsweise in jeweils drei Reifegrade eingeordnet. Dieses Modell soll einen gedanklichen Leitfaden bilden und kann nach eigenen Vorstellungen für das eigene Qualitätsprofil adaptiert werden. Wo stehe ich gerade in meinem Qualifikationsprofil? Welche Kompetenzen sind mir besonders wichtig? Wo möchte ich mich noch vertiefen? Welche Kriterien erscheinen mir für meine Anwendungsgebiete nicht so wichtig?

9.1 Relevanz des Reifegradmodells der Wirtschaftsmediation

Den Begriff Reife mag man zunächst vielleicht mit Obst oder – im persönlichen Kontext – mit der eigenen Reifeprüfung assoziieren. Im Zusammenhang mit Qualitätsbeurteilung hat er eine neue Bedeutung, auf die wir hier zurückgreifen wollen.

Mit der sprachlichen Erweiterung zum Reife*grad* bekommt er eine Messbarkeit und mit dem Terminus Reifegradmodell schließlich die technische Umsetzung. Reife wird verständlicher bei der Befassung mit Situativem Führen (Blanchard, 2007), welches sich mit der Auswirkung von Führungsverhalten auf Mitarbeiterentwicklungen beschäftigt.

G. C. Fürst (✉)
Trialogis OG, Wien, Österreich
E-Mail: gerhart.fuerst@trialogis.at

Der Grundgedanke ist, Entwicklungen messbar darzustellen und grafisch einzufangen. Dazu definieren wir die Qualitätskriterien in drei Bereichen:

- **Initial** definiert eine solide Basis für einen qualitätsvollen Zugang zur Materie, qualifizierte Grundausbildung und Erfahrung in mediativen Dienstleistungen, vorzugsweise in Mediation, aber noch wenig praktische Erfahrung.
- **Advanced** steht für erfolgreiche Weiterentwicklung – sowohl in theoretischer als auch praktischer Hinsicht. Mediative Dienstleistungen sind im weiteren Aufbau und werden zunehmend professionell eingesetzt.
- **Professional** bedeutet fundierte Kenntnis und Erfahrung in der Umsetzung des Gelernten als vorwiegenden Teil des beruflichen Erwerbs.

Wir bieten hier ein Modell an, das primär zum Nachdenken über sich selbst und die umgebenden Systeme anregen soll. Die eigene Arbeitssituation als Mediator*in, als Kunde oder Kundin und als Verantwortliche*r von Organisationen kann reflektiert werden. Und wenn unser Modell Sie anspricht, sind Sie eingeladen, Räume aufzusuchen, wo Sie Veränderungen ausprobieren können, vielleicht tatsächlich Verbesserungspotenziale sehen und an eigener Qualitätsverbesserung arbeiten wollen. Völlig diskret, ohne Zuschauende, keine Prüfung, kein Stress.

Die einzelnen Reifegrade werden so weit wie möglich verbal beschrieben. Qualitätsdefinitionen in Zahlen werden wegen mangelnder Objektivität vermieden.

In den folgenden Kapiteln folgt nun die Umsetzung des Reifegradmodells. Die in den Vorkapiteln beschriebenen Qualitätskriterien werden also den drei Bereichen „Initial", „Advanced" und „Professional" zugeordnet.

9.2 Reifegrad des Mediatorensystems

In diesem Abschnitt (siehe Tab. 9.1) geht es um die Einschätzung der Qualifikation von Mediator*innen, also den Anbieter*innen mediativer Dienstleistungen, konkreter von Wirtschaftsmediation. Damit ist die Unterstützung von konfliktbetroffenen Personen bei der Suche nach Lösungen gemeint. Die in der Fachliteratur über Mediation beschriebenen und in speziellen Gesetzen im DACH-Raum festgehaltenen Normen werden als Voraussetzung gesehen, Mediation in verantwortungsvoller Form anzubieten. Die Eintragung in eine bestimmte Mediator*innenliste muss keine Voraussetzung sein.

Zielgruppe mediativer Dienstleistungen sind Kund*innen bzw. Mediand*innen. Erstere vergeben einen Auftrag formal, letztere wirken aktiv als Betroffene in der Mediation oder an einem mediativen Prozess mit.

Beispiel

In Abb. 9.1 wird eine **mögliche grafische Aufbereitung des eigenen Reifegrades für Mediator*innen** gezeigt. Durch Eintragung der eigenen Einschätzungen (= Reifegrade) zu den einzelnen Qualitätskriterien entsteht eine Art Stern für die IST-Situation. Danach kann man nach eigenem Gutdünken SOLL-Werte einzeichnen und durch das dabei entstehende Delta (= Abweichung zwischen IST und SOLL) den eigenen Lernbedarf erkennen.

Will man die selbst gewählte Bewertung des eigenen Reifegrades grafisch abbilden, ergibt sich daraus ein Bild wie in Abb. 9.2. gezeigt wird. Wer Interesse hat, einen individuellen Reifegrad darzustellen, trägt Werte zwischen 0 und 3 in die Tabelle ein. Dezimalstellen sind zulässig und empfehlenswert. Danach überträgt man diese Werte zuerst für die Ist-Einschätzung und anschließend – vorzugsweise in einer anderen Farbe – für angestrebte Soll-Werte. Wer sich in der einen oder anderen Qualität „überqualifiziert" fühlt und meint, auch weniger Kompetenz würde den Anforderungen genügen, wird vielleicht einen niedrigeren Soll-Wert als Ist-Wert einsetzen. Alles ist möglich!

Die nachfolgende Abbildung zeigt exemplarisch, wie so ein Soll-Ist-Vergleich aussehen könnte.

Abb. 9.2 zeigt exemplarisch, wie ein „Reifegradstern" schließlich aussehen kann.◄

Die Grafik wird hier exemplarisch für das Mediatorensystem dargestellt. Analog lässt sich diese Betrachtung auch für das Kundensystem sowie für das Mediationssystem anwenden.

Tab. 9.1 Reifegrad des Mediatorensystems

Mediatorensystem	Initial	Advanced	Professional
Lebenserfahrung	Das bisherige Leben ist weitgehend unbelastet von sozialen Herausforderungen; es gibt wenig Erfahrung im Umgang mit Konflikten	Mit zunehmendem Alter wurden bereits einige Schwierigkeiten wie z. B. schulische, berufliche, gesundheitliche oder soziale Konflikte kennengelernt und bewältigt	Aufgrund des Lebensalters oder besonderer sozialer Umstände gibt es viele Erfahrungen, z. B. mit strukturellen oder persönlichen Konflikten oder der Bewältigung großer z. B. familiärer Veränderungen bis zu Krankheiten oder Tod nahestehender Personen
Selbsterfahrung	Keine oder geringe Erfahrungen mit Konflikten, keine speziellen Seminare oder Beratungen wurden konsumiert	Häufige Erfahrung mit sozialen Konflikten unter eigener Beteiligung/Betroffenheit; fallweise externe Unterstützung	Neben persönlichen Erfahrungen wurden durch die Berufsausbildung auch externe Beratung, Supervisionen und Weiterbildungen mit Bezug zu Konflikten in Anspruch genommen
Soziale Kompetenz	Durchsetzungs- und/oder Anpassungsfähigkeit noch wenig ausgeprägt	Durchsetzungs- und/oder Anpassungsfähigkeit vorhanden, noch entwickelbar	Hohe Durchsetzungs- und Anpassungsfähigkeit aufgrund persönlicher Entwicklung
Empathie und Perspektivenübernahme	Umgang mit Konflikten und Konfliktbeteiligten ist stimmungs- und sympathieabhängig, wird ungleich erlebt	Erfahrung im Umgang mit Konflikten gibt zunehmende Sicherheit im eigenen Verhalten	Fallbezogen wird bei ausgewogener Empathiefähigkeit eine passende Position zwischen Nähe und Distanz gefunden

(Fortsetzung)

Tab. 9.1 (Fortsetzung)

Mediatorensystem	Initial	Advanced	Professional
Erfahrung aus Herkunftsberufen	Geringe Berufserfahrung, wenig Erfahrung in nichtkomplexen Systemen	Mehrere Jahre in komplexen Systemen oder in sozial verantwortlicher Position und in fachlichem Bezug zu Wirtschafts- bzw. Konfliktthemen	Langjährige Tätigkeit in sozial und/oder fachlich relevanter Position, starker Bezug zu Wirtschafts- bzw. Konfliktthemen (aus Management oder Beratung)
Ausbildung in Mediation (und mediativen Dienstleistungen)	Grundkenntnisse aus Vortrag oder Fachartikel	Teilnahme an einzelnen Fortbildungen über Mediation und mediative Dienstleistungen	Vollständige Mediationsausbildung, ggf. mit Befähigung zur Eintragung in staatlichen Institutionen oder Berufsverbänden Ausbildung in mediativen Dienstleistungen
Weiterbildung in Wirtschaftsmediation	Keine oder geringfügige Weiterbildung im Rahmen von Literatur oder Vorträgen	Teilnahme an weiterführenden spezifischen Seminaren z. B. über Konfliktmanagement in Organisationen	Fachspezifische Ausbildung(en) in Wirtschaftsmediation (mediativen Dienstleistungen) in Ergänzung zu allgemeiner Mediationsausbildung

(Fortsetzung)

Tab. 9.1 (Fortsetzung)

Mediatorensystem	Initial	Advanced	Professional
Haltung in Bezug auf Kund*innen In Bezug auf Konfliktthemen, Nähe- und Distanzverhalten	Wenig Erfahrung im Umgang mit Andersdenkenden; distanziert im Umgang mit Konflikten Neutralität in der Sache, Allparteilichkeit gegenüber Beteiligten müsste noch geübt werden	Die Praxis in mediativen Dienstleistungen und/oder Mediation hat Gelegenheit gegeben, sich in beraterischer oder mediativer Haltung zu üben. Erkenntnisse werden reflektiert und es wird zunehmend an Sicherheit gewonnen	Lebens- und Berufserfahrung haben Routine im Umgang mit Menschen und Konflikten bewirkt. Die Grundsätze bzgl. Haltung werden mit Sicherheit eingehalten
Methodenklarheit	Beratungskompetenzen werden undifferenziert gemischt	Zusatzkompetenzen werden genutzt, jedoch methodisch nicht klar von Mediation getrennt	Klare Trennung zwischen Mediation und anderen Kompetenzen; Rollenklarheit
Umgang mit Vorabinformationen	Vorabinformationen werden ungefiltert aufgenommen; Gefahr der Beeinflussung der eigenen Arbeitshaltung, Neutralität	Vorabinformationen werden gefiltert und differenziert aufgenommen; geringe Beeinflussungsgefahr	Auf Vorabinformationen wird verzichtet oder sie dienen ausschließlich dem Verständnis des strukturellen Sachverhalts
Feldkompetenz und Verständniskompetenz	Feldkompetenz über den Streitgegenstand verleitet zur inhaltlichen Positionierung; Gefahr des Lösungsdenkens	Feldkompetenz dient dem Verstehen oder Nachvollziehen inhaltlicher Argumentation der Beteiligten; Gefahr der Verleitung zu inhaltlicher Meinungsbildung	Feldkompetenz dient ausschließlich dem Verstehen von Sachverhalten; Sicherheit bei der Trennung von Prozess und Inhalt

(Fortsetzung)

Tab. 9.1 (Fortsetzung)

Mediatorensystem	Initial	Advanced	Professional
Methodenvielfalt und Ergänzungspotenziale	Schulungen mit inhaltlichem Bezug zu Konfliktlösung wie z. B. Psychologie, Recht, Soziologie, Technik, Unternehmensberatung, Wirtschaft	Abgeschlossene Weiterbildung(en) in mediationsrelevanten Themenbereichen wie z. B. Lebens- und Sozialberatung, Psychotherapie, systemischer Organisationsentwicklung, Coaching etc.	Berufserfahrung in Psychologie, Psychotherapie, Rechtsberufen, Organisationsentwicklung, Coaching, Unternehmensberatung o. ä
Wissensmanagement	Kein oder wenig Austausch in der Organisation oder im beruflichen Umfeld	Fallweiser Austausch in Intervisionen oder ähnlichen Formaten, in der Organisation oder im Kolleg*innenkreis	Arbeit in einem fixen Netzwerk von Mediator*innen mit regelmäßigem Erfahrungsaustausch in Intervisions- oder Supervisionsgruppen
Ethik und Verschwiegenheit	Wenig oder keine Befassung mit Fragen der Ethik, Verschwiegenheit im Rahmen der gesetzlichen Vorgaben wird gewahrt	Intensive Auseinandersetzung mit ethischen Fragen, z. B. durch Literaturstudium, Erfahrungsaustausch im Rahmen von Intervision	Standesmäßige Verpflichtung zu absoluter Verschwiegenheit z. B. durch Eintragung in staatliche oder verbandsinterne Mediator*innenlisten
Außenauftritt und Marketing	Nutzung minimaler Kommunikationsmedien wie E-Mail, Nennung in Mediator*innenlisten	Qualifizierter Webauftritt, gelegentliche fachliche Außenauftritte, z. B. Vorträge	Regelmäßige Kommunikation nach außen über soziale Medien, Publikationen, Vortragstätigkeit etc.

(Fortsetzung)

Tab. 9.1 (Fortsetzung)

Mediatorensystem	Initial	Advanced	Professional
Stellenwert der Mediation im eigenen beruflichen Kontext	Mediationsausbildung dient vor allem dem Erwerb zusätzlicher Kompetenzen für den Hauptberuf	Kompetenzen aus der Mediationsausbildung werden systematisch in Dienstleistungen umgesetzt	Wirtschaftsmediation ist vorwiegender Bestandteil der beruflichen Tätigkeit
Auftragsabhängigkeit und Souveränität	Hohe Abhängigkeit von Mediations- und Beratungsaufträgen	Mediation und Beratung sind essentieller Teil des Einkommens	Stabile Einkommenssituation unabhängig von einzelnen Mediationsaufträgen
Kommunikationskompetenzen Sprachlich/grammatikalisch Soziolinguistisch/ empfängerorientiert Diskurskompetent Strategisch (Kommunikationstools)	Ein bis zwei Kriterien sind vorhanden	Alle vier Kriterien sind ausgeprägt und werden im Arbeitsalltag eingesetzt	Durch spezifische Ausbildung und Praxis sind alle vier Kriterien gut ausgeprägt und werden beruflich/persönlich eingesetzt
Erfahrung in Konfliktlösung als konfliktbeteiligte/ konfliktbetroffene Person	Erfahrung durch Beobachtung von Konfliktfällen im beruflichen Umfeld oder vereinzelte Beteiligung an Konfliktlösung	Wiederholte Erfahrungen in der Bewältigung von Konflikten im beruflichen Umfeld – unabhängig von der Methode	Häufige Begegnung mit Konflikten und Lösungsmethoden z. B. als Architekt*in, Coach, Führungskraft, Rechtsanwält*in, Richter*in, Unternehmensberater*in etc.

(Fortsetzung)

Tab. 9.1 (Fortsetzung)

Mediatorensystem	Initial	Advanced	Professional
Erfahrung als Mediand*in	Teilnahme an Rollenspielen	Inanspruchnahme mediativer Dienstleistungen wie Coaching oder Teamentwicklung	Beteiligung an Mediationen als Mediand*in
Rechtliche Kompetenzen	Keine rechtlichen Kenntnisse – ermöglicht Mediation in gerichtsfernen Fällen, z. B. innerbetrieblicher Mediation	Kenntnis mediationsspezifischer Gesetze und Regelungen, wie öZivMediatG oder dMediationsG (siehe Abschn. 4.2) ist Voraussetzung für Mediation gerichtsanhängiger bzw. justiziabler Fälle	Kenntnis materiellen Rechts, d. h. spezifischer mediationsrelevanter Gesetze – ermöglicht die Prüfung rechtlicher Umsetzbarkeit von Vereinbarungen in der Mediation, gefährdet jedoch evtl. die Neutralität des Mediationsteams

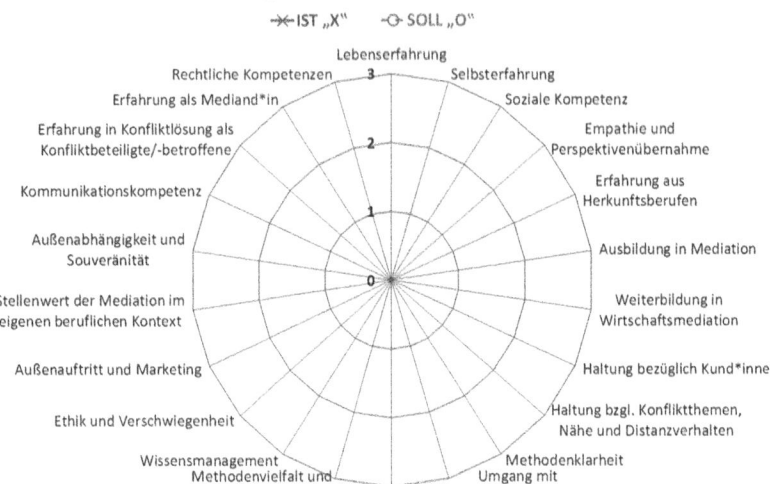

Abb. 9.1 Grafische Aufbereitung des Reifegrades von Mediator*innen, schematische Darstellung

9.3 Reifegrad des Mediationssystems

Das Mediationssystem ist – wie in Kap. 6 ausgeführt – die Begegnungsfläche zwischen Mediator*innen und Kund*innen. Um das Mediationssystem qualitativ hochwertig und erfolgreich zu gestalten, braucht es meist die Mitwirkung beider Seiten. Werden die Qualitätskriterien gemeinsam gut erfüllt, entsteht eine solide Basis für die Bearbeitung von Konflikten (siehe Tab. 9.2).

9.4 Reifegrad des Kundensystems

Das Kundensystem ist der Verantwortungsbereich der nachfragenden Seite, welche mediative Dienstleistungen in Anspruch nimmt. Das Ausmaß ihres Reifegrades hat wesentlichen Einfluss auf die Zusammenarbeit. Offenheit und Akzeptanz gegenüber Konflikten, organisationsinterne Kompetenzen in Konfliktmanagement

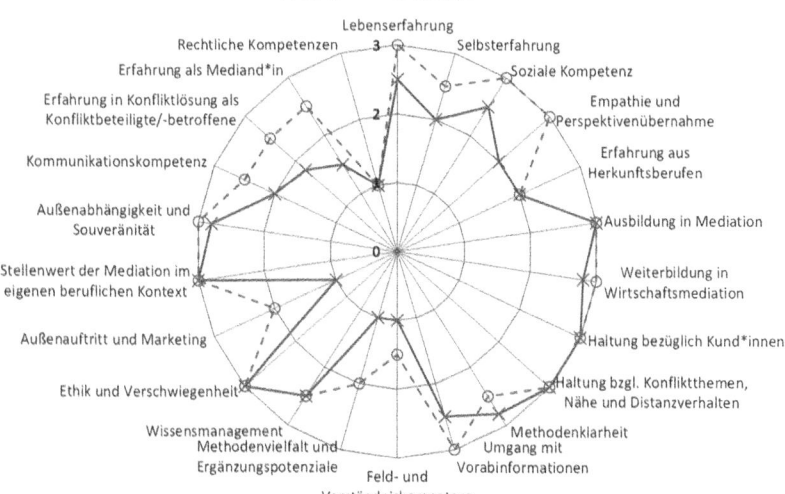

Abb. 9.2 Grafische Aufbereitung des Reifegrades von Mediator*innen, Beispiel für persönliche Einschätzungen

und der Grad der Bereitschaft, sich einem Mediationsteam anzuvertrauen, sind wesentliche Einflussfaktoren für das Gelingen von Lösungen (siehe Tab. 9.3).

Tab. 9.2 Reifegrad des Mediationssystems

Mediationssystem	Initial	Advanced	Professional
Vertrauen in den Prozess	Mediationsteam in Akquisitionsrolle, möchte Kunden von Sinn einer Mediation überzeugen	Kunden gegenüber Mediation abwartend skeptisch; Mediationsteam von deren Willen für Mediation nicht überzeugt → wechselseitiges Vertrauen in die Zusammenarbeit muss sich erst entwickeln	Kunde geht mit nachvollziehbarem Bedarf auf Mediationsteam zu und erteilt Auftrag mit dem Gefühl des Vertrauens in den Prozess
Vertrauen zwischen den Beteiligten	Beteiligte erklären sich ungern bereit, an der Mediation teilzunehmen, ordnen sich dem System (z. B. Wunsch der vorgesetzten Person) unter	Beteiligte sehen Notwendigkeit der Konfliktlösung, akzeptieren Situation der Gegenseite mit Vorbehalt	Beteiligte erkennen die wechselseitigen Interessen und Zuständigkeiten an und versuchen, Vertrauen aufzubauen
Vertrauen zwischen Beteiligten und Mediationsteam	Beteiligte sind an der Auswahl des Mediationsteams nicht beteiligt, kennen Methode nicht, sind nicht ausreichend informiert etc. Mediationsteam ist von Interesse und Eignung der Beteiligten nicht überzeugt	Beteiligte und Mediationsteam respektieren einander, Vertrauen entsteht im Zuge der Zusammenarbeit	Beteiligte haben Mediationsteam ausgesucht, stehen ihm und der Methode aufgeschlossen gegenüber; Mediationsteam spürt inneren Auftrag

(Fortsetzung)

Tab. 9.2 (Fortsetzung)

Mediationssystem	Initial	Advanced	Professional
Arbeitsklima, „Chemie" Kooperation im Sinn von gegenseitiger Zusammenarbeit; Kollaboration ist die Vertiefung von Kooperation im Sinn von partnerschaftlicher Zusammenarbeit	Haltung abwartend, Gespräch (noch) distanziert	Respektvoll, diszipliniert, arbeitsorientiert	Offenherzig, vertrauensvoll, verbindlich
Verständnis für die Situation des Gegenübers, Umgang mit Unterschieden	Wenig Verständnis für Interessen des Gegenübers, abwertend gegenüber Personen	Tolerieren der Existenz der Anderen, Unterschiede werden als unvermeidlich akzeptiert, aber nicht gewürdigt	Interesse an den Menschen gegenüber, Verständnis für deren Interessen
Struktur des Prozesses Gemeinsame Planung Umsetzung Termintreue etc.	Planungsvorgabe durch Mediationsteam, Umsetzung von Vereinbarungen nur unter Kontrolle, Termintreue nachlässig	Planungsvorschläge werden nicht hinterfragt, aber akzeptiert. Umsetzung stetig, Termintreue ausreichend	Beteiligte sind proaktiv in Planung, Umsetzung und Fortgang der Mediation
Verträge Mediationsvertrag Auftrag/Werkvertrag	Verlauf und Regeln der Mediation werden mündlich besprochen, geringe Verbindlichkeit; Auftrag (Honorarvereinbarung) basiert auf Goodwill	Mediationsvertrag wird vom Mediationsteam vorgeschlagen und von den Beteiligten zur Kenntnis genommen; Auftrag wird gesondert z. B. mit Organisation vereinbart	Mediationsvertrag und Auftrag werden zwischen Mediationsteam und Beteiligten gemeinsam verhandelt und verbindlich schriftlich abgeschlossen

(Fortsetzung)

Tab. 9.2 (Fortsetzung)

Mediationssystem	Initial	Advanced	Professional
Umgang mit Vorinformationen	Vorinformationen, die vor allem die Vergangenheit des Konflikts beleuchten, sind zentraler Gegenstand der Verhandlung; Gefahr des Versuchs, die Vergangenheit zu „ändern", oder der Wahrheitssuche	Vorinformationen werden in geringem Ausmaß herangezogen, insbesondere, um Lernerfahrungen zu nutzen	Vorinformationen haben keine oder sehr geringe Bedeutung; die Verhandlung wird ausschließlich auf Basis von eingebrachten Themen und Interessen geführt
Qualitätskontrolle für die Lösung	Nach gefundener Lösung gehen die Beteiligten allein an die Umsetzung, keine weitere Kontrolle der Umsetzung	Einige Zeit nach Abschluss der Mediation wird ein Termin zur Nachbetrachtung vereinbart, der stattfindet, wenn nicht alle Beteiligten ihn absagen	Nach Abschluss der Mediation richtet das Mediationssystem eine kontinuierliche Qualitätskontrolle ein, um dem Aufkommen neuer Konflikte präventiv gegenzusteuern
Digitalisierung	E-Mail, evtl. Dokumentationsplattformen wie Dropbox zum Informationsaustausch	Online-Kommunikation ist Teil des Prozesses, z. B. um Termine kurzfristig einzuschieben oder bedingt Beteiligte (z. B. Sachverständige) vorübergehend zuzuschalten	Digitale Medien bis zu künstlicher Intelligenz sind eingerichtet und werden ständig genutzt

Tab. 9.3 Reifegrad des Kundensystems

Kundensystem	Initial	Advanced	Professional
Wahrnehmung von Konflikten in der Organisation	Wahrgenommene Konflikte werden geleugnet; Bearbeitung – wenn schon unvermeidbar – delegiert	Suche nach Ursachen, Zuschreibung zu Schuldigen. Suche nach Lösung dient vor allem der Symptomverdrängung	Konflikt wird als Signal für Verbesserungspotenzial wahrgenommen; es gibt Tools für einen geeigneten Umgang damit
Sichtweise auf Konflikte, Bewertung und Maßnahmen	Konflikte sind als Begriff negativ besetzt, gelten als störend, haben keinen Platz in der Wertewelt	Konflikte sind ein Teil des Arbeitslebens, sollten sofort bearbeitet werden	Konflikte sind Symptome für organisatorischen Verbesserungsbedarf, werden aufgegriffen und positiv genutzt
Bereitstellung von Ressourcen zur Konfliktlösung	Konfliktlösung ist den Betroffenen überlassen, denen auch die Verantwortung für das Entstehen des Konflikts zugeschrieben wird	Bei Eskalation schreiten Vorgesetzte als Schiedsgericht oder mittels ähnlicher Formate ein und führen Entscheidungen herbei	Es gibt fixe Ansprechstellen wie Ombudspersonen oder interne Konfliktberatungsstellen in der Organisation, die im Bedarfsfall niederschwellig und vertraulich kontaktiert werden können
Budget	Der Bedarf an Konfliktmanagement ist negativ konnotiert, Kosten werden nur im allernötigsten Ausmaß übernommen	Anlassbezogen wird Budget zur Lösung von Konflikten freigegeben	Es gibt ein jährliches Budget für Präventivmaßnahmen, wie regelmäßige Supervisionen für Individuen oder Teams

(Fortsetzung)

Tab. 9.3 (Fortsetzung)

Kundensystem	Initial	Advanced	Professional
Teilnahme Vorgesetzter an Konfliktmanagementprozessen	Vorgesetzte erleben Konflikte als unangenehm, wollen Lösungsprozesse am liebsten delegieren und sich selbst nicht beteiligen	Vorgesetzte verstehen ihre Mitverantwortung an der Entstehung vor allem struktureller Konflikte und fördern Lösungssuche	Vorgesetzte sehen Konfliktmanagement als ihre Zuständigkeit, greifen bei Bedarf ein bzw. beteiligen sich aktiv an Lösungsprozessen
Lernprozess	Der Fokus der Lösungssuche liegt in der Eliminierung der Konfliktsymptome; kein Wunsch nach Nutzung von Erfahrungswerten für zukünftige Konfliktvermeidung, rudimentäre Dokumentation	Ergebnisse der Lösungssuche werden dokumentiert und von den Beteiligten nachbearbeitet, um Wiederholungsfälle zu vermeiden	Ergebnisse der Konfliktlösung werden nachhaltig gesichert, unter den Beteiligten reflektiert, eventuell mit Zustimmung aller Beteiligten weitergegeben
Kompetenzen der Beteiligten	Konfliktbetroffene dulden Konflikte, nehmen Symptome in Kauf und verlassen eher das System, als Gegenmaßnahmen zu ergreifen	Konfliktbetroffene wenden sich an Vorgesetzte oder Betriebsrat, führen Beschwerde über Konfliktgegenseite, ermöglichen durch Hinweise auf Konflikte aber die Einleitung geeigneter Maßnahmen	Beteiligte sind in der Lage, bei aufkommenden Konfliktsituationen gegenzusteuern; wenn die eigene Lösungskompetenz nicht mehr ausreicht, holen sie aktiv Hilfe von zuständigen internen oder externen Stellen

(Fortsetzung)

Tab. 9.3 (Fortsetzung)

Kundensystem	Initial	Advanced	Professional
Unterstützung und Umsetzung von Vereinbarungen	Die Verantwortung für die Umsetzung von Lösungsvereinbarungen wird den Beteiligten überlassen; kein Interesse an weiterer Initiative	Vereinbarungen werden nach Maßgabe der Beteiligten zur Kenntnis genommen; Unterstützung in der Umsetzung auf Nachfrage bzw. Empfehlung durch das Mediationsteam	Konfliktmanagement-Maßnahmen haben hohen Stellenwert für das Kundensystem; Ergebnisse werden mit Aufgeschlossenheit entgegengenommen und deren Umsetzung aktiv unterstützt
Kompetenzaufbau in Konfliktmanagement	Kein oder geringes Interesse an Konfliktmanagement, wird als notwendige Maßnahme nur kurativ in Anspruch genommen	Erfahrungen in Konfliktmanagement werden ausgetauscht und diskutiert	Konfliktmanagement wird als Teil der Führungsaufgabe gesehen, Weiterbildungen werden gefördert
Mediationsausbildungen für Führungskräfte	Mediationsausbildungen müssen selbst bezahlt werden	Mediationsausbildungen werden bezahlt, Teilnahme in der Freizeit	Mediationsausbildungen verpflichtend für Führungskräfte ab gewissem Level
Interne Konfliktberatungssysteme	Traditionell übliche oder gesetzlich vorgeschriebene Stellen wie Betriebsrat, Rechtsabteilung	Freiwillige klassische Ansprechstellen wie Ombudsstelle, Gleichbehandlungsstelle, Mobbingberatung sind eingerichtet	Proaktive Konfliktmanagementinstanzen wie interne Konfliktberatungsstellen sind eingerichtet und niederschwellig ansprechbar

(Fortsetzung)

Tab. 9.3 (Fortsetzung)

Kundensystem	Initial	Advanced	Professional
Konfliktbilanzen, Konfliktmonitoring	Konfliktkosten werden über externe Beratungsleistungen wahrgenommen	Neben Honoraren für externe Beratung werden auch Reibungsverluste (Opportunitätskosten) betrachtet und Konfliktkosten damit differenziert wahrgenommen	Konfliktkosten werden strukturiert erfasst und in Form einer jährlichen Kosten-Nutzen-Bilanz abgebildet
Umgang mit konkreten Konfliktthemen	Beteiligte am Konflikt sind allein für die Lösung verantwortlich	Ursachen für einen Konflikt werden analysiert und Abhilfe wird geschaffen	Konflikte werden auf persönliche und strukturelle Hintergründe analysiert; Einbeziehung des Systemumfeldes
Bereitschaft zu Offenheit und Bearbeitung von Konflikten	Konflikte werden, wenn möglich verdrängt oder geleugnet, die Lösungssuche wird delegiert	Konflikte werden ab einer gewissen Eskalation aufgegriffen und zumindest oberflächlich gelöst; primär Symptombekämpfung	Konflikte werden zeitnah analysiert, die beteiligten Personen und Systemeinheiten in eine konstruktive Lösungssuche einbezogen; Trennung von persönlichen und strukturellen Ursachen
Entscheidungsmacht bzgl. Konfliktthema	Konfliktlösung vorzugsweise durch Delegation (Betriebsrat, Gleichbehandlungsbeauftragte, Ombudsstelle, Personalabteilung Rechtsabteilung etc.)	Vorgesetzte beteiligen sich nicht an der Lösungssuche, werden aber informiert	Vorgesetzte sind an Lösung interessiert und beteiligen sich – sofern Betroffene zustimmen – aktiv an der Lösungsarbeit, ziehen Nutzen aus Lernerfahrungen bzgl. Führung

(Fortsetzung)

Tab. 9.3 (Fortsetzung)

Kundensystem	Initial	Advanced	Professional
Rückhalt in der Organisation	Konfliktbetroffene werden als Verursacher gesehen und in die Lösungsverantwortung genommen. Imageverlust!	Beteiligte an Lösungen werden mit entsprechenden Kompetenzen ausgestattet, den Konflikt nachhaltig zu lösen	Konfliktlösung ist Führungsaufgabe; aktives Konfliktmanagement ist positiv besetzt, wird anerkannt
Rückbindungsmechanismen	Keine; Konflikt wird in möglichst kleinem Umfeld kommuniziert	Auf Rückfrage an die vorgesetzte Person	Rückbindung wird vor Beginn der Lösungssuche geklärt, Vorgesetzte werden über Inhalte der Lösung informiert
Persönliche Eigenschaften Kommunikativ Berechenbar Handschlagqualität	Konflikte lösen Schamgefühl aus, Kommunikation wird eher vermieden, Lösungen sollen dem eigenen Vorteil dienen	Kommunikation über Konflikte mit Vorbehalt nicht mehr als nötig; Zugeständnisse vor allem, wenn daraus auch eigener Nutzen gezogen werden kann	Konflikte werden offen behandelt, es wird versucht, auch Interessen des Gegners zu verstehen und gemeinsam eine faire Lösung zu finden; Umsetzung wird kontrolliert
Priorität für Lösungsfindung	Verdrängung	Akzeptanz, sofern unvermeidbar	Aktives Aufgreifen
Rechtliche Kompetenz	Externe rechtliche Beratung oder Vertretung im Anlassfall. Keine fixe Struktur für Rechtsfragen	Laufende Zuziehung einer Anwaltskanzlei (Firmenanwalt/-anwältin) in allen Rechtsfragen	Unternehmensinterne Rechtsabteilung, bei Spezialfragen ggf. unterstützt von externen Anwaltskanzleien

9.5   Reifegrad bei Rahmenbedingungen und Umfeld

So wichtig die Qualitätsentwicklungen auf Seiten des individuellen Angebots durch Mediator*innen sowie auf Nachfrageseite durch Organisationen als
Kund*innen sind, so sehr sind diese beiden Bereiche auf günstige Rahmenbedingungen angewiesen. Im folgenden letzten Teil des Kapitels soll daher
nochmals komprimiert auf die Entwicklungsmöglichkeiten im Umfeld mediativer Dienstleistung und insbesondere der Mediation hingewiesen werden (siehe
Tab. 9.4).

9.6   Ausblick

Die dargestellten Qualitätskriterien – strukturiert nach unterschiedlichen Reifegra-
den – sollen Anhaltspunkte für einen konstruktiven Diskurs sowohl auf Angebots-
als auch auf Nachfrageseite bieten. Damit könnte ein besserer Überblick über
den Stand der Entwicklung mediativer Dienstleistungen, insbesondere Mediation
erzielt und damit die Synchronisierung zwischen Bedarf und Angebot erleichtert
werden.

Diese Betrachtung möchte bewusst keine lineare Bewertung einzelner Wirtschaftsmediator*innen von außen bewirken. Sie könnte aber den Anbieter*innen
Anreize zur kritischen Selbstbewertung liefern und damit helfen, eigene Verbesserungspotenziale zu erkennen.

9.7   Key Points

9.7.1   Für Wirtschaftsmediatoren

1. Nicht alle Kriterien werden für alle Mediator*innen relevant sein. Bei manchen Kriterien ist es legitim zu sagen, „Das ist für mich nicht so wichtig".
   Bei anderen möge das Gefühl innerer Zufriedenheit bestätigen, dass man auf
   einem guten Weg ist. Und vielleicht regt der eine oder andere Gedanke dazu
   an, hinzusehen und eine Qualität zu verbessern.
2. Das Reifegradmodell stellt keinen Absolutheitsanspruch. Es soll im Kolleg*innenkreis kritisch diskutiert werden. Es wäre schön, wenn dadurch sogar
   eine Weiterentwicklung des Modells erfolgt.

Tab. 9.4 Reifegrad bei Rahmenbedingungen und Umfeld

Rahmenbedingungen und Umfeld	Initial	Advanced	Professional
Politischer Wille	Das politische System ist nicht auf Partizipation ausgerichtet und lehnt autonome Entscheidungsfindungen durch Betroffene ab. Hoheitliche Entscheidungen werden bevorzugt	Staat und Regierung sind offen für die Entwicklung partizipativer Methoden der Entscheidungsfindung, ein gesetzlicher Rahmen ist angedacht, aber noch nicht verwirklicht	Partizipative Methoden sind Teil des öffentlichen Lebens, werden gefördert und sind strukturell – etwa durch Gesetze – verankert
Bekanntheit von Mediation in der Öffentlichkeit und gesellschaftspolitischer Stellenwert	Mediation ist nicht oder wenig bekannt oder gilt eher als „esoterische" Methode	Ein Großteil der Bevölkerung hat von Mediation gehört, und/oder kennt jemanden, der Mediation schon in Anspruch genommen hat	Mediation ist in weiten Teilen der Bevölkerung bekannt, die Methode kann mehrheitlich richtig erklärt werden; Mediation ist eine gängige Art der Konfliktregelung
Bekanntheit von Wirtschaftsmediationsfällen in der Öffentlichkeit	Mediationsfälle sind vereinzelt (aus Medien oder Erzählungen) bekannt	Mediation ist als gängiges Tool der Konfliktregelung bekannt, weniger als ein Drittel hat unmittelbar von Fällen gehört	Mediation ist in Organisationen als Tool bekannt und wird standardmäßig eingesetzt
Gesetzliche Regelungen	Kein Mediationsgesetz und keine diesbezüglichen Normen rechtsgültig	Mediationsgesetz und/oder entsprechende Normen/Standards in Planung oder kürzlich beschlossen	Mediationsgesetz und entsprechende Normen/Standards sind seit Längerem in Anwendung

(Fortsetzung)

Tab. 9.4 (Fortsetzung)

Rahmenbedingungen und Umfeld	Initial	Advanced	Professional
Normen & Standards der Wirtschaftsmediation	Wirtschaftsmediation wird von einzelnen Anbieter*innen nebenbei praktiziert; diese sind kaum vernetzt	Die Berufsverbände akzeptieren und unterstützen Mitglieder, die Wirtschaftsmediation anbieten	Wirtschaftsmediation wird als Teil des Berufsbildes in die Berufsgruppen integriert und es werden Qualitätsstandards verlangt
Staatliche Institution oder freier Markt			
Mediation als staatliches Instrument der zivilrechtlichen Konfliktlösung an Gerichten	Mediation ist als Alternative oder Ergänzung zum gerichtsanhängigen erfahren nicht bekannt	Gerichte kennen Mediation als alternative Streitbeilegungsmethode und können sie empfehlen	Mediation ist im gerichtlichen Alltag fix verankert, wird gesetzlich einem Gerichtsverfahren vorgeschaltet
Mediation als freiberufliche Dienstleistung	Mediation wird von einzelnen Anbieter*innen betrieben, wenig öffentliche Unterstützung	Mediation und mediative Dienstleistungen sind bekannt, werden gefördert und weiterempfohlen und sind in der Gesellschaft positiv konnotiert	Mediation und mediative Dienstleistungen sind durch Gesetze geregelt, welche sich ausdrücklich auf das Angebot im freien Markt beziehen

9.7.2 Für Kunden

1. Mediative Dienstleistungen werden in der Führung und Entwicklung zukünftiger Organisationen eine bedeutende Rolle spielen. Bei interner wie externer Beratung wird es auf eine möglichst präzise Definition des Beratungsbedarfs ankommen.
2. Verschiedene Schulen für Mediation und die hohe Nachfrage nach entsprechenden Ausbildungen haben ein weit verzweigtes Angebot im Markt bewirkt. Es ist schwer zu überblicken, welche Anbieter*innen nun für den eigenen Bedarf am besten geeignet sind. Das vorliegende Reifegradmodell kann dabei unterstützen, Angebote spezifischer zu prüfen und eine passgenaue, sichere Wahl zu treffen.

Literatur

Blanchard, K. (2007). *Das Minuten-Manager-Buch*. Rowohlt.

Gesetze

Zivilrechts-Mediations-Gesetz (ZivMediatG) BGBl I 2003/29 idF BGBl I 2021/246.

Digitalisierung der Wirtschaftsmediation

10

Heinz M. Hähnel

Zusammenfassung

Die Digitalisierung durchdringt exponentiell steigend immer mehr private und kommerzielle Bereiche. Spätestens seit der Freischaltung von ChatGPT und anderen Systemen mit sogenannter „Künstlicher Intelligenz" sind die digitalen Potenziale ansatzweise einer breiten Masse und im Consultingbereich bewusst geworden. Auch die Wirtschaftsmediation ist in ihren individuellen und institutionellen Dimensionen betroffen.

In diesem Artikel werden die Systematik, Ansätze und Potenziale der Digitalisierung aus dem Bereich der Beratung für die Erbringung mediativer Dienstleistungen erörtert und die Anforderungen an eine stärker digitalisierte Wirtschaftsmediation betrachtet:

- In welche Richtung entwickelt sich die Digitalisierung der mediativen Dienstleistungen?
- Welche konkreten Auswirkungen bringt die Digitalisierung?

In diesem Kapitel werden Teile meiner unveröffentlichten Dissertation „Digitalisierung der Unternehmensberatung – Analyse von Beratungsschulen und Digitalisierungspotenzialen" (Hähnel, 2022) und mein Beitrag in Buch „Managementforschung – Management in Zeiten des Umbruchs" mit dem Titel „Digitalisierung der Unternehmensberatung: Eine multiperspektivische Analyse aus Sicht von Kunden- und Beratungsunternehmen" (Hähnel, 2023) verwendet.

H. M. Hähnel (✉)
Fachhochschule Technikum Wien, Wien, Österreich
E-Mail: heinz.haehnel@technikum-wien.at; heinz.haehnel@aon.at

- Welche Rollen spielen Mensch und Maschine in der Zukunft?
- Wie kann die Digitalisierung bei mediativen Dienstleistungen praktisch umgesetzt werden?

Bei der Intensität der Digitalisierung gibt es vier Stufen, wobei sich die Wirtschaftsmediation heute überwiegend in der niedrigsten Digitalisierungsstufe bewegt: Einsatz von plattformneutralen Standardsoftwareprodukten und Kommunikations- und Kollaborations-Software für Online-Konferenzen und Online-Mediation und einfache standardisierte Softwareprodukte. Durch digitale Expertensysteme, Einsatz von Künstlicher Intelligenz und neue digitale Ansätze könnte es mit hoher Wahrscheinlichkeit disruptive Veränderungen bis hin zur Voll-Digitalisierung der Wirtschaftsmediation geben. Die jeweils gültigen rechtlichen Bestimmungen (wie z. B. der EU AI Act) sind zu beachten.

Ein Szenario[1]

Sämtliche sich anbahnenden Konflikte werden durch den lückenlosen Einsatz digitaler Systeme wie die Sentiment Detection, dem Text Mining (Hajiyan et al., 2023), bereits in der Vorphase der Entstehungen erkannt und einer digitalen Problemlösung zugeführt. Falls ausnahmsweise ein Problem nicht früh erkannt wird, schalten sich IT-Systeme mit eigenem Bewusstsein – wie es angeblich bei „LaMDA" von Google der Fall sein könnte (Luscombe, 2022) – und empathiefähige „Starke Künstliche Intelligenz" automatisch ein. Sie leiten eine wirkungsvolle Problemlösung mit den betroffenen Personen und/oder Organisationen ein und führen die notwendigen Mediationsschritte automatisiert durch. Alle Arten der relevanten mündlichen, schriftlichen und non-verbalen Kommunikation werden lückenlos im privaten, geschäftlichen und öffentlichen Bereich online analysiert und ausgewertet – ähnlich wie in einer Frühphase des Chinesischen Social Credits Systems (Helmrich, 2023), bei dem soziales Fehlverhalten digital automatisiert bestraft beziehungsweise Wohlverhalten belohnt wird. Dadurch werden die Aufgaben der Wirtschaftsmediation auf eine objektive Lösungsbasis gestellt und menschliche Verzerrungen (Bias) wie beispielsweise durch unzulässige Generalisierungen (Luhmann, 2020, S. 445),

---

[1] Die Themen der rechtlichen Einschränkungen speziell in Europa, ethische Grundsatzfragen, Chancen und Risiken und die Einsatzmöglichkeiten der Instrumente der Künstlichen Intelligenz hinsichtlich der Digitalisierung im Bereich der Beratung und Mediation wurden im Kreis der Autorinnen und Autoren diskutiert, werden aber in diesem Beitrag nicht gesondert angesprochen. Die Diskussion dieser Themen erfolgt auch in verschiedenen Medien und Plattformen.

Bewertungen durch subjektive Wahrnehmungen, Manipulation oder schwache Kenntnisse und Erfahrungen vermieden. Somit werden die negativen Auswirkungen von Problemen und Streitigkeiten im Sinne der Wirtschaftsmediation durch Früherkennung und Frühbeseitigung größtenteils oder gänzlich vermieden. Ob, wann oder wie diese Situation eintritt, ist nicht bekannt.

10.1 Relevanz der Digitalisierung für Wirtschaftsmediation

Die Digitalisierung schreitet in vielen Geschäfts- und Privatbereichen exponentiell schnell voran. Spätestens seit der öffentlichen Zurverfügungstellung von ChatGPT ist es sehr schnell sehr vielen Menschen bewusst geworden, das die Anwendung von Methoden der Künstlichen Intelligenz mehr ist als nur eine spielerische oder wissenschaftliche Beschäftigung mit praxisfremden Forschungsprojekten. Nur zwei Monate nach dem Start im November 2022 hat beispielsweise ChatGPT etwa 100 Mio. aktive Nutzer monatlich zu verzeichnen (Hu, 2023) und Mitte 2023 monatlich knapp zwei Milliarden Aufrufe.

Die digitalen Systeme der Künstlichen Intelligenz (KI) und die Soft- und Hardwareanwendungen entwickeln in einem stark steigenden Ausmaß die Fähigkeit, menschliche Tätigkeiten zu unterstützen und auch zu erledigen. Dies gilt insbesondere für wissensnahe Tätigkeiten und Dienstleistungen wie jene von Rechtsanwältinnen und Rechtsanwälten, Lehrerinnen und Lehrern, Ärztinnen und Ärzten, Managerinnen und Managern, Expertinnen und Experten und auch Unternehmensberaterinnen und Unternehmensberatern sowie Mediatorinnen und Mediatoren. Daher werden exponentiell steigend immer mehr Tätigkeiten – beginnend bei wiederkehrenden Arbeiten bis hin zu hochkomplexen Problemlösungen – im Beratungs- und Mediationsbereich aus quantitativen und qualitativen Gründen an Systeme ausgelagert. Die Beratung und Mediation hat die Chance, mit neuen Methoden und Geschäftsmodellen einerseits die Qualität zu steigern und andererseits neue Geschäftsfelder zum Nutzen der Kundinnen, Kunden und Organisationen zu erschließen (Ennsfellner & Fischer, 2022).

Digitalisierung und Digitale Transformation stellen fundamentale Veränderungen der Geschäftswelt, der Gesellschaft und des privaten Lebens dar (Czarnecki et al., 2019, S. 796). Bekannte Stichworte dazu sind beispielsweise Schwache oder Starke KI, Softwareroboter, digitale Frühwarnsysteme, RPA (Robotic Process Automation), virtuelle Sprachkommunikation (Chatbots) oder Internet der Dinge, dem Internet of Things (IoT) und dem weitergehenden Internet of Everything (IoE), bei dem Menschen, digitalisierte Prozesse, Daten aller Art und Dinge, wie beispielsweise Computer, Programme, Netzwerke, intelligente Maschinen, Roboter, Verkehrsmittel, Haushaltsgeräte etc. vernetzt werden. „Das Paradigma des Internet of Everything (IoE) verleiht dem Internet of Things einen Mehrwert in Bezug auf Verbindungen zwischen Menschen, Prozessen, Daten und Dingen" (Da Costa et al., 2021, S. 775). Es entstehen neue Möglichkeiten, das Internet of Things mit seinen vielen angeschlossenen intelligenten Geräten und Web-Services mit Geschäftsprozessen, Personen und Daten zu integrieren und damit neue Systeme zu schaffen (Chatzigiannakis & Tselios, 2021, S. 21 f.). Das Internet of Everything (IoE) verbindet die Menschen mit der Welt des Internet der Dinge (IoT) und den Daten, die im digitalen Zeitalter eine wichtige Rolle spielen (Hähnel, 2023) (siehe Abb. 10.1).

Für die Wirtschaftsmediation – wie auch für die Unternehmensberatung insgesamt – bedeutet es, dass auch die „Dimension Mensch" und die „Dimension Daten" in die digitale Welt weitgehend mit vielen seiner Konsequenzen integriert wird. Eine Vielzahl von Tätigkeiten, die heute noch von Menschen ausgeübt werden, werden stark zunehmend von Systemen im Sinne von Software, Hardware und Kommunikationsinfrastruktur übernommen.

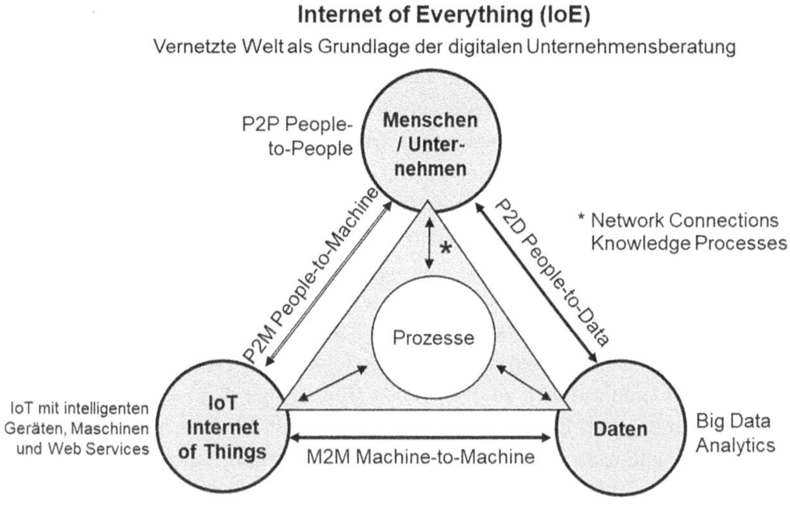

Abb. 10.1 Internet of Everything-Systematik für Menschen und Organisationen. (Quelle: Eigene Darstellung in Anlehnung an Da Costa et al., 2021, S. 775)

Abb. 10.2 Definition Digitalisierung, Virtualisierung und Automatisierung. (Quelle: Hähnel, 2022, S. 30)

Der Begriff „Digitalisierung" wird in der Literatur im Zusammenhang mit „Virtualisierung", „Automatisierung" und „Transformation" teilweise unterschiedlich verwendet. Daher soll zum durchgängigen Verständnis eine klare Begriffsabgrenzung festgelegt werden (siehe Abb. 10.2) und eine Begriffsdefinition für die Digitalisierung der Wirtschaftsmediation abgeleitet werden.

▶ **Definitionen**

Unter **Digitalisierung** soll die übergeordnete Transformation vom bisherigen Einsatz von Menschen hin zum Einsatz von Maschinen und Software im Sinne des generellen Veränderungsprozesses verstanden werden. Die Digitalisierung kann das Geschäftsmodell der Wirtschaftsmediation beeinflussen oder sogar vollkommen neu in Richtung durchgängiger Digitalisierung verändern. Der Begriff drückt auch generell die digitalen Veränderungen der Gesellschaft und der Wirtschaft aus. Den generellen Prozess der digitalen Veränderung der Beratungsleistungen von den traditionellen Beratungsansätzen, speziell das sogenannte „people's business", in der analogen Welt hin zu technischen Unterstützungen in einer digitalen Welt bezeichnet Deelmann als Digitalisierung (Deelmann, 2019, S. 7). Tombeil et al., (2020, S. 135 ff.) sehen in der Digitalisierung die übergeordnete Verbindung von Personen und Prozessen. Dazu gehören auch die Konzeptionen und beteiligten Systeme sowie Dienstleistungen und Produkte, die durch den gesteigerten Einsatz virtueller Technologien tangiert sind. Hier besteht die grundsätzliche

Frage für die Wirtschaftsmediation: „Inwieweit will ich mein Geschäftsmodell digital ausrichten?"

Unter dem Dachbegriff „Digitalisierung" als geschäftspolitische Neuausrichtung der Wirtschaftsmediation in Richtung der automatisierten Geschäftsabwicklung befindet sich (siehe Abb. 10.2)

- der Prozess der „Virtualisierung" als Festlegung der Anforderungen zur Überleitung von der digitalen Geschäftsausrichtung zur Automatisierung bei der Virtualisierung und
- die „Automatisierung", bei der die konkrete technische und organisatorische Umsetzung der Digitalisierungs- und Virtualisierungsziele erfolgt.

Die **Virtualisierung** soll den Prozess der Überleitung physischer menschlicher Arbeiten zur maschinellen Abwicklung bezeichnen. Virtualisierung wird als ein „Spektrum von möglichen Leistungen" (Nissen & Seifert, 2016, S. 6) definiert, die in der Bandbreite von geringem bis zum vollständigen Einsatz elektronischer Hilfsmittel im Rahmen der IKT (Informations- und Kommunikations-Technologie) bei der Erbringung von Unternehmensberatungsleistungen verwendet werden. Unter IKT wird die gesamte Informations- und Kommunikationstechnik unter Einschluss aller Kommunikationsanwendungen der Hardware, Software und der verschiedenen Arten von Netzwerken sowie der Einsatz aller dazugehörender Hilfsmittel, wie insbesondere auch Mobiltelefone, verstanden. Der Begriff „Voll-Virtualisierung" bezeichnet, dass die persönliche Komponente der Unternehmensberaterin oder des Unternehmensberaters zur Gänze entfällt. Das kann beispielsweise dann der Fall sein, wenn die Beratungskunden beim Self-Service-Consulting vollständig ohne Beraterin oder Berater ihre Beratungsleistungen IKT-unterstützt abwickeln können (Hähnel, 2023). Hier besteht die Frage für die Wirtschaftsmediation: „Welche Funktionen, Aufgaben und Arbeitsschritte will ich zukünftig gemäß den Digitalisierungszielen in welcher Form durchführen?"

Die **Automatisierung** unterstützt die globale Digitalisierung. Unter Automatisierung soll die konkrete Umsetzung des Digitalisierungsansatzes verstanden werden. „Die Virtualisierung von Prozessen kann von der Automatisierung begleitet werden" (Nissen & Seifert, 2016, S. 8). Mit der Automatisierung werden die konkreten technischen Umsetzungen der generellen Digitalisierungsgrundsätze und die Virtualisierung der definierten Beratungsprozesse mithilfe unterschiedlicher Tools, Hilfsmittel oder Methoden, wie Big-Data, Robotic Process Automation (RPA) sowie Elemente der Künstlichen Intelligenz durchgeführt. Hier besteht die Frage für die Wirtschaftsmediation: „Wie setze ich die Digitalisierungsziele konkret um?"

Korrekterweise kann bei der Digitalisierung der Wirtschaftsmediation derzeit nur von der Virtualisierung in Verbindung mit einer Automatisierung ausgegangen werden. Für eine Digitalisierung der Wirtschaftsmediation müsste das Geschäftsmodell weitgehend systematisch elektronisch ausgerichtet und abgewickelt werden. Es kann höchstens eine teilweise Virtualisierung angenommen werden, wenn einfache Funktionen wie beispielsweise die Online-Mediation durch menschliche Akteure oder Teilfunktionen mit digitalen Tools höherer Virtualisierungsstufen abgewickelt werden. (siehe auch Abb. 10.2). Daher wird in der Folge der Begriff Digitalisierung in Bezug auf die Wirtschaftsmediation inhaltlich auf die Virtualisierung und Automatisierung eingeschränkt.

Künstliche Intelligenz ist keine einzelne Disziplin, sondern eine Reihe unterschiedlicher Technologien wie zum Beispiel Data Mining, Machine Learning sowie Deep Learning, Predictive Analytics, Künstliche neuronale Netze und Intelligente Agenten (Kontos, 2021, S. 1).

Das Digitalisierungspotenzial und die Intensität der digitalen Beratung und Erbringung mediativer Dienstleistungen kann je nach Beratungsschulen-Gruppe klassifiziert werden (siehe Abb. 10.3). Die Beratungsschulen-Gruppen der Unternehmensberatung sind die Oberbegriffe für die unterschiedlichen Beratungsausprägungen, die durch die einzelnen Beratungsschulen untergliedert sind.

Die in Abb. 10.3 dargestellten Beratungsschulen-Gruppen (Hähnel, 2023, S. 259) reichen von der **Klassik** mit der gutachterlichen Beratung, der Fachberatung und der Expertenberatung bis zur Automatisierten Beratung. In der Gruppe

Beratungs-schulen-Gruppen	Klassik	Neoklassik	System-Theorie	Post-Moderne	Neue Institutio-nenöko-nomie	Crowd Consulting	Automati-sierte Beratung
Beratungs-schulen	• Gutachterliche Beratung • Fachberatung • Experten-beratung	• Komplementär-Beratung • Organisations-entwicklung	• Prozess-Beratung • Systemische Beratung	• Postmoderne Beratung	• Property Right Theorie-Beratung • Principal Agents Theorie-Beratung • Transaktions-kosten Theorie-Beratung	• Crowd-sourcing Supported Consulting	• Algorithmic Consulting • Self Consulting
Digitalisierungs-potenzial	• sehr hoch	• mittel	• gering	• sehr hoch	• hoch bis sehr hoch	• sehr hoch	• sehr hoch
Intensität der Wirtschafts-mediation	• hoch	• hoch	• hoch	• hoch	• hoch	• hoch	• hoch

Abb. 10.3 Strukturierung der Beratungsschulen mit Digitalisierungspotenzialen und Intensitäten. (Quelle: Hähnel, 2023, S. 259, erweitert um Digitalisierungspotenzial und Intensität der Wirtschaftsmediation)

der **Neoklassik** sind die Komplementärberatung und die Organisationsentwicklung angesiedelt. Die **System-Theorie** besteht aus der Prozessberatung und der systemischen Beratung. Hier ist auch die Wirtschaftsmediation angesiedelt, die ähnliche Grundlagen wie die Prozessberatung und systemische Beratung hat. Eine eigene Gruppe bildet die **Postmoderne**. Unter der **Neuen Institutionenökonomie** sind die Beratungsausprägungen der Property-Rights-Theorie, Principal-Agents-Theorie und der Transaktionskosten-Theorie angesiedelt. Im **Crowd Consulting** werden größere Personenkreise in den Beratungs- und Mediationsprozess einbezogen. In der Gruppe der **Automatisierten Beratung** fällt das Self Consulting, in der die Kundin oder der Kunde zur Selbsthilfe befähigt wird sowie die breite Palette der digital unterstützten bis digital erbrachten Beratungsleistungen und Mediation. Das Digitalisierungspotenzial zeigt das mögliche Ausmaß der Digitalisierung der Beratungsschulen an. Die auf die Digitalisierungsintensität bezogenen mediativen Dienstleistungen sind bei allen Beratungsschulen sehr ähnlich hoch, weil dort jeweils ähnliche mediativ unterstützende Methoden zum Einsatz kommen können.

Das Digitalisierungspotenzial ist bei den einzelnen Beratungsschulen-Gruppen unterschiedlich: In der Klassik, der Postmoderne, dem Crowd Consulting, der Automatisierten Beratung sowie teilweise in der Neuen Institutionenökonomie ist das Digitalisierungspotenzial sehr hoch. Bei der Neoklassik gibt es ein mittelhohes Digitalisierungspotenzial, wogegen es bei der Beratungsschulen-Gruppe der System-Theorie gering ist. Dagegen ist die Intensität der Wirtschaftsmediation überall hoch, d. h. dass es bei allen Beratungsschulen ein hohes Ausmaß an Einsatz- und Anwendungen für die Wirtschaftsmediation gibt.

Die Tätigkeiten der Wirtschaftsmediation können bei allen Beratungsschulen-Gruppen und den einzelnen Beratungsschulen der Unternehmensberatung zum Einsatz kommen (siehe Abb. 10.3): Bei der gutachterlichen Beratung beispielsweise kann die Wirtschaftsmediation bei Differenzen zwischen den begutachteten Personen und wirtschaftsmediativ tätigen Personen eingesetzt werden und bei der Fachberatung können unterschiedliche Standpunkte eskalieren. Bei der Prozessberatung oder der systemischen Beratung können z. B. Probleme zwischen Personen oder Organisationseinheiten im Fokus stehen. Bei der Principal-Agents-Theorie-Beratung kann es zu Konfliktsituationen wegen einer asymmetrisch verteilten Informationen zugunsten des Agenten (z. B. Managerin oder Manager) und dem Prinzipal (z. B. Eigentümerin oder Eigentümer) kommen. Bis hin zum Crowdsourcing Supported Consulting und dem Algorithmic-Consulting können unterschiedliche methodische Auffassungen und Interpretationskonflikte auftreten. Dabei handelt es sich jeweils um Tätigkeiten des Beratungsfelds der Wirtschaftsmediation.

► Die Tätigkeiten der Wirtschaftsmediation als mediative Dienstleistungen können in allen Schulen der Unternehmensberatung ausgeübt werden wie zum Beispiel die mediative Begleitung und Unterstützung in allen internen Konflikten in Organisationen zwischen einzelnen Personen, Gruppen und anderen Organisationseinheiten, streitige Verhandlungen zwischen Management und Belegschaftsvertretungen, Analyse von Konflikten innerhalb und zwischen Unternehmen (siehe auch die sieben Konfliktebenen von Schein, 2010, S. 96).

10.2 Digitalisierungsgruppen in der Wirtschaftsmediation

Es bestehen unterschiedliche Klassifizierungssysteme für die Darstellung der Digitalisierungsstufen der Unternehmensberatung allgemein. Überwiegend gibt es drei- und vierstufige Modelle der Digitalisierung der Beratungsleistungen. In diesem Kapitel sollen die Aspekte der Digitalisierung speziell für die Wirtschaftsmediation betrachtet werden. Gemäß der Systematik von Werth et al. (2016a, S. 59) werden beispielhaft die vier Stufen der Digitalisierung betrachtet. Die einzelnen Stufen der Digitalisierung bei wissensnahen Tätigkeiten unter besonderer Berücksichtigung mediativer Dienstleistungen können folgendermaßen entsprechend der Werth-Systematik abgeleitet und zusammengefasst werden.

10.2.1 Stufenmodell der Digitalisierung in der Wirtschaftsmediation

Das Modell der Klassifizierung der Intensität der Digitalisierung in der Beratung (Werth et al., 2016a, S. 59) wird nun in dieser Betrachtung auf die Wirtschaftsmediation übertragen. Das Modell umfasst vier Stufen (siehe Abb. 10.4), die vom Einsatz von Standard-Software über die Nutzung von Expertensoftware, teilweise selbständig arbeitende Softwaresysteme bis zum Einsatz von selbständig ergebnisorientiert arbeitenden Software-Lösungen reichen. Das Modell ist folgendermaßen strukturiert:

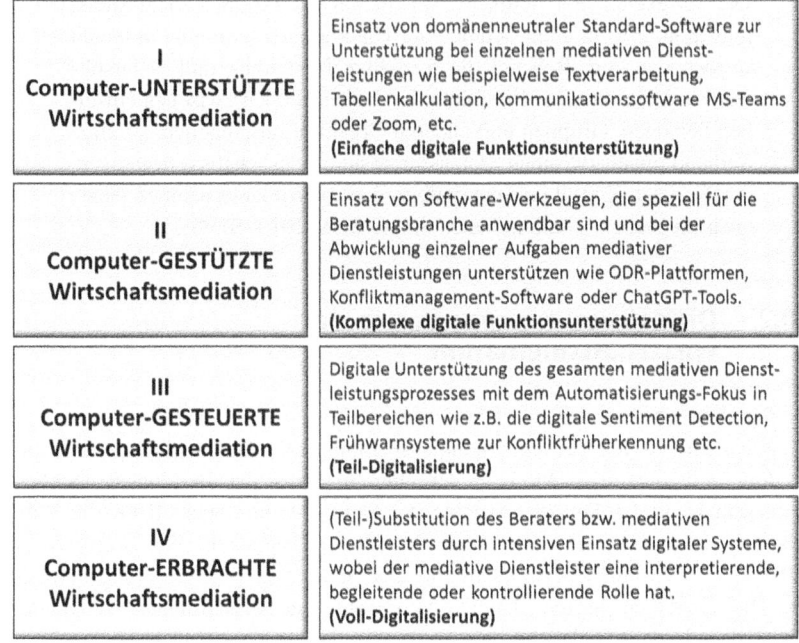

I Computer-UNTERSTÜTZTE Wirtschaftsmediation	Einsatz von domänenneutraler Standard-Software zur Unterstützung bei einzelnen mediativen Dienst-leistungen wie beispielweise Textverarbeitung, Tabellenkalkulation, Kommunikationssoftware MS-Teams oder Zoom, etc. **(Einfache digitale Funktionsunterstützung)**
II Computer-GESTÜTZTE Wirtschaftsmediation	Einsatz von Software-Werkzeugen, die speziell für die Beratungsbranche anwendbar sind und bei der Abwicklung einzelner Aufgaben mediativer Dienstleistungen unterstützen wie ODR-Plattformen, Konfliktmanagement-Software oder ChatGPT-Tools. **(Komplexe digitale Funktionsunterstützung)**
III Computer-GESTEUERTE Wirtschaftsmediation	Digitale Unterstützung des gesamten mediativen Dienst-leistungsprozesses mit dem Automatisierungs-Fokus in Teilbereichen wie z.B. die digitale Sentiment Detection, Frühwarnsysteme zur Konfliktfrüherkennung etc. **(Teil-Digitalisierung)**
IV Computer-ERBRACHTE Wirtschaftsmediation	(Teil-)Substitution des Beraters bzw. mediativen Dienstleisters durch intensiven Einsatz digitaler Systeme, wobei der mediative Dienstleister eine interpretierende, begleitende oder kontrollierende Rolle hat. **(Voll-Digitalisierung)**

Abb. 10.4 Digitalisierungsstufen der Wirtschaftsmediation. (Quelle: Eigene Darstellung in Anlehnung an Werth et al.,2016a, S. 59)

10.2.2 Computer-unterstützte Wirtschaftsmediation (Stufe 1)

Die **Stufe 1** ist die einfachste und am wenigsten digital ausgeprägte Stufe. In der Praxis wird diese Stufe oftmals bereits als DIE Digitalisierung bezeichnet, In dieser Stufe kommt Standardsoftware zur Unterstützung der Geschäftsab-wicklung und der Kommunikation zu Einsatz. Zur Erstellung von Texten wie Berichten, Protokollen und Transkripten werden Textverarbeitungsprogramme eingesetzt. Zur Planung und Kontrolle von Projekten sind Projektorganisations-Tools wie etwa Microsoft Project im Einsatz, und für Berechnungen wird eine Tabellenkalkulations-Software verwendet. Einfache Datenbanken können mit Standardsoftware wie Access erstellt und bearbeitet werden. Für Präsentationen und die Erstellung von Berichten wird eine Präsentations-Software wie bei-spielsweise PowerPoint eingesetzt. Seit der Corona-Pandemie werden verstärkt

Kommunikations- und Kollaborationstools wie Teams, Zoom, Loom und andere genutzt, um Besprechungen „digital" durchzuführen oder durch den gemeinsamen Zugriff auf Dokumente elektronisch unterstützt zusammenzuarbeiten.

Vielfach wird von den Kundinnen und Kunden sowie Beraterinnen und Beratern diese schwache Ausprägung irrtümlich als eine hohe Form der Digitalisierung oder einfach als die höchste Stufe der Digitalisierung betrachtet. In einer Studie von Dostal (2023, S. 47 f.) werden die Ergebnisse einer Umfrage zum Einsatz digitaler Tools in der Mediation vorgestellt. Dabei bewegen wir uns in der einfachsten Digitalisierungsausprägung, nämlich in der Digitalisierungsstufe 1.

Als das am intensivsten verwendete digitale Hilfsmittel werden die Videokonferenzen genannt, gefolgt von den elektronischen Whiteboards, digitalen Terminreservierungssystemen und Online-Befragungen (Dostal, 2023, S. 47). Danach folgen nur digitale Hilfsmittel im einstelligen Prozentbereich. Branchenspezifische Softwarelösungen sind nicht zu finden (siehe Abb. 10.5).

Das Videoconferencing wird mit den folgenden Tools durchgeführt: 74,19 % der Befragten benutzen Standardsoftware-Tools zur Durchführung von Videokonferenzen. Laut Dostal (2023, S. 50) ist Zoom das am häufigsten verwendete

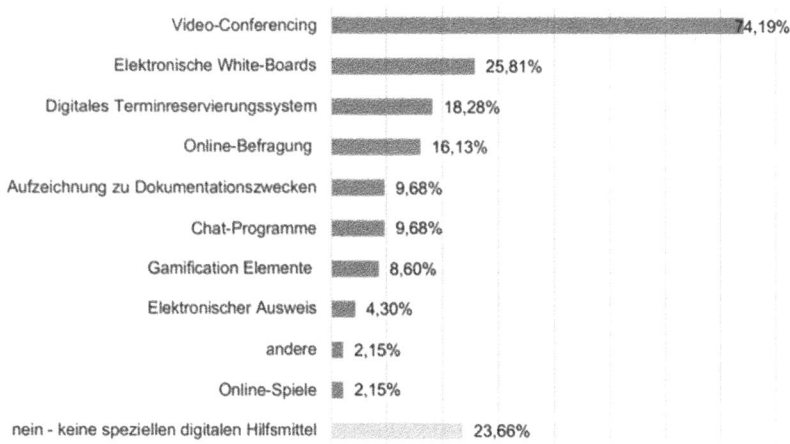

Haben Sie während der Covid-19-Pandemie Ihr Angebot in der Mediation durch digitale Hilfsmittel erweitert? (n1=93)

Video-Conferencing	74,19%
Elektronische White-Boards	25,81%
Digitales Terminreservierungssystem	18,28%
Online-Befragung	16,13%
Aufzeichnung zu Dokumentationszwecken	9,68%
Chat-Programme	9,68%
Gamification Elemente	8,60%
Elektronischer Ausweis	4,30%
andere	2,15%
Online-Spiele	2,15%
nein - keine speziellen digitalen Hilfsmittel	23,66%

Abb. 10.5 Eingesetzte digitale Hilfsmittel bei der Mediation. (Quelle: Dostal, 2023, S. 47)

Videokonferenz-Tool bei den in der Mediation tätigen Mediatorinnen und Mediatoren mit 97,22 %, gefolgt von MS Teams mit 66,69 % und neun weiteren Tools mit wesentlich geringeren Nennungen (Mehrfachnennungen waren möglich).

10.2.3 Computer-gestützte Wirtschaftsmediation (Stufe 2)

In der **Stufe 2** sind Softwareprodukte für Expertenanwendungen verfügbar, mit denen Problemlösungen digital unterstützt werden können.

Hier handelt es sich um eine Funktionsunterstützung für die Mediatorinnen und Mediatoren, bzw. Beraterinnen und Berater bei der Erbringung einer mediativen Dienstleistung mit definiertem Anfang und Ende. Bei der computergestützten Beratung kommen durch die Mediatorin und den Mediator beratungsspezifische Software-Tools zum Einsatz, die bei der Erledigung der Arbeiten unterstützen. Das können beispielsweise Prozessmanagement-Tools zur Dokumentation und Simulation von Geschäftsprozessen oder Dokumentation von Risiken, Qualitätsanforderungen, Skill-Definitionen, Knowledge-Informationen etc. (z. B. ADONIS, ARIS), Bilanzanalyse-Tools, Liquiditäts-Analyse-Programme, Marktanalyse-Tools etc. sein. Anbieter stellen eine breite Palette spezieller Software zur Verfügung, die auch von den Beratungskundinnen und Beratungskunden verwenden werden können.

Es gibt eine Reihe von Experten-Systemen für Konfliktmanagement im Allgemeinen, die aktiv als computer-gestützte Mediation verwendet werden, wie beispielsweise:

- **Online Dispute Resolution (ODR) Plattformen:** Diese Plattformen können Algorithmen und Künstliche Intelligenz nutzen, um Streitigkeiten zu lösen und werden häufig in E-Commerce-Umgebungen eingesetzt, um Streitigkeiten zwischen Käufern und Verkäufern zu lösen. In Österreich werden derzeit keine KI-Anwendungen genutzt. Sie bieten Zugang zu qualifizierten alternativen Streitbeilegungsstellen in Europa und unterstützen die Kommunikation zwischen den Parteien https://ec.europa.eu/consumers/odr/main/index.cfm?event=main.home2.show&lng=DE (Europäische Kommission, 2023).
- Des Weiteren stellt die Europäische Kommission die Europäische Plattform zur Online-Streitbeilegung (ODR) zur Verfügung, um das Online-Shopping sicherer und fairer zu gestalten. Alle Online-Händler in der EU, Island, Liechtenstein oder Norwegen sind verpflichtet, einen leicht zugänglichen Link zur ODR-Plattform bereitzustellen.

- **Konfliktmanagement-Software:** Diese Art von Software wird häufig in Unternehmen eingesetzt, um interne Konflikte zu lösen. Sie können Funktionen wie Konfliktverfolgung, Berichterstattung und Analyse bieten. Beispiele dafür sind der Konflikt-Navigator. Dieses Tool erfasst anonym belastende Situationen und gibt Handlungsempfehlungen. Es steht in mehreren Versionen zur Verfügung und ermöglicht eine Früherkennung von Konflikten und bietet Handlungsempfehlungen zur frühzeitigen Klärung im Sinne einer konstruktiven Konfliktkultur (Medius, 2023).
- **Standard-Software zur Problemerkennung:** Im digitalen Konfliktmanagement und der Wirtschaftsmediation können digitale Expertensysteme und mediationsspezifische Tools zum Einsatz kommen, die auf einem einfachen Level beispielsweise bei der innerbetrieblichen Problemerkennung unterstützen. Es gibt Anbieter am Markt, die mit digitaler Unterstützung „das Erkennen und Überwinden" von internen Problemen ermöglichen, um die Kooperation zu verbessern, eine kooperationsorientiere Unternehmenskultur zu unterstützen und damit Vorteile für das Unternehmen zu generieren. Das Kooperationsverhalten im Unternehmen wird unter Einbindung der Spieltheorie und den neuesten neurobiologischen Erkenntnissen erkannt, um „die Arbeitswelt lebenswerter zu gestalten und gleichzeitig auch zu einer signifikanten Produktivitätssteigerung beizutragen" (TransKooption).
- **Einfache Methoden der Schwachen Künstlichen Intelligenz (KI):** Diese Methoden können genutzt werden, um Informationen für mediative Dienstleistungen beziehungsweise einen Mediationsprozess zu erhalten. In einem sehr einfachen Beispiel ist erkennbar, wie beispielsweise ChatGPT-4 grobe oder auch detaillierte Empfehlungen zu einem Mediationsprozess generieren kann. Das untenstehende Beispiel ist bewusst einfach gehalten und soll nur das Prinzip andeuten. Durch weitere Präzisierungen der Fragestellung können jeweils wesentlich detailliertere Handlungsanweisungen für einen Mediationsprozess abgerufen werden.

  Im Sinne der Inhouse Business Mediation, bei der zum Beispiel gewisse Mediationsaufgaben in der Verantwortung von besonders befähigten Mitarbeiterinnen und Mitarbeitern oder im Aufgabenkreis von neudefinierten Leitungsfunktionen liegen, könnten unter bestimmten Rahmenbedingungen Mediationsprozesse firmenintern als selbstverständliche Führungsfunktionalität, Führungskoordinationsfunktionalität oder Servicefunktionalität implementiert werden.

ChatGPT-Beispiel

Beispiel des Einsatzes einer „Einfachen Methode der Künstlichen Intelligenz (KI)", hier ChatGPT-4 (abgerufen mit Copilot am 10.11.2023).

Frage an ChatGPT:
Wie kann ein Mediationsprozess aussehen, wenn die Konflikte zwischen den Mitarbeitern und dem Vorgesetzten immer kritischer werden, wenn kein externer Mediator beteiligt ist?
Antwort von ChatGPT mit direkt abrufbaren Literaturquellen:
Ein Mediationsprozess ohne externen Mediator kann folgendermaßen aussehen:

1. **Erkennen des Konflikts:** Der erste Schritt besteht darin, den Konflikt zu erkennen und zu akzeptieren. Es ist wichtig, dass alle Beteiligten den Konflikt anerkennen und bereit sind, an einer Lösung zu arbeiten.
2. **Einberufung einer Mediationssitzung:** Eine Sitzung sollte einberufen werden, an der alle beteiligten Parteien teilnehmen. Es ist wichtig, dass die Sitzung in einer neutralen Umgebung stattfindet und dass alle Teilnehmer die Möglichkeit haben, ihre Sichtweise darzulegen.
3. **Darstellung der Konfliktpunkte:** Jede Partei sollte die Möglichkeit haben, ihre Sichtweise darzulegen und zu erklären, warum sie glaubt, dass es einen Konflikt gibt. Es ist wichtig, dass jeder die Möglichkeit hat, seine Meinung zu äußern, ohne unterbrochen zu werden.
4. **Suche nach Lösungen:** Nachdem alle Parteien ihre Sichtweise dargelegt haben, sollte eine Diskussion über mögliche Lösungen beginnen. Es ist wichtig, dass alle Beteiligten an diesem Prozess teilnehmen und Vorschläge machen können.
5. **Vereinbarung einer Lösung:** Sobald eine Lösung gefunden wurde, die für alle akzeptabel ist, sollte diese schriftlich festgehalten und von allen Beteiligten unterzeichnet werden. Dies stellt sicher, dass alle Parteien die Vereinbarung verstehen und sich dazu verpflichten.
6. **Follow-up:** Nach der Mediation sollte es ein Follow-up geben, um sicherzustellen, dass die Vereinbarung eingehalten wird und dass der Konflikt gelöst ist.
7. Es ist auch wichtig, dass der Mediator neutral ist und keine Partei bevorzugt.
8. Es ist wichtig zu beachten, dass Mediation ein freiwilliger Prozess ist und dass alle Beteiligten bereit sein müssen, zusammenzuarbeiten, um eine

Lösung zu finden. In einigen Fällen kann es hilfreich sein, einen professionellen Mediator hinzuzuziehen, auch wenn dies nicht immer notwendig ist.

Alle Punkte können beliebig tief detailliert werden wie beim Beispiel am Punkt 3: Darstellung der Konfliktpunkte.

Zusatzfrage an ChatGPT:
Wie werden bei einer internen Mediation die Konfliktpunkte dargestellt?
Antwort von ChatGPT mit direkt abrufbaren Literaturquellen:
Die Darstellung der Konfliktpunkte ist ein wichtiger Teil des Mediationsprozesses. Hier sind einige Schritte, die typischerweise befolgt werden:

1. **Sammeln von Informationen:** Zunächst sollte es um die neutrale Sammlung von Informationen gehen[1]. Jede Partei sollte die Möglichkeit haben, ihre Sichtweise darzulegen und zu erklären, warum sie glaubt, dass es einen Konflikt gibt. Es ist wichtig, dass jeder die Möglichkeit hat, seine Meinung zu äußern, ohne unterbrochen zu werden.
2. **Visualisierung der Konflikte:** Die Konfliktlandkarte ist eine hervorragende Möglichkeit, diffuse Konflikte klar zu visualisieren. Sie hilft dabei, die verschiedenen Aspekte des Konflikts und die Beziehungen zwischen ihnen zu verstehen.
3. **Formulierung der Konfliktpunkte:** Nachdem alle Parteien ihre Sichtweise dargelegt haben, werden die Klärungspunkte betrachtet, formuliert und den Personen vorgelegt. Dies kann dazu beitragen, Missverständnisse zu klären und den Fokus auf die tatsächlichen Probleme zu lenken.
4. **Priorisierung der Konfliktpunkte:** Wenn es verschiedene Bereiche gibt, können die Konfliktparteien diese nach Priorität ordnen. Dies hilft dabei, den Mediationsprozess zu strukturieren und sicherzustellen, dass die wichtigsten Punkte zuerst behandelt werden.

Es ist wichtig zu beachten, dass dieser Prozess in einer Atmosphäre des Respekts und der Offenheit stattfinden sollte, um sicherzustellen, dass alle Parteien sich gehört und verstanden fühlen.◄

10.2.4 Computer-gesteuerte Wirtschaftsmediation (Stufe 3)

In der **Stufe 3** geht es bereits um eine unterstützende Abwicklung mediativer Dienstleistungen durch weiterentwickelte Softwarelösungen, KI-gestützte Software-Tools oder Software-Roboter und weitere Tools. Die computergesteuerte Beratung beschränkt sich nicht mehr nur auf die Anwendung einzelner Software-Tools, sondern es soll den Beratungsprozess in etlichen Teilen oder insgesamt unterstützen. In dieser Stufe können auch RPA-Software-Tools (Robotic Process Automation Tools) eingesetzt werden, um mediative Dienstleistungen weitgehend oder vollständig zu automatisieren. Es können auch sehr große Datenmengen analysiert werden, um Lösungen automatisiert zu erstellen, beziehungsweise können auch analytische Tools eingesetzt werden.

Für definierte Fragestellungen können Elemente der Künstlichen Intelligenz eingesetzt werden. Durch die Nutzung von vorhandenen KI-Trainingsplattformen und unterschiedlichen Trainingsangeboten können KI-Systeme dahingehend trainiert werden, selbständig Aufgaben zu lösen, wie zum Beispiel das Erkennen von Konflikten oder Erarbeitung von Lösungsvarianten.

In der digitalen Wirtschaftsmediation können Software-Tools eingesetzt werden, die den Mediationsprozess unterstützen oder Teilaufgaben übernehmen beziehungsweise Teillösungen liefern. Hier ist der Mensch noch steuernd, interpretierend oder erklärend in den Prozess eingebunden.

In dieser Stufe werden beispielhaft drei Bereiche beschrieben, die im Wirtschaftsmediationsprozess eingesetzt werden können.

- **Konflikt-Früherkennung mit Sentiment Detection**
  Ein alter Spruch lautet „Gefahr erkannt, Gefahr gebannt". Beim Risikomanagement gemäß ISO 31000:2018 ist der wichtigste Schritt die Risikoidentifikation. Dazu gibt es digitale Instrumente, die auch in der Wirtschaftsmediation eingesetzt werden können. Eines der Tools ist die digitale Sentiment-Analyse. Die **digitale Sentiment-Analyse** (Sentiment Detection) im Sinne der Schrift- und Stimmungserkennung mit den Einsatz der Künstlichen Intelligenz könnte zukünftig zur Erkennung von sich anbahnenden Konflikten in Organisationen auf der Basis von gesprochen Informationen (Reden, Diskussionen etc.) oder geschriebenen Informationen (Schriftverkehr, Emails, Berichte etc.) eingesetzt werden. Empfindungen und Gefühle sollen digital erkannt werden, um vorhersagbare Konflikte frühzeitig zu erkennen oder bestehende Konflikte aufzuzeigen. Die Sentiment-Analyse ist eine Untergruppe des Text

Minings (Burin, 2023. S. 9), das auf Algorithmen basierten Analyseverfahren die Bedeutungsstrukturen aus unstrukturierten oder schwachstrukturierten Textdaten entdecken kann.

„Um Probleme und Konflikte im Vorfeld zu erkennen und dementsprechend präventive Maßnahmen treffen zu können, ist es sinnvoll, eine ‚Hintergrundstimmung' in Nachrichten […] ‚live' zu detektieren" (Schroth, 2022, S. iii).

Die Sentiment Detection wird in unterschiedlichen Bereichen der Konflikterkennung eingesetzt. Bei der Mediation kommt diese Methode der digitalen Konflikterkennung bereits in der Immobilienbranche in Deutschland zum Einsatz (Hochschule Luzern, 2021). Künstliche Intelligenz ist fähig, Sprache zu analysieren und Emotionen in Form von psychologischen Beratungsmustern darzustellen. Bei der Sprachanalyse kann durch den Einsatz der Künstlichen Intelligenz auch im Bereich der Fraud Detection – z. B. Betrugserkennung oder unredliche Handlungen beteiligter Personen – eingesetzt werden. Durch die Einbeziehung von Sprache und schriftlichen Quellen unterschiedlicher Art gibt es für die Unterstützung bei der Mediation zukünftig ein breiteres Einsatzfeld.

Die Facial Emotion Recognition (FER) hilft über Beobachtungen, Videos oder sonstige Medien den emotionalen Zustand von einzelnen und sehr vielen Personen zu erkennen und zu interpretieren (Vemou & Horvath, 2021, S. 1–4). Die Emotionserkennung mit Künstlicher Intelligenz kann neben den internen Anwendungen im Unternehmen auch für Konflikt- und Emotionserkennungen gegenüber Kundeninnen oder Kunden und Lieferantinnen oder Lieferanten angewendet werden. Zum Beispiel bei der Anwendung der Emotionserkennung in einem Call Center können bei unzufriedenen Kundinnen und Kunden die Emotionsarten erkannt und entsprechend ISO 10001:2023 („Qualitätsmanagement – Kundinnen- und Kundenzufriedenheit – Leitfaden für Verhaltenskodizes für Organisationen"), ISO 10002:2023 und ISO 10003:2023 strukturiert behandelt werden. Das gilt auch für alle Arten von potenziellen Problemfeldern mit externen Stakeholdern zur Vermeidung und Minimierung von Konflikten (Leyer & Iren, 2021). (Die Emotionserkennung mit Künstlicher Intelligenz ist derzeit laut dem EU AI ACT 2024 nicht zulässig.)

- **Niederschwellige Emotionserkennung mit humanoiden Robotern**
  An den technischen Hochschulen und anderen Lehr- und Forschungsstätten werden bereits niederschwellig digitale Lösung zur Emotionserkennung mit humanoiden Robotern im Rahmen von Masterarbeiten umgesetzt. Bei der Technischen Hochschule Wildau wurde solch ein Roboter prototypisch auf

der Basis von Bild-, Ton- und Texteingaben erstellt und Emotionserkennungen realisiert (Lüthe, 2023). Burin (2023) von der Fachhochschule Technikum
Wien hat einen Vergleich bestehender Sentiment-Analysesysteme durchgeführt
und die Auswirkungen auf die Performance analysiert.

• **Betriebliches Frühwarn-System zur Problemerkennung**
  Mit dem betrieblichen Frühwarn-System sollen potenzielle oder sich anbah-
  nende Konflikte und Probleme möglichst frühzeitig identifiziert werden. Auf
  der Basis von „schwachen Signalen" sollen bereits in einem sehr frühen
  Stadium sich abzeichnende Konflikte aufgespürt werden. Mit einem breiten
  Spektrum an Instrumenten sollen die noch nicht manifesten Informationen
  über mögliche Konflikte und Problemstellungen, die schwachen Signale (Weak
  Signals) mit einem strategischen und operativen Radar erfasst werden. Die
  Informationen sollen in und außerhalb der Organisation gesucht werden. Für
  die externen Konflikt- und Problembereiche können die PESTEL-Systematiken
  laut Karagiannis et al. (2020, S. 14) genutzt werden. Hier handelt es sich um
  die Einflussfaktoren Politik, Wirtschaft, Soziales, Technologie, Ökologie und
  Recht (**P**olitical, **E**conomic, **S**ocial, **T**echnological, **E**nvironmental and **L**egal).
  Es gibt vier Generationen der betrieblichen Frühwarn-Systeme. Aus digitaler
  Sicht ist die 4. Generation relevant. Diese Generation ist komplex und muss
  kundenspezifisch angepasst werden. Sie umfasst operative und strategische
  Methoden und Systeme, das strategisch-operative Radar sowie die Wechsel-
  wirkungen zwischen den unterschiedlichen Einflussgrößen. Es empfiehlt sich,
  das Instrumentarium in das bestehende Managementsystem einzubetten.

10.2.5 Computer-erbrachte Wirtschaftsmediation (Stufe 4)

In der vierten und höchsten Stufe der Digitalisierung geht es um die teilweise oder
vollständige Substitution der Wirtschaftsmediatorin und des Wirtschaftsmediators
Die Software übernimmt ganz oder teilweise die Abwicklung des Prozesses. Hier
hat der Mediator oder die Mediatorin – wenn überhaupt – eine ergebnisinterpre-
tierende, erklärende oder kontrollierende Rolle. Hier steht die Entwicklung im
Bereich der Wirtschaftsmediation noch in einer frühen Phase.
    Eine vollständig computer-erbrachte Beratung und Erbringung mediativer
Dienstleistungen ist heute noch nicht durchgängig möglich, sehr wohl aber in
Teilbereichen als Unterstützung des Mediationsprozesses gemäß Stufe 3 der
Digitalisierung.

Es gibt aber bereits Methoden und digitale Instrumente, die Teile der Prozesse unterstützen oder erledigen können.

Androiden- und Roboter-Mediatoren-Einsatz

Eine Studie der Technischen Universität Wien hat experimentell den Einsatz von **Androiden** (Roboter, der einem Menschen ähnlich sieht und sich menschenähnlich verhält) in der Konfliktlösung untersucht. Die Studie stellt die Hypothese auf, dass Roboter als geschlechtsneutrale, humanoide Repräsentation eines Experten-Mediationssystems besonders fair wahrgenommen werden könnten. Die Studie geht davon aus, dass solche Roboter das Vertrauen von Konfliktparteien gewinnen, eine bessere Konfliktlösung ermöglichen und damit mehr Einigungen erzielen könnten. Darüber hinaus könnten sie zu einer höheren Zufriedenheit mit dem Ergebnis bei den Konfliktparteien führen und zu einer höheren Technologieakzeptanz im Vergleich zur Nutzung als reines Expertensystem (am PC) führen (Druckman et al., 2021, S. 420).

Ein Einsatz erscheint auf der **Sachebene** durchaus realistisch, wenn zum Beispiel auf Best Practice-Fälle zugegriffen werden kann. Auf der **Beziehungsebene** sind die zukünftigen Möglichkeiten des Einsatzes von KI noch fraglich.

Als ein weiteres Beispiel kann ein Fall von **Roboter-Mediatoren** genannt werden, der sich aber im Gerichtsbereich abspielte: Der Einzug von Robotern in die Mediation erreichte im Februar 2019 einen neuen Meilenstein, als der kanadische Spezialist für elektronische Verhandlungen *iCan Systems* angeblich das erste Unternehmen war, das einen Streit vor einem öffentlichen Gericht in England und Wales mithilfe eines „Roboter-Mediators" beilegte. Smartsettle ONE, ein KI-Tool, ersetzte einen menschlichen Vermittler und legte in weniger als einer Stunde mithilfe einer Art Blind-Bid-Mechanismus einen dreimonatigen Streit um eine unbezahlte Rechnung in Höhe von 2.000 GBP für einen persönlichen Beratungskurs bei (Beioley, 2019). Diese Bezeichnung entspricht allerdings nicht dem in deutschen Sprachraum gängigen Verständnis eines Mediators oder einer Mediatorin, sondern kommt eher der Funktion eines Schiedsrichters oder einer Schiedsrichterin nahe.◄

Aktuell wird viel über die „Künstliche Intelligenz" in Hinblick auf die sich bietenden Chancen und Risiken, angeblich notwendige Regulierungen, Einschränkungen und Verbote diskutiert. Wichtig ist die Unterscheidung zwischen der sogenannten Schwachen und der Starken Künstlichen Intelligenz, da sie uns sehr unterschiedliche Entwicklungen bringen können.

Von der „Schwachen" zur „Starken Künstlichen Intelligenz"
Die **Schwache Künstliche Intelligenz** (KI) kann meist sehr effizient, schnell und auf große Mengen von Informationen zugreifen. Sie kann Lösungen nach vorgegebenen Regeln, Algorithmen oder Verfahren suchen und in kürzerer Zeit zur Verfügung stellen. In der Regel kann die Schwache KI nur Aufgaben lösen, für die sie entwickelt wurde. Weitergehende Aufgaben können vom System nicht erledigt werden. Nur wenn beim Design der Problemlösung der Lösungsansatz vorhanden ist, kann die Schwache KI die entsprechende Aufgabe lösen.

Dazu ist es aber normalerweise notwendig, über eine Vielzahl von Trainingsdaten zu verfügen und das System damit zu trainieren (Röser, 2021, S. 33). Beispielsweise muss dem System eine Katze in den unterschiedlichsten Variationen antrainiert werden, damit es eine Katze mit einer hohen Sicherheit erkennt. Das ist ähnlich einem Kind, das im Laufe der ersten Jahre mehr als eine halbe Milliarde Bilder erkennen, erklärt bekommen und verarbeiten muss, um diese gelernten Bilder, Sprache, Schriften und Bedingungen verarbeiten zu können. Die Schwache KI stellt somit eine menschenähnliche Intelligenz dar, mit der das System in der Lage ist, gelernte Lösungsansätze abzuarbeiten. In dieser Phase befinden wir uns heute und unsere jeweils speziell trainierten schwachen KI-Tools helfen uns insbesondere durch die schnelle Verarbeitung großer Datenmengen in unterschiedlichsten Datenbanken und Informationsquellen.

Die dabei entwickelte Schnelligkeit und die verfügbaren Datenmengen in verschiedensten Datenbanken und Informationsquellen liefern in kurzer Zeit umfangreiche Ergebnisse. Eigenständige und weitergehende Lösungen können die Systeme der Schwachen KI nicht liefern. Das bedeutet für Unternehmensberatende und Mediationsdienstleistende, dass sehr wohl trainierte Aufgabenstellungen bearbeitet werden können, aber keine weitergehenden Lösungen verfügbar sind. Standardsituationen und alle trainierten Situationen können im Konfliktmanagement und zukünftig in der Wirtschaftsmediation eingesetzt werden. Mehr aber auch derzeit nicht.

Anders ist es bei der **Starken Künstlichen Intelligenz,** die sich an die Lösungsansätze anpassen und die eigenen Lösungsfähigkeiten weiterentwickeln kann. Hier ist es nicht mehr erkennbar, ob eine Lösung von einem Menschen oder einer Maschine stammt. Es besteht „die Fähigkeit der logischen Entscheidung, der Schlussfolgerung und der natürlichen Kommunikation" (Röser, 2021, S. 33). Diese Systeme können sich autonom weiterentwickeln. Die Nutzung dieser „autonomen Systeme" sind für die Nutzung wissensnaher Dienstleistungen für die Beratung inklusive der Mediation sehr relevant und können umfangreich eingesetzt werden, wenn das Training des Systems korrekt erfolgt. Diese Form

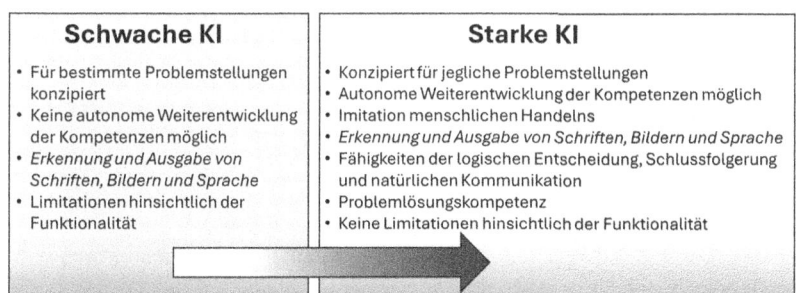

Abb. 10.6 Schwache und Starke Künstliche Intelligenz. (Quelle: Eigene Darstellung in Anlehnung an Röser, 2021, S. 35)

der KI bietet wahrscheinlich ein großes Potenzial zur Unterstützung der wissensnahen Arbeiten. Bis dahin müssen noch umfangreiche Entwicklungsarbeiten abgeschlossen werden (siehe Abb. 10.6).

Qualitätskriterien in der digitalisierten Wirtschaftsmediation
Die Qualitätsfaktoren digitaler Unternehmensberatungsprozesse und die Digitalisierung der Geschäftsmodelle wurden bei Ennsfellner und Fischer (2022) diskutiert. Hähnel (2022) hat in seiner Dissertation die Potenziale der Digitalisierung von Unternehmensberatungsleistungen erforscht. Mit zunehmender Digitalisierung ändern sich jedoch auch die Qualitätsanforderungen für unternehmensberatende Berufe und wahrscheinlich auch für die Wirtschaftsmediation. Ebenso kann davon ausgegangen werden, dass sich die Qualitätskriterien auch für mediativ Dienstleistende anpassen (siehe Abb. 10.7).

In Zukunft werden mit intensiver eingesetzten digitalen Systemen die persönlichen Befähigungen etwas weniger im Vordergrund stehen. Wichtiger werden dabei digitalbezogene Qualifikationen (Nissen & Seifert, 2016, S. 424).

Bei der traditionellen Beratung und wahrscheinlich auch bei der Erbringung mediativer Dienstleistungen steht die fachliche Kompetenz als wichtigstes Qualitätskriterium an oberster Stelle. An zweiter Stelle folgt die konsequente Verfolgung der Zielerreichung durch die beratungserbringende Person. Die nächsten vier Kriterien stellen hohe Anforderungen an die Beziehungskompetenzen und haben derzeit einen entsprechend hohen Stellenwert: Die soziale Beraterkompetenz, die Beratungsprozessqualität, Klientenintegration und die Beziehungsqualität sind bei der traditionellen Beratung durchschnittlich wichtig, weil der Berater oder die Beraterin

Qualitätskriterien virtueller Beratungsleistungen

Kriterien traditioneller Beratungsleistungen	Kriterien elektronischer Beratungsleistungen
1 Fachliche Beraterkompetenzen	1 Systemverfügbarkeit
2 Zielerreichung	2 Erfüllung
3 Soziale Beraterkompetenzen	3 Effizienz
4 Beratungsprozessqualität	4 Reaktionsfähigkeit
5 Klientenintegration	5 Privatsphäre
6 Beziehungsqualität	6 Kontakt
7 Reputation der Beratung	7 Ästhetik
	8 Kompensation

Abb. 10.7 Qualitätskriterien virtueller Beratungsleistungen für Mediationsanbieter und – anbieterinnen. (Quelle: Eigene Darstellung in Anlehnung an Nissen & Seifert,, 2016, S. 424)

den sozialkompetenten Prozess selbständig festlegt und steuert. Je nach Ausprägung der einzelnen Beratungsschulen sind hier differenzierte Ausprägungen zu beachten.

Anders ist die Situation bei einer weitgehend digital-unterstützten Beratungsleistung oder bei einer computer-erbrachten mediativen Dienstleistung. Im Vergleich zu den Kriterien traditioneller Beratungsleistungen wandeln sich die notwendigen Fähigkeiten – in einer fortgeschrittenen digitalen Phase – in die Richtung der digitalen Kriterien (siehe Abb. 10.8). Die fachlichen Beratungskompetenzen werden bei steigender Digitalisierung weniger wichtig, ebenso personelle Beratungskompetenzen, d. h. die sozialen Kompetenzen, die Beziehungsqualität und die Klientenintegration. Gleichbleibend in der Bedeutung sind die Reputation der Beratung, die Zielerreichung und die Beratungsprozessqualität. An Bedeutung gewinnen werden die restlichen Qualitätskriterien wie Reaktionsfähigkeit, Effizienz, Systemverfügbarkeit, Erfüllung, Privatsphäre, Kompensation, Kontakt und Ästhetik wie unten näher beschrieben.

Für die Berater oder die Beraterinnen und Anbieter oder Anbieterinnen mediativer Dienstleistungen bedeutet das – bei einer steigenden Nutzung digitaler Unterstützung – die Notwendigkeit zur Erweiterung und Änderung der Qualifikationen (siehe Abb. 10.8).

Weniger wichtige Qualitätsfaktoren bei zunehmender Digitalisierung:

**Veränderung der Anforderung/Bedeutung
mit steigendem Digitalisierungsgrad**

↘ Fachliche Beraterkompetenzen	↗ Reaktionsfähigkeit
↘ Soziale Beraterkompetenzen	↗ Effizienz
↘ Beziehungsqualität	↗ Systemverfügbarkeit
↘ Klientenintegration	↗ Erfüllung
	↗ Privatsphäre
→ Reputation der Beratung	↗ Kompensation
→ Zielerreichung	↗ Kontakt
→ Beratungsprozessqualität	↗ Ästhetik

Abb. 10.8 Veränderung der Qualitätskriterien für Mediationsanbieter und –anbieterinnen. (Quelle: Eigene Darstellung in Anlehnung an Nissen & Seifert, 2016, S. 424)

- **Fachliche Beraterkompetenzen:** Bei diesem besonders wichtigen Kriterium wird die hohe fachliche Kompetenz des Beraters oder der Beraterin erwartet. Damit sind Methoden-, Branchen- und Unternehmenskenntnisse gemeint sowie das vorhandene Wissen und leicht zugängliche notwendige Informationen und der Zugriff auf hochwertige Informationen über entsprechende Informationskanäle.
- **Soziale Beraterkompetenzen:** Sicherstellung der positiven und konstruktiven Kunden-Berater-Beziehungen. Neben den fachlichen Fähigkeiten sind auch die zwischenmenschlichen Komponenten ein wichtiger Faktor zum Beitrag des Beratungserfolgs – insbesondere bei den traditionellen Beratungsschulen.
- **Beziehungsqualität:** Sicherstellung der übereinstimmenden Zielformulierung, Vorgehensplanung und Projektabwicklung zwischen Beratungskunden und Beratungskundinnen und Beratern un Beraterinnen. Die erfolgreiche Synchronisierung von Kundenerwartungen und Beratereinstellungen sind ein relevanter Erfolgsfaktor. Bei digitalen Beratungsprozessen sind spezielle Methoden zur Sicherstellung der Aufrechterhaltung der Beziehungsqualität zwischen Kundinnen und Kunden und Beraterinnen und Beratern zu berücksichtigen.
- **Klientenintegration:** Gestaltung der Kooperation mit den Kundinnen und Kunden, die je nach Beratungsschule ziemlich unterschiedlich sein kann. Der Kunde oder die Kunden wird im definierten Umfang in die aktiven Informations-,

Kommunikations- und Entscheidungsprozesse eingebunden. Bei Beratungsformen mit geringem direkten Kundenkontakt ist besonders auf die Integration der Kundinnen und Kunden zu achten.

Gleichbleibend sind die folgenden Qualitätskriterien:

- **Reputation des Beratungsunternehmens**: Die Pflege, Aufrechterhaltung und Weiterentwicklung des Beraterimages ist eine wesentliche Voraussetzung bei der Kundengewinnung. Das trifft bei der Unternehmensberatung sowohl auf die traditionellen als auch auf die digitalen Leistungsangebote zu.
- **Zielerreichung:** Sicherstellung zur Erreichung der vereinbarten Ziele und definierten Anforderungen durch Beraterinnen und Berater und die Kundinnen und Kunden. Damit sind neben der Erreichung der Vereinbarungen auch Kriterien, wie beispielsweise Zeit, Kosten und Qualität, zu berücksichtigen.
- **Beratungsprozessqualität:** Sicherstellung der Erbringung der vereinbarten Leistung soll durch einen definierten Beratungsprozess gewährt sein. Allgemeine Qualitätskriterien, wie ein hohes Maß an Kundenorientierung und eine professionelle Planung, Abwicklung und Kontrolle von Projekten sowie besondere projektspezifische Anforderungen sollen für traditionelle und auch digitale Beratungsvorhaben besonders berücksichtigt werden.

Die wichtiger werdenden Qualitätskriterien sind folgendermaßen definiert:

- **Reaktionsfähigkeit**: Unterstützung bei technischen und anderen Schwierigkeiten mit schneller Reaktion und prompter Lösung gemäß den Service-Level-Agreements mit messbaren Reaktionsdaten.
- **Effizienz:** Sicherstellung einer hohen Leistungsfähigkeit und Erbringung der Beratungsleistungen durch die gezielte Verwendung von IKT (Informations- und Kommunikations-Technologie), insbesondere auch hohe Usability (Anwendungsfreundlichkeit), einfache Navigation, Suchfunktionen, Geschwindigkeit etc. zur Sicherstellung der Akzeptanz der Beratungsleistung.
- **Systemverfügbarkeit:** Korrektes und einwandfreies Funktionieren der virtuellen Beratungsleistung (aktuelle Informationen, ständig verfügbarer Zugriff und Nutzung der Beratungsleistungen)
- **Erfüllung:** Fehlerfreies Funktionieren der eingesetzten Technologie und Werkzeuge sowie Einhaltung der angebotenen Leistungen
- **Privatsphäre:** Datensicherheit und Datenschutz müssen sichergestellt sein, damit persönliche und sensible Daten sowie Informationen nicht missbräuchlich verwendbar sein können.

- **Kompensation:** Bei Schwierigkeiten im digitalen Beratungsprozess sollen den Kundinnen und Kunden Entschädigungen gemäß einem abgeschlossenen SLA (Service Level Agreement) gewährt werden. Das gilt insbesondere auch für die Anwendung von Leistungen, die auf Software-basierten Beratungsprodukten basieren.
- **Kontakt:** Neben den digitalen Hilfeinformationen sollen persönliche sofortige Kommunikationsmöglichkeiten zur Lösung technischer und fachlicher Fragen und Probleme zur Verfügung stehen. Es soll sichergestellt werden, dass den Kundinnen und Kunden umgehend kompetente Informationen und Lösungsvorschläge für Probleme mitgeteilt werden.
- **Ästhetik:** Das Erscheinungsbild digitaler Angebote und die Instrumente sowie eine Website zur Abwicklung des Beratungsauftrags und der elektronischen Kommunikation sollen kundenfreundlich gestaltet sein und die Nutzung der Beratungsleistung erleichtern.

Anforderungen an Kunden bei interner Abwicklung durch den Kunden
Nicht nur für die Berater und Beraterinnen sowie die Wirtschaftsmediatorin oder der Wirtschaftsmediatorwerden sich die Qualitätsanforderungen mit zunehmender Digitalisierungsintensität wesentlich ändern. Auch für die Mediationskundinnen und Mediationskunden sind Änderungen zu erwarten. Wenn der Kunde oder die Kundin die Infrastruktur und das technische Umfeld für den digitalen oder digital unterstützten Mediationsprozess zur Verfügung stellt, sollen folgende Rahmenbedingungen sichergestellt werden, und zwar dass

- die vereinbarte technische Reaktionsfähigkeit,
- die definierte IKT-Effizienz,
- die festgelegte Systemverfügbarkeit und
- der digitale Mindset

im Unternehmen vorhanden ist.

▶ **Auswirkungen der Digitalisierung auf die Wirtschaftsmediation**
Mit der steigenden Intensivierung der Digitalisierung werden den mediativen Dienstleistenden immer umfangreichere und mächtigere digitale Hilfsmittel zur Verfügung gestellt. Damit können einfachere Aufgaben an „digitale Assistenten" oder „künstliche Agenten" und künftig auch komplexere Arbeiten an „digitale Partner" delegiert werden. Daher kann sich der Mensch auf den Einsatz seiner nicht-digitalisierbaren Funktionen konzentrieren (siehe auch

Abschn. 10.5). In der Zukunft dürfte es wichtig sein, die einzigartigen Potenziale der menschlichen Leistungen mit den digitalen
Hilfestellungen verantwortungsvoll zu kombinieren und zu optimie-
ren.

10.3 Weiterentwickelte Methoden zur Wirtschaftsmediation

Bei der digitalen Wirtschaftsmediation können auch weitergehende Mediationsansätze verwendet werden. Hier sollen zwei Methoden erwähnt werden.

10.3.1 Crowd Business Mediation

Unter Crowd Business Mediation – in Anlehnung an das Crowd Consulting
(Crowdsourcing Supported Consulting) – ist die Einbindung größerer Gruppen
zur Erlangung von Lösungsvorschlägen gemeint. Mit dieser Mediations-Methode
im Rahmen der Beratungsschule Crowd Consulting sollen sehr schnell und
üblicherweise sehr preiswert Lösungsvorschläge für offene Probleme generiert
werden. Durch die fortgeschrittene technische Ausstattung breiter Bevölke-
rungsgruppen und den einfachen elektronischen Zugang zu Kommunikations-
und Kollaborationsmedien durch das Internet mit üblicherweise leistungsfähi-
gen Informationskanälen können breitere Zielgruppen problemlos angesprochen
werden. Entweder haben Teilnehmer oder Teilnehmerinnen der Crowd-Anfrage
bereits eine Lösung für die angefragte Problemstellung oder die Teilnehmer
oder Teilnehmerinnen können einen Lösungsvorschlag einreichen. Die anfragende
Person oder das anfragende Unternehmen kann die hereinkommenden Lösungsvorschläge sichten, bewerten und gegebenenfalls eine zielführende Alternative
auswählen sowie den zugesagten Betrag oder die Leistung an den ausgewählten
Einsender übergeben. Auf diesem Weg sollen aus dem breiten Erfahrungs- und
Erkenntnisschatz der Crowd geeignete Lösungen gefunden werden.

   Forschungen bezüglich der Gruppenkommunikation zeigen, dass die Weisheit
der Massen robuster ist als bisher angenommen. Wichtig ist, dass jeder Crowd-
Member eine gleichberechtigte Stimme hat, dass keine Person dominiert (Borch,
2016, S. 23 ff.) und definierte Regeln eingehalten werden.

Wissensintensive Probleme sollen durch möglichst viele digitale Teilnehmer oder Teilnehmerinnen gelöst werden. Als Beispiel kann hier angeführt werden: Online-Communities zur Open Innovation und die Crowd-Based-Beratung (Leimeister et al., 2015, S. 142 f.).

Das Crowd Consulting nutzt die Crowdintelligenz, Kreativität und Problemlösungsfähigkeit einer größerer Gruppe von Personen (Christ et al., 2018, S, 283).

10.3.2 Self Business Mediation

In der klassischen Unternehmensberatung in Form des „people's business" stellt die beratende Person einen Engpass dar und die Skalierbarkeit ist eingeschränkt. Es wird versucht, die Arbeit auf die Kundinnen und Kunden zu übertragen. Praktisch werden mit Ansätzen von „Template Driven Consulting" (TDC) und „Profit Impact of Market Strategie" (PIMS) Self-Service- und klassische Beratungs-Ansätze kombiniert. Dabei können bis zu etwa 75 % der Kosten eingespart werden. Ein Berater oder eine Beraterin kann mit diesen Ansätzen 35 bis 40 Kundinnen und Kunden parallel betreuen statt der etwa zehn Kundinnen und Kunden mit den bisherigen Methoden (Werth et al., 2016b, S. 3).

Bei der Self Business Mediation könnten mediative Dienstleistungen, die üblicherweise von Unternehmensberatern oder Mediatoren erbracht werden, auf Kundinnen und Kunden übertragen werden (angelehnt an Werth & Greff, 2018, S. 127). Die Kundinnen und Kunden müssten befähigt werden selbständig, d. h. ohne externe Hilfe, bestimmte Aufgaben zu erledigen und aktiv Lösungen zu erarbeiten. Letztlich soll nur dann auf externe Unterstützung zugegriffen werden, wenn intern das Spezialwissen nicht vorhanden ist oder die Rahmenbedingungen externe Fachleute erfordern.

Ein evolutionärer Weg dazu ist, die Kundinnen und Kunden durch einen projektbezogenen Know-how-Transfer bei oder durch spezielle Schulungen zu befähigen, Teile der Arbeiten selbständig intern durchzuführen. Diese Methode wird von Beratungsunternehmen bereits erfolgreich praktiziert. Aus dem Prinzip der Verlagerung der externen Beratungsleistungen an die Kundinnen und Kunden wurden verschiedene Geschäftsmodelle entwickelt. Beispielsweise betreiben Beratungsunternehmen Self Consulting-Geschäftsmodelle, bei denen der Kunde oder die Kundin stufenweise befähigt wird, die Arbeiten, die üblicherweise extern erbracht werden, im zunehmenden Umfang selbstständig zu erledigen. Typisch ist das zunehmende Inhouse Consulting.

Ein weitergehender und konsequenterer Ansatz ist eine Plattform, die das notwendige Know-how für Beratungsleistungen und mediative Dienstleistungen zur
Verfügung stellt, damit der Kunde oder die Kundin mehr oder weniger weitgehend in der Lage ist, die Aufgaben- oder Problemstellungen selbständig zu
bearbeiten beziehungsweise zu lösen. Ein Basis-Informations- und Trainings-
paket mit den entsprechenden Tools liefert die Grundlage für die notwendige
Befähigung. Modulartig kann der Kunde oder die Kundin einzelne Unterstüt-
zungsbausteine von Experten oder Expertinnen abrufen, wenn in einzelnen
Bereichen zusätzliches externes Wissen oder praktische Unterstützung notwendig
ist (Hähnel, 2023, S. 299).

Es ist aus heutiger Sicht vorstellbar, dass in der Konfliktanalyse über einfache Fragen der Problemkreis eingeschränkt wird und mögliche methodische
Vorgehensweisen aufgezeigt werden. Wenn z. B. ein Sachkonflikt mit wenig
emotionalen Anteilen vorliegt, könnte KI auf bekannte Lösungsvarianten zugreifen und auf diese Art schlichtend wirken, indem es aus Best Practice-Beispielen
Lösungsideen generiert und zur Verfügung stellt. Sollte der Konflikt stark emotional belastet sein, so könnten Tools zur Entlastung der Beteiligten diese anleiten,
etwas Abstand zu gewinnen und sich mehr mit den Sachthemen zu befassen. Bei
komplexen Fragestellungen könnte durch selbstständige Bearbeitung der Konflikt eingegrenzt und der Aufwand für externe Beratung durch Mediatorinnen
und Mediatoren dadurch geringer werden, weil diese auf Basis bereits geleiste-
ter Vorarbeiten ihre Arbeit beginnen können. Auch hier dürften sich im Zuge
der exponentiell beschleunigenden technischen Entwicklungen wie zu Beispiel
bei den unterschiedlichen Methoden und Disziplinen der Künstlichen Intelligenz
zeitnah erweiterte Einsatzmöglichkeiten ergeben.

10.4   Digitalisierung der mediativen Dienstleistungen

Hier stellt sich die Frage, wie und wieweit die Erbringung mediativer Dienstleistungen praktisch digitalisiert werden kann. Dazu ist ein prozessualer Ansatz
notwendig. Mithilfe der „multifunktionalen Geschäftsprozesse" (siehe Kap. 3)
können die Prozessabläufe von Mediationsprojekten in ihrer Komplexität mit
den Variationsmöglichkeiten dargestellt werden. Eine grobe Übersicht ist in
Abb. 10.9 dargestellt. In drei Digitalisierungsschritten kann eine technische
Umsetzung erfolgen: (1) Prozessmodellierung, (2) Digitalisierungskonzepte, (3)
technische Umsetzung des Digitalisierungskonzeptes.

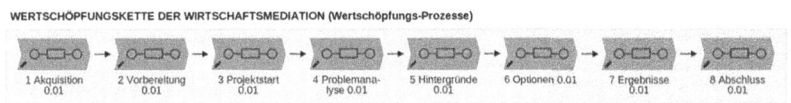

Abb. 10.9 Musterdarstellung der Wertschöpfungskette der Wirtschaftsmediation

Prozessorientierte Mediationsprozess-Modelle
Es gibt in der Literatur unterschiedliche Darstellungstiefen des Mediationsprozesses. Proksch (2018, S. 8) stellt zum Beispiel sieben Schritte in seinem Phasenmodell dar: (1) Vorbereitung, (2) Rahmenphase, (3) Strukturierung, (4) Interessensphase, (5) Lösungsphase, (6) Abschlussphase und (7) Nachbearbeitung.

Fürst hat ein Modell entwickelt, das aus den sechs Phasen (1) Vom Erstkontakt bis zum Mediationsvertrag, (2) Themensammlung, (3) Interessensklärung, (4) Optionensammlung, (5) Optionenbewertung, (6) Verhandlung, Vereinbarung und Umsetzung besteht (Fürst, 2004, S. 25 ff.).

Eine weitere Prozesskette ordnet zwölf Phasenziele acht Phasen zu: (1) Anbahnung, (2) Initialisierung, (3) Bestandsaufnahme, (4) Verstehen, (5) Vermittlung, (6) Lösungsversuche, (7) Bewerten (8) Verhandeln, (9) Manifestieren, (10) Nacharbeit, (11) Steuerung, (12) Qualitätskontrolle. Die acht Phasen sind: Akquisition, Vorphase, Initialisierung, Themensammlung, Motiv- und Interessenserhellung, Optionen, Einigung, Nachphase (Trossen, 2023).

Um die Möglichkeiten und Intensitäten der Digitalisierung des Prozesses der mediativen Dienstleistungen festzustellen, müssen die einzelnen Schritte (Phasen) aus Geschäftsprozesssicht in einzelnen Aktivitäten (Detail-Arbeitsschritte) untergliedert werden. Die gesamten Abläufe werden als „Wertschöpfungskette der Wirtschaftsmediation" im Sinne der multifunktionalen Geschäftsprozesse (siehe Kap. 3) dargestellt. Nur diese einzelnen Aktivitäten können bezüglich der Digitalisierungspotenziale und -intensitäten beurteilt werden. Beispielsweise gibt es etliche der zumindest 70 Teilprozesse, die ein hohes Digitalisierungspotenzial besitzen wie zum Beispiel die Mediationsprojektplanung und Steuerung, die Durchführung von Konfliktanalysen, Abstimmungen, Mediationsplanung, Umfeldsondierungen und die Formulierung von Vereinbarungen. Ein mittleres Digitalisierungspotenzial könnten Teilprozesse wie beispielsweise die Bestandsaufnahmen, Ableitung der Mediationsstrategie, Sichten-Abgleich etc. haben. Ein geringeres Digitalisierungspotenzial könnten aus heutiger Sicht zum Beispiel die Lösungssuche, die Lösungsvorschlagsbeurteilungen und die Prüfung der Überzeugung besitzen.

Die gesamte Wertschöpfungskette der Erbringung mediativer Dienstleistungen besteht aus zumindest 70 unterschiedlichen Teilprozessen (Trossen, 2023) mit sehr unterschiedlichen Digitalisierungspotenzialen.

Digitalisierung der Wertschöpfungskette der mediativen Dienstleistungen
Die konkrete Umsetzung der Digitalisierung steht auf – grob dargestellt – drei Blöcken von Digitalisierungsschritten:

- **Schritt 1:** Detaillierte Definition der Mediations-Prozesslandkarte (Management-, Wertschöpfung- sowie Unterstützungsprozesse) und Detaillierung der Mediationsprozesse im Rahmen der gesamten Wertschöpfungskette der Mediation von der Akquisition bis zum Abschluss des Mediationsprozesses (min. 70 Teilprozesse).
- **Schritt 2:** Erarbeitung des Digitalisierungskonzeptes für die Wertschöpfungskette
- **Schritt 3:** Technische Umsetzung der digitalen Wertschöpfungskette

Als Grundlage kann **im ersten Digitalisierungsschritt** die Darstellung des gesamten Prozesses der mediativen Dienstleistungen für die Erstellung einer klassischen Prozesslandkarte (PLK) mit seinen drei Dimensionen Wertschöpfungskette (Wertschöpfungsprozesse), Managementprozesse und Unterstützungsprozesse verwendet werden. Besonders in der Wertschöpfungskette wird der gesamte Prozess in unterschiedlichen Darstellungstiefen modelliert. Das besondere bei der Wertschöpfungskette ist die durchgängige Einbindung aller operativer Geschäftsaktivitäten und Tätigkeiten mit gegenseitigen Abhängigkeiten gemäß den Grundsätzen des „multifunktionalen Geschäftsprozess-Managements" (siehe Abschn. 3.3.2.1). Alle Aktivitäten sind in zumindest einen Prozess eingebunden. Keine Tätigkeit steht unabhängig allein in der Wertschöpfungskette.

Die Wertschöpfungskette beginnt bei der Akquisition des Prozesses, bindet alle einzelnen Prozessschritte bei der Durchführung der mediativen Dienstleistungen bis zum finalen Abschluss des Mediationsprojektes ein. Damit haben wir einen Kunde-zu-Kunde-Prozess beziehungsweise einen End-to-End-Prozess, d. h einen durchgängigen Prozess vom Auftreten eines Kundenwunsches bis zur (hoffentlich) erfolgreichen Befriedigung des Kundenwunsches.

Nachdem alle notwendigen Prozessschritte mit Einbindung der situativen Einbindungen der einzelnen fachlichen Tools, Methoden und Rahmenbedingungen definiert sind, kann **im zweiten Digitalisierungsschritt** festgestellt werden, in welcher Intensität die einzelnen Detail-Prozessschritte automatisiert werden können und welche Digitalisierungsmethoden eingesetzt werden können. Hier kommt ein breites Methodenbündel über Standard-Digitalisierungen, der digitale Einsatz von Fachmethoden bis hin zu Elementen des Machine Learning oder andere Methoden der Künstlichen Intelligenz zum Einsatz.

Im **dritten Digitalisierungsschritt** erfolgt die technische Umsetzung der Wertschöpfungskette der mediativen Dienstleistungen. Am Anfang werden nur sogenannte Standardschritte virtualisiert. Mit fortschreitender Zeit wird die Digitalisierung auf weitere Teilprozesse und Prozessschritte erweitert. Das ist teilweise auch abhängig von der exponentiell schnellen technischen Entwicklung wie beispielsweise der Methoden der Künstlichen Intelligenz.

In der bestehenden Prozesslandkarte und der Wertschöpfungskette können die einzelnen Prozessgruppen oder Teilprozesse durch „Anklicken" geöffnet werden, damit man in die darunterliegenden weiteren Prozessgruppen oder die Einzelprozesse gelangt. So kann man durch die gesamte Wertschöpfungskette navigieren.

Je nach der gewünschten Digitalisierungstiefe kann die optimierte Wertschöpfungskette prozessautomatisiert werden, wie beispielsweise mit RPA (Robotic Process Automation) oder mit Methoden der Künstlichen Intelligenz. Es können auch andere bestehende Standard-Tools zur automatisierten Abwicklung des Mediationsprozesses verwendet werden wie beispielsweise Product Lifecycle Management (PLM) Softwaresysteme.

10.5 Ausblick

Die wissensnahen Berufe und deren Unternehmen wie beispielsweise in der Unternehmensberatung und Wirtschaftsmediation, in der Lehre, Rechtsberatung und Rechtsprechung, Medizin u. v. a. m. sind von den Entwicklungen der Digitalisierung oder zumindest der Virtualisierung in unterschiedlichen Intensitäten betroffen. Bereits heute übernehmen Maschinen und Systeme eine Reihe von Arbeiten, die bisher von Menschen ausgeübt wurden. In der Unternehmensberatung werden unter anderem mit Big Data große Datenmengen verarbeitet und analysiert (Brühl, 2019, S. 4), im Rahmen mediativer Dienstleistungen können Konflikte oder Probleme im Zuge der Früherkennung digital erkannt werden (Schroth, 2022, S. iii), mit Data Mining können Muster und Zusammenhänge identifiziert werden (Döring & Bortz, 2016, S. 628), mit Machine Learning können Voraussagemodelle erstellt werden (Mainzer, 2019, S. 163) etc. Die Entwicklung der Virtualisierung vollzieht sich exponentiell mit einer steigenden Intensität.

Derzeit gibt es in der niedrigsten Form der Digitalisierung (Stufe 1 der Digitalisierungs-Intensität) bereits einige Anwendungsfälle wie beispielsweise das Video Conferencing, die automatisierte Erstellung von Protokollen mit Projektplanung und Erstellung von Arbeitsplänen mit Monitoring der Aufgabenerledigungen. In der Stufe 2 gibt es Problemerkennungs-Software, Plattformen und KI-Module, wobei in der Stufe 3 Konflikt-Früherkennungssysteme im Einsatz sind und bereits Erfahrungen mit humanoiden Robotern gemacht wurden. In der höchsten Digitalisierungsstufe, der Stufe 4, können zum Beispiel bereits in einfachen Fällen Roboter-Mediatoren eingesetzt werden.

In der Diskussion um mediative Dienstleistungen gibt es etliche Pro- und Kontra-Argumentationen wie zum Beispiel, dass die Künstliche Intelligenz neutraler und objektiver ist oder, dass nur Menschen die Emotionen erfassen und bewerten können. Die künftigen Entwicklungen werden diese Fragen beantworten.

Aus heutiger Sicht kann erwartet werden, dass sich der Einfluss der Komponenten der Virtualisierung in Zukunft wesentlich verstärken wird. Wahrscheinlich wird sich die Virtualisierung in die Richtung der Digitalisierung entwickeln, bei der sich das Geschäftsmodell der Wirtschaftsmediation von dem derzeitigen Modell des „People's Business" (höchstpersönliche Leistungserbringung) wegbewegen und sich der digitalen Welt annähern wird (Deelmann, 2019, S. 7; Tombeil et al., 2020, S. 135 ff.). Letztlich dürften sich hochspezialisierte digital operierende Wirtschaftsmediatorinnen und Wirtschaftsmediatoren in Zusammenarbeit mit den hochqualifizierten Kompetenzen zur Lösung zwischenmenschlicher Konfliktlösungsfähigkeiten am Markt durchsetzen.

Eine wachsende Bedeutung sollte die von Kundinnen und Kunden selbständig durchgeführte Wirtschaftsmediation wie beispielsweise die Self Business Mediation, die Crowd Business Mediation und die Inhouse Mediation bekommen. Großen Erfolg dürften jene Wirtschaftsmediations-Organisationen erzielen, die die digitalen und die humanen Kompetenzen in Beratungsteams kombinieren (Hähnel, 2023, S. 336) und die Kundinnen und Kunden im Sinne der Self Business Mediation befähigen können.

10.6 Key Points

10.6.1 Key Points für Wirtschaftsmediatoren

- Auch bei der Erbringung mediativer Dienstleistungen ist die exponentielle Entwicklung der Digitalisierung nicht mehr umkehrbar.

- Derzeit werden überwiegend sehr einfache Instrumente der Digitalisierung eingesetzt. Für die Zukunft ist eine wesentlich stärkere Nutzung digitaler Tools und Systeme zu erwarten.
- Phasenweise werden zusätzliche Prozessschritte der Wertschöpfungskette digitalisiert oder digital unterstützt durchgeführt.
- Auf der Beziehungsebene sind die digitalen Einsatzmöglichkeiten noch nicht durchgängig verfügbar und die Intensität des Einsatzes von KI ist noch ungewiss.

10.6.2 Key Points für Kunden

- Auch für die Kundinnen und Kunden werden die digitalen Entwicklungen spürbare Auswirkungen haben, wie es sich zum Beispiel beim Einsatz neuer Kommunikations- und Kollaborationsmethoden langsam zeigt.
- Verstärkt können konfliktvermeidende digitale Methoden genutzt werden, damit Problemfelder reduziert oder vermieden werden.
- Menschliche Mediatoren oder Mediatorinnen werden trotz der exponentiellen Entwicklung im Umkreis der Künstlichen Intelligenz die Hauptansprechpartner bei der Mediation bleiben. Wie sich die Digitalisierung auswirkt, wird die Zukunft zeigen.

Literatur

Bailey, K. (14. August 2019). Robots and AI threaten to mediate disputes better than lawyers. *Financial Times,* https://www.ft.com/content/187525d2-9e6e-11e9-9c06-a4640c9feebb. Zugegriffen: 11. Okt. 2023.

Borch, C. (2016). Crowd mediation: On media and collective dynamics. In I. Boxman, T. Beys, & C. Pias (Hrsg.), *Social Media – New Masses* (S. 23–34). diaphanes AG. Online: Zugegriffen: 30. Okt. 2023.

Brühl, V. (2019). *Big data, data mining, machine learning und predictive analytics – Ein konzeptioneller Überblick.* [Working Paper] Frankfurt/M.: Goethe University, Center for Financial Studies (CFS). https://www.econstor.eu/bitstream/10419/191736/1/104726 9953.pdf. Zugegriffen: 11. März. 2023.

Burin, L. (2023). *Benchmarkvergleich von State of the Art Sentimentanalysis Lösungen.* [Masterarbeit]. Wien: University of Applied Scienes Technikum.

Chatzigiannakis, I., & Tselios, C. (2021). Internet of everything. In P. Eslambolchilar , A. Komninos, & M. Dunlop (Hrsg.), *Intelligent computing for interactive system design:*

statistics, digital signal processing, and machine learning in practice (S. 21–56). Associa-
tion for Computing Machinery 2021. https://sci-hub.ee/https://doi.org/10.1145/3447404.
3447408. Zugegriffen: 15. März. 2022.
Christ, O., Czarniecki, M., Scherer, L. A., & (2018). Improving Business Development
Through Crowdsourcing Supported Consulting – A Methodical Approach. In Nissen, V.
(Hrsg.). (2018). *Digital transformation of the consulting industry* (S. 277–298). Springer.
Czarnecki, C., Bensberg, F., & Auth, G. (2019). Die Rolle von Softwarerobotern für die
zukünftige Arbeitswelt. *HMD, 56,* 795–808. https://doi.org/10.1365/s40702-019-005
48-z. Zugegriffen: 28. Juli 2022.
Da Costa, V. C. F., Oliveira, L., & de Souza, J. (2021). Towards a taxonomy for ranking
knowledge in internet of everything. In *2021 IEEE 24th international conference on com-
puter supported cooperative work in design (CSCWD)* (S. 775–780). https://sci-hub.ee/
https://doi.org/10.1109/CSCWD49262.2021.9437857. Zugegriffen: 28. Juli 2022.
Deelmann, T (2019). *Consulting und Digitalisierung.* Springer Fachmedien (Essentials)
Döring, N., & Bortz, J. (2016). *Forschungsmethoden und Evaluation in den Sozial- und
Humanwissenschaften* (5. Aufl.). Springer-Verlag.
Dostal, J. (2023). *Die Digitalisierung der Mediation in Österreich im Nachfeld zur Covid-19-
Pandemie* [Masterarbeit]. Fachhochschule Burgenland.
Druckman, D., Adrian, L., Flensborg Damholdt, M., Filzmoser, M., Köszegi, S., Seibt, J., &
Vestergaard, G. (2021). Who is best at mediating a social confict? Comparing robots,
screens and humans. In *Group Decis Negot* 30 (S. 395–426). Springer Nature. https://
doi.org/10.1007/s10726-020-09716-9. Zugegriffen: 5. Jan. 2022.
Ennsfellner, I. A., & Fischer, S. M. (2022). Qualität in der digitalisierten Welt. In R. Boden-
stein, I. A. Ennsfellner, & J. Herget (Hrsg.), *Exzellenz in der Unternehmensberatung.
Beratungsprojekte erfolgreich durchführen. Leitlinien für Unternehmen und Berater.*
Springer
Europäische Kommission. (2023). Online-Streitbeilegung. https://ec.europa.eu/consumers/
odr/main/index.cfm?event=main.home2.show&lng=DE. Zugegriffen: 4. Jan. 2022.
Fürst, G. C. (2004). *Umweltmediation, Methoden – Verfahren – Lösungswege für Entschei-
dungsträger und Mediatoren.* Wien: Manz'sche Verlagsbuchhandlung.
Hähnel, H. M. (2022). *Digitalisierung der Unternehmensberatung – Analyse von Beratungs-
schulen und Digitalisierungspotenzialen [Dissertation].* London: Middlesex University.
Hähnel, H. M. (2023). Digitalisierung der Unternehmensberatung: Eine multiperspektivische
Analyse aus Sicht von Kunden- und Beratungsunternehmen. In A. Angerer & A. Rögner
(Hrsg.), *Managementforschung – Management in Zeiten des Umbruchs* (S. 239–344).
Wiesbaden: Springer Fachmedien.
Hajiyan, H., Davoudi, H., & Ebrahimi, M. (2023). A comparative analysis of local explaina-
bility of models for sentiment detection. In K. Arai (Eds.), *Proceedings of the future
technologies conference (FTC) 2022,* vol. 3. FTC 2022 2022. Lecture Notes in Networks
and Systems, vol. 561. Springer, Cham. https://doi.org/10.1007/978-3-031-18344-7_42.
Zugegriffen: 12. Okt. 2022.
Helmrich, D. (2023). Social scoring in China. Leipzig: Universität Leipzig Brühl, V. (2019).
*Big data, data mining, machine learning und predictive analytics – ein konzeptioneller
Überblick.* Frankfurt/M.: Goethe University, Center for Financial Studies (CFS).
Hochschule Luzern. (2021). *Moderne Wege der Konfliktlösung & Prävention im Immobilien-
sektor (Webinar).* Hochschule Luzern.

Hu, K. (2023). *ChatGPT sets record for fastest-growing user base – analyst note*. Reuters (https://www.reuters.com/technology/chatgpt-sets-record-fastest-growing-user-base-analyst-note-2023-02-01/). Zugegriffen: 2. März 2023.

Karagiannis, D., Moser, C., Helmes, A., & (2020). Geschäftstransformation – Eine Notwendigkeit. In: Karagiannis, D., Moser, C. & Helmes, A. (Hrsg.). (2020). *Benutzerzentrierte Unternehmensarchitekturen* (S. 13–32). Springer Fachmedien.

Kontos, J. (2021). *Artificial intelligence, machine consciousness and explanation*. Academia Letters, Article 1709. https://doi.org/10.20935/AL1709. Zugegriffen: 8. Jan. 2024.

Leimeister, J. M., Zogaj, S., Durward, D., Bretschneider, U., & (2015): Neue Geschäftsfelder durch Crowdsourcing: Crowd-basierte Start-ups als Arbeitsmodell der Zukunft. In: Hoffmann, R. & Bogedan, C. (Hrsg.). (2015). *Arbeit der Zukunft – Möglichkeiten nutzen – Grenzen setzen* (S. 141–158). Campus.

Leyer, M., & Iren, D. (2021). *Emotionserkennung mit künstlicher Intelligenz. Möglichkeiten und Grenzen*. White Paper Serie des Lehrstuhls ABWL: Service Operations, Vol. 3, Nr. 1. Rostock: Universität Rostock.

Luhmann, N. (2020). Kommunikationssperren in der Unternehmensberatung. In E. Lukas & V. Tacke (Hrsg.), *Schriften zur Organisation, Band 4, (2020)* (S. 437–452). Springer Fachmedien.

Luscombe, R. (2022). *Google engineer put on leave after saying AI chatbot has become sentient*. In: The Guardian 12. 06.2022. https://www.theguardian.com/technology/2022/jun/12/google-engineer-ai-bot-senti-ent-blake-lemoine. . Zugegriffen: 14. Nov. 2022.

Lüthe, T. (2023). *Konzeption und prototypische Implementierung eines hybriden Algorithmus zur Emotionserkennung mit humanoiden Robotern*. Technische Hochschule Wildau.

Mainzer, K. (2019). *Künstliche Intelligenz – Wann übernehmen die Maschinen?* (2. Aufl.). Springer-Verlag.

Medius (2023). Mit interaktivem Begleiter betriebliche Konflikte frühzeitig erkennen – Konfliktmanagement 4.0 für die Weiterentwicklung von Unternehmen. https://medius-gmbh.at/konfliktmanagement4-0/.

Nissen, V., & Seifert, H. (2016). *Virtualisierung in der Unternehmensberatung, Eine Studie im deutschen Beratungsmarkt*. Technische Universität.

Nissen, V., & Seifert, H. (2017). Die digitale Transformation der Unternehmensberatung. In M. Bruhn & K. Hadwich (Hrsg.), *Dienstleistungen 4.0. Geschäftsmodelle – Wertschöpfung – Transformation*, Bd. 2 (S. 411–443). Springer Gabler.

Proksch, S. (2018). *Mediation. Die Kunst der professionellen Problemlösung*. Springer Gabler.

Röser, A. M. (2021). Charakterisierung von schwacher und starker Künstlicher Intelligenz, Arbeitspapiere der FOM, No. 79, ISBN 978-3-89275-189-2, Essen: MA Akademie Verlags- und Druck-Gesellschaft mbH.

Schein, E. P. (2010). *Prozessberatung für die Organisation der Zukunft* (3. Aufl.). EHP – Verlag Andreas Kohlhage.

Schroth, L. (2022). *Konzept für eine präventive Stimmungsanalyse von Nachrichten in Software-Entwicklungsteams* (Masterarbeit). Leibnitz Universität.

Tombeil, A.-S., Kremer, D., Neuhüttler, J., Dukino, C., & Ganz, W. (2020). Potenziale von Künstlicher Intelligenz in der Dienstleistungsarbeit. In M. Bruhn & K. Hadwich (Hrsg.), *Automatisierung und Personalisierung von Dienstleistungen. Methoden – Potenziale – Einsatzfelder*, Bd. 2 (S. 135–156). Springer Fachmedien.

Trossen, A. (2023). Methodik der Mediation. https://wiki-to-yes.org/Ablauf. Zugegriffen: 1. Dez. 2023.

Vemou, K.., Horvath, A., & Zerdick, T. (2021). *Facial Emotion Recognition,* Issue 1. Technology and Privacy Unit of the European Data Protection Supervisor (EDPS).

Werth, D., & Greff, T. (2018). Scalability in consulting: insights into the scaling capabilities of business models by digital technologies in consulting industry. In V. Nissen (Hrsg.), *Digital transformation of the consulting industry* (S. 117–136). Springer International Publishing,

Werth, D., Greff, T., & Scheer, A. W. (2016a). Consulting 4.0 – Die Digitalisierung der Unternehmensberatung. In J. Hofmann (Hrsg.), *HMD Praxis in der Wirtschaftsinformatik. Heft 307, Digitalisierung, IT und Arbeit* (S. 55–70). Springer Fachmedien.

Werth, D., Zimmermann, P., & Greff, T. (2016b). Self-service consulting: Conceiving customer-operated digital IT consulting services. In *Twenty-second Americas conference on information systems (AMCIS)* (S. 1–10), San Diego.

WKO. (2023). *Berufsbild Unternehmensberatung.* WKO Fachverband Unternehmensberatung, Buchhaltung und Informationstechnologie.

Normen

ISO 10001:2023 Qualitätsmanagement – Kundinnen- und Kundenzufriedenheit – Leitfaden für Verhaltenskodizes für Organisationen.

ISO 10002:2023 Qualitätsmanagement – Kundinnen- und Kundenzufriedenheit – Leitfaden für die Reklamationsbearbeitung in Organisationen.

ISO 10003:2023 Qualitätsmanagement – Kundinnen- und Kundenzufriedenheit – Leitfaden für Konfliktlösung außerhalb von Organisationen.

ISO 31000:2018 Risikomanagement – Leitlinien

Wirtschaftsmediation – Aktuelle Entwicklungstrends in der Praxis

Larissa Alterdinger

Zusammenfassung

Die Wirtschaftsmediation hat im Laufe der Jahre eine bemerkenswerte Entwicklung erfahren, anhand welcher sich verschiedene Trends identifizieren lassen. Neben beobachtbaren Institutionalisierungstendenzen führt der zunehmend grenzübergreifende Geschäftsverkehr zu einer Internationalisierung der Dienstleistung. Gleichzeitig lässt sich eine zunehmende Vielfalt an mediativen Dienstleistungen erkennen, während der technologische Fortschritt in der Praxis neue Möglichkeiten eröffnet. Welche aktuellen Entwicklungstrends lassen sich in der Praxis unter dem Gesichtspunkt der Exzellenz in der Wirtschaftsmediation feststellen? Inwiefern tragen diese Trends zur Institutionalisierung der Wirtschaftsmediation bei? Welche Bedeutung haben Internationalisierung und die Dienstleistungsvielfalt für die Wirtschaftsmediation? Wie beeinflusst der Einsatz von Technologie die Praxis der Wirtschaftsmediation? Das Ziel der folgenden Erläuterungen ist die demonstrative Darstellung von zehn Entwicklungstrends, gegliedert in vier Fokusthemen, welche von der Autorin unter dem Gesichtspunkt der Exzellenz in der Wirtschaftsmediation als relevant erachtet werden.

L. Alterdinger (✉)
Wien, Österreich
E-Mail: larissa.alterdinger@gmx.at

I. A. Ennsfellner und G. C. Fürst (Hrsg.), *Exzellente Wirtschaftsmediation*,
https://doi.org/10.1007/978-3-662-69680-4_11

11.1   Entwicklung der Wirtschaftsmediation

Die historischen Ursprünge der Mediation in Europa reichen weit in die Vergangenheit zurück und finden ihre Wurzeln vor rund 2500 Jahren. Etwa zwischen 640 und 560 vor Christus wurde der altgriechische Lyriker *Solon* als Archon und Versöhner (diallaktés) gewählt, was ihn zum ersten urkundlich erwähnten Mediator macht. Bereits zu dieser Zeit wies seine Tätigkeit Strukturen und Vorgehensweisen auf, die moderner Mediation ähnelten (Zimmermann, 2018, S. 108).

In den darauffolgenden Jahrhunderten finden sich immer wieder Berichte über Konflikte, die durch vermittelnde Tätigkeiten gelöst wurden. Als ein bekanntes Beispiel wird der Westfälische Frieden zu Münster von 1648 genannt, der dem Dreißigjährigen Krieg ein Ende setzte. Maßgeblich dafür war das Wirken des Venezianers Alvise Contarini, der zu dieser Zeit bereits als Mediator bezeichnet wurde (Duss-von Werdt, 2005, S. 33–43).

Die Entstehung der modernen Mediation nahm ihren Anfang im 20. Jahrhundert in den Vereinigten Staaten und Australien (Dauner, 2016, S. 8). Um diese Zeit wurden in den USA erste gesetzliche Grundlagen geschaffen[1], und es wurden erste Vereinigungen[2] mit dem Ziel gegründet, außergerichtliche Konfliktlösungsverfahren zu fördern (Hertel et al., o. J., S. 2–10). Insbesondere in den 1960er Jahren beschäftigte man sich dort mit der Entwicklung von ADR-Verfahren (Alternative Dispute Resolution-Verfahren), darunter auch die Mediation, als Alternative zu gerichtlichen und behördlichen Verfahren. Einen bedeutenden wissenschaftlichen Meilenstein in der Win-Win-Verhandlung legte das Ergebnis des „Harvard Negotiation Projects" der renommierten Harvard University im Jahr 1979 mit der Entwicklung des sogenannten „Harvard Konzeptes" (im Originalen: Getting To Yes von Roger Fisher & William Ury) (Hehn, 2009, zitiert in: Dauner, 2016, S. 8).

Angeregt durch die Erfolgsgeschichten aus Übersee, erlangte die Mediation in den 1980er und 1990er Jahren auch in der DACH-Region (Deutschland, Österreich, Schweiz) zunehmend an Bedeutung (Hertel et al., o. J., S. 6–12). Diese Entwicklung wurde maßgeblich von juristischen, psychologischen und sozialpädagogischen Berufsangehörigen vorangetrieben, die bestrebt waren,

---

[1] Im Jahre 1898 etablierte der amerikanische Kongress die rechtlichen Grundlagen für Mediationsverfahren bei arbeitsbezogenen Konflikten (Hertel et al., o. J., S. 2).

[2] Im Jahre 1926 erfolgte die Gründung der *American Arbitration Association* mit dem Ziel, alternative Konfliktlösung zu fördern. 1963 erfolgte die Gründung der *Association of Family and Conciliation Courts*, deren Bestreben es war, Mediation als Instrument zur Lösung von Familienrechtskonflikten zu etablieren (Hertel et al., o. J., S. 4).

neue Einsatzmöglichkeiten für Mediation aufzuzeigen (Hehn, 2013, zitiert in: Dauner, 2016, S. 9). 1992 wurde in Deutschland schließlich einer der ersten Mediationsvereine gegründet (siehe *Bundesverband Mediation e. V.*) und damit die **Institutionalisierungswelle in der Mediation** eingeleitet. Innerhalb kurzer Zeit bildeten sich in der DACH-Region zahlreiche weitere Mediationsvereine unterschiedlicher Größe und Schwerpunktsetzung, die heute eine bunte Vereinslandschaft bilden.

Der gemeinsame Leitgedanke, Mediation als anerkannte Alternative zum gerichtlichen Verfahren zu etablieren, setzte entscheidende Impulse für die Verbreitung dieser Methode und für die Sicherung ihrer Qualität. Diese Entwicklung wird durch eine **kontinuierliche Standardisierung und Professionalisierung** geprägt. Ein Beispiel hierfür ist die Einführung von Ausbildungsstandards.

Die **Bestrebung nach Qualitätssicherung** wird auch durch eine Institutionalisierung in Gestalt von Regulierungen, Gesetzen und Zentralisierung deutlich (Alexander, 2006, S. 29–35). Ein Beispiel hierfür ist die Verankerung der Mediation in der deutschen[3] bzw. schweizerischen Zivilprozessordnung[4]. Einen Schritt weiter ging Österreich im Jahr 2003 mit der Einführung eines eigenen Mediationsgesetzes (Zivilrechts-Mediations-Gesetz, kurz: öZivMediatG). Das erste deutsche Mediationsgesetz folgte im Jahr 2012 (Mediationsgesetz, kurz: dMediationsG). In diesen Jahren wurden auch auf europäischer Ebene erste Anzeichen für eine Harmonisierung sichtbar, wie etwa durch die Einführung des Europäischen Verhaltenskodex für Mediator*innen im Jahr 2004. Ein bedeutender Meilenstein war die Einführung der EU-Mediationsrichtlinie im Jahr 2008 (Richtlinie 2008/52/EG, ABl. EU 2008, Nr. L 136/3, im Folgenden: EU-MediationsRL). Dem folgten im Jahr 2013 zwei weitere wichtige Rechtsakte zur Förderung alternativer Streitbeilegungsverfahren, nämlich die Richtlinie über alternative Streitbeilegung in Verbraucherangelegenheiten (Richtlinie 2013/11/EU, ABl. EU 2013, Nr. L 165/63) und die Verordnung über Online-Streitbeilegung in Verbraucherangelegenheiten (VO EU 524/2013, ABl. EU 2013, Nr. L165/1).

Der Trend zur Institutionalisierung der Mediation erstreckt sich über die Grenzen Europas hinaus. Zahlreiche **internationale Rechtssetzungsinitiativen und Organisationen** zielen auf die Weiterentwicklung der Profession ab, indem sie Zertifizierungssysteme etablieren und Regelwerke für internationale Mediationsverfahren entwickeln. Diese Entwicklung wird von einer zunehmenden Nachfrage

---

[3] In Deutschland wurden außergerichtliche Schlichtungsverfahren im Jahr 2000 durch das *Gesetz zur Förderung der außergerichtlichen Streitbeilegung* im Zivilverfahrensrecht (§ 15 a EGZPO) verankert (Deckenbrock und Jordans, 2013, S. 945).

[4] In der Schweiz erfolgte erstmals eine einheitliche Verankerung der Mediation in der Zivilprozessordnung (Artikel 213–218 ZPO) im Jahr 2011 (Mediation DACH e. V., 2023).

nach mediativen Dienstleistungen in **grenzüberschreitenden Konfliktkonstella-
tionen** begleitet, wodurch sich eine Veränderung im Profil der beteiligten Parteien
abzeichnet, und sich neue Betätigungsfelder herauskristallisieren.

Im Vergleich zu vor 100 Jahren, als die Entwicklung moderner alternativer
Konfliktregelungsverfahren begann, lässt sich heute eine große **Vielfalt in der
Dienstleistungspraxis** beobachten. Die Wirtschaftsmediation kommt beispielsweise auch in unternehmensinternen Konflikten oder zur präventiven Konfliktbearbeitung zum Einsatz (Fachverband UBIT, 2023, S. 15). Gleichzeitig entwickelt
sich eine mediationsnahe **Spezialisierung in der anwaltlichen Tätigkeit.** Darüber
hinaus werden verschiedene Konfliktlösungsverfahren miteinander verknüpft, um
eine effektive Konfliktlösung zu erzielen (Alexander, 2019, S. 433). Ein Beispiel
hierfür ist die **Kombination von Mediations- und Schiedsverfahren.**

Nicht zuletzt eröffnet der technische Fortschritt die Möglichkeit, Dienstleistungen online durchzuführen, wodurch mehr Flexibilität entsteht und größere
Distanzen leichter überwunden werden können. Durch den **Einsatz neuer
Technologien,** wie Künstlicher Intelligenz, werden innerhalb traditionell durch-
geführter Verfahren neue Impulse zur Weiterentwicklung gesetzt.

▶   **Entwicklung mediativer Dienstleistungen**
    Im Verlauf der letzten Jahrzehnte haben die mediativen Dienstleistun-
    gen, insbesondere die Mediation, eine bemerkenswerte Entwicklung
    durchlaufen. Sie hat sich nicht nur in ihrer **kurativen Form** als
    Alternative zum traditionellen Gerichtsprozess, sondern auch als
    präventives Werkzeug etabliert.

Nachfolgend werden zehn aktuelle Entwicklungstrends[5], welche im Zusammenhang mit der Qualitätssicherung in der Wirtschaftsmediation für relevant erachtet
werden, unter Berücksichtigung diverser Literaturquellen zusammengefasst und
näher erläutert. Der Schwerpunkt der nachfolgenden Erläuterung liegt auf der
Mediation als Konfliktlösungsmethode.

---

[5] Die Verwendung des Begriffs Entwicklungstrend in diesem Beitrag orientiert sich an der
Definition Trend laut *Duden,* der eine „(über einen gewissen Zeitraum bereits zu beobach-
tende, statistisch erfassbare) Entwicklung[stendenz]" beschreibt (Cornelsen Verlag GmbH,
2023).

11.2 Im Fokus: Institutionalisierung in der Wirtschaftsmediation

Die Institutionalisierung der Mediation manifestiert sich in vielerlei Hinsicht, wobei neben der **rechtlichen Verankerung** und **öffentlichen Kontrollmechanismen** auch die **Etablierung von Vereinigungen und berufsbezogenen Strukturen** als bedeutsame Charakteristika betrachtet werden (Cardia-Vonèche & Bastard, 2005, S. 26).

Die Bildung von Vereinen und die Schaffung von berufsbezogenen Strukturen stellen in der Entwicklung der Mediation eine bedeutende Errungenschaft dar. Diese Entwicklung lässt sich darin begründen, dass mediative Dienstleistungen von Angehörigen unterschiedlicher Berufsgruppen erbracht werden, wodurch die Mediation als ein **interdisziplinäres Betätigungsfeld** charakterisiert werden kann. Die Annahme wird von einer Umfrage aus dem Jahr 2021, in welcher circa 9.000 Mediator*innen aus Deutschland, Österreich, der Schweiz und Liechtenstein befragt wurden, empirisch belegt. Die Umfrageergebnisse zeigen, dass knapp die Hälfte der Befragten aus kaufmännischen (23 %) oder rechtswissenschaftlichen (20 %) Berufen stammen. Rund ein Viertel gab an, aus technischen (12 %) oder Gesundheits- und Sozialberufen (12 %) zu kommen. Als weitere Herkunftsberufe wurden Geisteswissenschaften (11 %), Lehrtätigkeit (4 %) sowie sonstige (18 %) genannt. In diesem Zusammenhang ergab eine Umfrage des Grazer *Mediationsinstituts – fördert konstruktive Konfliktlösungen* aus dem Jahr 2022, dass 68 % der 110 befragten Mediator*innen in Österreich die Tätigkeit zusätzlich zu ihrem Quellberuf ausüben, während lediglich 32 % angaben, dass Mediation ihre Hauptprofession darstellt (Lederer et al., 2022).

11.2.1 Erster Entwicklungstrend: Zusammenschluss zu Interessensverbänden

Den **Anstoß zur Institutionalisierung** im DACH-Raum gaben vor rund 30 Jahren insbesondere die Vereine. Im Mai 1992 wurde in Deutschland einer der ersten Mediationsvereine, der *Bundesverband Mediation e. V. (BM)* gegründet, der sich unter anderem zum Ziel setzte, die „Verbreitung und Weiterentwicklung der Verständigung in Konflikten" in Deutschland zu fördern. Nur einen Monat später entstand in der Schweiz der *Schweizerische Verein für Familienmediation,* dem bald darauf weitere Mediationsvereine folgten, wie anhand der Gründungsdaten der Mitgliedsorganisationen des Schweizer Dachverbandes *Federation Suisse Mediation* zu erkennen ist. Im Jahr 1994 erfolgte die Gründung der ersten

österreichischen Vereinigung, dem *Österreichischen Bundesverband für Mediation*
(ÖBM). Heute zählt er mit über 2.000 Mitgliedern zu den größten Mediationsverbänden in Europa. Nach der Gründung des *ÖBM* folgten auch in Österreich viele
weitere Vereinigungen, wie die Mitgliederorganisationen des Österreichischen
Dachverbandes *Österreichisches Netzwerk Mediation* verdeutlichen.

Ein Vergleich der Gründungsjahre zeigt, dass es zwischen 2005 und 2016 zu
einer **zweiten Welle der verbandsbedingten Institutionalisierung** kam. Diese
Entwicklung dürfte vermutlich auf nationale und europarechtliche Gesetzgebungsbestrebungen in diesem Zeitraum zurückzuführen zu sein.

Heute gibt es eine große **Vielfalt an Vereinen**[6]. Neben Vereinen und
Arbeitsgruppen, die Mitglieder einer bestimmten Berufsgruppe vereinigen, wie
beispielsweise Anwält*innen (z. B. *Anwaltliche Vereinigung für Mediation und
kooperatives Verhandeln*), Unternehmens- (z. B. *UBIT Experts Group Wirtschaftsmediation*) und Steuerberater*innen (z. B. *Gesellschaft für Wirtschaftsmediation*) oder Psycholog*innen (z. B. *Berufsverband Österreichischer PsychologInnen, Fachsektion Mediation*), existieren zahlreiche interdisziplinäre Vereine,
denen Praktizierende verschiedener Quellberufe angehören. Einige dieser Vereine konzentrieren sich beispielsweise ausschließlich auf Familienmediation (z. B.
Bundes-Arbeitsgemeinschaft für Familien-Mediation e. V.), während Vereine, wie
das *forum wirtschaftsmediation*, ihren Schwerpunkt auf Wirtschaftsmediation
legen. Ein häufig genanntes Anliegen dieser Vereine besteht sowohl darin, die
Mediation in die **Gesellschaft zu integrieren,** als auch die **Dienstleistungsqualität und ihre Weiterentwicklung zu fördern** (siehe Website *BM; ÖBM*). Zugleich
bieten sie häufig Aus- und Fortbildungslehrgänge an, fungieren als Plattformen
für Erfahrungsaustausch, unterhalten Kooperationen mit anderen Organisationen
und setzen sich auf politischer Ebene für die Interessen ihrer Mitglieder ein.

Zahlreiche Vereine sind darüber hinaus Mitglieder von **Dachverbänden** wie
dem *Österreichischen Netzwerk Mediation,* dem *Deutschen Forum für Mediation
e. V.* oder der *Federation Swisse Mediation.* Einen weiteren Institutionalisierungsschritt könnte die Schaffung einer nationalen Mediationskammer darstellen, die
in jüngster Zeit insbesondere in Deutschland diskutiert wird (Jost, 2021, S. 132–
136). In jedem Fall spielt die – überwiegend ehrenamtliche – Tätigkeit dieser
Vereine eine bedeutende Rolle bei der Entwicklung von Qualitätsstandards und
der Schaffung von ersten Berufsstrukturen.

---

[6] Im Beitrag werden verschiedene Vereine und Organisationen angeführt, inklusive detaillierter Informationen, die den jeweiligen Websites entnommen wurden. Weiterführende Links
sind im Anschluss des Literaturverzeichnisses angeführt.

11.2.2 Zweiter Entwicklungstrend: Entstehung von berufsähnlichen Strukturen

Ein weiteres Merkmal der Institutionalisierung und gleichzeitig der Qualitätssicherung ist die Schaffung von Berufsstrukturen. Bereits vor den ersten staatlichen Rechtssetzungsinitiativen begannen Verbände und Ausbildungseinrichtungen damit, **Ausbildungsstrukturen und -standards** zu entwickeln, wie am Beispiel Deutschlands erkennbar ist (Will, 2022, S. 174–176). Anfänglich auf nur wenige Tage begrenzte Kurse entwickelten sich rasch zu vielfältigen Ausbildungsprogrammen, die unter anderem auch von öffentlichen Bildungseinrichtungen wie Fachhochschulen und Universitäten angeboten wurden (Cardia-Vonèche & Bastard, 2005, S. 27). Heute ist das Ausbildungsangebot in der DACH-Region kaum noch zu überblicken. Allein in Deutschland erfasste die *Stiftung Warentest* im Jahr 2013 im Rahmen einer Studie insgesamt 298 Ausbildungsinstitute (Stiftung Warentest, 2013). In Österreich sind bereits 60 Ausbildungseinrichtungen in die Liste beim *Bundesministerium für Justiz* eingetragen (Bundesministeriums für Justiz, 2023).

Die **EU-MediationsRL** aus dem Jahr 2008 regelt die Ausbildungserfordernisse nicht. Artikel 4 der EU-MediationsRL setzt einen Rahmen nur insofern, als die Mitgliedstaaten verpflichtet werden, die Aus- und Fortbildung von Mediatoren zu fördern, um sicherzustellen, dass die Verfahren wirksam, unparteiisch und sachkundig durchgeführt werden.

Wie eine nationale Umsetzung aussehen könnte, wurde anhand unterschiedlicher Ansätze diskutiert (Hopt & Steffek, 2012; Wagner, 2010; Steffek, 2010; Carl, 2010, zitiert in: Dauner, 2016, S. 122):

- Ein *Zulassungssystem,* das eine staatliche Zulassung für die Ausübung der Mediation vorschreibt.
- Ein *Anerkennungssystem,* das die Ausübung der Mediation nicht von einer staatlichen Zulassung abhängig macht, jedoch gewisse rechtliche Privilegien an die (staatliche) Anerkennung knüpft.
- Ein *Gütesiegelsystem,* das keine staatliche Anerkennung für die Ausübung der Mediation oder Geltung gewisser Regelungen erfordert und stattdessen öffentliche Registrierung oder private Zertifizierungen von Mediator*innen als Qualitätsnachweis behandelt.
- Der *Verzicht auf ein System,* wobei ein Staat von einer berufsrechtlichen Regulierung absieht und die Qualitätssicherstellung dem Markt überlässt.

Diese Diskussion verdeutlicht die Vielfalt der möglichen Herangehensweisen bei der Regulierung der Mediationsausbildung. Insgesamt lassen sich weltweit unterschiedliche Regelungsansätze erkennen (Dauner, 2016, S. 122–127). Selbst in der DACH-Region gibt es unterschiedliche Herangehensweisen, wobei Österreich und Deutschland im Vergleich zu anderen Ländern hohe gesetzliche Ausbildungsanforderungen haben (siehe dazu Kap. 4).

11.2.3 Dritter Entwicklungstrend: Entwicklung von internationalen Zertifizierungssystemen

Die Tendenz zur **Institutionalisierung und der Professionalisierung der Dienstleistung** wird auch auf **internationaler Ebene** deutlich. In den vergangenen Jahren haben sich Verbände und internationale Mediationsdienstleistungsorganisationen darum bemüht, einen Pool an lokal und international tätigen Mediator*innen aufzubauen. Diese müssen gewisse Ausbildungsstandards erfüllen und Kompetenzen besitzen sowie qualifiziert sein, Mediation in bestimmten Jurisdiktionen auszuüben (Alexander, 2019, S. 420–424[7]).

Ein Beispiel hierfür ist die Zusammenarbeit der deutschen Mediationsverbände *Bundes-Arbeitsgemeinschaft für Familien-Mediation e. V.,* des *Bundesverbands Mediation e. V.,* des *Bundesverbands Mediation in Wirtschaft und Arbeitswelt e. V.,* des *Schweizer Dachverbands Mediation (SDM-FSM)* und des *Österreichischen Bundesverbands für Mediation.* Diese Verbände haben ihre Ausbildungen, Ausbildungsordnungen und Richtlinien gegenseitig anerkannt, wodurch Mitgliedern der Weg erleichtert wird, auch in anderen Verbänden anerkannte oder lizenzierte Mediator*innen zu werden.

Darüber hinaus haben **internationale Mediationsdienstleistungsorganisationen eigene Zertifizierungsverfahren** entwickelt, die es Mediator*innen ermöglichen, sich nach bestimmten qualitätssichernden Standards zertifizieren zu lassen. Das *International Mediation Institute (IMI),* als gemeinnützige internationale Initiative zur Förderung von Transparenz und Standards in der Mediation, bietet eine Zertifizierung auf Grundlage eines eigenen Zertifizierungsschemas in verschiedenen Kategorien an. Diese Kategorien umfassen *IMI Qualified Mediator, IMI Certified Mediator, IMI Certified Mediation Advocate* sowie spezielle Zertifizierungen wie *IMI Intercultural Mediator* und *IMI Online Mediator.* Zudem bietet *IMI* einen Mechanismus zur Akkreditierung von Ausbildungseinrichtungen an.

---

[7] Dieses Kapitel basiert in seinen Grundzügen auf den Erkenntnissen von Nadia Alexander (Alexander, 2019, S. 420–424) aus ihrem Beitrag „Ten Trends in International Mediation".

Der Fokus von *IMI* liegt nicht darauf, nationale Zertifizierungsstandards zu vereinheitlichen, sondern vielmehr einen Harmonisierungsmechanismus zu bieten, der nationale Zertifizierungsanforderungen unberührt lässt.

Ein weiteres internationales Zertifizierungssystem wird durch das *Singapore International Mediation Institute (SIMI)* angeboten. Das vierstufige Zertifizierungssystem – bestehend aus den Stufen *SIMI Accredited Mediator Level 1, SIMI Accredited Mediator Level 2, SIMI Accredited Mediator Level 3* und *SIMI Certified Mediator* – steht nationalen als auch internationalen Mediator*innen unter Berücksichtigung der jeweiligen Erfahrung offen.

Zusätzlich besteht zwischen den Institutionen *IMI* und *SIMI* eine gegenseitige Anerkennungsvereinbarung. Diese erleichtert es Mediator*innen, ihre Zertifizierung durch die jeweils andere Institution zu erhalten.

11.3 Im Fokus: Internationalisierung in der Wirtschaftsmediation

Die seit 1930 abnehmenden Kosten für Transport und Telekommunikation, sowie die weltweite Verbreitung von Transport- und Kommunikationsnetzen haben zu einem erheblichen **Anstieg des internationalen Handels** geführt (bpb, 2017). Diese Umstände führen in Schlussfolgerung zu einer **Zunahme an grenzüberschreitenden Konflikten,** in welchen unterschiedliche Rechts- und kulturelle Wertesysteme sowie Geschäftspraktiken eine maßgebliche Rolle spielen. In diesem Kontext bieten mediative Dienstleistungen ein wirksames Instrument zur Konfliktlösung als auch -prävention, das den spezifischen Anforderungen und der Komplexität internationaler Dispute gerecht werden kann.

In einem Mediationsverfahren können zum Beispiel sowohl rechtliche als auch nicht-rechtliche Aspekte berücksichtigt werden. Dieses flexible Verfahren ermöglicht es auch, die Interessen verschiedener Beteiligter, einschließlich solcher ohne Klagebefugnis, in den Prozess einzubeziehen. Zudem ermöglicht ein facilitatives Verfahren wie die Mediation, die Integration interkultureller Aspekte in den Prozess (Alexander, 2009, S. 48–49).

11.3.1 Vierter Entwicklungstrend: Wandel im Profil der Konfliktparteien

In grenzüberschreitenden Konfliktsituationen zeigt sich eine **Veränderung im Profil der beteiligten Parteien**[8]. Diese Veränderung wirkt sich auch auf die Nachfrage für mediative Dienstleistungen in diesem Zusammenhang aus.

Die wachsende **Bedeutung des Internethandels** hat Auswirkungen sowohl auf den Geschäfts- (B2B) als auch den Verbrauchersektor (B2C). Mit dem Anstieg von Online-Transaktionen finden sich nun auch Klein- und Kleinstunternehmer*innen sowie Konsument*innen häufiger in internationalen Rechtsstreitigkeiten wieder (Alexander, 2019, S. 406). Gleichzeitig führt die gestiegene internationale Mobilität von Privatpersonen und Berufstätigen zu einem ähnlichen Ergebnis.

Die **zunehmende Internationalität und Diversität der Belegschaft** sowie **neue Arbeitsmodelle** wie das Homeoffice und Remote Work bergen neues Konfliktpotenzial innerhalb von Unternehmen. Die Globalisierung stellt Unternehmen vor die Herausforderung, ihre interne Kommunikation den neuen Gegebenheiten anzupassen und sich vermehrt mit den Themen Interkulturalität und Diversität innerhalb der Organisation auseinanderzusetzen.

Zusätzlich könnten **externe Faktoren** wie etwa das kürzlich beschlossene EU-Lieferkettengesetz (Richtlinie (EU) 2024/1760, ABl. EU 204, L vom 5.7.20242022), das Unternehmen zu verantwortungsbewusstem Handeln in Bezug auf soziale und ökologische Auswirkungen ihrer Aktivitäten verpflichten möchte, zu neuen grenzüberschreitenden Konflikten entlang der Lieferketten der Unternehmen führen.

Ebenso hat sich der **internationale Investitionssektor** verändert. Neben den traditionellen Investoren sind heute auch vermehrt E-Trader*innen, Investor*innen und Kleinunternehmer*innen involviert. Die **Privatisierung** von Bereichen wie dem Gesundheitswesen, der Infrastruktur und der Daseinsvorsorge hat ebenfalls Auswirkungen auf die Konfliktparteien in grenzüberschreitenden Streitigkeiten (Alexander, 2019, S. 406).

All diese Entwicklungen eröffnen **neue Einsatzmöglichkeiten für mediative Dienstleistungen**. Sie ermöglicht es, sowohl B2C-Konflikte als auch komplexe interne und externe Unternehmenskonflikte zu lösen und gleichzeitig in ihrer präventiven Ausgestaltung eine verantwortungsbewusste Unternehmenskultur zu fördern.

---

[8] Dieses Kapitel basiert in seinen Grundzügen auf den Erkenntnissen von Nadia Alexander (Alexander, 2019, S. 406–407) aus ihrem Beitrag „Ten Trends in International Mediation".

11.3.2 Fünfter Entwicklungstrend: Institutionalisierung auf internationaler Ebene

Mitte bzw. in den späten 1990er Jahren manifestierte sich der Trend zur Institutionalisierung auch auf internationaler Ebene durch die **Gründung von internationalen Mediationsdienstleistungsorganisationen.** Zu dieser Zeit begannen sowohl etablierte als auch neu gegründete internationale und international agierende Organisationen, Mediationsdienstleistungen anzubieten und die Entwicklung der internationalen Mediation voranzutreiben (Alexander, 2019, S. 407).

Zu diesen gehören Schiedsorganisationen wie die *International Chamber of Commerce (ICC)* in Paris, der *London Court of International Arbitration (LCIA)*, das *International Centre for Dispute Resolution (ICDR)*, die *American Arbitration Association (AAA)*, das *Asian International Arbitration Centre (AIAC)*, das *Australian Centre for International Commercial Arbitration (ACICA)*, oder das *WIPO (World Intellectual Property Organization) Arbitration and Mediation Center.*

In der DACH-Region haben Institutionen wie das *Vienna International Arbitral Centre (VIAC)* in Wien, die *Deutsche Institution für Schiedsgerichtsbarkeit (DIS)* in Berlin und das *Swiss Arbitration Centre* in Genf die Mediation in ihr Dienstleistungsportfolio aufgenommen.

Gleichermaßen haben sich Organisationen wie das *International Institute for Conflict Prevention and Resolution (CPR)*, das *Centre for Effective Dispute Resolution (CEDR)*, das *Singapore International Mediation Centre (SIMC)*, oder das *Japan International Mediation Centre-Kyoto* der Förderung von Mediation verschrieben und bieten darüber hinaus entsprechende Dienstleistungen an.

All diese Organisationen tragen zur Verbreitung von Mediation und durch **eigens entwickelte Mediationsregelwerke**[9] zur **Rechtssicherheit und Qualitätssteigerung** im internationalen Mediationssektor bei. Viele dieser Organisationen stellen zudem Vertrags-Musterklauseln zur Verfügung, die bei Konflikten eine Regelung durch Mediation anregen oder dazu verpflichten sollen.

---

[9] Siehe z. B. 2014 ICC Mediation Rules, LCIA Mediation Rules, ICDR® Rules, AIAC Mediation Rules, ACICA Mediation Rules 2007, WIPO Mediation Rules, VIAC Schieds- und Mediationsordnung 2021, DIS-Mediationsordnung, Swiss Rules of Mediation 2021, CPR Mediation Procedure, CEDR Model Mediation Procedure, SIMC Mediation Rules, und JIMC-SIMC Joint Covid-19 Protocol.

> **Internationale Mediations- und Verhandlungswettbewerbe als Forum des internationalen Wissenstransfers**
>
> Nationale und internationale Mediations- und Verhandlungswettbewerbe, die von Konfliktlösungsorganisationen und Universitäten weltweit veranstaltet werden, haben sich in den vergangenen zwei Jahrzehnten fest in der Mediationsszene verankert. Zu den veranstaltenden Organisationen zählen unter anderem die *International Chamber of Commerce (ICC)*, die *International Bar Association (IBA)* gemeinsam mit dem *Vienna International Arbitral Centre (VIAC)* (siehe *CDRC Mediation & Negotiation Competition*), die *American Bar Association (ABA)*, das *International Institute for Conflict Prevention and Resolution (CPR)* oder die *International Academy of Dispute Resolution (INADR)*. Die Veranstaltungen bieten eine Plattform für Studierende und erfahrene Mediator*innen aus aller Welt. Sie dienen der Förderung von Nachwuchstalenten und bieten gleichzeitig Praktiker*innen eine Gelegenheit zur Vernetzung und zum Erfahrungsaustausch.◄

Die fortschreitende Verbreitung und Institutionalisierung der internationalen Mediation wurden von der Notwendigkeit begleitet, einen **rechtlichen Rahmen für Mediation in grenzüberschreitenden Konflikten** zu etablieren. Schon 1980 entwickelte die *United Nations Commission on International Trade Law (UNCITRAL)* Schlichtungsregeln (UNCITRAL Conciliation Rules, 1980). In den vergangenen 20 Jahren waren eine Reihe von internationalen Rechtsetzungsinitiativen im Bereich der Mediation zu beobachten. Eine bedeutende Errungenschaft stellt die EU-MediationsRL 2008 dar. Sie legt einen Rahmen fest, der EU-Mitgliedstaaten dazu verpflichtet, verschiedene Aspekte der grenzüberschreitenden Mediation in Zivil- und Handelssachen zu regulieren. Während ein Ziel die europaweite Harmonisierung darstellt, lässt die Richtlinie den Mitgliedstaaten dennoch einen großen Umsetzungsspielraum (siehe dazu Kap. 4). Weitere hervorzuhebende Regelwerke sind die *United Nations Convention on International Settlement Agreements Resulting from Mediation* (G.A. Res. 73/198, UNGA, 73rd Sess., im Folgenden: Singapore Convention; siehe dazu Kap. 4) und das *UNCITRAL Model Law on International Commercial Mediation and International Settlement Agreements Resulting from Mediation* (G.A. Res. 73/199, UNGA, 73rd Sess., im Folgenden: UNCITRAL Model Law on Mediation). Während die Singapore Convention primär darauf abzielt, die Anerkennung und Durchsetzung von Mediationsvereinbarungen zu stärken, bietet das UNCITRAL Model Law on Mediation Staaten eine Vorlage eines Regelungsmodells für Mediation, die diese mit oder ohne Änderungen übernehmen können (Alexander, 2019, S. 414–420).

▶ In der Praxis der Wirtschaftsmediation haben sich in den vergangenen Jahrzehnten verschiedene Qualitätsstandards etabliert. Hierzu zählen diverse Ausbildungs- und Zertifizierungsstandards sowie ausübungsorientiere Standards nationaler und internationaler Vereine und Schiedsorganisationen. Zusätzlich streben internationale Rechtssetzungsinitiativen wie die EU-MediationsRL oder das UNCITRAL Model Law on Mediation danach, Staaten dazu zu bewegen, bestimmte qualitätssichernde Standards in ihr nationales Rechtssystem zu integrieren.

11.4 Im Fokus: Dienstleistungsvielfalt in der Wirtschaftsmediation

Obwohl sich heute vielerorts Berufsstrukturen und Verfahrensgrundsätze durch den Gesetzgeber oder Vereinigungen etabliert haben, regeln sie mediative Dienstleistungen nicht abschließend und sind nicht für das gesamte Spektrum an Dienstleistungen verbindlich. Das österreichische ZivMediatG gilt etwa „nur" für **Mediationen,** deren Gegenstand die Vermittlung in Konflikten ist, **deren Entscheidung (zumindest teilweise) den Zivilgerichten obliegen würde** (siehe dazu Kap. 4).

Weiter wird im Bereich der Unternehmensberatung in Österreich die Dienstleistungsbandbreite der **Wirtschaftsmediation** im Berufsbild des *Fachverbands UBIT* (Fachverband UBIT, 2023, S. 15) detailliert beschrieben: Die Wirtschaftsmediation in diesem Zusammenhang umfasst auch die **mediative Begleitung und Unterstützung in unternehmensinternen Konflikten,** in **grundsätzlichen Strukturfragen** (wie Unternehmensnachfolge oder Fusionen) und **in streitigen Verhandlungen zwischen Unternehmen** (z. B. innerhalb der Prozesskette oder des Mitbewerbs). Darüber hinaus gehören die **Konfliktanalyse** in und zwischen Unternehmen, die **Etablierung präventiver Maßnahmen** sowie einer **konstruktiven Konflikt- und Streitkultur** zum Tätigkeitsfeld von Wirtschaftsmediator*innen. Zu weiteren Berufen, die Mediation zu ihrem Berufsbild zählen siehe Kap. 4.

Auf Grund der interdisziplinären Natur und der stark praxisnahen Entwicklung der Mediation ist es nicht überraschend, dass heute eine Vielzahl praktischer Verfahrensausgestaltungen zu beobachten sind. Diese betreffen zum einen mediative Dienstleistungen an sich und zum anderen die Kombination von Mediation mit anderen Konfliktlösungsverfahren.

Kurz-Zeit-Mediation

Angesichts der zunehmend beschleunigten Lebensprozesse und der steigenden Nachfrage nach rascher kostengünstiger Konfliktlösung wurde das Konzept der Kurz-Zeit-Mediation entwickelt. Maßgeblich an der Entwicklung waren der Psychotherapeut und Mediator Heiner Krabbe sowie Prof. Dr. Roland Fritz, Mediator und ehemaliger Präsident des Verwaltungsgerichts Frankfurt, beteiligt. Laut Krabbe und Fritz (2013, S. 76–79) liege die Handlungsmaxime der Kurz-Zeit-Mediation darin, die Ziele einer Kurz-Zeit-Mediation mit den Kund*innen zu erarbeiten und gleichzeitig ihre Ressourcen zur Konfliktlösung zu identifizieren und zu unterstützen. Ein Ziel der Kurz-Zeit-Mediation ist mit den Kund*innen eine **Lösung zu erarbeiten, die funktioniert.** Damit soll eine **Grundlage geschaffen** werden, die die Kund*innen dazu befähigt, weitere Konfliktsituationen eigenständig zu lösen. Die Autoren sehen die Methodik bei folgenden Konfliktcharakteristika als Erfolgsversprechen:

- Verständlichkeit des Konfliktthemas für alle beteiligten Parteien,
- Möglichkeit zur Festlegung eines genauen Zeitplans,
- Starke Motivation der Parteien von Anfang an oder Möglichkeit zur raschen Verstärkung der Motivation im Verlauf einer Session,
- Vorhandensein von Anzeichen für aktive Prozessbeteiligung der Beteiligten,
- Möglichkeit zur Entwicklung der Selbstbehauptung jeder Partei.

Auch internationale Mediationsdienstleistungsorganisationen erkennen diesen Trend und reagieren darauf entsprechend. Als Beispiel ist hier das *CPR Dispute Services* zu nennen, das ein Programm namens „Flat-Mediation" zu einem Fixpreis anbietet.◄

Telefon-Mediation

Eine weitere Methode zur **schnellen und kostengünstigen Konfliktlösung** ist die Telefon-Mediation. Dieser Ansatz hat in den letzten Jahren an Popularität gewonnen, wobei eine vermittelnde Person durch wechselseitige Telefonate mit den Kund*innen auf eine Lösung hinarbeitet. Primär sind Rechtsschutzversicherungen die Initiatoren einer Telefon-Mediation, indem sie Rechtsschutzsuchende an ADR-Dienstleister*innen verweisen, die dieses Verfahren dann durchführen. Je nach praktischer Ausgestaltung kann das Verfahren als traditionelle Mediation oder als Mischung aus Konfliktcoaching und Konfliktmoderation klassifiziert werden. Ein möglicher Nachteil dieser Methode besteht darin, dass die Vorzüge einer direkten Gesprächsführung abhanden-kommen können. Dennoch kann die Telefon-Mediation dazu beitragen, Zeit und Kosten zu sparen, was wiederum für dieses Verfahren spricht. Besonders bei Konflikten, die weniger persönlicher Natur sind und eher wirtschaftliche Aspekte betreffen, kann die Telefon-Mediation ein nützliches Verfahren darstellen (Greger, 2015, S. 173).◄

Online-Mediation

Mediative Dienstleistungen werden zunehmend online angeboten, was für Kund*innen vorteilhaft sein kann. Denn durch die Online-Variante können **räumliche Distanzen unkompliziert überwunden** werden. Zudem erweist es sich als eine zeit- und kosteneffiziente Lösung. Weitere Informationen zu Technologie in der Wirtschaftsmediation siehe Abschn. 11.5 und Kap. 10; zur rechtlichen Zulässigkeit in Österreich siehe Kap. 4.◄

11.4.1 Sechster Entwicklungstrend: Herausbildung verschiedener Mediationsmodelle

Die ersten Ausbildungen und Zertifizierungssysteme in den Vereinigten Staaten, Kanada und Australien betrafen insbesondere die facilitative Mediation. **Facilitative Mediation** legt großen Wert auf die Selbstbestimmung der Kund*innen, wobei der Mediator bzw. die Mediatorin den Mediationsprozess strukturiert, ohne inhaltlich in den Konflikt einzugreifen. Auch heute dominieren weltweit facilitative Mediationsansätze die Ausbildungs- und Zertifizierungssysteme, einschließlich jener in Österreich und Deutschland (Alexander, 2019, S. 430–433). In der Praxis sind jedoch **unterschiedliche Entwicklungen und Modellansätze** erkennbar, wie auch die Literatur widerspiegelt[10].

Ein Beispiel dafür ist das **Mediations-Metamodell** von Alexander (2016, S. 12–13). Die Gliederung in Alexanders Mediations-Metamodell basiert auf zwei Dimensionen: Zum einen auf der Art der Interaktion zwischen den Parteien und zum anderen der Art der Interventionsform und dem Rollenverständnis der Mediatorin oder des Mediators. Darauf aufbauend unterscheidet sie sechs Mediationsmodelle.

---

[10] Siehe z. B. Riskin, 1994; Riskin, 2003; Boulle, 2005; Bush und Folger, 1994; Breidenbach, 1995; Merry, 1987, zitiert in Alexander, 2008, S. 98–101.

Mediations-Metamodell

Das Mediations-Metamodell von Alexander umfasst folgende sechs Modelle:

- *Vergleichsmediation*: „Auf einen Vergleich der Konfliktpositionen ausgerichtete Verhandlung zwischen den Mediand*innen und ein herauslockendes Herangehen der Mediator*in."
- *Moderierende Mediation*: „Interessenbasiertes Verhandeln zwischen den Mediand*innen und ein herauslockendes Herangehen der Mediator*in."
- *Transformative Mediation*: „Beziehungsorientierter Dialog zwischen den Mediand*innen und ein herauslockendes Herangehen der Mediator*in."
- *Fachberatungsmediation*: „Aushandeln von Konfliktpositionen zwischen den Mediand*innen und ein direktives Herangehen der Mediator*in."
- *Weisenrat-Mediation*: „Interessenbasiertes Verhandeln zwischen den Mediand*innen und ein direktives Herangehen der Mediator*in."
- *Strategische Mediation*: „Beziehungsorientierter Dialog zwischen den Mediand*innen und ein leicht direktives Herangehen der Mediator*in."◄

Die Modellvielfalt in der Praxis, wie im Mediations-Metamodel strukturiert veranschaulicht, steht häufig im Gegensatz zu den theoretischen Ansätzen sowie Regulierungsmaßnahmen. Trotz einer laufenden Debatte zeichnet sich eine zunehmende Anerkennung und Akzeptanz der vielfältigen Verfahrensausgestaltung in der Mediation ab.

11.4.2 Siebter Entwicklungstrend: Entwicklung einer neuen anwaltlichen Spezialisierung

In einem Mediationsverfahren können Anwält*innen verschiedene Rollen einnehmen, darunter die *Parteienvertreter-*, die *Beistands-*, die *(Rechts-)Berater-*, die *Mediatoren-* oder die *Vermittlerrolle*. Besonders in der Wirtschaftsmediation kommt es vor, dass Anwält*innen mit entsprechender Vollmacht als Vertreter*innen für ihre Mandant*innen auftreten. In der *Beistandsrolle* begleitet die Anwältin oder der Anwalt ihre Mandant*innen während der Mediation, während sie oder er in der *(Rechts-)Beraterrolle* Mandant*innen rechtsberatend unterstützt. Es besteht jedoch auch die Möglichkeit, dass Anwält*innen als *Mediator*innen* tätig werden, wobei dabei eine deutliche Rollentrennung sicherzustellen ist (Trossen, 2023). In dem folgenden Abschnitt wird genauer auf die Anwaltstätigkeit in der *(Rechts-)Beraterrolle* eingegangen.

Kooperatives Anwaltsverfahren (Collaborative Law)

Unter dem Begriff **Collaborative Law** oder **kooperatives Anwaltsverfahren** (vgl. Bezeichnung: Österreichischer Rechtsanwaltskammertag, 2017) versteht man ein **Verfahren, das strukturell einer Mediation ähnelt, jedoch ohne eine neutrale Mediationsperson** auskommt. Ziel ist es, bevor es zu einem Gerichtsverfahren kommt, eine einvernehmliche Lösung ohne die Einbeziehung eines vermittelnden Dritten zu finden (Sholar, 1993, zitiert in: Engel, 2010, S. 3–4). In diesem Verfahren werden die Mandant*innen von einer Beratungsperson begleitet, die sie sowohl in interessensorientierter als auch rechtsberatender Hinsicht unterstützt (Apel, 2004; Tesler, 2008, zitiert in: Engel, 2010, S. 4). Dies geschieht auf Basis eines **verhandlungstheoretischen Konzepts** und eines **ausgearbeiteten Verfahrensvertragswerks** (Engel, 2010, S. 3). Im Collaborative Law tätige Anwält*innen dürfen ihre Mandant*innen in einem allfälligen anschließenden Rechtsstreit anwaltlich nicht vertreten (Tesler, 2008, zitiert in: Engel, 2010, S. 77).

Diese Methode wurde vor etwa 30 Jahren von dem US-amerikanischen Anwalt Stuart Webb insbesondere für familienrechtliche Konflikte wie Scheidungsverfahren entwickelt (Engel, 2010, S. 1). Nachdem sie in den Vereinigten Staaten bei familienrechtlichen Streitigkeiten sehr populär wurde, wird sie mittlerweile auch zur Lösung von Auseinandersetzungen im Arbeits- und Wirtschaftskontext angewendet (Buckholz, 2004; Reynolds & Tennant, 2001; Zeytoonian, 2004, zitiert in Engel, 2010, S. 7).

Collaborative Law ist **in Europa** noch vergleichsweise jung, scheint aber als Alternative zur gerichtlichen Konfliktlösung auch hier Fuß zu fassen. So hat sich beispielsweise das *European Network for Collaborative Practice (EBCP),* dem unter anderem die österreichische *Anwaltliche Vereinigung für Mediation und kooperatives Verhandeln (AVM),* die *Collaborative Law & Practice (clp) Schweiz* und die deutsche Vereinigung *Cooperative Praxis München* angehören, zum Ziel gesetzt, das kooperative Anwaltsverfahren in Europa zu fördern und zu verbreiten.◄

In dem Artikel „Ten Trends In International Mediation", führt Alexander (2019, S. 424–430) „**Mediation Advocacy**", eine spezialisierte Form der Rechtspraxis, als eine der aktuellen Entwicklungen im Bereich der internationalen

Mediation an. Laut Alexander würden Anwält*innen maßgeblich zur Entwicklung der Mediationspraxis und des Mediationsrechts beitragen. Mit steigender Mediationserfahrung sind Anwält*innen besser in der Lage, Mediationsklauseln und -vereinbarungen kompetent zu formulieren, Mandant*innen hinsichtlich des geltenden Mediationsrechts zu beraten und passende Fälle zur Mediation zu empfehlen. Immer häufiger würden Rechtsberater*innen und/oder deren Mandant*innen gesetzlich dazu verpflichtet, die Anwendung von Mediation zu erwägen und in bestimmten Fällen einen Mediationsversuch zu unternehmen. Anwält*innen könnten auch dazu verpflichtet werden, ihre Mandant*innen über mögliche Verpflichtungen in Zusammenhang mit Mediation zu informieren und auf ein Mediationsverfahren vorzubereiten. Neben diesen rechtlichen Aspekten erstreckt sich die anwaltliche Beratungstätigkeit auf **spezialisierte Unterstützung vor, während und nach der Mediation.** Rechtsberater*innen können bei der Auswahl eines geeigneten Zeitpunktes, Ortes, des Mediationsmodells, der Auswahl der Mediatorin oder des Mediators und der Vorbereitung auf den Prozess, ihren Mandant*innen zur Seite stehen. Indem Anwält*innen die Erwartungen ihrer Mandant*innen steuern, die Kommunikationswege offen halten und als konstruktive Verhandlungsführer und Realitätsvermittler auftreten, können sie das Verfahren vielfältig fördern. Insbesondere liegt es in ihrem Verantwortungsbereich, die Mandant*innen zu Angeboten der Gegenseite zu beraten, Vergleichsvereinbarungen auszuarbeiten und die Mandant*innen über die Bedeutung der endgültigen Vereinbarung sowie über die Folgen eines Verstoßes aufzuklären.

Gemäß dem Modell von Hardy und Rundle (2010, zitiert in: Alexander, 2019, S. 427–430) können Rechtsanwält*innen in der Mediation verschiedene Rollen einnehmen, die von einer eher **zurückhaltenden Beraterrolle** bis hin zu einer **aktiven Teilnehmerrolle** reichen. Diese Rollen umfassen den *absent adviser*, den *adviser observer*, den *expert contributor*, den *supportive professional participant* und die *spokesperson*. In der Praxis können Rechtsberater*innen ihre Beteiligung je nach Phase der Mediation variieren.

Um ihre Mandant*innen in Mediationen optimal unterstützen zu können, ist es von entscheidender Bedeutung, dass Rechtsberater*innen, die in diesem Bereich tätig sind, sich gezielt fort- oder weiterbilden. Eine Möglichkeit dafür bietet das Zertifizierungsprogramm *IMI Certified Mediation Advocates*, das speziell für Anwält*innen entwickelt wurde.

11.4.3 Achter Entwicklungstrend: Hybride Formen der alternativen Konfliktbeilegung

In vielen Ländern wurde die Mediation bereits gesetzlich verankert und es haben sich Wege etabliert, wie Mediationsvereinbarungen vollstreckbar gemacht werden (siehe dazu Kap. 4). Die Thematik wird jedoch komplexer, wenn es um grenzüberschreitende Mediationen geht. Hier ergeben sich zahlreiche rechtliche Fragestellungen und Unsicherheiten.

Angesichts dieser Situation könnten **Schiedsverfahren mit Mediationselementen** – zumindest vorübergehend – eine Lösung in grenzüberschreitenden Konflikten bieten, da diese bereits länger eingeführt sind und dadurch Rechtssicherheit bieten. Die Kombination bietet die Möglichkeit, Mediation und ihre facilitiven Aspekte in den Rahmen eines Schiedsverfahrens zu integrieren (siehe dazu auch Kap. 4).

In einer internationalen Umfrage, die 2021 von der *Queen Mary University of London, School of International Arbitration (SIA)* und der Rechtsanwaltskanzlei *White & Case LLP* durchgeführt wurde, wurde die Präferenz der Befragten hinsichtlich der internationalen Schiedsgerichtsbarkeit untersucht. Das Ergebnis zeigte, dass 59 % der Teilnehmer*innen ein Schiedsverfahren in Kombination mit ADR einem reinen Schiedsverfahren (31 %) vorziehen (White & Case LLP und Queen Mary University of London, 2018). Diese Ergebnisse zeigen einen deutlichen Anstieg gegenüber den Zahlen von 2018, als nur 49 % angaben, dass sie ein Schiedsverfahren in Kombination mit ADR bevorzugen, im Vergleich zu 48 %, die sich für ein reines Schiedsverfahren aussprachen (White & Case LLP und Queen Mary University of London, 2018).

> **Hybride Formen der alternativen Konfliktbeilegung**
>
> Einige der beliebtesten hybriden Formen der alternativen Konfliktbeilegung sind *Med-Arb, Mediation windows* und *Med-Arb simultanés* (Alexander, 2019, S. 433–435):
>
> - *Med-Arb* ist ein hybrides Verfahren, das Mediation und Schiedsverfahren kombiniert, indem es meistens als Mediationsverfahren beginnt und in ein Schiedsverfahren übergeht.
> - *Mediation windows* bezeichnen einen Ansatz, bei dem eine Mediation innerhalb eines ADR-Verfahrens, wie beispielsweise einem Schiedsverfahren, durchgeführt wird. Eine beliebte Variante ist *Arb-Med-Arb*. Das

Singapore Arb-Med-Arb-Protokoll (AMA-Protokoll) bietet diesbezüglich einen zeitgemäßen Verfahrensansatz.

- *Med-Arb simultanés*: Das *Paris Mediation and Arbitration Centre* bietet *Med-Arb simultanés* an, bei dem sowohl ein Schiedsverfahren als auch ein Mediationsverfahren gleichzeitig und unabhängig voneinander durchgeführt wird. Sollte innerhalb einer bestimmten Mediationsfrist keine Einigung erzielt werden, wird automatisch acht Tage nach Ablauf dieser Frist ein bindender Schiedsspruch erlassen.◄

Ein bedeutender Vorteil bei der Integration von Mediation in ein Schiedsverfahren liegt in der **globalen Durchsetzbarkeit von Schiedsvereinbarungen,** die durch internationale Übereinkommen wie das New Yorker Übereinkommen über die Anerkennung und Vollstreckung ausländischer Schiedssprüche vom 10. Juni 1958 (Convention on the Recognition and Enforcement of Foreign Arbitral Awards, 330 UNTS 38, kurz: New York Convention) gewährleistet wird.

Seit 2019 gibt es zudem die Singapore Convention. Diese Konvention zielt darauf ab, **internationale Mediationsvereinbarungen in Handelskonflikten,** also die Abschlussvereinbarung, die in einer Mediation getroffen wird, durchsetzbar zu machen. Bisher haben 56 Länder das Abkommen unterzeichnet, und es wurde bereits von elf Ländern ratifiziert. Unter den Unterzeichnern befinden sich bedeutende Staaten wie die Vereinigten Staaten, Australien und China. Es ist jedoch festzustellen, dass bisher nur wenige europäische Länder Vertragsparteien geworden sind. So haben beispielsweise Österreich, Deutschland und die Schweiz das Abkommen bislang nicht unterzeichnet. Die weitere Entwicklung in dieser Hinsicht bleibt abzuwarten.

11.5   Im Fokus: Technologie in der Wirtschaftsmediation

Die kommerzielle **Einführung des Internets** Mitte der 1990er Jahre (Röhr, 2021, S. 329–332) brachte eine Revolution in den alltäglichen Lebens- und Arbeitsgewohnheiten mit sich. Der technologische Fortschritt fand in sämtliche Bereiche der Wirtschaft Einzug – einschließlich in der Mediation. Bereits in den 1990er Jahren wurde aufgrund dieser Entwicklung diskutiert, wie das Internet für mediative Dienstleistungszwecke genutzt werden könnte. Eine frühe und kontrovers diskutierte Möglichkeit war die Abwicklung von Mediationen über den **E-Mail-Schriftverkehr** (Eisen, 1998, S. 1312–1315). Damals wurde die Meinung vertreten, dass die Online-Mediation ihr volles Potenzial erst dann entfalten könne, wenn Videokonferenzen zur Alltäglichkeit gehören, Videokameras und Mikrofone in Computern integriert sind, Videokonferenzsoftware standardmäßig auf Computern verfügbar ist und Modems ausreichend schnell sind (Beal, 2000, S. 736). Heutzutage sind **Videokonferenzen** allgegenwärtig, insbesondere seit der COVID-19-Pandemie und gehören zum festen Bestandteil des Alltags vieler Menschen.

11.5.1 Neunter Entwicklungstrend: Online-Mediation

Seit dem Ausbruch der COVID-19-Pandemie im März 2020 (WHO, 2020) hat sich **Online-Mediation** als fester Bestandteil im Spektrum der mediativen Dienstleistungen etabliert.

Eine erste Analyse einer internationalen Umfrage aus dem Jahr 2021 verdeutlichte, dass etwa 67 % der befragten Mediator*innen Online-Mediationen nun häufiger durchführen werden als noch vor der Pandemie. Etwa 18 % der Befragten gaben an, die Online-Mediation zukünftig als Standardmethode anzubieten. In diesem Zusammenhang ist anzumerken, dass vor der Pandemie rund die Hälfte der Befragten keine Online-Erfahrung hatten (Claxton, 2021).

In den mediativen Dienstleistungen können Technologien auf vielfältige Weise genutzt werden (siehe dazu auch Kap. 10). In der Literatur gibt es **verschiedene Definitionsansätze** für Online-Mediation und Online Dispute Resolution (Ferz & Sonnleitner, 2021, S. 225–227), die in diesem Kontext nicht näher erläutert werden. Beispielsweise beschreibt Alexander (2019, S. 436) die Online Dispute Resolution als eine Konfliktlösungsmethode, die entweder vollständig oder teilweise mithilfe von Online-Kommunikation oder -Verfahren durchgeführt wird. Relevante Technologien in diesem Kontext würden E-Mail, Web-Foren, Sofortnachrichtendienste, Chatrooms, Videokonferenzen, Mobil- und Smartphone-Technologien, künstliche juristische Intelligenz, Blogs, IP-Telefonie, Avatare, soziale Netzwerke, Wikis, Web-Maps und Robotik umfassen (siehe dazu auch Kap. 4).

Mediation im Metaverse

Zum gegenwärtigen Zeitpunkt existiert keine einheitliche Definition des Metaverses. Kreutzer und Klose (2023, S. 12) definieren das Metaverse als eine Weiterentwicklung des Internets. Es handle sich dabei um „… ein interoperables, dezentrales und persistentes Netzwerk aus virtuellen, in Quasi-Echtzeit aus Rohdaten entwickelten dreidimensionalen Welten, welches einer beliebig großen Menge an Nutzenden ermöglicht, dort synchron mit ein und derselben Identität wie auch mit mehreren Identitäten ein virtuelles Leben mit all seinen Facetten (Arbeit, Urlaub, Kultur, Bildung, Freundschaften, Beziehungen etc.) zu führen".

In den letzten Jahren war das Metaverse Gegenstand kontroverser Diskussionen. Inmitten dieser Debatten hat das *ADGM Arbitration Centre*, eine Einrichtung für Schiedsgerichtsbarkeit und Mediation mit Sitz in Abu Dhabi, im Jahr 2022 die weltweit erste Mediationsplattform im Metaverse ins Leben gerufen. Der Metaversedienst steigert das virtuelle Mediationserlebnis, indem er den Teilnehmer*innen den Zugang zum *ADGM Arbitration Centre* durch einen dreidimensionalen Büroraum oder einen sogenannten digitalen Zwilling ermöglicht. Dabei werden die Videobilder der Teilnehmer*innen direkt mit ihrer virtuellen Umgebung verknüpft.◄

Die Online-Mediation bietet eine Vielzahl von Vorteilen. Zahlreiche Mediator*innen berichten von einem **verbesserten Zugang** zu den Kund*innen und einer **gesteigerten Zeit- und Kosteneffizienz** (Claxton, 2021). Eine andere Umfrage ergab, dass Mediator*innen ihren Wirkungsbereich erheblich erweitern können, was sich in Kombination mit Kosteneffizienz und Zeitersparnis auf ihre Wettbewerbsfähigkeit auswirkt (Dostal, 2023, S. 105–106). Entgegen der weit verbreiteten Annahme, dass die persönliche Konfliktlösung vor Ort der effektivste Weg sei, um Konflikte zu bewältigen, unterschiedliche Interessen herauszuarbeiten und Beziehungsdynamiken anzugehen, haben Studien gezeigt, dass Kund*innen tendenziell weniger an starren Positionen festhalten, wenn sie per E-Mail oder Online-Chat verhandeln (Tan et al., 2005, zitiert in: Alexander, 2019, S. 437).

Dennoch berichten viele Mediator*innen von Schwierigkeiten, online eine Vertrauensbasis aufzubauen sowie von mangelhafter Parteienbeteiligung. Die größten Herausforderungen liegen jedoch in **Ablenkungen durch die Umgebung** und insbesondere in **technischen Problemen** (Claxton, 2021). In Bezug auf die **Kommunikation** identifizierte Dostal (2023, S. 104–105) in einer kürzlich durchgeführten Studie zwei Hauptthemen: Auf der einen Seite empfinden viele Mediator*innen den **Aufbau von Vertrauen** in einer digitalen Umgebung schwieriger, auf der anderen Seite stellt das **Erkennen von Emotionen** eine Herausforderung dar.

Um die Vorteile nutzen zu können und gleichzeitig die Qualität mediativer Dienstleistungen auch in einem Online-Setting zu gewährleisten, ist es wichtig, dass Mediator*innen sich eingehend mit dem Einsatz von Technologie und den damit verbundenen Aspekten auseinandersetzen. Dies sollte auch in Aus- und Fortbildungsprogrammen berücksichtigt werden.

11.5.2 Zehnter Entwicklungstrend: Einsatz von Künstlicher Intelligenz

Seit der Lancierung von ChatGPT im November 2022 (Marr, 2023) ist der Begriff Künstliche Intelligenz (im Folgenden: KI) in der breiten Öffentlichkeit geläufig. Aktuell fehle aber eine allgemein anerkannte Definition für den Begriff KI (Steffek, 2022, S. 212–213). Die *Datenethikkommission der deutschen Bundesregierung* (2019, S. 34) definiert KI folgender Maßen:

„[…] als Sammelbegriff für diejenigen Technologien und ihre Anwendungen, die durch digitale Methoden auf der Grundlage potenziell sehr großer und heterogener Datensätze in einem komplexen und die menschliche Intelligenz gleichsam nachahmenden maschinellen Verarbeitungsprozess ein Ergebnis ermitteln, das gegebenenfalls automatisiert zur Anwendung gebracht wird".

Ebenso vielfältig wie der Begriff selbst, ist auch das Spektrum der Anwendungsmöglichkeiten von KI, wobei die Integration von KI in die Konfliktlösung durchaus in Betracht gezogen werden kann. Nach Steffek (2022, S. 213) würde die Verwendung von KI in der Konfliktlösung oft im Zusammenhang mit der **Verarbeitung natürlicher Sprache** stehen. Dabei würden Algorithmen eingesetzt, um menschliche Sprache in eine für Maschinen verständliche Form umzuwandeln und umgekehrt. In der Konfliktlösung könnten auf diese Weise beispielsweise schriftliche Texte analysiert und verarbeitet, menschliche Sprache erkannt und transkribiert, die Tonalität und Stimmung in Sprache und Texten erkannt sowie Textentwürfe erstellt und Dialoge geführt werden.

KI kann auch in **mediativen Dienstleistungen** zum Einsatz kommen, wobei davon die Frage zu unterschieden ist, ob ein KI-System in der Lage ist, eine Mediation **autonom durchzuführen.** Eine Untersuchung der wesentlichen Kernkompetenzen von Mediator*innen ergab, dass Kommunikationsfähigkeit, Verständnisfähigkeit, Glaubwürdigkeit, Dialogfähigkeit und Konfliktlösungsfähigkeit zu den am häufigsten genannten Schlüsselqualifikationen von Mediator*innen gehören (Sonnleitner & Ferz, 2022, zitiert in: Sonnleitner & Kreuser, 2022, S. 156). Viele dieser Kompetenzen sind menschlicher Natur. Insbesondere Fähigkeiten im Umgang mit Emotionen, Empathie und zwischenmenschliche Kompetenz können KI-Systeme wohl nicht so einfach und in adäquater Weise ersetzen. Es bleibt abzuwarten, wie sich der technologische Fortschritt in diesem Bereich weiterentwickeln wird.

Nichtsdestotrotz könnten KI-Systeme in der Konfliktlösung heute bereits eine **unterstützende Rolle** spielen. Als ein Beispiel werden Large Language Modelle (im Folgenden: LLM) wie ChatGTP angeführt (Heetkamp & Piroutek, 2023, S. 80). Der unterstützende Einsatz eines LLM ist vielfältig und kann beispielsweise in den Bereichen Informationsmanagement, Kommunikation und Dokumentation in Betracht gezogen werden. So kann ein LLM-System zur Aufbereitung und Zusammenfassung von Schriftstücken und anderen Texten eingesetzt werden. Im Bereich der Kommunikation können KI-Systeme Mediator*innen bei der **Formulierung zielgerichteter Fragen** für die Konfliktbearbeitung unterstützen, **potenzielle Interessen aufzeigen** oder dabei helfen, **Lösungsoptionen** zu generieren.

ChatGTP Beispiel 1: Formulierung zielgerichteter Fragen[11]

Eingabe: *„Nenne mir Fragen, die auf die Interessen folgender Aussage Ich möchte eine Orange abzielen."*

Antwort: „Warum möchtest du eine Orange? Wofür möchtest du die Orange verwenden? Hast du bestimmte Vorlieben hinsichtlich der Art der Orange (zum Beispiel bio, frisch gepresster Saft etc.)? Gibt es einen speziellen Anlass oder Grund, warum du gerade jetzt eine Orange möchtest? Sind dir bestimmte Marken oder Qualitäten von Orangen wichtig? Wie oft kaufst du normalerweise Orangen? Gibt es andere Früchte oder Alternativen, die du auch in Betracht ziehst? Benötigst du die Orange sofort oder zu einem bestimmten Zeitpunkt? Welche Erwartungen hast du bezüglich des Geschmacks und der Frische der Orange? Gibt es Einschränkungen oder spezielle Anforderungen, die ich bei der Auswahl der Orange berücksichtigen sollte?"◄

ChatGTP Beispiel 2: Potenzielle Interessen

Eingabe: *„Welche Interessen stehen hinter folgender Aussage Ich möchte eine Orange haben?"*

Antwort: „*Ernährungsinteresse:* Die Person könnte Hunger haben oder einen gesunden Snack suchen. *Geschmacksinteresse:* Die Person mag den Geschmack von Orangen und möchte diesen genießen. *Gesundheitsinteresse:* Orangen sind bekannt für ihren hohen Vitamin-C-Gehalt. Die Person könnte

---

[11] Für diese Abfrage und die folgenden Abfragen wurde die Version *GPT-3.5* verwendet. Dabei sei angemerkt, dass die Antwort bei jeder Eingabe variiert.

die Orange für ihre gesundheitsfördernden Eigenschaften wollen. *Sättigungsinteresse:* Die Person könnte sich satt fühlen wollen und denkt, dass eine Orange dabei helfen könnte. *Kulinarisches Interesse:* Die Person plant vielleicht, die Orange in einem Rezept zu verwenden. *Gewohnheitsinteresse:* Es könnte sich um eine alltägliche Gewohnheit handeln, eine Orange zu essen. *Notwendigkeitsinteresse:* Die Person könnte eine Orange für ein spezielles Getränk oder ein Gericht benötigen, das sie zubereitet. *Genussinteresse:* Die Person könnte einfach Freude daran haben, Orangen zu essen und möchte diesen Genuss erleben."◄

ChatGTP Beispiel 3: Lösungsoptionen

Eingabe: *„Welche mögliche Lösungsoptionen gibt es in einem Konflikt in welchem zwei Personen eine Orange haben wollen?"*

Antwort: *„Teilen:* Die einfachste Lösung könnte sein, die Orange in zwei Hälften zu teilen, sodass beide Parteien einen Teil erhalten. *Kompromiss:* Wenn beide Parteien die Orange aus verschiedenen Gründen wollen (zum Beispiel eine für Saft und die andere für Schale), könnten sie einen Kompromiss finden, bei dem sie die Orange aufteilen und ihre spezifischen Bedürfnisse erfüllen können. *Anderes Angebot:* Eine Person könnte die Orange erhalten, während die andere Person eine alternative Frucht oder einen anderen Snack als Ersatz angeboten bekommt. *Zukünftige Rotation:* Wenn es sich um eine wiederkehrende Situation handelt, könnten die Parteien vereinbaren, sich abwechselnd die Orange zu teilen oder beim nächsten Mal die Priorität zu haben. *Zufallsentscheidung:* Die Parteien könnten auch eine zufällige Methode wählen, um zu bestimmen, wer die Orange erhalten soll, wie zum Beispiel das Werfen einer Münze oder eine andere faire Methode. *Gemeinsame Nutzung:* Die Parteien könnten auch darüber sprechen, wie sie die Orange gemeinsam nutzen können, indem sie zusammen Saft machen oder ein Gericht zubereiten, das Orangen enthält. *Kreativität:* Die Parteien könnten auch gemeinsam nach alternativen Lösungen suchen, wie zum Beispiel den Kauf einer weiteren Orange, um beide Parteien zufriedenzustellen.

Die Wahl der Lösung hängt von der Bereitschaft der Parteien zur Kooperation und dem gegenseitigen Respekt ab. Es ist wichtig, offen für die Bedürfnisse und Perspektiven des anderen zu sein, um eine faire und akzeptable Lösung zu finden."◄

Ebenso könnten mithilfe von KI-Systemen **Vorhersagen** bezüglich der wahrscheinlichen Dauer eines Streitbeilegungsverfahrens sowie der zu erwartenden

Kosten getroffen werden (Steffek, 2022, S. 213). Im Bereich der Schlichtung wäre es denkbar, dass sich ein Schlichter einen **unverbindlichen Schlichtungsvorschlag** erstellen lässt, was insbesondere im Bereich der automatisierten Schlichtungsverfahren im E-Commerce-Bereich neue Möglichkeiten eröffnen kann (Heetkamp & Piroutek, 2023, S. 81).

Wesentliche Aspekte, die bei der Anwendung von KI-Systemen in der Konfliktlösung in Betracht gezogen werden müssten, betreffen unter anderem die Richtigkeit, Transparenz und den Datenschutz (Steffek, 2022, S. 215). Zudem ist bei der Nutzung von KI-Systemen in mediativen Dienstleistungen Achtsamkeit geboten und in jedem Fall die Zustimmung aller Beteiligten einzuholen.

11.6 Ausblick

Die Wirtschaftsmediation hat in den letzten Jahren eine beeindruckende Entwicklung durchlaufen. Angesichts der Studien, die im folgenden Abschnitt dargestellt werden, kann angenommen werden, dass sich mediative Dienstleistungen weiter etablieren werden.

Im Jahr 2013 ergab eine Studie unter den Fortune 1000 Companies in den USA, dass Unternehmen im Vergleich zu Schiedsverfahren, deren Beliebtheit abnahm, vermehrt auf Mediation als Mittel zur Konfliktlösung vertrauten und diese Methode als geeignet für eine breite Palette von Streitigkeiten ansahen. Eine wichtige Rolle bei dieser Entwicklung spielten unter anderem die Unternehmensjurist*innen, die maßgeblich zur Förderung der Mediation und anderer Strategien zur effizienteren Beilegung von Streitigkeiten beitrugen (Stipanowich & Lamare, 2013, S. 2–3).

Der ADR-Report 2013, der die Anwendung außergerichtlicher Streitbeilegungsverfahren unter 589 mittleren und großen deutschen Unternehmen analysierte, verdeutlichte, dass Unternehmen zunehmend die Vorzüge von Zeit- und Kosteneffizienz sowie die Minimierung rechtlicher Risiken erkennen (Academicon, 2013, zitiert in: Gläßer et al., 2016, S. 13). Gleichzeitig ergab eine andere Untersuchung unter dem Titel „Dafür nehmen wir einen Anwalt", dass viele Unternehmen keine klare Strategie zur Verbesserung von Zeit- und Kostenaspekten sowie zur Risikominimierung aufzeigten. Stattdessen äußerten sie den Bedarf an einer verbesserten Aufklärung über ADR-Verfahren durch externe Rechtsanwält*innen (CLP und Taylor Wessing, 2013, zitiert in: Gläßer et al., 2016, S. 13).

Im Jahr 2005 führten *PwC* und die *Europa-Universität Viadrina Frankfurt* eine umfassende Studie durch, in der sie Unternehmen befragten, wie sie Konflikte mit anderen Unternehmen bewältigen und welche Einstellung sie gegenüber den verschiedenen Verfahren haben. Die Ergebnisse zeigten, dass diese Unternehmen in erster Linie auf Verhandlungen setzten, und im Falle des Scheiterns dieser Verhandlungen den Gang vor Gericht wählten. Allerdings ergab die Befragung zur Vorteilhaftigkeit verschiedener Verfahren, dass Mediation und Schlichtung unmittelbar nach Verhandlungen als wirkungsvollste Methoden angesehen werden. Eine nachfolgende Studie identifizierte unzureichende Kenntnisse über ADR-Verfahren und den Mangel an praktischen Beispielen als Gründe dafür. Außerdem wurde festgestellt, dass es wesentlich schwieriger ist, konsensuale Konfliktlösungsmechanismen in bereits entstandenen Konflikten durchzusetzen, im Vergleich zu deren präventiv-strukturellen Integration (Gläßer et al., 2016, S. 24). Im Jahr 2015 wurde aufbauend auf diesen Erkenntnissen festgestellt, dass die Bewertung der Vorteilhaftigkeit dieser Verfahren in B2B-Konflikten weitgehend gleich blieb, aber Mediation und Schlichtung nun deutlich häufiger zum Einsatz kamen (Gläßer et al., 2016, S. 78).

Im Kontrast zu B2B-Konflikten ergab die Studie aus dem Jahr 2015, dass bei innerbetrieblichen Konflikten Mediation und Schlichtung gegenüber Gerichtsverfahren bevorzugt eingesetzt werden. Dies ist darauf zurückzuführen, dass das Ziel darin besteht, das Arbeitsverhältnis und die Arbeitsbeziehung aufrechtzuerhalten. Die Motivation zur Wahl dieser Verfahren stieg deutlich an, was auf ein zunehmendes Bewusstsein für ADR-Verfahren und die inzwischen vielen positiven Beispiele zurückzuführen ist (Gläßer et al., 2016, S. 79).

Die Studien verdeutlichen die **entscheidende Rolle aller Stakeholdergruppen** in der Wirtschaftsmediation für eine gesteigerte Wahrnehmung und Nutzung mediativer Dienstleistungen in die Wirtschaftswelt. Zum einen müssen die Mediator*innen sicherstellen, dass sie alle erforderlichen Qualitätskriterien in ihrer Tätigkeit erfüllen *(Mediatorensystem)*. Im *Kundensystem* liegt es zum anderen an den Unternehmen, sich mit dem Thema Konfliktlösung auseinanderzusetzen und die notwendigen Kompetenzen sowie Ressourcen zu gewährleisten. In diesem Zusammenhang kommt auch internen und externen Rechts- und Unternehmensberater*innen ein wichtiger Stellenwert zu. Indem sie mit der Wirtschaftsmediation vertraut sind, können sie Unternehmen zu den mediativen Dienstleistungen beraten und gezielt Bewusstsein schaffen. Ebenso von großer Bedeutung ist die Sicherstellung der Qualität in der Zusammenarbeit zwischen den Mediator*innen und den Beteiligten *(Mediationssystem)*.

Wenn der positive Trend weiterhin anhält, ist zu erwarten, dass mediative Dienstleistungen in Zukunft einen weiteren Aufschwung erfahren werden. Auf jeden Fall unterstreichen die Studien auch die Bedeutsamkeit der Arbeit zahlreicher Vereinigungen, die sich seit über 20 Jahren dafür einsetzen, die Bekanntheit

der Mediation zu steigern und Qualitätsstandards zu etablieren. In der fortschrei-
tenden Institutionalisierung der Mediation besteht die Herausforderung darin, die
Qualitätssicherung mediativer Dienstleistungen weiter zu fördern und gleichzeitig
ihre Vielfalt und Flexibilität zu erhalten. Denn diese beiden Elemente zeichnen
die Wirtschaftsmediation aus. Letztlich liegt es in der Verantwortung aller am Verfahren Beteiligten, die Qualität der Wirtschaftsmediation weiter zu steigern und
sowohl das öffentliche Bewusstsein als auch das Vertrauen in die Dienstleistung
zu festigen.

11.7   Key Points

11.7.1 Key Points für Wirtschaftsmediatoren

- Die Wirtschaftsmediation hat in den letzten Jahrzehnten eine beeindruckende
  Entwicklung durchlaufen. Mit der zunehmenden Institutionalisierung und
  Internationalisierung der Dienstleistung sowie den neuen technologischen
  Möglichkeiten ergeben sich neue Möglichkeiten aber gleichzeitig auch neue
  Anforderungen für Mediator*innen.
- Zugleich eröffnet die Vielfalt mediativer Dienstleistungen Mediator*innen
  die Flexibilität, in den gesetzlichen Rahmenbedingungen individuell auf die
  Bedürfnisse der Kund*innen einzugehen.
- Um angesichts dessen eine exzellente Dienstleistungsqualität für Kund*innen
  sicherzustellen, ist es empfehlenswert, sich mit den aktuellen Entwicklungs-
  trends auseinanderzusetzen und sich entsprechend aus- oder weiterzubilden.

11.7.2 Key Points für Kunden

- Die Vielfalt der Wirtschaftsmediation ermöglicht es, innerhalb der gesetzlichen Rahmenbedingungen flexibel und individuell auf die Bedürfnisse der
  Kund*innen einzugehen. Dazu gehört auch die Option, mediative Dienstleistungen auf Wunsch online durchzuführen.
- Auch bei grenzüberschreitenden Konfliktsituationen bieten mediative Dienstleistungen eine schnelle und kosteneffiziente Lösung.
- Kund*innen haben weitgehende Freiheiten bei der Auswahl einer entsprechend spezialisierten und ausgebildeten Mediatorin oder eines Mediators.

Dabei profitieren Kund*innen besonders von den Errungenschaften der Institutionalisierung, darunter die rechtliche Verankerung und das breite Angebot von Vereinen.

Literatur

Alexander, N. (2006). *Global trends in mediation* (2. Aufl.). Kluwer Law International.

Alexander, N. (2008). The mediation metamodel: Understanding practice. *Conflict Resolution Quarterly, 1*(2008), 97–123.

Alexander, N. (2009). *International and Comparative Mediation.* Kluwer Law International.

Alexander, N. (2016). Das Mediations-Metamodell. Ein konzeptueller Rahmen für die internationale Mediationspraxis. *Spektrum der Mediation, 65,* 12--16.

Alexander, N. (2019). Ten trends in international mediation. *Singapore Academy of Law Journal, 31*(2019), 405–447.

Beal, B. L. (2000). Online mediation: Has its time come? *Ohio State Journal on Dispute Resolution, 3*(2000), 735–768.

Bundesministeriums für Justiz – Österreich. (2023). Liste der Ausbildungseinrichtungen für Mediatorinnen und Mediatoren. https://mediatoren.justiz.gv.at/mediatoren/mediatorenliste.nsf/contentByKey/VSTR-7DYGZV-DE-p. Zugegriffen: 02. Okt. 2023.

Cardia-Vonèche, L., & Bastard, B. (2005). Die Institutionalisierung des Informellen: Der Tod einer guten Idee? *Perspektive Mediation, 1,* 26–28.

Claxton, J. (17. Mai. 2021). Mediators like online mediation and other verifiable facts. https://mediationblog.kluwerarbitration.com/2021/05/17/mediators-like-online-mediation-and-other-verifiable-facts/#:~:text=Most%20respondents%20say%20that%20they,report%20that%20fewer%20settle%20online.&text=The%20results%20of%20the%20survey,person%20based%20on%20settlement%20rates. Zugegriffen: 27. Aug. 2023.

Cornelsen Verlag GmbH. (2023). Trend, der. https://www.duden.de/rechtschreibung/Trend. Zugegriffen: 2. Okt. 2023.

Datenethikkommission der Bundesregierung. (10. Oktober 2019). Gutachten der Datenethikkommission. https://www.bmi.bund.de/SharedDocs/downloads/DE/publikationen/themen/it-digitalpolitik/gutachten-datenethikkommission.pdf?__blob=publicationFile&v=6. Zugegriffen: 2. Okt. 2023.

Dauner, F. (2016). *Qualitätssicherung der Mediation: Im Spannungsfeld von Markt und Regulierung.* BWV Berliner Wissenschafts-Verlag.

Deckenbrock, C., & Jordans, R. (2013). Die obligatorische Streitschlichtung nach § 15a EGZPO. *MDR – Monatsschrift für Deutsches Recht, 16,* 945–948.

Dostal J. (2023). *Die Digitalisierung der Mediation in Österreich im Nachfeld zur Covid-19-Pandemie.* Masterarbeit an der Universität Burgenland.

Duss-von Werdt, J. (2005). *Homo mediator: Geschichte und Menschenbild der Mediation.* Klett-Cotta.

Eisen, J. B. (1998). Are we ready for mediation in cyberspace? *Brigham Young University Law Review, 4*(19984), 1305–1358.

Engel, M. (2010). *Collaborative law: Mediation ohne Mediator.* Mohr Siebeck.

Fachverband UBIT der WKÖ. (2023). Berufsbild. Unternehmensberatung. https://www. wko.at/oe/information-consulting/unternehmensberatung-buchhaltung-informationstec hnologie/unternehmensberatung/berufsbild-unternehmensberatung.pdf. Zugegriffen: 8. Nov. 2023.

Ferz, S., & Sonnleitner, K. (2021). Von Überlegungen, Initiativen und Boostern. *Perspektive Mediation, 4*, 224–232.

Gläßer, U., Hammes, M., & Kirchhoff, L. (2016). Konfliktmanagement in der deutschen Wirtschaft – Entwicklungen eines Jahrzehnts. In PwC/EUV (Hrsg.) Frankfurt a. M.

Greger, R. (2015). Unter falscher Flagge – Zum Fehlgebrauch des Mediationsbegriffs und seinen Folgen. *Zeitschrift für Konflikt-Management, 6*(2015), 172–176.

Heetkamp, S. J., & Piroutek, C. (2023). ChatGPT in Mediation und Schlichtung – Large-Language-Modelle können schon heute in der außergerichtlichen Streitbeilegung unterstützen. Führen sie in Zukunft die Verfahren sogar selbst? *Zeitschrift für Konflikt-Management, 3*, 80–82.

Hertel, A. v., Vovsik, W., Fischer, R., Wiese, J. (2023). Zeittafel zur Geschichte der Mediation. Ausgewählte Ereignisse der außergerichtlichen Streitbeilegung der letzten 2500 Jahre. https://mediation-dach.com/fileadmin/pdf/historisches.pdf. Zugegriffen: 10. Okt. 2023.

Jost, F. (2021). (2021) Verkammerung der Mediation? *Zeitschrift Für Konflikt-Management, 4*, 132–136.

Krabbe, H., & Fritz, R. (2013). Werkstattbericht Kurz-Zeit-Mediation. *Zeitschrift Für Konflikt-Management, 3*(2013), 76–79.

Kreutzer, R. T., & Klose, S. (2023). *Metaverse kompakt: Begriffe, Konzepte, Handlungsoptionen.* Springer Fachmedien.

Lederer, S., Buchegger, M., Gillissen, S., Grübl, C., & Klimann, T. (2022). Ergebnisse der Mediator:Innen Befragung 2022. https://www.mediationsinstitut.at/ressourcen-mediator-innen/umfrage-2022. Zugegriffen: 21. Aug. 2023.

Marr, B. (2023). A short history of ChatGPT: How we got to where we are today. https://www.forbes.com/sites/bernardmarr/2023/05/19/a-short-history-of-chatgpt-how-we-got-to-where-we-are-today/?sh=73db226674f1. Zugegriffen: 22. Aug. 2023.

Österreichischer Rechtsanwaltskammertag. (2. Oktober .2017). Richtlinie Collaborative Law (Kooperatives Anwaltsverfahren). https://www.oerak.at/fileadmin/user_upload/Ges etzestexte/RL_Collaborative_Law/rl-collaborative_law_02102017.pdf. Zugegriffen: 9. Okt. 2023.

Röhr, M. (2021). *Der lange Weg zum Internet: Computer als Kommunikationsmedien zwischen Gegenkultur und Industriepolitik in den 1970er/1980er Jahren.* Transcript Verlag Bielefeld.

Steffek, F. (2022). Die Veränderung der Konfliktlösung durch künstliche Intelligenz – Teil 1. *Zeitschrift für Konflikt-Management, 6*(2022), 212–216.

Singapore International Dispute Resolution Academy. (2022). https://www.singaporeconven tion.org. Zugegriffen: 2. Okt. 2023.

Stipanowich, T. J., & Lamare, R. (2013). Living with ADR: Evolving perceptions and use of mediation, arbitration, and conflict management in fortune 1000 corporations. *Harvard Negotiation Law Review, 19*(2014), 1–68.

Sonnleitner, K., & Kreuser, K. (2022), Mediationskompetenz – die Umfrage. *Perspektive Mediation, 3*, 152–159.

Transport- und Kommunikationskosten. (04. Mai. 2017). https://www.bpb.de/kurz-knapp/zahlen-und-fakten/globalisierung/52499/transport-und-kommunikationskosten/#:~:text=Seit%201930%20sind%20die%20Transport,sowie%20ein%20globaler%20Austausch%20ermöglicht. Zugegriffen: 27. Aug. 2023.

Trossen, A. (24. April .2023). Rechtsanwälte. https://wiki-to-yes.org/Anwälte. Zugegriffen: 1. Sept. 2023.

White & Case LLP, Queen Mary University of London School of International Arbitration. (2021). 2021 International Arbitration Survey: Adapting Arbitration to a Changing World. https://arbitration.qmul.ac.uk/research/2021-international-arbitration-survey/. Zugegriffen: 9. Okt. 2023.

White & Case LLP, Queen Mary University of London School of International Arbitration. (2018). 2018 International Arbitration Survey: The Evolution of International Arbitration. https://arbitration.qmul.ac.uk/research/2018/. Zugegriffen: 9. Okt. 2023.

WHO Director-General's opening remarks at the media briefing on COVID-19 - 11 March 2020. (11. März 2020). https://www.who.int/director-general/speeches/detail/who-director-general-s-opening-remarks-at-the-media-briefing-on-covid-19---11-march-2020. Zugegriffen: 27. Aug. 2023.

Will, H.-D. (2022). Mediations-Ausbildungsszene in Deutschland. *Perspektive Mediation, 3*, 173–182.

Zimmermann, I. (2018). Solons Vermächtnis. *Perspektive Mediation, 15*(2), 108–112.

145 Ausbildungen zum Mediator im Vergleich. (07. März. 2014). https://www.test.de/Mediation-145-Ausbildungen-zum-Mediator-im-Vergleich-4492356-0/. Zugegriffen: 22. Aug. 2023.

Weiterführende Links

ADGM Arbitration Centre. (2022). Abu Dhabi Global Market launches Mediation in the Metaverse. https://www.adgm.com/media/announcements/abu-dhabi-global-market-launches-mediation-in-the-metaverse. Zugegriffen: 21. Aug. 2023.

American Arbitration Association AAA. (2023). What We Do. https://www.adr.org/Mediation. Zugegriffen: 2. Okt. 2023.

American Bar Association ABA. (2023). ABA Mediation Competition. https://www.americanbar.org/groups/law_students/events/competitions/mediation/. Zugegriffen: 2. Okt. 2023.

Anwaltliche Vereinigung für Mediation und kooperatives Verhandeln AVM. (2023). http://www.avm.co.at/. Zugegriffen: 2. Okt. 2023.

Asian International Arbitration Centre AIAC. (2023). Mediation. https://www.aiac.world/Mediation-Mediation. Zugegriffen: 2. Okt. 2023.

Australian Centre for International Commercial Arbitration ACICA. (2023). Mediation. https://acica.org.au/mediation/. Zugegriffen: 2. Okt. 2023.

Berufsverband Österreichischer Psychologinnen und Psychologen BÖP. (2022). Mediation. https://www.boep.or.at/berufsverband/fachsektionen/mediation. Zugegriffen: 2. Okt. 2023.

Bundes-Arbeitsgemeinschaft für Familien-Mediation e. V. BAFM. (2023). Die Bundes-Arbeitsgemeinschaft für Familien-Mediation. https://www.bafm-mediation.de/verband/die-bundes-arbeitsgemeinschaft-fur-familien-mediation/. Zugegriffen: 2. Okt. 2023.

Bundesverband Mediation e. V. BM. (2023). Standards und Ausbildungsrichtlinien des BM. https://www.bmev.de/aus-fortbildung/wie-werde-ich-mediatorin/standards.html. Zugegriffen: 2. Okt. 2023.

Bundesverband Mediation e. V. BM. (2023). Über den Bundesverband MEDIATION e. V. https://www.bmev.de/ueber-den-verband.html. Zugegriffen: 2. Okt. 2023.

Centre for Effective Dispute Resolution CEDR. (2023). https://www.cedr.com. Zugegriffen: 2. Okt. 2023.

Consensual Dispute Resolution Competition CDRC. (2023). https://www.cdrcvienna.org. Zugegriffen: 2. Okt. 2023.

Deutsches Forum für Mediation DFfM. (2023). Deutsches Forum für Mediation – Die Dachorganisation für Mediation in Deutschland. https://www.deutscher-mediationsrat.de/startseite.html. Zugegriffen: 2. Okt. 2023.

Deutsche Institution für Schiedsgerichtsbarkeit DIS. (2023). Mediation. https://www.disarb.org/schiedsgerichtsbarkeit/mediation. Zugegriffen: 2. Okt. 2023.

European Network of Collaborative Practice ENCP. (2017.) ENCP. https://www.encp.eu/en/page/encp?cookie-not-accepted=1. Zugegriffen: 2. Okt. 2023.

Fachverband UBIT der WKÖ, Experts Group Wirtschaftsmediation. (2023). Unternehmensberatung, Buchhaltung und Informationstechnologie. https://www.wko.at/branchen/information-consulting/unternehmensberatung-buchhaltung-informationstechnologie/wirtschaftsmediation/start.html. Zugegriffen: 2. Okt. 2023.

Federation Suisse Mediation FSM. (2023). Dachverband. https://www.mediation-ch.org/cms3/de/verband/dachverband. Zugegriffen: 2. Okt. 2023.

Federation Suisse Mediation FSM. (2023). Mitgliedsorganisationen. .https://www.mediation-ch.org/cms3/de/verband/mitgliedsorganisationen. Zugegriffen: 2. Okt. 2023.

forum wirtschaftsmediation. (2023). Was ist das forum wirtschaftsmediation? http://www.wirtschaftsmediation.at/das-forum/ueber-uns/. Zugegriffen: 2. Okt. 2023.

Gesellschaft für Wirtschaftsmediation GWM. (2023). Was bieten die gwm-mitglieder? https://www.gwm.or.at/content/start/index_ger.html. Zugegriffen: 2. Okt. 2023.

International Academy of Dispute Resolution INADR. (2023). https://inadr.org. Zugegriffen: 2. Okt. 2023.

International Centre for Dispute Resolution ICDR. (2023), https://www.icdr.org. Zugegriffen: 2. Okt. 2023.

International Chamber of Commerce ICC. (2023). ADR. https://iccwbo.org/dispute-resolution/dispute-resolution-services/adr/. Zugegriffen: 2. Okt. 2023.

International Chamber of Commerce ICC. (2023). Mediation Competition Week. https://iccwbo.org/dispute-resolution/dispute-resolution-services/adr/mediation/mediation-competition-week/. Zugegriffen: 2. Okt. 2023.

International Institute for Conflict Prevention and Resolution CPR Dispute Resolution Services. (2023). Flat Fee Mediation Program. https://drs.cpradr.org/services/pricing-fees/flat-fee-mediation-program. Zugegriffen: 2. Okt. 2023.

International Institute for Conflict Prevention and Resolution CPR. (2023). What We Do. https://www.cpradr.org/about-us. Zugegriffen: 2. Okt. 2023.

International Institute for Conflict Prevention and Resolution CPR. (2023). 2023 CPR International mediation competition. https://www.cpradr.org/events/international-mediation-competition. Zugegriffen: 2. Okt. 2023.

International Mediation Institute IMI. (2023), Register a Program. https://imimediation.org/orgs/register-program/. Zugegriffen: 2. Okt. 2023.

International Mediation Institute IMI. (2023). Types of Certification. https://imimediation.org/practitioners/certify/. Zugegriffen: 2. Okt. 2023.

International Mediation Institute IM.I (2023). Welcome to IMI. https://imimediation.org. Zugegriffen: 2. Okt. 2023.

London Court of International Arbitration LCIA. (2023). Mediation. https://www.lcia.org/Dispute_Resolution_Services/Mediation.aspx. Zugegriffen: 2. Okt. 2023.

Japan International Mediation Centre-Kyoto. (2023). https://www.jimc-kyoto.jp. Zugegriffen: 2. Okt. 2023.

Mediation DACH e. V. (2023). Definition der Mediation. https://mediation-dach.com/mediation/mediation/. Zugegriffen: 2. Okt. 2023.

Österreichischer Bundesverband für Mediation ÖBM (2023) Der ÖBM. Abgerufen von https://www.oebm.at/oebm.html am 02.10.2023.

Österreichisches Netzwerk Mediation. (2023). Das Österreichische Netzwerk Mediation. https://www.netzwerk-mediation.at/content/das-netzwerk. Zugegriffen: 2. Okt. 2023.

Österreichisches Netzwerk Mediation. (2023). Unsere Mitglieder. https://www.netzwerk-mediation.at. Zugegriffen: 2. Okt. 2023.

Schweizerische Verein für Familienmediation SVFM. (2023.) Jubiläum – 25 Jahre SVFM. https://www.familienmediation.ch/de/familienmediation/jubilaeum-25-jahre-svfm%20. https://www.familienmediation.ch/de/Zugegriffen: 2. Okt. 2023.https://www.familienmediation.ch/de/

Singapore International Mediation Centre SIMC. (2023). https://simc.com.sg. Zugegriffen: 2. Okt. 2023.

Singapore International Mediation Institute SIMI. (2023). About the SIMI credentialing scheme. https://www.simi.org.sg/About-Us/Organisation-Information/About-SIMI. Zugegriffen: 2. Okt. 2023.

Singapore International Mediation Institute SIMI. (2023). SIMI – IMI cross-recognition scheme for certified mediators. https://www.simi.org.sg/What-We-Offer/Mediators/SIMI-IMI-Cross-Recognition-Scheme. Zugegriffen: 2. Okt. 2023.

Swiss Arbitration Centre. (2023). Mediation. Decades of experience and best practices. https://www.swissarbitration.org/centre/mediation/. Zugegriffen: 2. Okt. 2023.

Vienna International Arbitral Centre. (2023). Mediation. https://www.viac.eu/de/mediation. Zugegriffen: 2. Okt. 2023.

WIPO Arbitration and Mediation Center. (2023). https://www.wipo.int/amc/en/center/index.html. Zugegriffen: 2. Okt. 2023.